ESSENTIALS OF TRAUMA-INFORMED ASSESSMENT AND INTERVENTION IN SCHOOL AND COMMUNITY SETTINGS

학교 및 지역사회 전문가를 위한 통합 가이드

# 아동기 역경과 트라우마 기반 개입

Kirby L. Wycoff · Bettina Franzese 공저

김지혜 · 장지윤 · 이재희 · 이다슬 · 임정은 · 안혜연 · 이지현 · 조은지 · 장빛나 · 노혜은 공역

학지사

Essentials of Trauma-Informed Assessment and Intervention in School and Community Settings

by Kirby L. Wycoff and Bettina Franzese

## ◆ 역자 서문

『아동기 역경과 트라우마 기반(trauma-informed) 개입』은 현재 심리학과 교육학 등에서 매우 중요한 이슈인 트라우마라는 주제를 다루고 있습니다. 그리고 우리 사회와 교육 현장에서 점점 중요성이 커지고 있는 트라우마 기반 접근법의 이론과 실천을 체계적으로 제시하고 있습니다. 저자는 위험에 처한 청소년과 그 가족들이 직면한 복합적인 문제를 이해하고 이를 해결하기 위한 과학적이고 실용적인 접근 방법을 제안합니다. 트라우마는 단순히 개인의 문제로만 국한해서는 안 되며, 가족, 학교, 지역사회 등 다양한 사회적 맥락에서 그 영향을 이해하고 해결하려는 노력이 필요합니다. 트라우마 기반 접근은 트라우마의 영향을 이해하고 이를 고려한 방식으로 개인을 지원하며, 동시에 주변 환경과 사회적 시스템 전체가 안전하고 회복력 있는 환경을 제공하도록 설계된 통합적인 접근 방식입니다. 특히 이 책은 학교와 지역사회 환경에서 트라우마에 기반한 평가와 개입을 위한 핵심 개념, 평가 도구, 실행 전략을 간결하고 체계적으로 제공하고 있습니다.

트라우마는 많은 아동과 청소년의 발달 및 교육에 중대한 영향을 미칩니다. 이 책은 트라우마가 학업, 대인관계, 정신건강에 미치는 부정적인 영향을 보여 줌과 동시에 회복탄력성의 기능을 강조합니다. 저자들은 단순히 트라우마를 이해하는 데 그치지 않고 이를 극복하고 성장으로 전환할 수 있는 실질적이고 과학적인 방법론을 제시하고 있습니다. 특히 현장의 실무자를 위한 실용적인 지침서로 트라우마 기반 접근 방식을 통해 실무자에게 필요한 이론적 지식과 실천적 도구를 제공하고 있습니다.

이 책은 5부 13장으로 구성되어 있으며 트라우마에 대한 전반적인 이해부터 평가와 개입, 윤리적 고려사항에 이르기까지 광범위한 내용을 포괄적으로 다루고 있습니다. 좀 더 구체적으로 살펴보면, 제1부는 '트라우마, ACE 그리고 트라우마 기반 운동의 역사', 제2부는 '복합외상과 기능 손상의 역할', 제3부는 '트라우마 기반 평가 프레임워크', 제4부는 '트라우마 기반 개입의 프레임워크', 제5부는 '트라우마 기반 평가와 개입의 윤리적 고려사항'에 대해 소개하고 있습니다. 제1장은 노혜은, 제2장은 안혜연, 제3장은 조은지, 제4장은 장빛나, 제5장은 이지현, 제6장은 이재희, 제7장은 임정은, 제8장은 김지혜, 제9장은 장지윤, 제10장은 이다슬, 안혜연, 제11장은 이다슬, 제12장과 제13장은 이지현이 번역하였습니다. 그리고 김지혜와 장지윤이 번역을 감수하였습니다.

역자들은 이 책을 번역하면서 트라우마를 단순히 극복해야 할 문제가 아닌 개인과 공동체가 강점과 가능성을 발견할 수 있는 기회로 활용할 수 있다는 사실에 깊이 공감했습니다. 이 책을 통해 트라우마를 경험한 아동과 청소년들에게 회복의 길을 열어 주고 그들이 자신의 삶에서 새로운 이야기를 만들 수 있도록 도울 수 있길 바랍니다. 더불어, 이 책이 상담자들과 치료자들을 포함한 현장의 실무자들에게 트라우마 기반 접근에 대한 새로운 통찰을 제공하고 현장에서 유용한 지침서로 자리 잡을 수 있기를 기대합니다.

이 책은 이화여자대학교 심리학과 상담심리전공 석사과정을 함께한 10명의 동기가 함께 번역했다는 점에서 더욱 큰 의미가 있습니다. 각자의 위치에서 바쁜 와중에도 시간을 쪼개어 트라우마 기반 평가와 개입을 국내에 소개하기 위해 애써 준 동기들에게 감사의 인사를 전합니다. 더불어, 상담학의 발전을 위해 끊임없이 좋은 서적을 출간해 주시고 격려해 주시는 학지사 김진환 대표님과 이 책의 교정 및 편집 과정에서 부단히 애써 주신 김서영 대리님께 감사드립니다.

역자 대표 김지혜

## ◆ 저자 서문

이 책이 완성될 수 있도록 아낌없이 응원해 주신 모든 친구들과 가족들에게 진심으로 감사드립니다. 여러분의 도움과 지지가 없었다면 이 여정을 끝까지 해낼 수 없었을 것입니다.

사랑하는 남편 패트릭, 나의 능력을 믿어 주고 끝없이 격려해 줘서 고맙습니다. 내가 스스로를 의심했던 날들에도 당신은 한 번도 내가 해내지 못할 거라 생각한 적이 없었습니다. 당신의 변함없는 믿음과 응원 덕분에 이 모든 것이 가능했습니다. 항상 그 자리에서 당신답게 있어 줘서 정말 고맙습니다.

부모님께, 제가 배움에 대한 열정을 키워 나갈 수 있도록 끝없이 헌신해 주시고 사랑으로 응원해 주셔서 감사합니다. 제가 더 배우고 성장하고 싶어 할 때마다 늘 따뜻하게 받아주시고 힘을 실어 주신 덕분입니다.

엘리자베스 할머니, 교육이 미래의 열쇠이며 글쓰기가 사람들과 나눌 수 있는 가장 강력한 도구라는 것을 가르쳐 주신 할머니께, 제가 언젠가 책을 쓰겠다고 했던 약속을 지켰습니다. 이 책이 바로 그 증거입니다. 할머니께서 분명 자랑스러워하실 거라 믿습니다.

전 상사이자 동료였던 프란체제 박사님, 저를 이끌어 주시고 가르쳐 주신 모든 것에 깊이 감사드립니다. 제 직업적, 개인적 성장에 끼친 박사님의 영향력은 결코 잊을 수 없을 것입니다. 모든 과정이 정말 뜻깊은 여정이었습니다.

사랑하는 소피아 로즈, 지난 12년 동안 제 곁에서 충실한 동반자로 함께해 줘서 고맙습니다. 논문을 쓰던 밤 소파에서 함께한 시간들, 대학원 시절과 책을 쓰는 동안 산책하며 숨을 돌리게 해 준 소중한 순간들, 그리고 그 모든 기억들. 테라피 독(therapy dog)으로 활동하며 상처받은 사람들에게 다가가 사랑과 위로를 전하는 모습을 통해 많은 것을 배웠습니다. 당신이 정말 많이 그립습니다. 당신이 남긴 흔적을 영원히 잊을 수 없을 것입니다.

크리켓, 쉐이디, 보디, 저의 일상속에서 하이킹, 테니스, 드라이브 같은 소소한 기쁨을 통해 활기를 되찾게 해 줘서 고맙습니다.

그리고 저의 소중한 학생들과 내담자들, 여러분이 저에게 가르쳐 준 모든 것과 매일 새로운 깨달음을 주는 것에 대해 깊이 감사드립니다. 여러분 덕분에 제가 배우고 성장할 수 있었습니다. 진심으로 고맙습니다.

## ◆ 차례

## 제4장 트라우마 기반 학교 / 073



# 제2부 복합외상과 기능 손상의 역할

## 제5장 아동 발달 / 093

## 제6장 복합외상이 뇌에 미치는 영향 / 109



## 제7장 손상의 영역: 복합 트라우마 및 스트레스의 기능적 영향 / 143

## 제3부

# 트라우마 기반 평가 프레임워크

## 제8장 학교 및 지역사회에서 트라우마 스크리닝 시 고려사항 / 173



## 제9장 개인 및 가족 평가 도구 / 197

## 제4부 트라우마 기반 개입의 프레임워크

## 제5부
# 트라우마 기반 평가와 개입의 윤리적 고려사항

제1부

# 트라우마, ACE 그리고 트라우마 기반 운동의 역사

• 제1장 •

# 아동기 부정적 경험

– Kirby L. Wycoff –

## 도입

미국 사회는 위기에 놓여 있다. 미국의 학교, 지역사회와 가족은 심각한 위협을 받고 있다. 신체적, 정서적, 정신적으로, 우리는 점점 더 거대한 규모로 확산되는 역경과 트라우마의 영향을 강하게 느끼고 있다.

먼저 Mateo의 사례를 보자. Mateo는 9세이며 현재 치료적 위탁 가정에서 살고 있다. 이 아동은 그의 부모가 마약 소지로 구금된 후 이곳으로 옮겨졌다. 부모와 함께 사는 동안, Mateo와 그의 형제자매는 종종 며칠 동안 아무런 보호나 감독 없이 방치되곤 했다. 때로는 집에 음식이 없었고, 수도나 가스도 자주 끊겼다. 둘째 Mateo는 아버지에게 반항적이고 고집 센 아이로 생각되어 종종 엄하게 처벌당했다. 그 집의 모든 아이는 가정 폭력을 목격했으며 Mateo의 어머니는 여러 차례 입원해야 했다. Mateo의 어머니는 마약을 남용하였고, 그때마다 흥분하고 화를 내며 아이들에게 '멍청하고 쓸모없다.'고 말하였다. 아이들은 가정에서 분리된 뒤 각각 다른 보호소로 나누어져 수용되었는데, Mateo는 학교에서 성적이 좋지 않고 신체적 다툼이 잦으며, 행동 문제로 인해 교장실에서 많은 시간을 보내고 있다. Mateo는 교사에게 매우 의존적이면서도 때로는 공격적이다. 교사들은 Mateo가 왜 그렇게 화를 내고 사소한 일로 폭발하는지 이해하기 어려워하고 있다. 6~8세 때 Mateo는 학습 장애, 주의력 결핍 과잉행동 장애 및 적대적 반항 장애로 진단받았다. Mateo는 학교에서 세 번이나 퇴학당하여 학교 관리자 및 교사들은 이를 어떻게 대처해야 할지 어려워하고 있다.

Rosalyn의 사례를 보자. Rosalyn은 17세이며 학교생활에 열심이지만, 최근 학교 운동장 라커룸에서 밤을 지새우다 정학 처분을 받았다. Rosalyn은 심각한 정신질환 병력이 있는 약물 중독 어머니에게서 태어났다. Rosalyn의 어머니는 우울증 증상, 자살 기도 및 명시되지 않은 양극성 장애로 여러 차례 입원한 바 있고, Rosalyn의 아버지는 그녀의 초기 어린 시절 대부분 부재하였다. 5학년까지 Rosalyn은 엄마와 할머니와 함께 살았는데, Rosalyn의 할머니는 약물 및 알코올 남용으로 인해 폭력적이고 공격적인 행동을 보였다. Rosalyn은 할머니의 폭력 발작으로 인해 머리 손상과 멍이 생긴 채 응급실에 여러 차례 입원하였다. 한편 Rosalyn은 통학길이 위험한 도시 지역에 살고 있어 강도들과 총기를 피하기 위해서는 통학 경로를 주기적으로 변경해야만 했다. 그녀가 안전하게 집에 가려면, 원래는 세 블록으로 5분 걸리는 거리를 45분이나 걸려서 돌아가야만 하는 것이다. Rosalyn은 자주 학교에서 아침과 점심을 먹는데, 이는 그녀가 하루에 먹는 음식의 전부일 때도 있고 금요일 점심 이후부터 주말까지는 못 먹는 일이 잦다. 아동보호서비스기관(Child Protective Services)은 여러 해 동안 이 가족에게 개입해 왔다. 그러나 자원 부족으로 인해 여러 차례의 개입은 실패로 돌아갔고, Rosalyn은 여전히 집에 거주하고 있다. 최근 Rosalyn은 여자 라커룸에서 밤을 보냈다. 집으로 가기 위해 위험한 동네에서 걷는 것보다, 그리고 그녀의 욕구를 충족시켜 주지 못하는 두 불안정한 어른과 사는 것보다 그것이 더 안전하다고 생각했기 때문이다. 그러나 불행하게도 그녀는 학교의 보안 정책을 위반한 이유로 정학 처분을 받았다. 그녀는 지금 23일 동안 정학 처분을 받고 학교를 떠나 있는 상태다.

미국 사회는 위기에 놓여 있으며, Mateo와 Rosalyn은 이 나라에서 만성적인 외상성 스트레스를 경험한, 수십만 명에 달하는 아이 중 단 두 명에 불과하다. 미국의 학령기 아동의 절반 이상이 적어도 한 번 '아동기 부정적 경험(Adverse Childhood Experience: ACE)'을 겪었다. 연구에 따르면, 매년 3백만 명에서 1천만 명의 아동이 가정 및 지역사회에서 폭력을 목격한다고 한다(American Psychological Association, 2008). 최근의 통계를 보면, 약 906,000명의 아동이 학대 및 방임의 피해자인 것으로 아동보호서비스기관에 의해 확인되었다(American Psychological Association, 2008). ACE의 영향이 평생에 걸쳐 지속된다는 것과, 정신적 및 신체적 건강에도 부정적 영향을 미친다는 것에 대해 폭넓은 보도와 홍보가 있어 왔다. 제1부의 후속 장에서는 미국 질병통제예방센터(Centers for Disease Control and Prevention: CDC)와 카이저 퍼머넌트(Kaiser Permanente)의 역할을 포함한 ACE 연구에 대해 다루고, 스트레스 및 부정적 경험의 영향에 대한 논의를 소개할 것이다. 트라우마 노출의 영향은 장기적이고, 때로는 삶 전체를 바꾼다. 학교 및 지역사회 환경에서 트라우마 기반 평가 및 개입의 필요성은 미국을 비롯한 전 세계에서 급격히 증가하고 있다.

Mateo나 Rosalyn과 같은 아이들은 여러분의 지역사회, 이웃, 교실 및 학교에 있고, 또한 우리가 보는 사례들에도 속해 있다. 이 책은 학교, 임상 및 관련 심리학자, 정신건강 실무자들과 그들의 교육자에게 ACE(만성 또는 발달적 트라우마로도 불리는)의 부정적이고 유해한 영향에 대한, 과학적 정보 제공에 목적이 있다.

'보이지 않는 여행 가방(Invisible Suitcase)'은 트라우마 경험이 있는 청소년들의 사회적·정서적·교육적·행동적 어려움을 이해하기 위한 의미 있는 비유로 사용된다. 미국립 아동 트라우마 스트레스 네트워크(The National Child Traumatic Stress Network)는 이 연습을 그들의 '아동 복지 트라우마 훈련 툴킷(Child Welfare Trauma Training Toolkit)'의 일부로 채택하여, 위탁 보호 시스템의 아동 및 청소년을 이해하는 데 도움을 주고 있다. 이 연습은 학교 및 지역사회 환경에서 우리와 관계하는, 외상 경험이 있는 아동을 생각해 볼 기회를 제공한다.

여기서는 '보이지 않는 여행 가방' 대신, 이를 '보이지 않는 책가방'이라고 언급할 것이다. 학교 건물과 지역 센터에 들어오는 아동들은 그들의 개인 소지품과 물품을 가지고 올 것이다. 그들은 학교에서 공부를 시작하기 위해 연필, 공책, 볼펜을 가지고 올 수 있다. 그러나 그들은 다른 짐 또한 가지고 올 것이다. 심지어 그 짐은 아이들 스스로도 자신이 가지고 있는지 모르는 짐이다. 이것이 바로 그들의 '보이지 않는 책가방'이며, 그 안에는 그들 자신, 그들을 돌봐주는 사람들, 그들을 교육하는 사람들 및 세상에 대한 전반적인 신념이 가득 차 있다.

트라우마를 경험한 아동, 특히 위탁 보호로 이어지는 학대와 방임을 경험한 아동의 경우, 이 '보이지 않는 책가방'은 종종 압도적인 부정적 신념과 기대로 가득 차 있을 수 있다. 이는

- 나는 가치가 없다.
- 나는 언제나 상처받거나 압도될 위험이 있다.
- 나는 무력하다.

와 같은 자신에 대한 신념에 대한 것뿐만 아니라 다음과 같은 보호자에 대한 신념이기도 하다.

- 당신은 반응이 없다.
- 당신은 신뢰할 수 없다.
- 당신은 위협적이고, 위험하고, 거절한다. 혹은 그럴 것이다(Child Welfare Trauma Training Toolkit: The Invisible Suitcase, March 2008, p. 1).

트라우마에 노출된 아동 및 청소년과 상호작용하는 개인으로서 그리고 학교, 지역사회,

외래 및 입원 세팅 안의 직접적인 돌봄 제공자, 양육자, 교육자, 코치 또는 멘토로서 이와 같은 부정적 신념에 민감하게 대응할 수 있는 능력은 아동 복지에 중요하다. 기억할 것은 아동과 청소년들이 가진 이 신념들이 우리에 대한 사실을 의미하진 않는다는 점이다. 이러한 신념이 어디서 비롯되었는지 이해하지 못하면 우리는 이 아이들과 효과적으로 소통하고 작업할 수 없다(NCTSN 2008). 이 책은 지역사회 및 학교 전문가들이 이 '보이지 않는 책가방'을 더 잘 이해하고 트라우마에 시달리는 아동과 그 가족을 어떻게 도울지에 대한 기초를 마련하는 것에 기여하고자 한다.

양육 과정과 가족 체계 내에서 발생하며 만성적이기도 한 '아동기 부정적 경험(ACE)'은 아동을 정상 발달 궤도에서 벗어나게 하며, 성인기까지 지속될 수 있는 정신적, 신체적 건강에 부정적인 영향을 미칠 수 있다(Felitti & Anda, 2009). 학문적 성취와 연관된 뇌 영역 및 인지 과정에 대한 최근 연구는 언어 기능, 이해력, 실행 기능, 개념적 추론, 학습, 장기 기억 인출, 음운 인식, 정보 처리 그리고 정신건강 및 신경발달장애와 관련된 뇌 영역에 중점을 두고 있다. 이러한 관계는 앞으로의 논의에서 초기 만성적 스트레스 요인들과 관련하여 언급될 것이다.

초기 만성적 스트레스 요인들과 발달적 트라우마는 학교, 가정 및 지역사회에서 아동의 기능에 손상을 일으킬 수 있다. 만성적 스트레스에 영향 받는 청소년들은 자주 학업, 신경심리, 심리교육 또는 심리평가를 위해 자주 의뢰되는데, 이러한 아이들을 평가할 때는 형식적 및 비형식적 평가, 가족 및 발달 사정, 아동 및 양육자 인터뷰에서 추가 데이터를 수집함으로써 일반적인 평가 이상을 수행하는 것이 중요하며, 이를 통해 보다 포괄적이고 트라우마에 초점을 맞춘 평가를 할 수 있다. 이러한 평가는 취약하고 위험에 노출된 수많은 미국의 아동과 청소년의 강점 및 어려움을 이해하는 데 도움이 되는 표적 치료로 이어질 수 있다.

이 책의 목적은 트라우마 기반 평가를 수행하거나, 증거 기반 개입을 개발 및 제공하거나, 이러한 학생들과 작업할 때의 모범 사례에 대해 보호자와 협의할 때 필요한 지식 기반과 도구를 제공하는 것이며, 또한 학교가 아동의 교육 및 정신건강 서비스와 관련하여 트라우마 기반 관점을 고려할 수 있도록 전문 지식을 제공하는 것이다.

이 책은 실무자를 염두에 두고 구성 및 개발되었다. 이 책은 다섯 가지 섹션으로 나누어져 있으며, 트라우마, 역경, 청소년이라는 주제를 이해하는 데 중요한 측면들을 다룬다. 경험이 풍부한 임상가는 제1부에서 트라우마 기반 운동의 역사를 간단히 살펴보고, 후반부의 평가 도구, 서비스 및 개입 편으로 바로 넘어갈 수 있다. 이 책은 순차적으로 읽을 필요가 없으며, 독자 본인에게 맞게 이 책을 활용하면 된다.

제1부 역사: 트라우마, ACE 그리고 트라우마 기반 운동

- 제1장: 아동기 부정적 경험
- 제2장: 아동, 청소년, 가족 그리고 사회에 미치는 영향
- 제3장: 공중보건과 트라우마 기반 운동
- 제4장: 트라우마 기반 학교

제2부 복합외상과 기능 손상의 역할

제3부 트라우마 기반 평가 프레임워크

제4부 트라우마 기반 개입의 프레임워크

제5부 트라우마 기반 평가와 개입의 윤리적 고려사항

제1장에서 우리는 ACE 연구와 이것이 아동, 청소년 및 가족의 삶에서 역경과 스트레스의 이해에 미치는 영향에 대해 더 자세히 살펴볼 것이다.

## 아동기 부정적 경험

아동기 부정적 경험 연구(Felitti, 1998b)는 초기 역경이 성인 이후의 신체 및 정신건강에 미치는 해로운 영향을 문서화한 가장 큰 종단 연구 중 하나다. ACE는 18세 이전에 발생한 아동 학대, 유기, 부모의 약물남용 및 기타 외상적 스트레스를 포함한 다양한 부정적 경험을 나타낸다. 1990년대에 두 명의 유명한 연구자, Vincent Felitti 박사와 Robert Anda 박사는 초기 아동기 역경이 나중의 건강 행위에 미치는 영향을 더 잘 이해하기 위해 힘을 모았다.

1985년, Vincent Felitti 박사는 캘리포니아주 샌디에이고에 위치한 카이저 퍼머넌트의 예방의학과 수석 의사로 근무하며 성인 건강 클리닉에서 비만에 대한 연구를 수행하고 있었다. 그는 시간이 지남에 따라 많은 연구 참여자가 연구 프로토콜에서 중도 탈락하고 프로그램을 완료하지 못한다는 것을 알게 되었다(Stevens, 2012). 비만 클리닉을 운영하던 예방의학과는 1980년대에 개설되었는데, Felitti 박사는 수년에 걸쳐 세계 최고의 예방 건강 클리닉 중 하나를 설립했으며 주로 의료 비용을 줄이는 데 중점을 두었다. 연간 5만 명이 넘는 사람들의 질병을 스크리닝하고 질병의 경로와 예방법을 수립하기 위한 연구를 수행하였다. 그러나 비만 클리닉의 중도 탈락 데이터가 Felitti 박사를 고심하게 만들었고, 그와 그의 연구팀은 왜 이들이 탈락했는지 알기 위해 모든 환자의 의료 기록을 자세히 조사하기로 결정하

였다. 그는 이 비만 환자들(대부분 100~600파운드를 줄여야 하는 환자들)이, 실제로 체중이 줄어 가는 시점에 클리닉을 떠나기 시작했다는 점에 주목하였다. 연구팀은 300파운드에서 시작하여 이미 100파운드의 체중을 줄인 사람이, 왜 성공을 느끼는 순간에 이를 중단하는지 궁금해졌다(Stevens, 2013a, 2013b).

이 현상은 Felitti 박사에게 극도로 답답한 문제였고 그는 더 많은 것을 알고자 하였다. 그는 이러한 상황이 "성공적인 프로그램을 만들려는 나의 시도를 망치고 있었다."고 언급하며, 이에 대한 이유를 알아보려 하였다(Stevens, 2012, para. 7). 이처럼 설명되지 않는 현상은 아동기 역경이 미치는 영향을 이해하기 위한 CDC와 카이저 퍼머넌트 간의 오랜 직업적 여정 및 협력의 기반이 되었다. 약 17,000명의 피험자를 대상으로 한 Felitti 박사 팀의 초기 연구에 따르면, 생애 초기 역경에 노출되는 것이 성인기의 여러 만성 건강 문제와 직접적으로 관련됨을 알 수 있다. 어린 시절의 트라우마 경험은 중산층에서도 꽤 흔한 일이며, 이러한 만성 건강 문제로 인해 미국에서는 매년 수십억 달러의 비용이 발생한다.

Felitti 박사가 이 환자들의 의료 기록에서 발견한 것은, 모든 환자가 정상 체중으로 태어났고 대부분은 어린 시절 비만하지 않았다는 사실이었다. 박사는 이에 충격을 받았다. 그는 환자들의 체중이 시간이 지남에 따라 천천히 증가했을 것이라고 가정했으나 사실은 그렇지 않았다. 오히려 그는 환자들이 한번에 살이 쪘고 그 무거운 체중을 그대로 유지했다는 사실을 발견했다. 체중이 줄면 금방 다시 늘기도 했다. "나는 400, 500, 600파운드인 사람들이 해가 갈수록 더 무거워졌을 것이라 가정했습니다. 그러나 그런 케이스는 2,000명 중 한 명도 없었습니다."라고 박사는 말했다(Stevens, 2012, para. 10). 이를 더 깊이 파헤치기 위해 Felitti 박사와 그의 연구팀은 연구에서 이탈한 환자 여러 명과 심층적인 인터뷰를 진행하였다. 그는 수 주 동안 대면 인터뷰를 했지만 이 퍼즐을 푸는 데 도움이 되는 새로운 정보는 아무것도 알아내지 못하였다. 그러던 어느 날 그는 우연히 무언가를 발견하였다. Felitti 박사는 자신의 표준 인터뷰 프로토콜을 가지고 비만 클리닉 환자와의 인터뷰를 진행하였는데, 이에는 다음과 같은 질문이 포함되어 있었다. "태어날 때 몸무게는 얼마였습니까? 초등학교 1학년 때 몸무게는 얼마였습니까? 고등학교 입학 시 몸무게는 얼마였습니까?"(Stevens, 2012, para. 11) 인터뷰 중 한 부분에서 Felitti 박사는 한 여성 환자에게 "최초로 성관계를 가졌을 때 몸무게는 얼마였나요?"라고 더듬거리며 물었는데(Stevens, 2012, para. 11), 환자는 "40파운드"라고 응답하였고 이에 박사는 큰 충격을 받았다(Stevens, 2012, para. 12). Felitti 박사는 정확한 확인을 위해 다시 한번 물었다. 자신이 잘못 들은 것이 확실하다고 생각했기 때문이다. 그러나 환자는 실제로 자신이 처음 성관계했을 때 몸무게가 40파운드였고 4살이었다고 명확히 밝혔다. 당시 가해자는 그녀의 아버지였다.

Felitti 박사는 이것이 그의 20년 경력 중 처음이자 유일하게 근친상간 피해 이력이 있는 환자와 일하거나 만났던 기억이라고 회상하였다(Stevens, 2012). Felitti는 의사로서 인간의 신체에 대한 의학적 교육은 받았지만 정신건강 측면에 대한 교육을 받은 적은 없었다. 그는 이 환자가 공유한 정보를 어떻게 처리해야 할지 몰랐다고 회상하였다(Stevens, 2012). 또한 Felitti는 며칠 후 또 다른 환자가 정확히 같은 경험을 보고했을 때 매우 난감한 기분이 들었다. 그는 자신이 이토록 중요한 정보를 의학 수련 과정에서 어떻게 놓쳤는지 의문이었다. 그러나 더욱 걱정스러웠던 것은 이 문제가 전문가나 환자들이 이야기하는 것이 아닐 수 있다는 점이었다. 박사는 인터뷰 중 자신이 질문하는 과정에서 의도치 않게 참가자들에게 선입견을 심어 준 것은 아닌지 궁금하였다. 어쩌면 잘못된 연구 방법과 설계가 이 충격적인 결과를 만들어 낸 것일 수도 있다. 어쩌면 인터뷰 진행 방식이 잘못되거나 편향되어 있었을 수도 있다. 그는 자신의 설계 프로토콜을 다시 검토하고 동료들에게 남은 참여자들을 인터뷰하도록 요청했다(Stevens, 2012). 그러나 불행히도 이러한 깜짝 놀랄 경향성은 편향이 아니었다. 실제로 연구팀이 인터뷰한 286명 중 대부분은 어릴 때 성적 학대를 당했다고 보고하였다. 특히 한 응답자는 이 퍼즐의 또 다른 조각을 메꿔 주었는데, 이 환자는 과체중으로 태어나지 않았지만 23세 때 강간을 당했다고 보고하였다. 그 사건 이후 1년 만에 그녀는 체중이 100파운드 이상 증가하였다. Stevens(2012)는 이 주제에 관해 지금은 널리 알려진 자신의 논문에서 Felitti가 앞의 23세 환자에 대해 다음과 같이 말했다고 언급하였다. "그녀는 질문을 해 줘서 고맙다고 말하며, '과체중이면 사람들이 관심을 가지지 않아요. 그래서 그렇게 되어야 했어요.'라고 카펫을 내려다보며 중얼거렸습니다."(Stevens, 2013a, 2013b, para. 18)

Felitti는 비만의 급속한 확산 문제에 대응하고자 하는 많은 사람이 간과하고 있던 어떤 사실에 충격을 받았다. Felitti가 보여 주었듯, 상당수의 이러한 사람들(환자들)에게는 체중은 문제가 아닌 해결책이었다(Stevens, 2013a, 2013b). 참여자 대다수에게 음식은 강렬한 감정을 관리하는 방법이 되었다. 트라우마로 인해 발생한 깊고 복잡한 감정을 처리하는 대신, 무의식적으로 먹는 행위는 감각이 마비되는 경험을 하게 한다. 여러 면에서 체중은 보호 요인이 된다. 먹는 행위는 트라우마 경험으로 인한 수치심과 죄책감을 직면하는 것으로부터 주의를 돌리는 수단이 되는 것이다. 약물 사용과도 유사하게 음식은 해결책이자 방해꾼이며, 음식으로 대처하는 메커니즘을 제공하는 일종의 자가 치료제였다. 또한 마르고 매력적으로 보이는 것에 집착하는 사회에서, 어떤 사람들에게는 과체중 자체가 투명망토처럼 작용하기도 한다. 필요하다면 체중을 무겁게 하여 사회의 가장자리로 사라질 수 있다. 앞에서 언급된 23세 여성에게는 강간 후 체중이 늘어난 것이 성폭행을 피하기 위한 안전장치가 되었다. 역시 성 학대의 생존자인 또 다른 참여자는 체중을 감량했을 때 남성들이 그녀가 얼마나 매력적인지 언급할 때마다 두려움에 마비되었다고 회상하였고, 당연히 그녀는 다시 체중을 늘리게 되었다(Stevens, 2012). 이처럼 비만은 더 고통스럽고 무서운 무언가에 대한 보호 요인으로 작용하였다. 체중 감량은 상당한 불안과 불편함을 야기했으며, 이러한 사실을 고려할 때 Felitti의 연구 참여자들이 '성공적인' 체중 감량 시기에 연구에서 이탈하는 것은 놀라운 일이 아니었다. 여러 후속 연구자들은 생애 초기에 겪은 어려움이 신체 건강과 비만에 미치는 영향을 문서화하였는데, 471명의 표본 중 어린 시절에 네 번 이상 트라우마 경험이 있었던 참가자들의 비만(BMI≥85%) 유병률이 어린 시절 어려움이 전혀 없었던 그룹에 비해 더 높았다(45.2%)(Burke et al., 2011). 비만의 이러한 중요한 측면은 주로 정신건강 전문가, 의사 및 공중보건 정책 결정자들에 의해 경시되어 왔다. 그러나 Felitti의 발견은 그를 완전히 새로운 연구로 이끌었으며, 이것은 외상적 경험이 그 이후의 정신적 및 신체적 건강에 미치는 영향을 이해하는 데 관한 것이었다(Stevens, 2012).

이 새로운 정보는 많은 부분에서 공중보건 및 의료 분야를 완전히 뒤집어 놓았다. 오랫동안 연구자들은 전국적인 중독 및 비만율의 급증에 있어 행동을 주요 문제로 여겨 왔으나, Felitti의 연구는 다른 방식의 탐구가 필요할 수 있음을 보여 주었다. 이 발견으로 인해 해당 분야는 이러한 행동의 근본적인 원인에 주목하기 시작했다. 과식(또는 약물, 음주, 흡연)과 같은 중독적 행동은 미해결된 초기 트라우마 경험에 대한 대처 메커니즘인 것으로 보인다(Stevens, 2012).

Felitti는 이 새로운 발견에 고무되어 1990년 조지아에서 열린 학회에 자신의 연구 자료를 가져가 널리 알리고자 하였다. 심리학자, 정신과 의사 및 비만 연구자들이 주로 참석하는 미국비만학회(North American Association for the Study of Obesity)에서 Felitti는 자신의 연구 자료가 영향력을 발휘할 것이라고 확신하였다(Stevens, 2013a, 2013b). 그러나 실제로는 아니었다. 많은 청중이 그의 연구를 비판하고 그의 발견이 일반화될 수 없다고 지적하였다. 그들은 표본의 크기가 작다고 비판하였으며 대부분은 그의 연구 결과를 무시하였다. 그러나 회의의 참석자 중 한 명은 이를 주목하였다. 미국 질병통제예방센터(US Centers for Disease Control and Prevention: CDC)의 역학자이기도 한 David Williamson 박사는 Felitti에게 한 가지 아이디어를 제안하였다. 그는 Felitti에게 일반 인구에서 더 큰 표본 크기로 조사하면(비만 클리닉의 참가자뿐만 아니라), 사람들이 그가 말하고자 하는 내용을 더욱 경청할 것이라고 말했다. Williamson은 Felitti에게 의학 역학자인 Robert Anda 박사를 소개해 주었다. Anda 박사는 공중보건 및 역학에 관심이 있는 의사였다. 일반적으로 역학은 전 인구의 관점에서 질병을 연구하는 학문이다. "역학은 특정 인구에서 건강과 관련된 상태 또는 사건의 분포와 결정 요인을 연구하고, 건강 문제 통제에 이러한 연구를 적용하는 학문이다(Last, 2001, p. 1)." 이는 전반적인 인구의 건강을 연구하며, 연구 기반의 데이터와 결과를 지역사회에 실제로 적용하는 것을 포함한다(Cates, 1982; Greenwood, 1935).

Felitti와 Anda가 만났을 당시, Anda는 CDC에서 우울증과 관상동맥 심장질환 간의 관계를 연구하고 있었다. 그는 자신의 연구에서 이 질환들이 서로 연결되어 있음을 발견하고, 표본 집단의 근본적인 절망감이 심장병의 유병률에 영향을 미치고 있는 것은 아닌지 궁금해졌다. 두 사람은 연구를 통합하고 그들의 집단적 전문 지식과 자원을 활용하기로 결정하였다. 그들은 CDC와 카이저 퍼머넌트의 자원을 활용해 함께 협력하면 미국의 건강과 웰빙에 대한 중요한 정보를 발견할 수 있을 것이라고 믿었다.

연구팀은 샌디에이고의 카이저 퍼머넌트가 이 대규모 데이터 수집을 위한 이상적인 환경이라고 판단했다. 모든 연구 프로젝트에서 그렇듯, 연구자가 접근 가능한 모집단은 연구 결과의 중요성을 완전히 바꿀 수 있는데, 표본 크기는 일반적으로 크면 클수록 좋다. 그 당시 예방의학과에서는 매년 약 50,000명의 환자들이 진료를 받았으며, 그들은 신체검사와 실험실 검사 전에 광범위한 생물심리사회적 병력 양식을 작성해야 했다. 두 연구자는 이 기회를 그들의 연구 참여자 모집을 위한 초기 자원으로 활용하기로 결정하였다. 연구 참여자 선별 과정에서 연구팀은 26,000명에게 '어린 시절의 사건들이 어떻게 성인 건강에 영향을 미칠 수 있는지 이해하는 데 도움을 줄 의향이 있는지' 물었다고 Felitti는 밝혔다(Stevens, 2013a, para. 1). 그리고 26,000명 중 17,421명(68%)이 어린 시절 경험에 대한 정보가 그들의 영구적 의료 기록에 남지 않는다는 조건으로 연구 참여에 동의하였다(Burke, 2011; Felitti, 2002; Hillis, 2004; Stevens, 2012; Williamson, 2002). 연간 건강 및 웰빙 검사를 받은 후 약 2주 뒤, 연구 참여에 동의한 참가자들은 (이메일을 통해) ACE 설문지를 받았다. 이 설문지는 자기보고식 설문으로, 10가지 다른 종류의 어린 시절 학대 및 가정 기능 장애에 대한 내용을 조사하였다(Burke, 2011; Felitti, 2002; Hillis, 2004; Stevens, 2013a; Williamson, 2002). 설문지를 통해 각 개인의 'ACE 점수'가 산출되었다. 이는 18세 이전에 한 개인에게 발생한 범주의 수(사건의 수가 아님)를 계산한 것이다. 다만 유의해야 할 것은, 이 연구의 후향적 측면은 회상 편향을 유발할 수 있고, 모든 사람이 초기 트라우마 노출을 정확하게 기억하는 것은 아니라는 점이다. 각 긍정적인 응답('예'라고 답한 경우)마다 1점이 총점에 추가된다. ACE 인벤토리의 질문은 '당신의 성장 과정 중, 당신의 생애 첫 18년 동안'을 물어보며, 다음과 같은 내용이 포함되어 있다.

1. 가정에서 부모나 다른 어른이 자주
   - 당신에게 욕하거나 당신을 모욕하거나, 비하하거나, 괴롭히는 행동을 했습니까? (또는)
   - 당신이 신체적으로 다칠 수도 있다는 두려움을 느끼게 하는 행동을 했습니까?
2. 가정에서 부모나 다른 어른이 자주
   - 당신을 밀치거나, 잡거나, 때리거나, 당신에게 뭔가를 던진 적이 있습니까? (또는)
   - 당신을 다친 흔적이나 부상이 생길 정도로 강하게 때린 적이 있습니까?
3. 당신보다 적어도 5세 많은 사람이나 어른이 당신에게
   - 성적인 방식으로 당신을 만지거나 애무한 적 혹은 당신이 그들의 몸을 성적인 방식으로 만지거나 애무하게 한 적이 있습니까? (또는)
   - 구강, 항문 또는 질 성교를 시도하거나 실제로 한 적이 있습니까?
4. 다음과 같이 자주 느꼈습니까?
   - 가족 중 아무도 당신을 사랑하거나 중요하게 생각하거나 특별한 존재로 여기지 않는다고 느꼈습니까? (또는)
   - 당신의 가족이 서로 돌보지 않는다거나, 가깝지 않다거나, 서로 지원해 주지 않는다고 느꼈습니까?
5. 다음과 같이 자주 느꼈습니까?
   - 먹을 것이 부족하고, 더러운 옷을 입어야 했으며, 당신을 보호해 줄 사람이 없다고 느꼈습니까? (또는)
   - 부모가 술이나 마약에 너무 취해 당신을 돌봐 주지 못하거나 필요한 경우에도 병원에 데려가지 못했다고 느꼈습니까?
6. 부모가 이혼하거나 별거한 적이 있었습니까?
7. 당신의 어머니 또는 새어머니가
   - 자주 당신을 밀치거나, 움켜잡거나, 때리거나, 당신에게 뭔가를 던진 적이 있습니까? (또는)
   - 가끔 혹은 자주 당신을 발로 차거나, 물거나, 주먹으로 때리거나, 무언가로 세게 때린 적이 있습니까? (또는)
   - 당신을 적어도 몇 분 동안 반복하여 때리거나, 총이나 칼로 위협한 적이 있습니까?
8. 음주 문제가 있는 사람이나 알코올 중독자 또는 불법 마약을 사용하는 사람과 함께 살았습니까?
9. 가족 구성원 중에 우울증 또는 정신질환을 앓거나 자살을 시도한 사람이 있었습니까?

10. 가족 구성원 중에 감옥에 간 사람이 있었습니까? (Felitti & Anda, 1998a, p. 4)

ACE 점수 측정에 대한 전체 내용은 다음 주소에서 확인할 수 있다.
https://www.ncjfcj.org/sites/default/files/Finding%20Your%20ACE%20Score.pdf

초기 데이터에 대한 비판 중 하나는 해당 데이터가 이상치(outlier)의 영향을 많이 받거나 모집단을 충분히 대표하지 못한다는 점이었다. 새로운 샘플은 이러한 우려를 해결하고자 하였다. 카이저 헬스 플랜 환자들은 고품질 건강 보험에 가입할 수 있는 미국 중산층 시민들이었다. 그리고 샌디에이고 플랜 회원의 총 81%는 4년 주기로 종합 의료 평가를 받았다. 이들은 서비스와 지원을 받을 수 있는 자원이 풍부하고 지식이 있는 사람들이었다. 그들 중 약 80%는 백인(히스패닉 포함), 10%는 흑인, 10%는 아시아인이었다. 또한 74%가 대학에 다녔으며 참여자의 평균 연령은 57세였다. 그들의 거의 정확히 절반은 남성이었고 나머지 절반은 여성이었다. 이 안정적인 중산층 집단은 미국에서 일곱 번째로 큰 도시 출신이었고, 결과가 일반적이지 않다거나 빈곤 또는 다른 혼란스러운 변수의 결과라고 치부하기 어려웠다. Felitti는 표본 크기와 모집단이 향후 연구의 걸림돌이 되지 않도록 확신을 가지길 바랐다(Felitti & Anda, 2009).

어린 시절의 부정적 경험을 조사하는 세계 최대 규모의 종단 연구가 될 공동 작업을 위한 준비로, Anda 박사는 어린 시절 트라우마에 대한 최신 문헌 정보들을 습득하고 Felitti 박사가 이전에 수집했던 자료들에 집중하였다(Stevens, 2013a). Anda 박사는 이전까지는 어린 시절의 고통이 자신의 연구와 관련이 있다고 생각조차 하지 않았다고 언급하였다(Anda et al., 2012). 이후 6개월 동안 Anda 박사는 대규모 문헌 검토를 실시하며 MedLine에서 최근 15년 내 발행된 논문 중 '아동 학대'라는 단어가 포함된 모든 논문 초록을 찾아보았다. 그가 검토했던 대부분의 연구는 한 가지 형태의 학대만을 다루었고, 그중 대부분이 성적 학대와 신체적 학대였다(Anda et al., 2012). 일부 연구들은 가정 폭력에 노출된 사례를 다루었으나 모두 이러한 문제를 단독으로만 다루었다. 연구 결과는 제한적이었으며 어떤 연구도 다중적인 트라우마나 역경의 누적 효과를 고려하지 않았다. 그는 대부분 연구 결과가 이후의 우울 증상과 관련되어 있으며, 성인기 신체 건강이 초기 역경과 관련되어 있다는 사실을 고려한 연구는 단 한 건도 없었다고 지적했다. Anda 박사는 생애 초기 역경과 관련하여 다양한 분야에 흩어진 단편적인 정보들은 있었지만 이를 통합한 연구는 없다는 느낌을 받았다고 회상하였다.

Anda 박사가 수행한 연구와 Felitti 박사가 이전에 수행했던 연구를 기반으로, 연구팀은 본 연구의 중점이 될 아동기 트라우마의 8가지 주요 유형을 설정하였다. 여기에는 3가지 학대 유형(성적, 신체적, 언어적)과 5가지 가족 관련 문제(정신질환이 있는 부모, 알코올 중독자 부모, 가정 폭력의 피해자가 된 어머니, 수감된 가족 구성원 그리고 이혼이나 유기로 인한 부모 상실)가 포함되었다(Felitti & Anda, 1998, 2010; Hillis, 2004, 2010; Stevens, 2013a, 2013b). Anda 박사는 이 목록에 정서적 학대와 신체적 방치를 추가하여 총 10가지 유형의 아동기 역경에 대한 이론을 제시했다.

이 공동 연구는 1995년에 공식적으로 시작되어 1997년까지 이어졌다. 초기 데이터세트의 참가자들은 후향적 및 전향적 코호트 연구를 통해 15년 이상 추적 관찰되었다[카이저 퍼머넌트 및 에모리 대학교와 인간 연구 보호 사무소(Office of Human Research Protection)를 통해 IRB 승인을 받음]. 최종적으로 이 연구는 후향적(과거를 돌아보는) 연구이면서 전향적(미래를 내다보는) 연구였다. ACE 연구의 큰 그림이자 최종 목표는 초기 경험(18세 이전의 역경)을 기반한 ACE 점수와 개인의 현재 건강 상태 및 웰빙을 (후향적으로) 일치시키는 것이었다. 그리고 두 번째 목표는 해당 코호트를 미래까지 추적하여 (전향적으로) 그들의 기록을 향후 의사 방문, 응급실 방문, 입원, 약국 비용 및 최종적으로 사망과 비교하는 것이었다. 이 책의 출판 시점(2018년) 기준, 이 연구는 원 데이터 수집 이후 20년이 된 직후여서 종단적 정보가 수집된 상태였다(Nakazawa, 2015).

데이터는 두 차례에 걸쳐 수집되었는데 이는 필요할 경우 중간에 데이터 수집 절차를 수정 및 조정할 수 있는 여지를 두기 위함이었다. 첫 번째 단계는 1995년 8월부터 11월, 1996년 1월부터 3월까지 이루어졌고, 두 번째 단계는 1997년 6월부터 10월까지 진행되었다. 응답률은 두 단계 전체 평균 68%로, 1단계에서는 70%, 2단계에서는 65%였다(Felitti & Anda, 2009; Felitti et al., 1998a, 1998b, 1998c). Anda 박사는 "우리가 발표했던 모든 것은 그 17,241명을 대상으로 한 기초 조사에서 나왔다."고 언급하였다(Stevens, 2013a, para. 1). 그는 자료가 처음으로 들어왔을 때 애틀랜타에 있는 자신의 집에 있었다고 회상했다. 그는 데이터베이스에 로그인 후 충격을 받았다고 하며 "나는 얼마나 많은 사람들이 고통받았는지 보면서 눈물을 흘렸다."고 언급하였다(Stevens, 2013a, para. 1). 누군가 이러한 개별적인 트라우마 사건이나 경험을 누적적으로 살펴본 것은 이번이 처음이었다. 수집된 데이터는 여러 가지 놀라운 패턴을 보여 주었는데, 핵심은 더 많은 범주의 어린 시절 역경에 노출될수록, 성인기 건강 위험 행동, 질병, 심지어는 사망 위험까지 높아진다는 것이었다(Felitti et al., 1998a, 1998b, 1998c; Stevens, 2013a). 어린 시절 고통과 트라우마를 경험하면 실제로 성인이 되었을 때 더 아프거나, 심지어 어린 나이에 죽음을 초래할 수도 있을까? 이것은 1990년대 중반의 획기적인 발견이었다.

앵커리지의 알래스카 대학에서 연설하면서 Anda 박사는 전문가로서 자신의 초기 경력과 자신을 ACE 연구로 이끈 경로에 대해 회고하였다. Anda 박사는 1979년부터 1982년까지 위스콘신 매디슨의 보훈병원에서 내과 레지던트로 근무하면서 경험이 건강에 미치는 영향을 처음으로 목격했다고 언급하였다. 그는 주로 제2차 세계 대전 참전용사들을 치료하면서 흡연 관련 질병, 만성 폐질환, 약물남용 및 정신질환과 같은 질병들로 죽어 가는 남성들을 보았는데, 그때는 외상 후 스트레스 장애(PTSD)라는 용어가 임상의들에게 널리 사용되기 전이었다.

그는 비디오테이프 연설의 한 대목을 인용하며 "나는 거기 있을 필요가 없는 것들을 보았다."고 언급했으며(Anda et al., 2012), 이 남성들이 왜 그렇게 행동했는지 궁금해하였다. 그는 특히 Ed라는 한 환자를 떠올렸는데, Ed는 흡연으로 인한 질병으로 죽어 가는 사람이었다. 그가 침대에서 화장실로 가려면 숨을 몰아쉬어야 했고, 이 짧은 걷기 후에 숨을 고르는데 몇 분이나 걸렸다. 그 후 Ed는 커뮤니티 룸으로 내려가 동료들과 이야기하면서 다시 몇 시간 동안 흡연을 지속했다. Anda 박사는 Ed와 같은 많은 사람이 왜 그런 행동을 하는지 궁금하여 대학병원에서 말기 암 및 심장질환 환자들을 관찰하였다. 만약 예방할 수 있는 선택지들이 있었다면 이들 중 대다수가 이렇게까지 나쁜 상태가 되지는 않았을 것이다(Anda et al., 2012).

Anda 박사는 또한 위스콘신 교도소에서 일한 경험을 회상하였다. 그곳에서 그는 많은 시골 청년이 약물남용 문제와 씨름하는 것을 보았는데, 그는 그들이 어떻게 이곳까지 이르게 되었는지, 그리고 그들이 교도소에서는 무엇을 하고 있는지 궁금했다. 이에 더해 응급실에서의 경험 또한 그로 하여금 약물남용과 폭력 사이의 상호작용에 대해 생각하게 하였는데, 이 모든 경험이 교차되면서 결과적으로 Anda 박사는 예방 의학 분야에서의 경력을 쌓기로 결심하였다. 그는 이들이 건강 문제와 사회적인 어려움에 처하기 전에 이들을 돕기 위해 무엇이든지 해야 한다고 강하게 느꼈다. 따라서 그는 CDC에서 주로 만성 질환에 집중하는 업무를 하게 되었다(Anda et al., 2012).

CDC에서 수년간 일한 후, Anda 박사는 만성 질환과 관련하여 자신이 보고 있는 것에 대해 점점 더 환멸을 느끼게 되었다. 그는 시간이 지날수록 위험 행동을 변화시키는 것이 얼마나 어렵고 힘든지 깨닫고 좌절했으며, 이러한 행동들이 흡연, 고혈압, 비만, 당뇨병 등의 원인이 되는 견고하고 습관적인 행동이라는 점에 주목하였다. 그는 이들을 치료하는 것이 어렵다는 것뿐만 아니라 비용 또한 많이 든다는 것을 발견하였다. 이를 계기로 Anda 박사는 이 문제적 위험 행동의 감정적 기원에 대해 생각하게 되었다. 그는 점차 이 행동들의 기저에 어떤 정서적 고통이 있음을 깨달았고, 이 고통을 다루지 않는 한 그는 계속 어려운 싸움을 벌일 수밖에 없을 것이라 여겼다(Anda et al., 2012).

이를 더 자세히 알아보기 위해 Anda 박사는 흡연과 우울증을 살펴보았으며, 우울한 사람일수록 흡연할 가능성이 높다는 결과를 발견하였다(Anda et al., 1990). Anda 박사와 그의 연구팀은 국가적 규모의 연구를 수행하고 몇 년 동안 이들을 추적하였는데, 연구팀은 우울한 사람들이 여러 해 동안 금연할 가능성이 적다는 점을 관찰하였다. 이 연구는 '자가 치료' 가설의 기원을 상당히 지지하였다(Anda et al., 2012; Markou et al., 1998). 정신질환이 있는 개인은 정신질환자가 아닌 사람들에 비해 흡연할 확률이 두 배가 높고(Lasser et al., 2000), 약물 중독은 인간의 고통과 긴밀한 관련이 있다(Khantzian, 1987). 개인은 어떤 종류의 물질(주류, 약물, 처방약, 음식 및/또는 다른 강박적인 행동)을 사용해 자신의 정신적 고통과 질병으로부터 감정적으로 마비되도록 만들 수 있다.

1991년 CDC에서 열린 브라운백 점심 세미나에서 동료의 소개로 Felitti 박사와 만나기 전에도, Anda 박사는 만성 질환의 감정적 기저를 이해하려는 연구에 많은 노력을 기울이고 있었다. 두 연구자는 이전에 서로의 연구를 접한 적이 전혀 없었지만, 진지하게 연구할 만한 공동의 관심사와 메커니즘이 있다고 합의하였고, 그 결과 유명한 ACE 연구가 탄생하게 되었다. 연구팀은 이 주제를 무시할 수 없는, 매우 중요한 주제로 보았다. "일상적인 의료 행위의 맥락에서, 우리는 초기 영아기와 유년 시절은 잊히는 것이 아닌, 굳지 않은 시멘트에 찍힌 아이의 발자국처럼 평생 지속될 수도 있음을 깨닫게 되었다."(Felitti & Anda, 2010)

• 제2장 •

# 아동, 청소년, 가족 그리고 사회에 미치는 영향

– Kirby L. Wycoff –

## 도입

아동기 부정적 경험(ACE) 연구가 아동, 청소년, 가족 그리고 지역사회에 대해 시사하는 바는 무엇인가? ACE 연구는 우리 사회가 요구하는 복잡한 신체적·정신적·행동적 건강에 대해 더 많은 통찰력을 제공한다. Felitti 박사와 Anda 박사는 저명한 연구자로, 두 연구자는 연계하여 미국 역사상 가장 중요한 공중보건 연구의 토대를 마련했다. 데이터 분석은 견고하고 설득력 있었으며, 연구 결과에 따르면 18세 이전에 외상성 경험에 노출될수록 후에 다른 문제들을 겪을 위험이 높다는 것이 발견되었다. 그러나 초기 외상성 경험이 기능의 다양한 측면에 구체적으로 어떤 영향을 미치는지는 아직 밝혀지지 않았다. 제2부에서는 외상성 경험이 개인에게 미치는 영향과 이것이 지역사회, 그리고 위험에 처한 아동 및 가족과 함께 일하고 있는 학교 기반 실무자에게 어떤 의미가 있는지 살펴볼 것이다.

앞서 언급한 바와 같이, 주요하고 유해한 스트레스 요인은 다음과 같은 다양한 형태를 띤다. 성적·신체적·심리적 학대 및 방임(아동 학대), 만성적인 괴롭힘, 가정 밖 거주, 위탁 보호, 아동 및 청소년 복지 기관의 개입, 부모의 약물남용, 부모의 범죄, 사랑하는 사람의 상실, 부모의 정신건강 문제, 심각한 재정적 어려움, 인종 차별과 편견 속에서의 생활, 대인 및 지역사회 폭력 목격, 구체적 외상 경험 그리고 어린 시절의 고통스러운 의료 수술의 경험(Carrion & Wong, 2012; De Bellis et al., 2003; Teicher, 2000) 등이 있다. Brown 등(2009)은 ACE 노출과 사망률에 대한 연구에서 ACE에 여러 번 노출된 사람들의 잠재적 수명 손실이 19년이라는 충격적인 수치를 발견했다(Brown et al., 2009).

어린 시절에 이러한 스트레스 요인에 노출되는 것은 아동, 청소년, 가족, 지역사회에 여러 가지 문제를 야기한다. Felitti와 Anda는 “아동기의 부정적인 경험 그리고 정서 상태, 건강 위험, 질병 부담, 성적 행동, 장애 및 의료 비용의 중요한 범주 사이에는 수십 년 후에도 오래 지속되고, 매우 깊이 비례적인 관계가 존재한다."(Felitti & Anda, 2009, p. 4)고 전했다. 이전 장에서 언급했듯이 ACE 연구는 아동기의 외상성 경험을 폭넓게 살펴보는 데 도움이 되었으며 그 범주에 정서적, 신체적, 성적 학대의 세 가지 형태를 포함한다(Anda et al., 2006a, 2006b, 2006c; Felitti et al., 1998a, 1998b, 1998c). 연구 결과는 놀라운데, 데이터에 따르면 6명 중 1명은 ACE 점수가 4점 이상, 9명 중 1명은 5점 이상인 것으로 나타났다. 한 가지 범주에 해당하면 다른 범주가 하나 이상 존재할 확률이 87%였다. 여성은 남성보다 5개 이상의 ACE 범주를 가질 확률이 50% 더 높은 것으로 보고되었다(Anda et al., 2006a, 2006b, 2006c; Bloom, 2017; Felitti et al., 1998a, 1998b, 1998c). 데이터에는 계단 효과[staircase effect]가 있었다. ACE 점수가 올라갈수록 문제의 잠재적 위험도 증가하였다. 최고점에서는 위험이 거의 기하급수적으로 증가하며, 높을수록 더 나빴다(Nakazawa, 2015). 연구팀은 다음과 같이 보고했다.

> 응답자의 절반 이상이 최소 한 가지, 응답자 4명 중 1명은 두 가지 범주의 아동기 노출 경험을 보고했다. 아동기 노출 범주의 수와 연구 대상인 각 성인 건강 위험 행동 및 질병 사이에 단계적 관계[graded relationship]가 있는 것으로 나타났다(P<.001). 아동기에 4가지 이상의 범주의 노출을 경험한 사람은 전혀 경험하지 않은 사람에 비해 알코올 중독, 약물남용, 우울, 자살 시도에 대한 건강 위험이 4~12배, 흡연, 낮은 자가 건강 평가, 50명 이상의 성관계 파트너, 성병에 걸릴 위험이 2~4배, 신체 비활동 및 중증 비만이 1.4~1.6배 증가했다. 허혈성 심장질환, 암, 만성 폐질환, 골절, 간질환을 포함한 성인병의 발병 여부와 아동기 부정적 경험 범주의 수는 단계적 관계를 보였다. 아동기 부정적 경험의 7가지 범주는 서로 밀접한 관련이 있었으며, 여러 범주의 아동기 노출을 경험한 사람은 추후 복수의 건강 위험 요인을 가질 가능성이 높았다.
>
> (Felitti et al., 1998a, 1998b, 1998c, p. 1)

다음은 아동기의 학대 노출과 역기능적 가정환경의 발생률에 대한 목록이다. 발생률[prevalence]이란 어떤 조건이 흔하거나 빈번한 정도를 말한다.

## 범주별 학대 종류

1. 심리적으로 반복되는 위협, 굴욕감(11.1%)
2. 매가 아닌 신체적 구타(10.8%)
3. 성적 학대(여성 28%, 남성 16%, 전체 22%)

## 역기능적 가정환경

1. 폭력을 당하는 어머니(12.5%)
2. 물질 사용(가족 구성원이 알코올 또는 약물 사용)(25.6%)
3. 가정 내 범죄 행위(3.4%)
4. 만성적으로 우울, 자살 충동, 정신질환이 있거나 정신 병원에 입원 중인 가족 구성원(18.8%)
5. 양쪽 친부모가 모두 양육하지 않음(23%)

## 방임

1. 물리적 방임(10%)
2. 정서적 방임(15%)(Anda et al., 2006a, 2006b, 2006c, p. 5).

스트레스에 어느 정도 노출되는 것은 아이들이 자기 조절, 회복력, 대처 능력을 키우는 데 필요하고 유익한 일이다. 그러나 따뜻하고 양육적이며 보호적인 관계(긍정적인 애착 관계)가 없는 상태에서 장기간 혹은 극도의 스트레스를 받으면 생물학적 스트레스 반응 시스템이 활성화되어 높은 경계 태세를 유지하게 된다. 이는 신경세포 사멸, 시냅스 화학물질 생성 변화, 신경세포 가지치기 장애, 신경 연결 약화 및 감소, 뇌파EEG 이상, 뇌 구조, 형태 및 기능 변화로 이어질 수 있는 일련의 신경화학 및 호르몬 변화를 신체에서 유발한다[DeBellis & Keshavan, 1999; Gunnar & Quevedo, 2007; 하바드 아동 발달 센터(Harvard Center on the Developing Child)].

건강한 스트레스의 영향 및 질병으로 이어지는 스트레스 과부하의 영향을 고려할 때, **알로스타틱 부하**allostatic load라는 개념이 이를 적절히 설명한다. 우리 몸은 마모와 손상의 증가에 대응하기 위해 여러 가지 스트레스 반응 시스템을 갖추고 있다. **알로스타시스**Allostasis는 스트레스 요인에도 불구하고 신체가 항상성을 찾고 유지하려는 개념을 말한다. 알로스타틱 부하의 부담은 만성 외상성 스트레스 요인이 신체에 미치는 영향을 세포 수준에서 개념화할 수 있는 하나의 방법이다.

신체 건강과 관련하여 알로스타시스는 변화하는 환경과 스트레스 요인 속에서 신체적 균형을 유지할 수 있도록 한다. 건강한 유기체가 생리적 각성이나 스트레스에 직면하면 신체는 보호 반응을 불러일으킨다. 신체는 균형, 평형 및 항상성 상태로 돌아가기 위해 열심히 노력한다. 그러나 신체의 자연스러운 대처 반응이 효과적이지 않으면 손상(또는 알로스타틱 부하)이 남아 현재 또는 미래의 질병을 초래할 수 있다(Felitti & Anda, 2010).

> 신체적으로 건강한 유기체는 '알로스타시스', 즉 주변 환경의 변화 속에서 생리적 항상성을 유지할 수 있다. 생리적 스트레스에 직면했을 때, 건강한 유기체는 보호 반응을 일으켜 손상 가능성을 줄이고 (적응된) 평형을 회복할 수 있다. 이러한 생리적 대처 전략이 성공하지 못하면 손상(또는 '알로스타틱 부하')이 남아 결국 질병을 초래할 수 있다.
>
> (Huber et al., 2011, p. 236)

미국 질병통제예방센터(CDC)의 국립 질병 예방 및 통제센터(National Center for Injury Prevention and Control)의 Melissa Merrick 박사가 발표한 바와 같이, ACE는 미국 내 주요 사망 원인과 관련이 있다. MARC(회복력 있는 공동체를 위한 행동 동원, Mobilizing Action for Resilient Communities[1]) 조직을 위해 '정책, 규범 및 프로그램을 통한 조기 역경 예방'을 주제로 웹 세미나가 열린 바 있다. 여기에서 Merrick 박사는 국가 생명 통계를 인용하여, 미국의 10대 주요 사망 원인 중 적어도 7가지 이상이 ACE와 실증적으로 연관되어 있다고 언급했다. 2014년 미국 내 주요 사망 원인은 다음과 같으며, ACE 노출로 인해 영향을 받은 것은 고딕체로 표시하였다[국가 생명 통계 보고서(The National Vital Statistics Report: NVSR) "Deaths: Final Data for 2014"].

1. **심장질환**
2. **암**
3. **만성 하부호흡기 질환**
4. **의도치 않은 부상**

1) http://marc.healthfederation.org/BrownBag#ARCHIVES

5. 뇌졸중
6. 알츠하이머병
7. 당뇨병
8. 인플루엔자 및 폐렴
9. 신장염, 신증후군 및 신증(신장질환)
10. 고의적 자해(자살) (NVSR, “Deaths: Final Data for 2014”)

어린 시절 만성적인 스트레스와 역경에 노출되면 추후 개인의 정신적, 신체적 건강에 부정적인 영향을 미친다. The Lancet(Hughes et al., 2017)에 실린 메타분석 논문에서는 초기 외상성 경험이 건강에 미치는 영향을 분석했다. 연구팀은 2016년 5월 6일까지 발표된 횡단 연구, 사례 대조군 연구, 코호트 연구에 대한 5개의 전자 데이터베이스를 체계적으로 검토했다. 연구팀은 ACE와 관련된 건강 결과(예: 약물남용, 성 건강, 정신건강, 체중 및 신체 활동, 폭력, 신체 건강 상태 및 조건)를 논의한 연구를 찾는 데 중점을 두었다(Hughes et al., 2017). 연구팀은 ACE에 4회 이상 노출된 개인과 0회 노출된 개인의 위험 추정치를 비교한 연구에 관심을 가졌다. 연구 대상 인구는 18세 이상의 성인으로, 연구 표본크기는 100명 이상이 요구되었다. 연구팀은 무작위 효과 모델에 기반한 승산비를 사용하여 자료를 유의미하게 비교할 수 있었다(Hughes et al., 2017). 승산비(오즈비[odds ratio])는 특정 개인이 특정 결과에 의해 영향을 받을 가능성을 나타낸다. 승산비가 1 : 1이면 특정 노출에 따라 특정 결과가 발생할 위험이 더 크지 않음, 즉 같은 수준의 위험임을 뜻한다. 승산비가 1보다 크면 노출로 결과의 위험이 증가하고, 1보다 작으면 위험이 감소함을 나타낸다(Merrick, 2017). 초기 탐색을 통해 메타분석에 포함될 수 있는 11,621건의 연구와 총 253,719명의 참여자 집단을 찾아냈다.

Hughes 등은 메타분석을 통해 ACE가 0개인 사람에 비해 4개 이상인 사람이 다음과 같은 경험을 할 가능성이 더 높다는 사실을 발견했다.

- 자살 시도 가능성 7.51~37.48배
- 불안 또는 우울 경험 가능성 3.70~4.73배
- 저조한 자가 건강 평가 및 낮은 삶의 만족도 가능성 2.24~4.36배
- 성병(STI) 감염 가능성 5.92배
- 만성 질환(당뇨, 암, 간 및 소화기 질환, 폐 질환)에 걸릴 가능성 1.38~3.05배
- 흡연, 안전하지 않은 성관계, 약물 및 알코올 남용과 같은 위험한 행동을 할 가능성

1.25~6.86배(Hughes et al., 2017, p. 361)

Hughes 등은 연구 결과를 다음과 같이 요약했다.

> 여러 차례 ACE를 경험하는 것은 건강 상태의 주요 위험 요인이 된다. 복수의 ACE 경험과 가장 밀접하게 연관된 결과는 다음 세대에서의 ACE 위험(예: 폭력, 정신질환, 약물 사용)을 시사한다. 공중보건 증진을 지속하기 위해서는 ACE에 대한 사전 예방, 회복탄력성 구축, ACE에 기반한 서비스 제공으로 초점을 전환해야 한다.
>
> (Hughes et al., 2017, p. 1)

ACE 점수가 4점 이상인 사람은 다른 많은 부정적인 행동, 신체적·심리적 건강 결과 중에서도 흡연할 가능성이 2배, 알코올 중독일 가능성이 7배, 18세 이전에 성관계를 가질 가능성이 6배 더 높다(Bloom, 2017). ACE 경험이 많을수록 더 악화된다. ACE가 0에서 단 한 개라도 증가하면 문제가 발생할 가능성이 최대 30~40%까지 높아진다. 이 책의 목적에 따라, 앞으로 ACE 노출이 아동, 청소년, 가족, 지역사회에 구체적으로 어떠한 영향을 미치는지 자세히 살펴보도록 하겠다.

## 정신건강 위험 및 영향

아동기 외상성 경험에 대한 노출이 추후 정신건강에 부정적인 영향을 미친다는 사실은 잘 알려져 있다(Boney-McCoy, 1995; Chapman et al., 2004; Dube et al., 2001; Horwitz, 2001; Karatekin 2017; Kendall-Tackett et al., 1993; Kessler et al., 1997; Runyon et al., 2014; Singer, 1995; Turner et al., 2006). 18세 이전에 여러 가지 역경과 만성적인 외상성 스트레스를 경험한 아동은 우울, 반사회적 행동, 정신증, 불안, 자살, 외상 후 스트레스 장애(PTSD) 증상 등 다양한 정신건강 문제를 겪을 위험이 더 크다. Felitti와 Anda(2009)는 ACE 점수와 자가 보고된 만성 우울 사이에 강력하고 분명한 연관성이 있으며, 이는 다른 정신과적 질환에서도 마찬가지라고 지적했다. ACE를 경험한 횟수가 많을수록, 나중에 우울 증상을 스스로 보고할 확률이 높아진다. 또한 연구진은 ACE 노출과 향후 자살 시도 사이에 유사하게 (그러나 더 강한) 단계적 관계[step-wise relationship]가 있음을 발견했다. 흥미롭게도, 공중보건 및 경제적 관점에서 볼 때 ACE 점수와 개인의 평생에 걸친 항우울제 처방약 사용량 사이에 관계가 있다는 점이 나타났다(Felitti & Anda, 2009). 어린 시절의 역경과 트라우마에 노출된 개인은 추후 정신과 질환을 앓게 될 가능성이 높다.

Whitfield 등(2005a, 2005b)은 ACE 점수와 추후 환각 사이에 일관된 정적 관계가 있음을 확인했다. 원본 데이터와 로지스틱 회귀 모형의 조정된 승산비를 사용하여, ACE 노출과 자가 보고된 환각 사이의 관계를 평가했다. 약물남용 이력을 통계적으로 보정한 결과, 아동기 트라우마 노출과 환각 사이에는 명확하고 단계적이며 통계적으로 유의미한 연관성이 있었다(Whitfield, 2005; Whitfield et al., 2005a, 2005b). 연구진은 특히 환각과 관련이 있을 수 있는 약물남용과 환각 자체 사이의 관계를 명확히 하고자 했다. 연구진은 알코올의 매개 효과 없이 초기 트라우마와 이후 환각 간 관계의 핵심 양상으로서 ACE를 분리하고자 했다. 이 연구에는 기존 Felitti 및 Anda 데이터의 총 17,337명의 참가자가 포함되었으며, 이 중 54%(9,367명)가 여성, 46%(7,970명)가 남성이었다. 평균 연령은 57세였으며 응답자의 대다수는 백인, 중산층, 고학력자였다. 저자들은 ACE 노출 유형에 상관없이 모든 ACE에 노출되면 환각 위험이 1.2~2.5배 증가한다고 언급했다(Whitfield et al., 2005a, 2005b). 이러한 관계는 약물남용 이력이 있는 사람과 없는 사람 모두에 대해 추가로 조사되었다. 연령, 성별, 교육 수준 및 인종을 통계적으로 통제한 후에도 환각 유병률에서 지속적인 점진적 증가가 발견되었다($p<0.001$)(Whitfield et al., 2005a, 2005b). 어린 시절 ACE에 노출된 적이 없는 개인과 비교하여 7개 이상의 ACE 범주에 노출된 개인은 환각을 보고할 위험이 5배 증가했다(Whitfield et al., 2005a, 2005b). 이러한 결과들은 서로 관련성이 높고 중요하며, 환각을 경험한 개인의 어린 시절 트라우마 경험에 대해 평가할 필요성을 강력하게 시사한다.

Mersky 등(2013)은 ACE 노출이 더 빈번한 우울 및 불안 증상 그리고 저조한 삶의 만족도 평가와 강력하고 유의미한 관계를 보인다는 사실을 발견했다. 시카고 종단 연구(Chicago Longitudinal Study: CLS)의 데이터를 사용하여 인종적으로 다양하고 경제적으로 취약한 집단에서 용량-반응 관계를 평가했다. CLS는 1979년과 1980년에 출생한 도시 지역의 사회경제적 지위가 낮은 소수민족 청소년 코호트를 추적했다. 표본 집단에는 1985년부터 1986년까지 공립학교 학군 내 유치원 종일 프로그램에 참여한 1,539명의 어린이가 포함되었다(Mersky, 2013). 아동의 대다수(2/3, n=989)는 시카고의 아동-부모 센터(Child-Parent Center: CPC) 프로그램을 통해 유치원에 다녔고, 나머지 표본은 비슷하게 취약한 환경에 있는 지역 유치원에 다녔다(Mersky, 2013). CPC 프로그램은 1967년에 설립되어 시카고의 저소득층 아동과 부모에게 종합적인 가족 지원 및 교육 서비스를 제공하는 센터 기반 조기 개입 프로그램이다(Chicago Longitudinal Study, 2013, para. 3[2]). CLS는 아동의 출생 이후 공공 기록으로부터 얻은 여러 데이터 점수를 보유하고 있었으며, 이후 20년 동안 부모, 교사 및 참가자로부터 설문조사 데이터를 수집했다(Mersky, 2013).

이 연구는 22~24세(2002~2004년) 성인(n=1142, 전체 표본의 74.2%)을 대상으로 평가했다(Mersky, 2013). 연구팀은 표본 집단을 평가하기 위해 우편, 전화, 대면 설문조사를 사용했다. 남성과 여성 모두 1985~1986년 데이터 수집에서 ACE 점수가 높은 사람들은 우울 증상과 불안 증상이 더 빈번하다고 보고했다(Mersky, 2013). 우울 증상을 평가하기 위해 참가자들은 지난 한 달 동안 자신이 느낀 감정에 대해 다음과 같이 답했다. (i) 매우 슬프다, (ii) 절망적이다, (iii) 외롭다, (iv) 우울하다, (v) 삶을 살 가치가 없다. 모든 증상은 (1) 한 달에 한 번에서 (5) 거의 매일까지 빈도로 평가되었다. 불안 증상을 평가하기 위해서도 유사한 척도가 만들어졌다(Mersky, 2013). 연구 결과에 따르면 CLS 참가자 5명 중 4명(79.5%)이 적어도 한 번 이상 ACE에 노출된 경험이 있으며, CLS 샘플의 약 절반(48.9%)이 복수의 ACE에 노출된 경험이 있는 것으로 나타났다(Mersky, 2013). ACE 노출과 이후 우울증 증상(OR=2.01~8.09, 0개의 ACE 대 복수의 ACE 비교), 불안 증상(OR=1.77~4.19, 0개의 ACE 대 복수의 ACE 비교), 삶의 만족도 감소(OR=0.52~0.22, 0개의 ACE 대 복수의 ACE 비교) 사이에 유의미한 용량-반응 관계가 있었다(Mersky, 2013). 'ACE 노출 없음'을 기준 그룹으로 삼았을 때, ACE 점수가 2점(OR=0.50), 3~4점(OR=0.57), 5점 이상(OR=0.45)인 그룹은 건강 결과가 현저히 나빴다(Mersky, 2013). 이 연구 결과는 ACE에 대한 노출 증가가 초기 성인기의 정신건강 악화와 관련이 있음을 나타내는 다른 연구 결과들을 다시 한번 확인시켜 주었다.

Karatekin(2017)은 단기 종단 연구를 통해 ACE가 대학생들에게 어떤 역할을 하는지 탐구하고자 했다. 연구자는 ACE 경험이 대학생 중에서 정신건강 문제 위험군을 초기에 식별하는 데 어느 정도 활용될 수 있는지에 관심이 있었으며, 또한 현재의 스트레스가 그 상호작용에 어떤 역할을 하는지 탐구했다(Karatekin, 2017). 초기 스트레스 요인이 뇌의 스트레스 반응 시스템에 오래 지속되는 영향을 미친다는 사실을 인지한 Karatekin은 대학생 표본을 대상으로 현재의 스트레스가 나중에 개인을 스트레스에 더 취약하게 만드는 데 어떤 역할을 하는지 고려했다. 학기 초, 연구팀은 중서부의 한 공립대학에 재학 중인 대학생 239명을 대상으로 ACE의 경험과 최근 우울, 불안, 자살 충동에 대한 정보를 수집했다(Karatekin, 2017). 학기 말에도 동일한 지표를 수집했다. 대학 진학 시기가 스트레스가 많은 시기고 성인 초기

2) http://www.cehd.umn.edu/icd/research/CLS/ch2.html

에 많은 정신건강 문제가 발생한다는 점을 고려할 때, 이 집단은 ACE, 정신건강 결과 및 현재 스트레스 요인을 탐색할 수 있는 기회를 제공했다. 가설은 학기 초에 평가한 ACE가 학기 말의 정신건강 악화(예: 우울, 불안, 자살 충동)를 예측할 수 있으며, 이는 ACE 경험이 향후 스트레스 요인에 더 취약해지도록 한다는 것이었다. 이 가설은 아동기 부정적 경험 설문지(the Early Adverse Experiences Questionnaire, Felitti et al., 1998a, 1998b, 1998c), 학생용 생활 사건 척도(the Life Events Scale for Students, Clements & Turpin, 1996), 환자 건강 질문지(the Patient Health Questionnaire: PHQ[3])를 사용하여 검증되었다(Karatekin, 2017). 이 연구 결과에 따르면 전체 인구의 약 19%가 임상적으로 유의미한 우울증 또는 불안증 기준을 충족하는 것으로 나타났다.

> 또한 높은 ACE 점수를 받은 학생 중 21%가 2차 시점에서 최소한 하나의 불안 또는 우울 장애 진단 기준을 만족시켰으며(1차 시점에서 이러한 장애 중 하나에 해당하지 않은 경우), 이는 낮은 ACE 점수를 받은 학생들(9%)보다 두 배 이상이다. 로지스틱 회귀 분석 결과, ACE는 우울증 또는 불안 장애를 겪을 사람을 예측하는 데 중요한 요소였다. 상대적 위험도를 계산한 결과, 이러한 악화를 보일 확률은 ACE 점수가 높은 그룹의 학생이 ACE 점수가 낮은 그룹의 학생보다 두 배 이상(2.32배) 높았다.
>
> (Karatekin, 2017, para. 17)

이는 초기 외상성 경험에 대한 노출이 향후 대학생의 스트레스 요인과 정신건강에 중요한 역할을 한다는 것을 시사한다. Karatekin은 또한 ACE 경험과 자살률 사이에 유의미한 관계가 있음을 발견했는데, 이 또한 큰 우려 사항이다.

> 학생 10명 중 1명 이상이 1차(11%)와 2차(12%) 시점 모두에서 지난 한 달 동안 적어도 한 번 이상 자살 충동을 느꼈다고 답했다. 이 비율은 낮은 ACE 그룹에 비해 높은 ACE 그룹에서 더 높았다. 낮은 ACE 그룹에서는 6%의 학생이 1차 조사에서는 자살 충동을 느끼지 않았으나 2차 조사에서는 자살 충동을 느꼈다. 해당 비율은 높은 ACE 그룹에서 11%였다. 상대적 위험도를 계산한 결과, 높은 ACE 그룹에 속한 학생은 낮은 ACE 그룹에 속한 학생보다 2차 시점에 자살 충동을 나타낼 가능성이 거의 두 배(1.85) 더 높았다. 아동기 부정적 경험은 1차 시

3) 역자 주: 한국에서 '한글판 우울증 선별도구'로 번역되어 사용됨

점의 자살 충동을 통제한 후에도 2차 시점의 자살 충동을 유의미하게 예측했다.

(Karatekin, 2017, para. 19)

최소 한 번의 ACE를 겪는 것이 성인의 자살 시도 중 3분의 2를 설명하는 것으로 보인다(Dube et al., 2001). 이러한 결과는 ACE에 노출된 청년층 중 현재 불안, 우울 또는 자살 충동을 경험할 수 있는 대상을 평가하고 개입해야 한다는 필요성을 뒷받침한다.

Felitti와 Anda는 위에서 언급한 결과 외에도 초기 역경과 트라우마가 이후 신체화 장애에 미칠 수 있는 역할을 고려했다. 신체화 장애는 사실상 신체적 장애로 보이지만, 정신건강상의 고통으로 나타나는 장애다. 즉, 정서적 고통이 신체적 증상의 형태로 나타나는 것이다. 신체화 장애와 명확한 의학적 근거가 없는 기타 신체적 장애는 임상가가 진단하고 치료하기 어려운 경우가 많기 때문에 이 점이 주목할 만하다. Felitti와 Anda의 연구에 따르면 아동기 성적 학대를 당했을 가능성이 높을수록 성인이 되었을 때 설명할 수 없는 신체적 증상이 나타날 가능성이 높다. 저자들은 이러한 결과가 기존의 다른 모든 ACE 연구 결과와 일치하며, 이 연구가 매우 획기적인 이유 중 하나라고 언급했다. "눈에 보이는 문제는 실제 문제를 나타내는 지표일 뿐인 경우가 많다. 실제 문제는 환자의 수치심, 비밀, 때로는 기억상실, 그리고 종종 임상가의 불편함에 가려져 시간이 지나면 묻혀 버린다."(Felitti & Anda, 2009, p. 6) ACE와 관련된 정신건강 및 정신과적 위험과 영향이 심각하며 우리의 지대한 관심과 주의가 필요하다는 것이 점점 더 분명해지고 있다. Anda와 Felitti는 그들의 연구에서 ACE가 "정서 상태에 지대하고, 비례하며, 오래 지속되는 영향을 미치는 것이 명백하다. 이러한 영향은 우울이나 자살 시도, 신체화 및 해리 등과 같은 무의식적인 방어기제 혹은 단순히 장기적 건강 위험으로 잘못 취급되는 자조 행동으로 측정할 수 있다."고 언급했다(Felitti & Anda, 2009, p. 6).

## 신체 건강 위험 및 영향

ACEs 연구는 아동기 외상성 경험에 대한 노출과 성인기의 생물의학적 질병 및 질병의 발생 경로 사이에 유의미한 관계가 있다는 것을 분명히 보여 주었다. 정서적 고통과 외상성 경험이 추후 정신건강 문제와 관련이 있을 뿐만 아니라 실제로 신체에 급성으로 물리적 영향을 미칠 수 있다는 사실은 지대한 발견이다(Felitti & Anda, 2009). 즉, 삶의 경험이 시간이 지남에 따라 유기적 질병으로 전이될 수 있다는 것이다(Felitti & Anda, 2009). 이는 질병을 유전적 요인으로 간주하는 일반적인 의학 모델에서 크게 벗어난 것이다(Felitti & Anda, 2009).

기존 연구에서 ACE와 연관된 의학적 질병 및 질환의 구체적인 예는 네 가지가 있다. 이 네 가지는 '간 질환/간염/황달(Dong et al., 2003), 만성 폐쇄성 폐질환/COPD(Anda et al., 2009), 관상동맥 질환(Dong et al., 2004a, 2004b) 및 자가 면역 질환(Dube, 2009)'이다(Felitti & Anda, 2009, p. 9). 이 모든 연구는 어린 시절에 ACE 점수가 높을수록 성인기에 이러한 질병에 걸릴 위험이 높아진다는 것을 나타낸다. 이러한 비례 관계는 다른 관련 위험 요인을 고려하여 보정되었다. 예를 들어, 관상동맥 질환(CAD)의 경우, 흡연 및 고지혈증과 같은 관상동맥 질환의 다른 위험 요인을 고려하여 데이터를 통계적으로 보정하였다(Felitti & Anda, 2009). Felitti와 Anda는 연구에서 생물의학적 질병의 과정을 다루면서 언뜻 보기에는 질병의 발생 경로가 간단해 보일 수 있음을 언급했다. 이들은 COPD와 CAD가 흡연 행동의 결과이며, 어린 시절의 스트레스 경험이 이러한 부정적인 대처 행동으로 이어진다고 가정할 수 있지만, 이것이 전부는 아니라는 점을 지적했다(Felitti & Anda, 2009). 저자들은 흡연 및 콜레스테롤과 같은 일반적인 위험 요인을 통계적으로 조정한 후에도 ACE와 관상동맥 질환 사이에 강력한 관계가 있음을 지적했다(Felitti & Anda, 2009). 이는 획기적인 정보다. Felitti와 Anda는 어린 시절의 초기 역경이 성인병과 관련이 있으며, 두 가지 메커니즘 또는 경로를 통해 이루어진다는 가설을 세웠다.

1. 흡연과 같은 기존의 위험한 행동은 사실 자조적인 시도다. 즉, 니코틴은 여러 가지 향정신성 효과를 가지고 있다.
2. 만성 스트레스는 발달 중인 뇌/신체 및 조절 시스템에 만성 염증성 스트레스 반응을 매개하여 스트레스 반응의 조절을 방해하고 이후 질병이 발병할 수 있게 한다(Felitti & Anda, 2009, p. 10).

## 의료적 영향은 무엇인가

질병 발생 경로의 역할과 ACE가 신체 건강에 미치는 영향을 고려할 때, ACE가 어떻게 심장질환이 일어날 확률을 기하급수적으로 증가시키는지 생각해 볼 수 있다. 각 ACE 범주에 대해, 개인이 이러한 ACE 노출 범주 중 하나에 해당할 경우 심장질환에 걸릴 확률이 얼마나 높은지 평가하기 위해 승산비를 계산했다.

- 정서적 학대(심장질환에 걸릴 확률이 1.7배 높음)
- 신체적 학대(심장질환에 걸릴 확률이 1.5배 높음)
- 성적 학대(심장질환에 걸릴 확률이 1.4배 높음)
- 가정 폭력(심장질환에 걸릴 확률이 1.4배 높음)
- 정신질환(심장질환에 걸릴 확률이 1.4배 높음)
- 약물남용(심장질환에 걸릴 확률이 1.3배 높음)
- 가정 내 범죄 행위(심장질환에 걸릴 확률이 1.7배 높음)
- 정서적 방임(심장질환에 걸릴 확률이 1.3배 높음)
- 물리적 방임(심장질환에 걸릴 확률이 1.4배 높음) (Bloom, 2017, p. 2)

어릴 때의 정서적 고통이 성인이 되어서도 정서적 고통으로 이어질 수 있다는 사실은 이미 문헌을 통해 잘 알려져 있었다. 하지만 Felitti와 Anda는 다른 누구도 발견하지 못한 사실을 발견했다. 어린 시절 외상성 경험이 실제로 성인기에 신체적 질병의 가능성을 높일 수 있다는 사실은 의학계를 완전히 뒤흔들었고, 이는 학교와 지역사회에서 우리가 하는 일과 매우 밀접한 관련이 있다.

## 중독 위험 및 영향

트라우마에 기반한 시선을 통해 중독을 이해하는 것은 트라우마가 행동 및 정신건강 결과에 미치는 역할을 고려할 때 중요한 측면이다. 중독이란 개인이 특정 물질이나 행위에 중독되거나 이에 의존하는 상태를 말한다. 흡연, 약물 사용, 알코올 중독, 강박적 폭식은 모두 치료가 어렵고 비용이 많이 드는 중독성 행동의 예이지만, 초기 외상성 스트레스에 뿌리를 두고 있을 수 있다. 이러한 행동이 치료하기 어려운 이유 중 하나는 이것이 적어도 단기적으로는 유익하거나 고통을 완화하는 특성을 가지고 있기 때문이다. 예를 들어, 니코틴은 불안을 줄일 수 있다. 폭식은 비만을 유발하는 행동 중 하나지만, 동시에 정서적 고통, 불안 및 우울감에 대한 정서적 관리 전략으로 알려져 있다. 이러한 건강 위험 행동은 종종 오로지 문제 행동으로만 간주되어, 어느 시점에는 그 행동이 어떤 목적을 위해 기능했었음을 인식하기 어렵다.

기존 ACE 연구에서는 ACE 점수와 향정신성 물질 사용 및 행동 사이에 강력하고 직접적인 상응 관계가 있음을 발견했다. Felitti와 Anda는 ACE 연구와 특히 관련이 있는 중독의 일반적인 범주가 많다는 점에 주목했다. 이들은 중독이란 "향정신성 약물의 무의식적이고 강박적인 사용"이라고 언급했다(Felitti & Anda, 2010, p. 7). Felitti와 Anda는 다른 연구자들과 함께 가장 흔한 세 가지 중독을 언급했다.

1. 흡연(Anda et al., 1999; Edwards et al., 2007)
2. 알코올 중독(Felitti et al.,1998a, 1998b, 1998c; Anda et al., 2002; Dube et al., 2006)
3. 약물 주사제 사용(Dube et al., 2003a, 2003b).

이 세 가지 범주는 아동기 외상성 경험의 여러 범주와 상응하는 관계에 있다(Anda et al., 2002, 2006a, 2006b, 2006c; Dube et al., 2003a, 2003b; Edwards et al., 2003; Felitti et al., 1998a, 1998b, 1998c).

중독으로 인해 우리 지역사회가 치르는 비용은 상당하다. "약물 오남용과 중독으로 인한 건강, 환경, 인적 부담은 엄청나다. 전체 인구의 약 8%에 해당하는 2,000만 명 이상의 미국인이 약물 사용 장애 진단 기준을 충족한다."(Office of the Surgeon General, 2016, para. 1) 개인이 자가 치료의 필요성을 느끼면서 중독으로 이어지는 경우를 고려할 때, 1차 예방을 통해 이를 줄이는 것은 고려해야 할 중요한 방법 중 하나다. 이는 약물 오남용 및 중독에 대한 낙인 감소, 보호 요인 증가, 학제 간 치료 협력 개선, 예방 노력 개선 등을 통해 더욱 구체화될 수 있다(Dube et al., 2006, 2009).

ACE 점수가 6점 이상인 남아의 경우, ACE 점수가 0점인 남아에 비해 나중에 약물 주사제 사용자가 될 확률이 4,600% 증가한다(Felitti & Anda, 2009). 이는 초기에 누적된 외상성 경험에 노출되면 나중에 약물 및 행위 중독에 빠질 위험이 기하급수적으로 커진다는 것을 나타낸다. ACE 노출이 이후 주사제 사용에 미칠 수 있는 극적인 영향을 고려할 때, 학교 및 지역사회에서 트라우마 기반 평가의 중요성에 대해 진지하게 생각해야 한다. 이는 또한 중독의 근본적인 원인이 "주로 어린 시절의 경험에 의존하며 물질에 의존하지 않는다."는 것을 시사한다(Felitti & Anda, 2010, p. 7).

불법 약물 사용을 평가하기 위해 후향적 코호트 연구 설계를 사용한 Healthy People 2010 Initiative(Dube et al., 2003a, 2003b)는 약물남용의 시작과 유지에 대한 ACE의 영향을 이해해야 한다고 제시했다. 캘리포니아의 한 1차 진료 클리닉에서 8,613명의 성인을 표본으로 하여 불법 약물 사용 및 기타 건강 관련 주요 지표에 대한 자가 보고와 함께 ACE를 평가했다.

이 연구는 특히 14세 미만, 15~18세, 19세 이상의 세 연령 그룹에서 약물 사용 시작 시기를 측정했다. 연구 결과는 유의미했다. 다른 연구 결과에서 보았듯이, 각 ACE와 모든 관심 변수 간에 강한 단계적 관계graded relationship가 있었다. 약물 사용을 조기에 시작할 가능성은 모든 ACE 범주에서 2~4배 증가했다(Dube et al., 2003a, 2003b). 또한 모든 연령 그룹에서 ACE 점수는 일평생 약물 사용과 동일한 단계적 관계step-wise relationship를 보였다.

> ACE가 0인 사람에 비해 ACE가 5 이상인 사람은 불법 약물 사용 문제, 불법 약물 중독, 비경구 약물 사용을 보고할 가능성이 7~10배 더 높았다. ACE로 인한 위험 비율은 해당 불법 약물 사용 문제에서 각각 56%, 64%, 67%였다.
>
> (Dube et al., 2003a, 2003b, p. 1)

이 저자들은 ACE가 미국에서 약물 관련 문제의 1/2에서 1/3을 설명하는 것으로 보인다고 결론지었다(Dube et al., 2003a, 2003b). 그들은 또한 아동기 부정적 경험을 줄이기 위한 프로그램적 접근이 크게 필요하다고 언급했다(Dube et al., 2003a, 2003b).

초기 ACEs 연구와 그 이후의 많은 연구에서 분명한 것은 초기 외상성 경험이 이후 중독 행동에 미치는 영향이 주목할 만하다는 것이다. 중독을 치료하고 관리하는 데 드는 경제적 비용과 중독으로 어려움을 겪고 있는 사람들의 경제 및 노동력 손실을 고려할 때 이는 우리가 진지하게 주목해야 할 문제다.

## 성행위 위험 및 영향

초기 역경을 경험하는 것은 정신건강, 신체 건강, 중독 위험에만 영향을 미치는 것이 아니다. 성적인 행동은 초기 외상성 경험에 노출되면 영향을 받는 또 다른 영역이다. Felitti와 Anda는 청소년의 임신과 문란함을 성적인 행동의 척도로 삼아, ACE 점수가 성적인 행동과 정비례하는 관계가 있다는 것을 발견했다. ACE 점수가 높을수록 15세 이전에 성관계를 가질 가능성이 높고, 여성의 경우 10대 임신의 가능성이 높으며, 남성은 10대에 아버지가 될 가능성이 높았다(Felitti & Anda, 2010). 또한 유산은 ACE 점수가 높은 사람일수록 더 높은 것으로 나타났는데, 이는 초기 외상성 경험과 보통 순전히 생물학적 결과로 간주되는 것들이 복합적으로 작용한다는 것을 다시 한번 보여 준다(Hillis et al., 2004). 조정된 승산비는 ACE 점수가 높을수록 일평생 50명 이상의 성관계 파트너를 가질 확률이 높다는 것을 보여 주었다.

역기능적 가정환경 및 아동 학대에 대한 노출은 청소년 임신과 관련된 위험 요인이다. Hillis 등은 ACE 점수가 높아질수록 청소년 임신이 증가한다는 사실을 확인했다. 이 연구는 또한 장기적인 심리사회적 결과와 태아 사망 가능성에 대한 주요 위험 요인이 ACE인지 아니면 청소년 임신인지 조사했다. 이 연구의 저자들은 평균 연령 56세의 여성 9,159명을 대상으로 한 후향적 코호트 연구를 사용했다. 이들은 1995~1997년 사이에 카이저 퍼머넌트(Kaiser Permanent)의 1차 진료 클리닉을 통해 진료를 받은 여성들이었다. 이 연구에 따르면 66%(6,015명)의 여성이 적어도 한 가지 이상의 ACE를 보고했으며 ACE 점수가 증가할수록 청소년 임신 위험이 증가하는 것으로 나타났다.

- 0 ACE = 청소년 임신 위험 16% 증가
- 1 ACE = 청소년 임신 위험 21% 증가
- 2 ACE = 청소년 임신 위험 26% 증가
- 3 ACE = 청소년 임신 위험 29% 증가
- 4 ACE = 청소년 임신 위험 32% 증가
- 5 ACE = 청소년 임신 위험 40% 증가
- 6 ACE = 청소년 임신 위험 43% 증가
- 7~8 ACE = 청소년 임신 위험 53% 증가 (Hillis et al., 2004, p. 1)

또한 ACE 점수는 첫 임신 후 태아 사망률 증가와 관련이 있었다. 저자들은 ACE와 청소년 임신 사이의 관계가 통계적으로 유의미하며, 점수가 한 단계 올라가면 청소년 임신의 위험도 비례적으로 함께 증가한다고 결론지었다(Hillis et al., 2004). 나아가 연구진은 태아 사망의 부정적인 영향은 실제 청소년의 임신보다는 기저에 있는 ACE 점수와 더 밀접한 관련이 있을 가능성을 제시했다(Hillis et al., 2004). 중요한 사실은 원치 않는 청소년 임신은 (원치 않는 아동에 대한) 아동 학대의 잠재적 위험이며, 이는 트라우마의 세대 간 전이가 계속되는 잠재적인 메커니즘이라는 점이다.

최근 몇 년 동안 청소년 임신율이 감소했음에도 불구하고(Kaufmann et al., 1998), 미국은 여전히 다른 개발도상국보다 높은 임신율을 보이고 있다. 청소년 산모에게 흔히 나타나는 여러 가지 일반적인 위험 요인이 있다. 여기에는 낮은 사회경제적 지위(SES), 낮은 학력, 편부모가 될 가능성의 위험 등이 포함된다(Anda et al., 2002; Dong et al., 2004a, 2004b). 청소년

산모에게서 태어나는 태아에게 미치는 영향 또한 다양하다. 태아 사망 위험이 더 높은 것으로 보고되고 있으며, 이러한 영아는 출생 시 저체중, 미숙아, 인지 발달 저하, 낮은 교육 성취도, 더 빈번한 범죄 행위 그리고 방임, 유기, 아동기 행동 장애의 위험이 더 높을 수 있다(Anda et al., 2007; Dong et al., 2004a, 2004b; Dube et al., 2001; Seeman et al., 2001a, 2001b). 여기서 논쟁은 청소년 임신이 이러한 부정적인 결과의 원인인지 혹은 청소년 임신을 초래한 역경의 환경 자체가 원인이 되어 부정적인 결과를 초래한 것인지에 있다. 이는 복잡한 문제이며 청소년 임신의 여러 위험 요인이 확인되었다. 여기에는 높은 실업률, 높은 폭력 범죄율, 높은 청소년 자살률, 높은 고등학교 중퇴율, 낮은 부모 교육, 불충분한 의료 보험 혜택, 청소년 부모인 자매나 친구의 존재, 소수 인종/민족, 낮은 가족 유대감, 신체적 또는 성적 학대, 가족 구성원의 전반적인 학대, 더 많은 성 파트너, 알코올 사용, 약물 사용 및 자살 시도가 포함된다(Anda et al, 2009; Dong et al., 2003, 2004a, 2004b; Dube et al., 2003a, 2003b; Hillis, 2004). 이러한 요인을 청소년 임신과 관련된 요인으로 이해함에도 불구하고, ACE와 ACE가 청소년 임신에 수행하는 역할에 대한 구체적인 연구는 적다. 이 저자들은 기존 ACE 데이터를 사용하여 ACE 노출이 청소년 임신 위험을 어느 정도 증가시키는지 조사했다. 연구팀은 각 ACE 범주가 독립적으로 위험을 증가시키고, 전체 ACE 점수가 증가함에 따라 임신 위험도 증가한다는 가설을 세웠다. 또한 연구팀은 장기적, 부정적인 결과들, 즉 심각한 가족 문제, 직업 문제, 재정 문제, 높은 스트레스, 통제할 수 없는 분노 등의 주요 기제가 청소년 임신인지, 아니면 ACE 노출 때문인지도 조사하고자 했다.

청소년 임신은 11~19세 사이의 임신으로 정의되었으며, 이 또한 원래 데이터 집단을 통해 수집되었다. 데이터 수집 1차 시점에서는 첫 임신이 언제 끝났는지에 대한 질문을 통해 임신의 첫 발생 시기를 추정했다. 구체적으로 다음과 같이 질문했다. "첫 임신은 몇 년, 몇 월에 끝났습니까?"(Felitti & Anda, 2010) 첫 임신이 종료된 시기는 참가자의 출생일에서 첫 임신이 종료된 일자를 빼서 계산했다. 이 정보는 첫 임신의 결과(출산, 사산/유산, 난관 임신, 선택적 낙태)와 함께 참가자가 처음 임신한 나이를 파악하는 데 사용되었다. 출산의 경우 임신이 종료되기 8개월 전에 임신한 것으로 가정했다. 태아 사망(사산, 유산)이 발생한 경우, 임신이 종료되기 4개월 전으로 첫 임신을 추정했다(Felitti & Anda, 2010). 선택적 낙태 또는 자궁 외 임신의 경우, 연구자들은 첫 임신 연령을 임신이 종료되기 2개월 전으로 가정했다. 앞서 언급한 바와 같이, 기존 ACE 데이터는 중간 조정을 위해 두 차례에 걸쳐 수집되었다(Felitti & Anda, 2010). 연구팀은 필요한 정보를 얻기 위해 이 질문을 매우 직접적이고 직설적으로 할 수 있다는 것을 깨달았다. 2차 시점에서는 질문을 "처음 임신했을 때 몇 세였습니까?"로 변경했다. 연구팀은 1차 시점과 2차 시점 데이터의 분석을 통합하여 참가자들이 처음 임신한 나이를 보다 직접적으로 추정할 수 있도록 했지만, 1차 시점과 2차 시점에서 청소년 임신 빈도는 거의 동일했다. 1차 시점에서는 추정 변수를 사용하여 23.2%로 나왔고 2차 시점에서는 실제 변수를 사용하여 23.8%로 나왔다. 연구진은 이 수치를 카이저 건강 평가 설문지(Kaiser Health Appraisal Questionnaire)의 다른 심리사회적 결과 질문과 비교했다. 여기에는 가족, 직장, 재정적 스트레스 요인이 포함되었다. 질문은 다음과 같았다. "현재 가족(예/아니요), 직장(예/아니요), 재정(예/아니요)에 심각하거나 불안한 문제가 있습니까?"(Felitti & Anda, 2010) 높은 스트레스를 평가하기 위한 질문도 있었다. 이 질문은 "귀하의 스트레스 수준(높음/보통/낮음)을 가장 잘 설명하는 동그라미에 표시해 주십시오."라고 물었다. 마지막으로 감정 조절 장애를 나타낼 수 있는 통제할 수 없는 분노에 관한 질문도 사용되었다. "분노가 통제 불능 상태가 될까 봐 두려워한 적이 있습니까?"라는 질문이었다(Felitti & Anda, 2010).

Mantel-Haenszel 통계 분석을 사용하여 비율의 선형적 경향성을 평가하고, ACE 범주의 수가 증가함에 따라 청소년 임신 위험이 증가하는지 평가했다. 별도의 로지스틱 회귀 모델을 사용하여 ACE 점수, 청소년 임신, 태아 사망, 장기적인 심리사회적 결과 사이의 연관성에 대한 조정된 승산비(상대적 위험도 추정치)를 구했다. 즉, 연구자들은 위에서 언급한 부정적인 장기 심리사회적 결과를 초래하는 것이 청소년 임신인지 밝혀내고자 했다(Felitti & Anda, 2010). 연구진은 참가자들이 ACE에 노출되었는지 여부에 따라 매우 유의미한 차이를 발견했다. 이는 청소년 임신과 이러한 부정적인 결과 사이의 관계가 ACE가 있는 사람과 없는 사람에 따라 다르다는 사실을 시사한다(Felitti & Anda, 2010).

결론은 10가지 유형의 ACE 범주에 각각 노출된 여성은 청소년 임신을 경험할 위험이 더 크다는 것이었다. ACE 점수가 높아질수록 심각한 가족 문제, 직업 문제, 재정 문제, 높은 스트레스, 통제할 수 없는 분노가 꾸준히 증가했다. 그러나 이와는 대조적으로 ACE에 노출되지 않은 청소년 임신은 위에서 언급한 부정적인 결과 중 단 한 가지도 관련이 없었다(Felitti & Anda, 2010). 임신 경험이 있는 여성의 경우, ACE 점수와 첫 임신에서의 태아 사망 사이에 강한 관계가 있었다(Felitti & Anda, 2010). 또한 청소년 임신에 대한 ACE의 선량 구배 효과[dose-gradient effect]도 분명하게 나타났다(Dube et al., 2003a, 2003b; Hillis et al., 2004; Felitti et al., 2010). 이러한 결과는 1차 시점과 2차 시점 데이터 모두에서 동일했다. 2차 시점에는 추가 행동 데이터가 포함되어 있어 연구팀은 혼란을 야기할 수 있는 요인을 통제할 수 있었다. 그러한 요인들은 다수의 성관계 파트너, 청소년기 음주, 청소년기 약물 사용, 청소년 어머니로부터 출생한 딸, 청소년기 자살 시도 등이었다(Felitti & Anda, 2010). 이에 ACE에 노출된 것이 청소년기 임신을 유발했다고 가정할 수 있는데, 연구팀의 계산에 따르면 일반인구 기여 위험도는 33%이며, 청소년 임신의 1/3은 ACE에 대한 노출을 제거함으로써 예방할 수 있다고 한다(Dube et al., 2003a, 2003b; Hillis et al., 2004; Felitti et al., 2010). 공중보건의 관점에서 볼 때, 이는 가족의 역기능과 폭력을 줄이는 데 자원을 투입하는 것이 청소년 임신과 관련된 문제를 해결하는 한 가지 방법이 될 수 있음을 시사한다.

이러한 결과가 공중보건에 미치는 영향은 놀랍다. 기본적으로, 청소년 임신과 어린 시절 ACE를 경험한 여성 참가자 중 상당수가 몇 년 후 가족, 직업, 재정적으로 심각한 문제를 겪었다고 답했다. 이러한 문제들은 일반적으로 청소년 임신 때문인 것으로 생각되지만, 이 연구에 따르면 실제로는 ACE에 노출된 가정에서 자란 결과일 수 있다(Dube et al., 2003a, 2003b; Felitti et al., 2010; Hillis et al., 2004). 가족 환경에 ACE가 없는 청소년 임신의 경우, 그와 동일한 장기적, 부정적, 심리사회적 후유증을 겪지 않았다(Dube et al., 2003a, 2003b; Felitti et al., 2010; Hillis et al., 2004).

## 기대 수명 위험 및 영향

이 장에서 살펴본 바와 같이, 초기 외상성 경험에 노출되는 것은 분명히 여러 부정적인 정신적, 신체적 건강 결과를 초래한다. 기존 ACE 연구에서 가장 우려되는 결과는 여러 번 ACE를 경험한 사람의 실제 기대 수명이 줄어든다는 사실이다. 그렇다. ACE가 많을수록 젊은 나이에 사망할 확률이 높아진다. Felitti와 Anda의 연구에 따르면 고령일수록 ACE 점수가 낮을(0점) 가능성이 높고, ACE 점수가 높을(2점 또는 4점) 확률이 낮다. ACE 점수가 높은 사람들은 더 젊은 나이에 사망하기 때문에 고령자(아직 생존한 사람)의 점수가 낮은 이유를 합리적으로 설명할 수 있다. 연구 대상이었던 초기 출생 코호트의 다른 사람들은 생존 확률이 낮으며, 결과적으로 연구에 포함될 가능성도 적다(Felitti & Anda, 2010).

또 다른 가능성은 환자들이 자신의 신체적 건강 상태로 심각하게 제약을 받았거나 또는 초기 외상성 경험 노출 자체가 너무 당혹스럽기에 모든 의료 서비스를 기피했을 수도 있다(Felitti & Anda, 2010). 따라서 이들은 카이저 퍼머넌트 클리닉에 내원하지 않았을 것이고 연구 대상에 포함될 기회도 없었을 것이다.

그럴 가능성도 있지만, Felitti와 Anda는 이러한 근거가 연구 결과에 의해 뒷받침되지 않는다고 직접 언급하며 이 문제를 해결했다. 연구진은 연구 중 한 시점에 정신분석적 훈련을 받은 정신과 의사를 연구에 참여시켰는데, 이 의사는 높은 ACE 점수를 받은 환자들을 종합적인 의료 평가 직후 즉시 만나는 방식으로 6개월 동안 활동했다. 이는 당일 바로 정신과 의사와 면담하지 않고 정신과 상담을 위해 의뢰서를 받아 후속 조치를 취하는 일반적인 프로토콜과는 다른 방식이었다. Anda와 Felitti는 이들 환자에게 익명으로 설문조사를 하였는데, 이 환자들은 훈련받은 정신건강 전문가와의 1시간 길이의 세션을 매우 바람직하고 긍정적으로 생각했다고 보고했다(Felitti & Anda, 2010). Anda와 Felitti는 이를 내담자가 자신의 이야기를 듣고 이해받고 있다고 느끼며, 과거의 고통스럽고 괴로운 비밀을 털어놓을 수 있는 기회를 가질 때 환자들이 이를 매우 유익하게 느낀다는 증거로 해석했다. 연구진은 또한 이러한 결과가 ACE 점수가 높은 사람이 단순히 의료 서비스에 참여하지 않을 것이라는 가정을 반박한다고 덧붙였다. 이 연구의 예비 단계에서는 조기 사망이 실제로 높은 ACE 점수와 관련이 있을 수 있음을 시사한다. 데이터에 따르면 ACE 점수가 6점 이상인 사람의 수명은 0점인 사람보다 거의 20년 가까이 짧았다(Brown et al., 2009). 지금까지의 분석은 ACE와 조기 사망률이 관련이 있다는 가설을 뒷받침한다.

• 제3장 •

# 공중보건과 트라우마 기반 운동

– Kirby L. Wycoff –

## 도입

> "트라우마로 인해 우리 사회가 얼마나 많은 비용을 치르는지, 그리고 이러한 모든 신체적 질병이 어떻게 연관되어 있는지에 대한 엄청난 증거들이 있습니다. 그렇다면 이를 바꾸기 위해 무엇을 해야 할까요?"
>
> \- Patricia Wilcox, 클링버그 패밀리센터(Klingberg Family Centers)의 외상성 스트레스 연구소장

트라우마 기반 치료 운동은 공중보건 정책과 정신건강 서비스에 그 뿌리를 두고 있다. 공중보건 및 정책 분야는 앞서 Wilcox가 제기한 "이제 무엇을 할 것인가?"라는 질문에 답하는 데 도움이 될 것이다. 이 장에서는 공중보건 분야와 트라우마 기반 치료 운동이 어떻게 서로 접목되는지에 대해 중점적으로 다룰 것이다. 과거에 공중보건은 대규모 지역사회의 보건 및 복지, 전염병 관리에 관여해 왔지만, 이제는 그 역할이 바뀌고 있다. 최근 수십 년 동안 공중보건 부문은 건강에 대한 사회적 결정 요인을 이해하는 데 많은 관심을 기울여 왔다. 특히 예방에 대한 관심이 높아지면서 트라우마 기반 치료 운동과 공중보건 부문이 의미 있는 방식으로 접목되는 것은 당연한 일이 되었다. 이러한 논의의 핵심은 미국에서 의료 비용에 대한 과도한 지출이 전체 지역사회에 대한 공공 서비스 및 지원에 대한 투자 부족과 저조한 지출로 인해 발생한다는 인식이 확산되고 있다는 점이다. 트라우마 기반 치료 운동에는 형평성, 공중보건 및 정책 문제가 함께 포함된다(Health Affairs, 2014).

건강에 대한 사회적 결정 요인에는 소득, 재산, 가족 및 가구 구성, 사회적 지지 체계 및 고립, 직업, 차별, 주변 이웃 환경, 사회 제도 및 교육 등이 모두 포함된다. 미국 질병통제예방센터(CDC)는 사회적 결정 요인을 '개인이 직접 통제할 수는 없지만 개인의 환경에 영향을

미치는 것'으로 정의한다(CDC, 2010). 세계보건기구(WHO)는 사회적 결정 요인을 "사람들이 태어나고 자라며 일하고 살며 노화하는 생활 조건으로, 세계, 국가 및 지역 수준에서 권력, 돈, 자원의 분배에 의해 형성되는 것"으로 정의하였으며, "건강 불평등의 주된 원인"이라고 기술한다(WHO, 2002, para. 1). 건강의 사회적 결정 요인은 종종 전반적인 건강과 웰빙에 영향을 미치는 비의학적 요인을 광범위하게 지칭하는 데 사용되기도 한다(Braveman et al., 2011). 건강의 사회적 결정 요인에 대한 이러한 이해를 바탕으로, 만성적인 트라우마 경험이 지역사회의 건강과 웰빙에 어떤 영향을 미칠 수 있는지 생각해 볼 수 있다. 이는 또한 인구 집단별로 건강 상태가 차이나는 이유(왜 어떤 인구 집단이 다른 집단보다 더 건강한가)와 정책, 연구, 자원 배분이 이러한 문제에 어떻게 기여할 수 있는지를 고려하는 데 도움이 된다(Kindig & Stoddart, 2003).

건강의 사회적 결정 요인에 대한 이해는, 사회적 불평등이나 부정적 경험에 대한 조기 노출과 스트레스가 이후 기능 수준에 미치는 영향을 어떻게 이해할 수 있는지에 대한 논의의 틀을 마련하기도 한다. Peggy Thoits는 "문헌 대부분은 스트레스 경험에 대한 차등적 노출이 성별, 인종-민족, 결혼 여부, 사회계층에 따른 건강 불평등을 낳는 주요 원인 중 하나라고 지적한다."(Thoits, 2010, p. 51)라고 설명한다. 다른 글에서 언급했듯이 스트레스와 관련된 생리적 메커니즘은 누적적인 손상을 일으키고 건강에 대해 만성적이고 부정적인 건강 문제를 초래한다. 어린 시기의 역경과 스트레스는 여러 측면에서 건강에 해롭고 영구적인 영향을 미친다. Thoits는 스트레스가 건강 및 관련 정책에 미치는 영향을 평가할 때 이 점을 중요하게 고려해야 한다고 지적했다(Thoits, 2010).

이것이 바로 역경과 트라우마에 대한 조기 노출이라는 주제에 사회적 불평등과 부의 분배라는 측면이 포함되어야 하는 이유다. 이는 또한 보건 정책이 실제로는 경제 정책인 것처럼 제시되는 경우가 많은 이유이기도 하며, 더 최근에는 보건 정책이 모든 정책에 포함되어야 한다는 것이 여러 문헌에서 언급되고 있다. Pearlin은 다음과 같이 기술하였다.

> 사회적·경제적 지위, 성별, 인종, 민족의 계층화된 질서 속에서의 사람들의 위치는 일상적인 생활 구조에 스며들어 사람들의 삶의 맥락, 그들이 노출되는 스트레스 요인, 그들이 보유한 적절한 자원을 형성할 수 있는 잠재력을 가지고 있다.
>
> (Pearlin, 1999, p. 398)

미국은 국민의 전반적인 건강 상태에 영향을 미치는 보건의료에 어떻게 투자할지에 대해 연구하고, 아동과 가족에게 영향을 미치는 조기의 만성적 트라우마 스트레스를 완화하는 방법에 대해 우리가 이해하고 있는 바를 조사할 필요가 있다. 불평등 문제, 그리고 그것이 지역사회 구성원들의 만성적 스트레스 경험과 어떻게 연계되는지 더 잘 인식할수록, 의미 있는 방식으로 문제를 해결하고 개입할 수 있다. 예를 들어, 유아기에 대한 투자는 많은 사회적 결정 요인 경로에서 유망한 주요 해결책을 제공해 줄 수 있다. 유아기의 노출은 위험한 건강 행동 성향 등을 비롯하여 생애 전반에 걸쳐 건강에 영향을 미친다. 연구에 따르면 어린 시절의 노출은 인지 및 비인지 발달(예: 실행 기능 및 전전두엽 피질 발달)에 영향을 미치며, 이는 다시 위험한 건강 행동의 결정적 요인인 시간 선호도와 자제력(만족 지연)에 영향을 미친다(Health Policy Brief, 2014, p. 7). 트라우마에 기반한 평가, 개입, 조직에서 공중보건의 역할을 진정으로 이해하려면 공중보건 운동의 역사를 간략히 살펴봐야 한다.

## 공중보건의 역사적 맥락

공중보건의 역사적 맥락을 이해하면 트라우마에 기반한 문화로 나아갈 수 있는 방법을 이해하는 데 도움이 될 것이다. 본 연구는 공중보건 부문의 역사적 맥락과 트라우마 기반 치료 실천이 어떻게 연결되어 있는지 알려 줄 수 있다.

공중보건을 어떻게 정의할 수 있을까? 공중보건은 학교와 지역사회 차원에서의 트라우마 기반 실천에 대한 논의와 어떤 관련이 있을까? 미국에서의 트라우마 기반 운동을 이해하려면 공중보건 시스템과 지역사회 기반 예방 시스템이 어떻게 작동하는지에 대한 이해가 필요하다. 공중보건 시스템을 이해함으로써, 아동기 부정적 경험(ACE)과 만성적인 트라우마 스트레스가 지역사회와 납세자의 주머니 사정에 어떤 영향을 미치는지 검토하고자 할 때 비용-편익 분석을 이해하고 활용할 수 있는 배경지식을 얻을 수 있다. 세계보건기구(WHO)는 1948년 헌장에서 넓은 의미의 건강을 "단순히 질병이나 허약함이 없는 것이 아니라 신체적, 정신적, 사회적으로 완전히 안녕한 상태"로 정의했다(WHO, 2002, para. 2).

미국 공중보건 시스템의 간략한 역사는 우리가 앞으로 나아가는 데 유용한 배경지식이 될 수 있다(Turnock, 2012). 공중보건 문제를 시스템 관점에서 접근할 수 있는 개념적 틀이 중요하다. 우리는 어린 시절의 부정적 경험과 만성적 트라우마 스트레스가 국가적 공중보건 위기를 구성한다는 점에 지속적으로 주목하고 있다. 이에 대한 대책을 이해하기 위해서는 시스템이 어떻게 작동하는지 이해해야 한다.

미국과 전 세계의 공중보건을 위한 초기 노력은 주로 전염병과 질병 관리에 집중되어 있었다. 질병이 어떻게 그리고 왜 확산되는지에 대해 피상적으로만 이해한 상태에서 공중보건 노력은 위험을 완화하는 데 집중되었다. 이러한 공중보건상의 노력은 사람들이 질병과 그 전파 과정을 더 잘 이해하여 생존 가능성을 더 높일 수 있도록 돕고자 했었다. 수 세기 동안 질병이란 전염병과 유사한 개념으로 여겨졌으며 전염병, 천연두, 결핵, 콜레라 등이 공중보건 종사자들의 관심의 초점이었다(Turnock, 2012, p. 3). 도시가 더욱 복잡해지고 산업주의가 성장함에 따라 생활과 노동 환경도 열악해졌다. 혼잡하고 비위생적인 생활 환경 속에서 질병이 어떻게, 왜 발생하는지 거의 이해하지 못한 상태로 질병은 빠르게 확산되었다. 흥미롭게도 1793년에는 황열병의 재앙적인 유행으로 인해 필라델피아에서 수도가 옮겨졌고, 같은 해 필라델피아는 미국 최초로 보건위원회가 설립되었다(Turnock, 2012). 당시에 이와 같은 전염병에 대처하는 주된 방법은 사람들을 특정 지역에서 대피시키는 것이었다. 하지만 과학이 발전하면서 질병이 실제로 어떻게 사람 간에 전파되는지에 대한 이해가 높아졌고, 세균과 박테리아에 대한 이해도 넓어졌다. 1976년, Edward Jenner는 지금은 사라진 천연두라는 치명적인 질병을 퇴치하기 위해 백신 접종 프로토콜을 개발하여 사용했다(Turnock, 2012). 위생과 사회 환경에 대한 인식이 높아지면서 빈곤과 질병의 역할을 이해하려는 움직임이 일어났다. Edwin Chadwick은 1837년 「영국 노동 인구의 위생 상태에 대한 조사」를 발표하여 위생 개선을 위한 기초 틀을 정립했다. Chadwick은 질병이 빈곤을 야기하며, 빈곤은 '사회 무질서 및 복지에 많은 세금을 투입시키는 당대 큰 사회적 병폐의 원인'이라고 믿었다(Turnock, 2012, p. 4). 이러한 개념화를 통해 빈곤은 건강 불량 상태와 연관지어졌지만, 이는 현대에 우리가 이해하는 방식과 정반대의 개념이었다. 초기 임상가들은 질병이 빈곤의 원인이라고 믿었지만, 오늘날 우리는 빈곤이 여러 가지 측면에서 질병의 원인이 된다는 사실을 더 세밀하게 이해하게 되었다.

이 장의 도입부에서 언급했듯이, 부와 자원의 격차가 건강에 전반적으로 어떻게 작용하는지에 대한 개념은, 학교와 지역사회에서 트라우마에 기반한 평가와 중재적 개입이라는 주제를 뒷받침하는 중요한 토대다. 이는 본질적으로 사회 정의의 철학을 의미하며 건강의 사회적 결정 요인이라는 관점을 통해 고려될 수 있다. 본질적으로 공중보건 정책은 실제로는 경제 정책이며, 사회 정의 정책이라는 개념이다.

빈곤층의 건강 악화, 국가 내 의료 수준 격차, 국가 간 시장 건강의 불평등함은 전 세계적으로나 국가적으로나 권력, 소득, 재화, 서비스의 불평등한 분배와 그에 따른 사람들의 가시적이고 당면한 삶의 불공정으로 인해 발생한다. 의료, 학교, 교육에 대한 접근성, 일과 여가의 조건, 가정, 지역사회, 마을, 도시 그리고 풍요로운 삶을 누릴 수 있는 기회가 불평등하게 분배되어 있다. 이처럼 건강을 손상시키는 경험의 불평등한 분배는 자연스러운 현상이 아니라 열악한 사회 정책과 프로그램, 불공정한 경제 제도, 잘못된 정치가 복합적으로 작용한 결과다. 일상생활의 구조적 결정 요인과 조건은 건강의 사회적 결정 요인을 구성하며 국가 간 및 국가 내 건강 불평등의 주요 부분을 차지한다.

(WHO 위원회, 2008, p. 1)

공중보건은 건강과 웰빙의 여러 차원을 파악할 수 있는 개념적, 시스템적 관점과 틀에서 출발한다. 다음 장에서는 시스템 차원의 관점, 어린 시절의 만성적 부정적 경험이 개인의 기능 수준에 미치는 영향, 그리고 이러한 영향을 완화하기 위해 학교와 지역사회 전문가가 할 수 있는 일에 대해 살펴볼 것이다. 공중보건이란 무엇인지, 공중보건이 이 주제와 어떤 관련이 있는지에 대한 보다 탄탄한 논의를 위해 독자들에게 공중보건에 관한 Turnock의 저서를 읽어 보기를 권한다.

## 건강 정책 및 계획

공중보건 정책 및 계획들은 트라우마 기반 치료 및 트라우마에 대한 적절한 중재적 개입에 있어 미국 내 증가하고 있는 움직임과 관련이 있다. 본 섹션에서는 이러한 연방 주 차원의 프로그램 및 정책 계획을 몇 가지 간략하게 설명한다.

### 약물남용 및 정신건강 서비스국(SAMHSA)

약물남용 및 정신건강 서비스국(SAMHSA)은 미국 보건복지부 산하 기관이다. SAMHSA는 행동 및 정신건강 문제를 해결하기 위한 정책, 프로그램, 계획을 개발하는 데 필요한 지침과 자원을 제공하는 정부 기관이다. 이 기관은 정신건강 및 약물남용 문제의 회복을 위한 예방과 효과적인 치료에 중점을 두고 있으며, 미국 전역의 전반적인 행동건강과 정신건강, 웰빙에 기여하는 다양한 활동을 기획, 개발, 실행할 책임을 갖는다. SAMHSA의 임무 중 핵심적인 측면 하나는 미국에서 정신질환과 약물남용의 부정적인 영향을 줄이는 것으로, 독자들이 해당 기관의 웹사이트[1]를 방문해 볼 것을 강력히 권장한다.

1992년, 미국 의회는 약물남용과 정신질환 문제를 더 가시화하고 이에 대한 접근성을 높이기 위한 공중보건 계획으로 SAMHSA를 설립했다. SAMHSA는 지역사회의 트라우마와 폭력 문제를 해결하기 위한 총체적인 전략을 고안하였다. 이러한 구상은 트라우마가 개인뿐만 아니라 가족과 지역사회 구성원에게도 미칠 수 있는 여파를 해결하고자 하는 것이다. 또한 트라우마에 노출된 사람들의 치유와 회복에 초점을 맞추고 있다. SAMHSA는 더 광범위하고 유용한 트라우마의 실무적 정의를 고안하였다.

> 개인이 경험한 어떤 한 사건이나 일련의 사건들 또는 일련의 상황이 신체적 또는 정서적으로 해롭거나 생명을 위협하고 개인의 기능과 정신적, 육체적, 사회적, 정서적 또는 영적 안녕에 지속적인 악영향을 미치는 경우
>
> (SAMHSA, 2017, para. 3)

SAMHSA는 미국 내 트라우마 문제를 해결하기 위한 연방 정부의 노력을 주도하고 있다. 트라우마에 초점을 맞추는 것은 이 기관의 6가지 전략적 계획 중 하나다. 트라우마 기반 개입과 트라우마 기반 접근법의 개발을 SAMHSA에서 담당하고 있다. 이 단체는 이 목표를 달성하기 위해 기술 지원 센터, 출판물, 교육, 정부 및 비정부 기관과의 파트너십에 대한 보조금 지원에도 참여하고 있다. 트라우마와 관련된 구체적인 계획은 다음과 같다.

- 트라우마에 특화된 개입 방안 개발 및 홍보
- 트라우마 기반 치료 서비스 및 관련기관의 인력에 대한 교육 및 역량 확대
- 트라우마에 대한 개념적 틀 발표 및 트라우마 기반 접근 방식 구현을 통한 SAMHSA의 업무 방향 제시, 다른 기관과 시스템 및 조직의 활동 지원
- 보건 및 사회 서비스 전달 체계 전반에 걸친 트라우마와 그것이 행동건강에 미치는 영향 인식(SAMHSA, 2017, para. 9)

---

1) https://www.samhsa.gov/about-us

이 기관은 전국의 관련 기관들이 트라우마에 대한 정보를 더 많이 얻을 수 있도록 다양한 자료와 간행물을 배포한다. 그중 "팁 57: 트라우마 기반 치료 및 행동건강 서비스" 매뉴얼을 적극 권장하며, 해당 자료는 무료로 이용 가능하다(SAMHSA, 2014). 이 매뉴얼은 행동건강 전문가가 개인과 지역사회에 미치는 트라우마의 영향을 이해하도록 돕고자 하였으며, 트라우마의 평가, 치료 계획, 개입 및 회복 지원 방법에 대한 정보를 담고 있다. SAMHSA는 정신적·신체적·행동적 건강 문제에 대한 도움을 구하는 개인을 지원하는 여러 파트너십 사업 계획을 운영하고 있다.

이 기관은 트라우마 기반 접근 모델을 개발하여 미국 전역에 트라우마의 영향에 대한 지식과 인식을 높인다는 목표를 달성하고자 한다. 우리는 이 모델이 학교를 포함한 조직의 여러 부문에서 유용하게 사용될 수 있다고 믿는다. SAMHSA의 트라우마 기반 접근 방식에는 다음 네 가지 R이 포함된다.

1. Realize. 트라우마의 광범위한 영향을 인식하고 회복을 위한 다양한 경로에 대해 이해한다.
2. Recognize. 내담자, 가족, 직원 및 시스템과 관련된 다른 사람들의 트라우마 징후와 증상에 대해 인식한다.
3. Respond. 트라우마에 대한 지식을 정책, 절차 및 관행에 완전히 통합하여 대응한다.
4. Re-traumatization. 재트라우마에 적극적으로 저항하려고 노력한다(SAMHSA, 2016, para. 2).

트라우마 기반 접근법은 모든 유형의 서비스 환경이나 조직에서 시행할 수 있으며, 이는 트라우마로 인한 문제를 해결하고 치유를 돕기 위해 특별히 고안된 트라우마 특화 중재법이나 치료와는 구별된다. 이 기관의 가장 중요한 목표는 트라우마에 특화된 개입방안을 고안해 내고 홍보하는 동시에 트라우마 기반 치료의 개념적 이해와 실행을 확대하는 것이다. 여러 조직이 트라우마가 행동 정신건강에 미치는 영향에 대해 이해할 수 있도록 지원하는 인식 개선 활동이 그 기반이 된다. 트라우마 기반 정신 및 행동 건강 관리 접근법은 다른 여러 출처에서 차용한 것으로, "이 사람은 무엇이 문제인가?"가 아니라 "이 사람에게 무슨 일이 일어났는가?"라고 질문한다(Bloom, 2007). 이는 근본적인 사고방식의 전환으로, 개인의 현재 모습과 인생사를 총체적으로 바라보면서 치료자와 내담자 간의 관계에서 신뢰와 안전에 관한 대화를 할 수 있게 해 준다. 바로 여기에서 회복과 치유가 시작될 수 있으며, 트라우마의 영향을 받은 사람들이 처벌적이지 않은, 지지적인 서비스를 찾을 수 있도록 돕는다.

네 가지 R 외에도 SAMHSA가 장려하는 여섯 가지 핵심 원칙이 있다. 이 여섯 가지 원칙을 반영하는 트라우마 기반 접근법은 관계를 구축하고 조직의 분위기와 문화를 이끌어 가는 정신으로 이루어진다. 내용은 다음과 같다.

1. **안전.** 조직 전체에서 직원 및 내담자는 신체적, 심리적으로 안전하다고 느껴야 한다.
2. **신뢰성과 투명성.** 조직의 운영과 의사결정은 직원, 내담자, 가족 간의 신뢰 구축 및 유지를 목표로 투명하게 이루어진다.
3. **동료 지지와 상호 자조.** 두 가지 모두 조직 및 서비스 제공 접근법에서 필수적인 것으로 간주되며, 신뢰 구축, 안전 확립 및 권한 부여를 위한 핵심 수단으로 이해된다.
4. **협업과 상호성.** 직원과 내담자 간 그리고 직원부터 관리자까지 조직 구성원 간에는 진정한 파트너십이 존재한다.
5. **권한 부여, 목소리, 선택권.** 조직 전체에서 그리고 서비스를 제공받는 내담자들 사이에서 개인의 강점을 인정하고, 이를 기반으로 검증하며, 필요에 따라 새로운 기술을 개발한다.
6. **문화, 역사, 젠더 문제.** 조직은 문화적 고정관념과 편견을 적극적으로 극복하고, 도움을 제공할 때 언어 및 문화적 요인을 고려하며, 성 인지적 서비스를 제공하고, 전통문화 및 또래 관계의 치유 가치를 활용하며, 과거의 트라우마를 인식하고 해결한다 (SAMHSA, 2016, para. 4).

SAMHSA의 관점에서 볼 때, 회복탄력성과 성장 사이의 연결성을 증진하는 것은 매우 중요하며, 이들의 틀에서는 이러한 방식으로 트라우마의 영향을 받은 가족과 개인을 지원하는 것을 목표로 한다.

## 미국립 아동 트라우마 스트레스 네트워크(NCTSN)

SAMHSA에서 제공하는 추가 자원으로는 미국립 아동 트라우마 스트레스 네트워크(NCTSN)가 있으며, 해당 웹사이트[2]를 방문해 볼 것을 적극 권장한다. 이 기관 역시 미국 정부에서 시작된 공중보건 사업계획에 뿌리를 두고 있다. 2000년 미국 의회는 어린이 건강법의 일환으로 미국립 아동 트라우마 스트레스 네트워크(NCTSN)를 설립했다. NCTSN은 정신

2) http://www.nctsnet.org/about-us/who-we-are

건강서비스센터(Center for Mental Health Services), SAMHSA, 미국 보건복지부로부터 자금을 지원받고 있으며, UCLA와 듀크대학교가 공동으로 이끌고 있다. NCTSN은 전국의 여러 기관에서 트라우마 민감성 실천(Trauma-sensitive practice)과 증거 기반의 트라우마 기반 개입을 실행하는 데 필요한 조직 구조와 리더십 및 자금을 지원한다. 또한 이 단체는 지원금을 받는 단체에 기술 지원도 제공한다(NCTSN, 2017).

미국립 아동 트라우마 스트레스 네트워크(NCTSN)라는 명칭의 유래인 이 수혜 기관 네트워크는 시간이 지남에 따라 17개의 협력 네트워크에서 150개 이상의 기금을 지원받는 제휴 센터로 성장하여 아동과 가족들에게 트라우마 기반 치료를 제공하고 있다. NCTSN은 SAMHSA를 통해 자금을 지원받는다. 이 네트워크의 주요 목적 중 하나는 트라우마와 부정적 경험에 노출된 아동 및 가족과 함께 일하는 전국의 전문가들을 지원하고 교육 자원을 제공하는 것이다. 앞서 언급했듯이 이러한 트라우마 경험에 노출되는 상황에는 가정 폭력, 지역사회 폭력, 신체적, 성적, 정서적 학대, 자연재해 또는 기타 생명을 위협하는 문제 등이 포함될 수 있다(NCTSN, 2017). 이 단체는 직접적으로 서비스를 제공하는 전문가들을 지원하는 것 외에도 연구, 프로그램 개발, 정책 개발, 시스템 수준의 변화, 지지 활동에도 관여한다. NCTSN은 다음과 같은 사업계획을 통해 미국 내 트라우마 피해 아동과 그 가족을 지원한다는 사명을 명확히 밝히고 있다.

- 미국 아동·청소년의 안전 및 건강한 발달에 미치는 아동의 트라우마 스트레스의 범위와 심각한 영향에 대하여 대중의 인식을 제고한다.
- 발달적, 문화적으로 적절한 트라우마 기반 프로그램을 개발하여 치료의 표준을 개선함으로써, 효과적인 서비스 및 개입의 광범위한 발전을 도모한다.
- 보건, 정신건강, 교육, 법 집행, 아동 복지, 청소년 사법 제도, 군인 가족 서비스 시스템을 포함한 기존 치료 시스템과 협력하여, 포괄적인 트라우마 기반 치료의 접근 가능성 및 연속성을 보장한다.
- 널리 공유된 지식과 기술이 지속 가능한 국가 자원이 될 수 있도록 NCTSN 내외부 협력에 전념하는 공동체를 육성한다(NCTSN, 2017, para. 2).

## 미국 질병통제예방센터: 아동기를 위한 필수 요소

정부가 주도하는 또 다른 사업계획은 미국 질병통제예방센터(CDC)의 국립 상해 예방 및 통제 센터 계획인 '아동기를 위한 필수 요소'(Merrick, 2017)다. 아동기를 위한 필수 요소 계획의 사명은 "모든 어린이에게 안전하고 안정적이며 양육적인 관계와 환경을 보장하는 것"이다(Merrick, 2017). 관련 웹사이트는 트라우마 경험에 노출된 아동과 가족을 지원하는 데 도움이 되는 훌륭한 참고 자료로 독자들이 직접 방문해 보기를 강력히 권장한다[3]. CDC는 앞에서 언급한 목표를 달성하기 위해 다음과 같은 기본 틀을 제시한다.

1. 안전하고 안정적이며 양육적인 관계와 환경을 지원하기 위한 인식과 노력 제고
2. 데이터를 활용한 실행 조치 안내
3. 규범의 변화와 프로그램을 통해 아동과 가족의 건강을 위한 환경 조성
4. 정책을 통해 아동과 가족의 건강을 위한 환경 조성(질병관리본부, 폭력예방과, 2014, p. 8)[4]

CDC는 현재 위에서 언급한 목표를 달성하기 위해 5개 주의 실행 계획에 자금을 지원하고 있다. 5개의 해당 주는 캘리포니아, 콜로라도, 매사추세츠, 노스캐롤라이나, 워싱턴이다(Merrick, 2017). 이 외에도 미국의 31개 주에서 다양한 방식으로 이 프로그램에 자체적으로 참여하고 있다. 모든 참여 주에서는 '아동기를 위한 필수 요소' 기본 틀을 실행하는 데 필요한 교육 및 기술 지원을 받을 수 있다(Merrick, 2017). 국립 상해 예방 및 통제 센터(The National Center for Injury Prevention and Control)는 지역사회와 기관들이 모든 아동을 위한 안전하고 안정적이며 양육적인 관계를 구축하는 데 있어서 그들의 활동 지침이 될 수 있는 다양한 기술적 문헌들을 제공하고 있으며, 독자들도 웹사이트에서 해당 자료를 열람해 볼 것을 적극 권장한다[5].

또한 공중보건 측면에서 중요한 점은 미국 내 총 39개 주에서 행동 위험 요인 감시 시스템(BRFSS)에 ACE 항목을 포함했다는 점이다. 미국 질병통제예방센터(CDC)에서 관리하는 BRFSS는 매년 40만 명 이상의 성인을 대상으로 건강 관련 위험 행동에 대한 정보를 수집하는 미국 최대 규모의 건강 관련 전화 설문조사다. 이는 전 세계에서 가장 포괄적이고 지속적으로 실시되는 건강 설문조사 시스템이다(CDC, BRFSS, 2017). 이러한 설문조사는 트라우마에 기반한 진료 및 개입과 관련하여 지역사회의 필요 사항을 더 잘 이해하기 위해 공개적으로 이용 가능한 공중보건 데이터를 사용하는 방법에 대한 후속 논의와 관련이 있다.

---

3) https://www.cdc.gov/violenceprevention/childmaltreatment/essentials.html
4) 전문: https://www.cdc.gov/violenceprevention/pdf/essentials_for_childhood_framework.pdf
5) https://www.cdc.gov/violenceprevention/childmaltreatment/essentials.html

이러한 모든 자원과 사업계획은 트라우마의 결과를 치료하는 것뿐만 아니라 애초에 트라우마를 유발하는 환경을 예방하는 데 대한 관심과 집중이 증가하고 있음을 보여 준다. 트라우마 역량을 갖춘 전문가가 되기 위한 여정에서 이러한 자원과 기타 다양한 지원 체계를 탐색해 볼 것을 권장한다.

## 트라우마 기반 치료 모델

### 트라우마 안식처 모델(Sanctuary Model)

트라우마 안식처 모델은 트라우마 기반 조직 변화에 초점을 맞춘 시스템 수준의 기초 체계다. 이 모델은 1980년대 필라델피아에서 Sandra Bloom 박사와 그녀의 동료들이 개발했다. 이 기초체계는 단발성 해결책을 제시하는 것이 아니라 문화적, 조직적 변화를 반영하고자 했다. 이러한 전체 문화에 대한 접근법은 이론에 기반한 접근이자, 트라우마 기반 접근이며, 증거 기반 접근이다(Bloom, 2015, 2011; Rivard et al., 2005). 트라우마가 개인에게 미치는 영향과 이를 돕는 방법에 대해 진정으로 이해하고자 한다면 이 주제에 관한 Bloom의 세 권의 책을 읽어 보기를 바란다. 책 제목은 각각 (1)『트라우마 안식처 만들기: 건전한 사회의 진화를 향하여(Creating Sanctuary: Toward the Evolution of Sane Societies)』, (2)『트라우마 안식처 파괴: 인간적 서비스 전달 시스템의 위기(Destroying Sanctuary: The Crisis in Human Service Delivery Systems)』, (3)『트라우마 안식처의 재건: 트라우마 기반 치료 시스템을 위한 새로운 운영 체제(Restoring Sanctuary: A New Operating System for Trauma Informed Systems of Care)』다.

기본적으로 이 모델은 트라우마를 경험한 사람들의 행동에 대한 사고방식의 전환을 추구한다. Bloom 박사가 자주 언급했듯이 트라우마를 경험한 사람에 대한 관점의 전환이 필요하다. "너 왜 그래?"라고 묻는 대신 "무슨 일 있었어?"라고 물어야 한다(Foderaro, 1991). 트라우마를 경험한 사람을 아프고, 건강하지 않고, 불안정한 사람으로 보는 경멸적이고 소외적인 시각에서 벗어나 그가 심리적, 신체적 상처를 모두 경험한 사람이라는 사실에 초점을 맞추는 것이다(Bloom, 2007). 필라델피아의 입원 정신병원에 뿌리를 둔 이 모델은 임상적 변화와 조직적 변화를 위한 포괄적인 청사진을 제공한다(Esaki et al., 2014).

## 트라우마 안식처 모델의 역사

1980년대 초, Sandra Bloom 박사(정신과 의사), Joseph Foderaro(사회복지사), Ruth Ann Ryan(수간호사)은 모두 필라델피아의 한 정신과 입원 환자 병동에서 근무하고 있었다. 1980년대 중반쯤, 이들은 입원 환자 중 상당수가 과거에 심각한 트라우마 병력을 가지고 있다는 사실을 깨닫기 시작했다. 또한 이러한 경험은 종종 개인에게 심각한 스트레스를 주는 경험이었으며, 트라우마는 대개 어린 시절부터 시작되었다는 사실에 주목했다(트라우마 안식처 모델의 기원, Community Works, 2017).

Bloom 등은 가장 취약하고 심각하며 도움이 절실한 환자들이 병동에서 치유와 회복을 경험하는 대신 더 많은 트라우마를 겪는다고 지적했다(Esaki et al., 2014). 세 명으로 구성된 이 팀은 다른 정신건강 서비스 제공자들과 함께 필라델피아 북부의 한 종합병원 정신과 병동에서 급성기 치료 모델을 고안해 냈다. 이 팀은 1980년대 후반부터 1990년대 초반까지 활동하며 심각한 정신질환을 앓고 있는 성인 환자를 치료하기 위해 트라우마 기반 입원 치료 접근법을 개발했다. 이 팀은 치료적 공동체라는 개념을 바탕으로 '트라우마 경험과 부정적 경험에 장기간 노출된 피해자들이 입은 상처에 대응'하는 조직 문화를 조성하기 위해 노력했다(Esaki, 2014, p. 1). 이들은 병동 내 공동체를 구성하여 안전과 회복을 증진시키고 치료자와 환자가 트라우마 기반 문화를 구축하기 위해 함께 협력할 수 있도록 하고자 했다. 이러한 치료 공동체의 목표는 치료자와 환자 모두가 치유의 시스템과 문화를 구축하는 데 협력적으로 참여하도록 장려하는 것이었다(Jones 1953, 1968; Lees et al., 2004; Main, 1946; Silver, 1985, 1986). 이러한 공동체는 '트라우마 안식처'가 되었고 치유와 희망의 모델이 탄생했다(Bloom, 2007).

트라우마 안식처 모델은 다음과 같은 필라델피아 지역의 여러 입원 환자 기반 병원 프로그램에서 시행되었다.

- 1980~1991: 펜실베이니아주, 퀘이커 타운의 퀘이커 타운 커뮤니티 병원
- 1991~1996: 펜실베이니아주, 포트 워싱턴의 노스 웨스턴 정신과 연구소
- 1996~1999: 펜실베이니아주, 필라델피아의 프렌즈 병원
- 1999~2001: 펜실베이니아주, 앰블러의 호샴 클리닉
- 1999~2001: 뉴저지주, 랜코카스의 햄튼 병원(트라우마 안식처 모델, 2017)[6]

6) http://sanctuaryweb.com/TheSanctuaryModelORIGINSOFTHESANCTUARYMODEL.aspx

1990년대 초, 여러 성인 중심 정신건강 기관에서 Bloom 박사와 그녀의 팀에 자문을 구했고, 이후 이 모델은 여러 기관에서 시행되었다. 1990년대에 뉴욕의 유대인 가족 및 아동 서비스 위원회는 Bloom 박사와 협력하여 뉴욕 웨스트체스터 카운티의 아동·청소년을 위한 여러 보호시설 치료 프로그램에 트라우마 안식처 모델을 도입했다. 미국립정신건강연구소(National Institute of Mental Health: NIMH)의 대규모 연구의 일환으로 이 모델의 효과는 세 기관(Hawthorne–Cedar Knolls, The Goldsmith Center, the Linden Hall School)에서 구현되었다. 이 연구의 결과는 긍정적이었으며, 이후 이 프로그램은 아동·청소년을 대상으로 하는 다른 기관으로 확대되었다.

Bloom 박사는 의료진, 관리자, 더 큰 공동체 차원에게 "트라우마 경험은 우리가 생각하는 방식, 배우는 방식, 기억하는 방식, 자기 자신에 대해 느끼는 방식, 타인에 대해 느끼는 방식, 세상을 이해하는 방식 등 한 사람의 전반에 결쳐 영향을 미친다."는 점을 강조하고자 했다(The Sanctuary Institute, Bloom, 2017, para. 1). Bloom 박사와 그녀의 팀은 치유와 회복을 위한 응집력 있는 환경을 구축하기 위해 노력했으며, 민주적 절차, 긍정적인 관계, 회복적 문화에 중점을 두어 이를 수행하였다. 이 모델의 핵심은 "트라우마 경험과 역경에 장기간 노출된 피해자들이 입은 생물학적·정서적·인지적·사회적·실존적 상처에 대응할 수 있는 의료진, 내담자, 지역사회 전체의 구조, 프로세스, 행동 개발을 촉진하기 위해 고안되었다."는 것이다(Esaki, 2014, p. 2).

트라우마 기반 접근법을 이해하는 조직이 점점 더 많아지면서, Andrus 아동 센터(Yonkers, NY)는 여러 치료 프로그램에서 트라우마 기반 문화를 구현하기 위해 Bloom의 팀과 협력하고자 하였다. 3,000명 이상의 아동과 가족들에게 서비스를 제공하는 Andrus 아동 센터는 보호시설 프로그램, 주간 치료 프로그램, 학교 및 지역사회 기반 프로그램에 트라우마 안식처 모델을 도입했다. 트라우마 안식처 모델은 여전히 Andrus 프로그램의 핵심 요소로 남아 있다. 2005년, Bloom과 Andrus는 협력하여 트라우마 안식처 모델을 도입하려는 프로그램을 위한 지원, 교육 및 기술 지침을 제공하는 '트라우마 안식처 연구소'를 설립했다. 가장 최근 집계에 따르면 300개 이상의 미국 및 국제 프로그램이 전문 트라우마 안식처 네트워크에 속해 있다.

트라우마 안식처 모델을 활용하는 일부 프로그램을 다음에서 확인할 수 있다.

■ 트라우마 안식처 모델을 활용하는 프로그램

- Astor Services for Children and Families, Rhinebeck, NY
- Arizona's Children Association, Phoenix, AZ
- The Andrus Children's Center, Yonkers, NY
- Brooklyn State Island, Office of Child and Family Services, NY
- Bronx, Office of Child and Family Services, NY
- Brentwood, Office of Child and Family Services, NY
- The Bradley Center, Pittsburgh, PA
- Bethany Children's Home, Womelsdorf, PA
- Bethanna, Philadelphia, Southeastern, and Central, PA
- Baker Victory Services, Lackawanna, NY
- Children's Home of York (CHOY), York, PA
- Children's Home of Poughkeepsie, NY
- Carson Valley Children's Aid, Philadelphia, PA
- Care Visions, UK
- Children's Recovery Center, Oklahoma Department of Mental Health
- Holy Family Institute, Western, PA
- Manhattan Office of Children and Family Services, NY
- Mid-Hudson Office of Children and Family Services, NY
- Mercy First, NY
- Mercy Home for Boys and Girls, Chicago, IL
- Lutheran Settlement House, Philadelphia, PA
- Lansing Office of Children and Family Services, NY
- Lancaster General Hospital, Lancaster, PA
- KidsPeace, PA
- Juconi Foundation, Mexico
- Jewish Child Care Association, NY
- The Jewish Board, NY
- House of Good Shepherd, Watertown, NY
- Hawthorn Children's Psychiatric Hospital, Missouri Department of Mental Health
- Harbor Creek Youth Services, Harborcreek, PA
- Green Chimneys, Brewster, NY
- Good Shepherd Services, New York City
- Glade Run Lutheran Services, Zelienople, PA

- Friendship House, Scranton, PA
- Eagle Ridge Family Treatment Institute, Oklahoma
- Drexel University School of Public Health: Center for Nonviolence and Social Justice, Philadelphia, PA
- Devereux Foundation, Villanova, PA
- Department of Human Health and Services, Philadelphia, PA
- Crossnore School and Children's Home, Crossnore, NC (The Sanctuary Institute, 2017)

### 트라우마 안식처의 이론적 체계

트라우마 안식처 체계의 원동력이 되는 이론적 모델은 역동적이고 다원적이다. 트라우마 안식처 체계는 조직적 체계이자 개입으로서 조직 문화에 변화를 일으키고자 한다. 트라우마와 스트레스의 영향에 대한 치료진 교육을 통해 사고방식의 전환을 이룰 수 있다. 모델의 체계적 틀 자체는 자기심리학, 사회 학습, 인지 발달 측면을 포함한 정신역동적 기원을 가지고 있다(Esaki, 2014). 이 체계적 틀은 사회 정신의학, 체계 이론(Bertalanffy, 1974), 번아웃 이론(Maslach & Jackson, 1981; Maslach et al., 2001), 구성주의 자아 발달 이론(McCann & Pearlman, 1990; Pearlman & Saakvitne, 1995a, 1995b), 애착 이론(Bowlby, 1988), 치료 공동체 및 조직 변화 이론(Hermans & Hermans-Jansen, 1991; Weatherbee et al., 2009) 분야에서 차용한 이론들을 바탕으로 한다.

구성주의 자아발달 이론은 통합적인 성격 이론이다. 아동기 학대가 자기감[sense of self] 및 내적 자원의 발달에 어떤 영향을 미치는지 이해할 수 있는 체계적 틀 또는 방법을 제공한다(McCann & Pearlman, 1990; Pearlman & Saakvitne, 1995a, 1995b; Saakvitne et al., 1998). 해당 이론은 구성주의 성격 이론으로서 트라우마 사건이 개인의 발달에 어떤 영향을 미치는지 탐구하고자 한다(Brock et al., 2006). 트라우마 안식처 모델과 관련하여 이 이론은 개인의 자기감과 관련된 세 가지 역량에 대해 이야기한다. 첫 번째는 개인이 다른 사람과의 관계를 유지할 수 있는 능력이다. 두 번째는 강렬한 감정을 경험하고 견딜 수 있는 능력이다. 세 번째는 자신을 긍정적이고 가치 있는 존재로 보는 능력이다(Esaki, 2014). 이 모델을 통해 우리는 사회적 및 행동적 기능의 장애와 이러한 장애를 이해하고 애착 및 정서 조절 사이의 연관성을 이해할 수 있다(Esaki, 2014).

Bowlby의 애착 이론(1988)을 바탕으로 한 이 모델은 개인이 보호자와의 초기 관계 형성과 유지를 통해 자기감과 내적 역량을 발달시킨다는 것을 시사한다. 이러한 건강한 초기 애착 경험을 통해 개인은 정서를 조절하고 스트레스를 관리하며 환경을 탐색할 수 있다(Brock et al., 2006; Tishelman et al., 2010; Cook et al., 2005). 트라우마 치료에서 매우 중요한 점은 트라우마 안식처 모델이 한 개인으로 하여금 다른 사람들과의 관계를 회복하고, 여러 건강한 관계를 발전시키며, 결과적으로 자신의 내적 정서 경험을 조절할 수 있는 안전한 커뮤니티 환경을 조성하고자 한다는 점이다(Esaki, 2014).

트라우마 안식처는 Bertalanffy(1974)의 체계 이론을 바탕으로, 복잡한 조직은 다양한 방식으로 상호작용하는 여러 구성요소로 이루어진 체계라는 점을 인정한다. Bertalanffy는 유기체가 입력과 출력에 의해 어떻게 영향을 받는지에 대한 물리과학적 관점을 바탕으로 연구를 진행하였다. 즉, 조직의 여러 부분이 모두 복잡한 방식으로 상호작용한다는 것이다. 열리거나 닫힐 수 있는 체계는 상호 연관된 부분과 상호 의존적인 부분이 모두 있는 개체다. 경계는 체계와 관련이 있으며 전체 개체는 부분 또는 하위 체계의 합이라는 점을 유념하는 것이 중요하다. 체계의 한 측면이 변경되거나 수정되면 나머지 체계 전체에 영향을 미친다. 체계가 개방되어 있을 때, 이는 접근 가능한 것으로 인식되어 더 큰 환경으로부터의 입력을 허용하고 외부 환경의 영향을 받을 수 있다. 우리는 여러 가족 치료 모델에서 체계적 사고의 영향을 볼 수 있다. 이러한 체계에는 건강한 경계, 관련되고 연결된 하위 체계, 전반적인 균형과 평형이 존재한다. 건강한 체계는 적응력이 뛰어나고 유연하다. 폐쇄적인 체계는 종종 외부의 영향으로부터 단절되어 있다(Bertalanffy, 1974, 1968, 1950; Bertalanffy & Rapport, 1956). 트라우마 안식처 모델의 핵심은 체계의 한 부분이 조정되거나 변경되면 체계의 다른 측면에 영향을 미친다는 것이다.

기관, 학교, 보호 치료 시설 및 기타 치료 제공 기관은 모두 각각의 체계이며, 본질적으로 상호작용하고 서로 연결되는 부분들의 집합체다. 이 연구자들은 트라우마 안식처 모델이 트라우마 기반 치료와 관련된 학교 및 지역사회 환경의 조직적 변화를 이해하는 데 유용할 수 있다고 믿는다. 변화를 전달하는 주요 수단으로서 이러한 기관들은 트라우마의 영향을 해결할 수 있는 좋은 위치에 있다.

### 트라우마 생존자와 트라우마 안식처 모델

트라우마 안식처 모델은 트라우마 생존자가 긍정적인 치료 서비스를 제공하는 치료자와 연결될 경우 회복할 수 있는 능력이 있다는 생각에 기초한다(Harney, 2007; Larkin et al., 2012). 어린 시절의 역경 및 트라우마의 영향과 이후의 정신과적인 장애 사이에는 분명한 연관성이 있다. 격리, 지원, 구조, 참여, 검증에 중점을 둔 치료 환경은 트라우마 노출로 인한 손상을 회복시키기 위해 노력한다(Gunderson, 1978).

Bloom은 치료 환경뿐만 아니라 일상적인 개별 치료, 그룹 치료, 공동체 모임, 가족 치료, 정신약리학, 미술 치료, 사이코드라마를 포함하는 복합적인 접근 방식을 지지했다(Bloom 1994). 우리는 또한 트라우마에 시달리는 사람들의 필요를 해결하는 데 동물 매개 치료를 활용하는 것도 가치가 있을 수 있다고 생각한다(Wycoff & Murphy, 2018).

트라우마에 노출된 개인은 일반적으로 외상 후 스트레스 장애(PTSD)의 양성 및 음성 증상으로 정신과 병동에 입원한다. PTSD의 양성 증상에는 과각성, 과민함, 분노 조절 불능, 플래시백, 재행동화, 가성 환각 등이 있다. PTSD의 음성 증상으로는 부인, 무감각, 우울, 철수, 무쾌감증 등이 있다(Bloom, 1994). 이들이 보이는 특징적 증상과 관계없이, 이들 대부분은 신뢰, 안정된 관계의 형성, 대인관계 능력에 상당한 결함이 있다(Bloom, 1994). 본질적으로 이들은 정상적인 대인관계의 범주를 이해하는 데 장애가 있는 경우가 많다(Bloom, 1994). 이들은 건강한 관계를 형성하고 유지하는 데 어려움을 겪고, 자신에 대한 건강하고 안전한 경계를 잘 이해하지 못하며, 타인의 경계 설정에 대해 오해하거나 잘못 해석하는 경우가 많다(Bloom, 1994). Bloom은 이러한 사람들의 관계 맺기 수준은 매우 심각하며 심지어 비현실적이기까지 하다고 지적했다(Bloom, 1994).

> 삶에서 압도적으로 충격적인 경험을 겪은 사람들은 안전감을 유지하고 정서를 조절하는 데에 어려움을 느끼며, 많은 상실을 경험하였고, 미래를 상상하는 데 어려움을 겪는다. 그 결과, 이들은 자주 위험에 처하는 듯한 느낌을 받으며, 정서 조절 능력을 상실하거나 무감각해져 스스로의 감정에 접근하지 못하고, 해결되지 않은 상실의 징후를 간직하고 있거나, 과거에 갇혀 더 나은 미래로 나아가지 못한다.
>
> (Bloom, 2007, p. 2)

Bloom은 또한 이러한 사람들은 모든 영역에서 경계를 침범하는 것에 대해 민감할 수 있으며, 이러한 경계의 침범을 강박적으로 재연하려는 경향이 있다고 기술하였다(Bloom, 1994). 또한 이러한 사람들은 자신의 분노, 두려움, 슬픔의 감정을 조절하고 모니터링하는 데 어려움을 겪으며 감정 표현의 연속선상에서 극단적인 범주의 감정을 보인다고 지적했다. 이러한 사람들은 과거의 트라우마가 현재의 정서적 경험에 어떤 영향을 미치는지 거의 이해하지 못하는 경우가 많다(Bloom, 1994).

트라우마 안식처 모델에는 트라우마가 미치는 영향을 다루는 데 도움이 되는 여러 측면이 있다. Bloom(1994)은 트라우마 치료에 대한 트라우마 안식처 접근법을 개념화하기 위해 Horowitz(1986)의 "치료의 단계"를 기반으로 모델을 구축하였다. 이 이론은 단계별로 구분되어 있지만 상호작용적이고 반복적이다. Herman(1997)은 트라우마 치료가 세 단계로 구분될 수 있다고 기술했다.

1. 안전
2. 재구성
3. 재연결

**안전**. 여기서 안전이란 트라우마에 노출된 개인이 세상에서 안전감[sense of safety]을 상실했음을 의미한다. 치유를 위해서는 이러한 안전감을 회복해야 한다. 또한 여기에는 신체적 안전(즉, 내담자가 더 이상 가정 폭력을 휘두르는 파트너와 함께 살지 않는 것)뿐만 아니라 개인적·정서적·사회적 안전도 포함되어야 한다(Bloom, 1994). 학교와 같은 아동 대상 기관에서 이것이 어떻게 구현될 수 있는지 고려할 때, 교직원과 학생 모두가 안전하다고 느끼고 안전을 유지할 수 있는 정책과 실천의 필요성에 대해 생각해 볼 수 있다. 전체 시스템에서 명확한 기대치와 폭력을 용납하지 않는 기준이 있어야 한다. 예를 들어, 폭력, 공격성, 행동 위반, 정학 등이 빈번하게 발생하는 학교는 트라우마 생존자에게 일상생활에 필요한 안전감을 제공하지 못할 가능성이 높으며, 오히려 트라우마를 재차 유발할 수 있다.

**재구성**. 회복의 두 번째 단계인 재구성은 트라우마 경험의 여러 측면이 포함될 수 있는 잃어버린 기억을 재구성하는 것을 말한다. 이러한 기억에는 외상의 물리적·신체적·정서적·인지적 측면이 포함될 수 있다(Bloom, 1994). 또한 이 단계에서는 과각성, 플래시백, 악몽, 해리, 수면 장애, 집중력 문제 및 정신 신체적 증상과 같은 외상 후 스트레스 장애(PTSD) 증상이 나타나거나 재발할 수 있다는 점에 유의하는 것이 중요하다(Bloom, 1994). 거의 모든 트라우마 치료에는 기억 회상 또는 트라우마 내러티브 측면의 치료가 포함되어 있다. 이러한 측면은 계획, 조직, 통제되어야 하며 안전이 확보된 후에만 진행되어야 한다는 점에 유의해야 한다. 환자는 트라우마 사건을 회상하는 것에 대해 극심한 수치심과 죄책감을 느낄 수 있으며, 치료를 진행하기 전에 안전과 신뢰를 바탕으로 한 강력한 치료적 동맹이 구축되어야 한다. "궁극적으로 트라우마 생존자는 트라우마 경험을 삶에 대한 새로운 정의와 태도로 통합하여 그 경험을 뛰어넘어야 한다."(Bloom, 1994, p. 9) 이 모델의 핵심은 트라우마 반응을 병리화하는 것에서 벗어나는 것이다.

> 많은 치료적 접근법은 '아픈' 청소년이 내적, 정신적 질병을 앓고 있으며 수동적으로 전문가 치료에 따라야 한다고 가정하는 의료 모델을 따르고 있다. 이와는 대조적으로 집단, 환경, 치료적 공동체 접근법은 청소년의 문제가 개인과 환경 간의 상호작용에서 비롯되며 청소년 스스로가 능동적이고 책임감 있는 참여가 가능하다고 가정하는 모델을 따른다.
>
> (Abramovitz & Bloom, 2003, p. 127)

**재연결**. 트라우마 치료에 대한 이해를 이끄는 모델의 마지막 단계는 재연결이다. 이 단계에서는 내담자들이 과거에서 벗어나 새롭고 다른 미래로 나아갈 수 있도록 돕는다. 내담자는 현실적이고 의미 있는 방식으로 재연결을 시작하게 되며, 궁극적으로는 트라우마 없이 자신의 현실과 정체성을 재구성하게 되는 것을 핵심으로 한다(Bloom, 1994). 이는 생존자가 자신의 고통을 초월할 수 있다는 믿음에 대한 암묵적이고 명시적인 메시지를 전달한다(Bloom, 1994). "기억은 실제 '기억'으로서 머물기 시작하며, 더 이상 생각, 행동, 감정을 통제할 수 있는 힘을 갖지 못한다."(Bloom, 1994, p. 9)

트라우마 안식처 모델은 병렬과정[parallel process]의 개념을 이해하고 인식한다. 이 모델은 개인이 트라우마와 부정적 경험을 경험할 수 있는 것처럼 조직도 마찬가지라는 점에 주목한다. 개인이 경험할 수 있는 극적인 증상과 조직이 경험할 수 있는 증상에는 내재적인 연관성이 있다.

> 트라우마를 경험한 개인이 고립된 행동과 공동체로부터의 철수로 대응하는 것처럼, 재정적 또는 정치적 스트레스 요인에 직면한 조직도 고립주의, 경직성, 위계적 의사결정으로 대응하는 것을 볼 수 있다. 이러한 병렬과정에 개입하려면 특정 가치에 부합하도록 행동과 사고의 전환이 필요하다.
>
> (The Sanctuary Institute, 2017, para. 7)

이는 개인의 트라우마 치료뿐만 아니라 조직과 공동체의 트라우마 역량 구축에 대한 전반적인 의미와 중요성을 말해 준다(Maslach, 1982).

트라우마는 보편적인 문제이며, 이 모델은 그 자체로 문화적 민감성을 갖도록 고안되었다는 점에 유의하는 것이 중요하다.

> 트라우마 배경을 가진 빈곤층, 소수자 집단, 이민자 청소년의 과대표 현상은 이들의 행동에 대한 치료진의 대응과 결합되어 전국 대부분의 보호시설에서 사용하는 표준 치료 모델을 심각하게 시험에 들게 하고 있으며 새로운 유형의 개입이 필요함을 시사한다.
>
> (Abramovitz & Bloom, 2003, p. 121)

이 모델은 중요한 공중보건 개념인 '함께하는 의사결정(Shared Decision Making: SDM)'을 더욱 강조한다. 함께하는 의사결정은 스스로의 건강과 웰빙에 대한 결정을 내리는 데 있어 내담자의 역할을 인정하는 것이다. 이는 전문가의 역할을 임상가에게 집중시키지 않고, 내담자와 임상가 모두 의사결정 과정에서 제공할 수 있는 자기만의 정보를 가지고 있음을 인정한다. 이는 공중보건에서 중요한 개념이며, 트라우마를 겪은 개인을 치료할 때 매우 중요하다. 자신의 이야기를 들려 주고 스스로 변화의 주체가 되는 데 있어 내담자 개개인의 역할을 인정함으로써, 우리는 내담자에게 성장과 치유의 기회를 제공한다. 또한 트라우마 경험을 통해 잃어버린 바로 그 통제권을 내담자에게 돌려준다.

> 치유에는 건강 회복에 대한 비전이 필요하다. 치료에 있어서 공유된 목표는 무엇인가? 내담자가 '해방'에 대해 갖고 있는 비전, 즉 과거에 얽매이지 않고 자유로워지는 것에 대한 비전은 무엇인가? 모든 치료적 논의와 결정은 모두가 지향하는 방향에 대한 이러한 비전을 바탕으로 이루어져야 한다. 이 비전을 위해 치료사, 교육자, 보육사 중 누구의 역할이 더 중요한지에 대한 논쟁은 각 아동의 건강한 역량 강화와 사회적 기능 향상이라는 더 큰 목표를 위해 사라져야 한다.
>
> (Abramovitz & Bloom, 2003, p. 131)

### 트라우마 안식처 구성요소

트라우마 안식처 모델에는 트라우마의 영향을 해결하는 데 도움이 되는 여러 측면이 있다. 이는 시간이 지나면서 조직이 '트라우마 기반'의 방향성을 향해 나아감에 따라 전개되는 유기적인 과정이다. 기본적으로 이 모델은 역경과 스트레스의 부정적인 영향을 줄이기 위한 것이다. 트라우마 안식처 모델은 모든 개인이 스트레스와 트라우마의 영향에 취약하다는 점을 인식하고, 이러한 스트레스 요인을 완화하는 데 도움을 줄 수 있는 조직을 만들고자 한다. 트라우마 안식처 모델에는 네 가지 중심 기둥이 있으며, 이는 모델의 주요 이론을 주도한다(Abramovitz & Bloom, 2003; Sanctuary Institute, 2012). 이 네 가지 중심 기둥은 다음에서 확인할 수 있다. 첫 번째 기둥은 프로그램의 다른 모든 측면의 기초가 되는 트라우마 이론에 대한 이해다. 트라우마 이론은 트라우마적 스트레스와 부정적 경험에 대한 우리의 이해로서, 전체 모델의 증거 기반을 이끈다. 체계적 틀의 구성요소는 아래에 언급된 네 가지 기둥으로 설명된다.

### 트라우마 안식처 모델의 네 가지 기둥

**트라우마 이론**. 트라우마 경험이 뇌에 어떻게 작용하여 생각, 감정, 행동에 영향을 미치는지에 대한 정보의 개요

**트라우마 안식처의 일곱 가지 약속**. 공동체 구성원이 어떤 방식으로 서로에게 행동할 것인지에 대한 합의와 조직이 준수하는 가치를 설명하는 트라우마 안식처 모델의 철학적 토대

**S.E.L.F.** 안전, 정서 관리, 상실, 미래(safety, emotional management, loss, future)라는 구성적 범주의 약어로, 대인관계 및 조직 문제 해결뿐만 아니라 내담자 서비스 또는 치료 계획을 수립하는 데 사용

**트라우마 안식처 도구 키트**. 트라우마 이론, 7가지 약속, S.E.L.F.의 10가지 실제 적용 사례로 구성된 것으로, 모든 계층의 공동체 구성원이 사용하고 모델의 개념을 강화

(The Sanctuary Model 2014, para. 1)

트라우마 이론은 이 책의 다른 곳에서 광범위하게 다루었으므로 이제 이 모델의 두 번째 기둥인 '7가지 트라우마 안식처 약속'에 대해 살펴보기로 하겠다. 트라우마 안식처 모델은 전체적으로 이 7가지 주요 트라우마 안식처 약속을 기반으로 구축된다. 이러한 약속은 모델이 구축되는 전반적인 철학적, 이론적 체계를 보여 준다. 이 약속은 모델과 이를 사용하는 임상가, 치료진, 내담자 및 조직의 약속을 나타낸다. 트라우마 안식처 모델에 정리된 이러한 가치는 개인과 조직이 트라우마 역량 강화를 위해 나아가는 데 있어 로드맵을 제공한다. 아동을 대상으로 서비스를 제공하는 학교 및 지역사회 단체를 포함한 모든 조직이 7가지 트라우마 안식처 약속을 조직 문화와 정신의 지침 원칙으로 삼을 것을 제안한다.

### 7가지 트라우마 안식처 약속

1. 비폭력에 대한 약속: 안전 기술의 구축 및 모델링
2. 정서 지능을 위한 약속: 정서 관리 기술의 교육 및 모델링
3. 탐구 및 사회적 학습에 대한 약속: 인지적 기술 구축 및 모델링

4. 민주주의에 대한 약속: 자기통제, 절제력, 건전한 권한 관리의 건강한 시민의식 육성 및 모델링
5. 열린 소통에 대한 약속: 건강한 의사소통을 가로막는 장벽을 극복하고, 돌발 행동을 줄이며, 자기 보호 및 자기 교정 기술을 향상시키고, 건강한 경계 설정을 교육
6. 사회적 책임에 대한 약속: 사회적 관계 기술을 재건하고 건강한 애착 관계를 구축
7. 성장과 변화에 대한 약속: 희망, 의미, 목적의 회복

(The Sanctuary Institute 2017, para. 3)

S.E.L.F는 다양한 배경을 가진 전문직 종사자들을 위한 공유 언어를 나타내는 약어다. 이 공유 언어를 통해 다학제적 팀이 협력하여 효과적인 치료를 향해 나아갈 수 있다. 치료 계획, 공동체 대화, 협력적 의사결정 등의 활동을 위한 조직적인 체계 틀을 제공한다. 안전과 관련해서는 개인이 자신과 관계의 안전감을 유지하도록 돕는 데 중점을 둔다. 감정 관리는 감정과 정서적 반응을 파악하고 관리하는 것을 의미한다. 상실은 슬픔의 감정을 다루는 데 중점을 둔다. 미래는 개인이 앞으로 나아갈 수 있는 새로운 방법을 모색하도록 돕는 것을 의미한다(Rivard et al., 2005, p. 3).

트라우마 안식처 도구 키트는 트라우마에 기반한 관점을 현실화하기 위해 매일 일상에서 사용할 수 있는 실용적인 일련의 도구로 구성되어 있다. 여기에는 공동체 모임, 안전 계획, 자가 치료 계획 콘퍼런스, 팀 모임, 자기돌봄 계획, 심리교육 등이 포함된다. 예를 들어, 공동체 모임에서는 매일 두 번씩 다음의 세 가지 질문을 할 수 있다. "기분이 어떠세요?" "오늘의 목표는 무엇인가요?" "누구에게 도움을 요청할 수 있나요?"(The Sanctuary Model, 2012)

## 트라우마 기반 치료 모델을 위한 증거 기반

트라우마 기반 치료 모델로 나아가기 위한 광범위한 증거 기반이 있다. 트라우마를 겪은 사람과 작업한다는 것은 단순히 고립된 개인에 대한 개입과 기술을 넘어 스트레스와 역경의 전반적인 영향을 이해하는 시스템 전반의 접근법이 필요하다는 인식에 대한 내용이 여러 문헌에서 점점 더 자주 언급되고 있다. 트라우마 기반 문화의 기조는 다음과 같은 사실과 관련된다.

> 우리는 사람들을 볼 때 그들의 문제를 정신과적 문제, 사법 시스템과 관련된 문제와 필연적으로 연결 짓는 철학적 입장, 즉 사람들을 '병든 사람' 또는 '나쁜 사람'으로 보는 시각을 버리고, 이 모든 문제를 신체 혹은 정신, 대인관계 능력, 옳고 그름에 대한 감각, 영혼 등에 대한 상처의 결과로써 보기 시작해야 한다.
>
> (Bloom, 2007, p. 1)

Sanctuary Institute 전문가 네트워크에는 300개 이상의 조직이 속해 있다. NIMH 보조금 데이터를 살펴보면 다른 학교와 기관에서는 트라우마 안식처 모델 접근 방식을 어떻게 적용하고 있는지 이해하는 데 도움이 될 수 있다. 유대인 가족 및 아동 서비스 위원회는 뉴욕주 웨스트체스터 카운티의 보호 치료 센터 세 곳에서 트라우마 안식처 모델을 도입하기 시작했다. 보호시설 내 내담자들의 약 70%가 학대와 방임을 경험한 적이 있었다. 다른 곳에서도 언급했듯이, 트라우마를 겪은 청소년들은 더 불안정하고, 예측할 수 없는 공격성을 보이며, 과민한 경향이 있었다(Rivard et al., 2005). 트라우마 안식처 모델을 통해 트라우마가 이러한 청소년의 인생 경험을 조직화하는 핵심 요소임을 이해할 수 있었다.

> 트라우마 안식처 모델은 보호시설 아동의 정의를 '나쁜' 아동 또는 '아픈' 아동(또는 둘 다)에서 '신체적·정신적·사회적·도덕적 상처를 지속적으로 받아 발달적 손상을 입은 아동'으로 변경함으로써 문제의 본질에 대한 관점을 전환시킨다. 이러한 신체, 정신, 영혼의 상처는 그것들 간에 서로 악화시키는 경우가 많기 때문에 최적의 치료 환경은 이 모든 것을 동시에 치유하는 방향으로 나아가야 한다.
>
> (Abramovitz & Bloom, 2003, p. 131)

이 프로젝트는 탐색적 발달 연구(MH62896)로서 NIMH의 지원을 받았다. 지원을 받아 평가에 참여한 팀은 다음과 같이 기술했다.

> 안전하고 지지적이며 사회적으로 책임감 있는 치료 공동체 환경에서 트라우마 회복 치료의 체계적 틀은 청소년에게 그들이 트라우마적 삶의 경험에 대처하는 수단으로 사용해 왔던 비적응적·인지적·사회적·행동적 기술을 대체할 수 있는 효과적인 적응 및 대처 기술을 가르치는 데 사용될 수 있다.
>
> (Rivard et al., 2005, p. 1)

지원을 받아 수행된 데이터 수집의 결과는 인상적이었다.

> 이 모델을 도입한 보호시설은 이 모델을 도입하지 않은 보호시설에 비해 지지, 자율성, 자발성, 개인적 문제 지향성, 안전성을 평가하는 치료 환경 차원에서 훨씬 더 우세한 경향성을 보였다. 청소년들은 시간이 지남에 따라 대처 기술 영역 척도와 자신의 삶에 대한 통제감을 평가하는 또 다른 척도에서도 향상된 결과를 보였다.
>
> (Rivard et al., 2005, p 7)

트라우마 안식처 모델은 트라우마에 노출된 개인의 필요에 적절히 대응할 수 있는 공동체적 역량을 구축하는 데 도움이 되는 증거 기반의 조직적 개입이다. 이 모델은 트라우마 역량이라는 관점을 통해 서비스 제공을 재개념화하기 위한 청사진과 기본 틀을 모두 반영한다. 이 모델은 처음에는 입원 환자 및 보호시설에 적용하기 위해 수립되었지만, 이 책의 저자들은 이러한 지침들이 지역사회 전체에서 아동과 청소년에게 서비스를 제공하는 보호시설 이외의 기관에서도 유용할 수 있다고 강력히 제언한다.

• 제4장 •

# 트라우마 기반 학교

– Kirby L. Wycoff –

## 도입

학교 시스템에서 트라우마 기반 실천 및 프레임워크에 대한 필요성이 증가하고 있다. 우리가 알고 있는 것만큼 많은 아동이 역경에 노출되어 있기 때문에 트라우마 기반의 학교 기반 실천은 역경에 노출된 아동뿐만 아니라 모든 아동을 지원한다. 이 책의 저자들은 트라우마 기반 치료의 네 가지 기둥을 올리는 것이 모든 학생의 필요를 지원하는 데 핵심이라고 믿는다. 학교를 포함하여 외상성 스트레스 요인에 노출된 개인을 지원하는 모든 조직은 이 네 가지 원칙을 실무에 통합하여 트라우마 기반 치료를 제공할 수 있다(Ridgard et al., 2015). 실제로 Ridgard 등은 이것이 사회 정의적 차원에서의 책무라고 언급했고, 우리는 이러한 책무에 엄청난 규모의 공중보건 위기 문제를 포함시키고자 한다. 어떻게 하면 학교가 역경에 노출된 미국 내 수많은 아동을 위한 해결책의 한 부분이 될 수 있을까?

## 트라우마 기반 학교

트라우마 기반 학교란 트라우마 및 역경에 기반한 관점을 학교 전체 조직 시스템에 통합한 학교를 말한다. 여기에는 역경에 노출된 아동뿐만 아니라 모든 아동에게 도움이 되는 1단계(학교 전체) 개입을 개발하는 것이 포함된다. 이 책 전체에서 언급하고 있듯이 청소년들 사이에 트라우마가 상당히 만연해 있다. 미 전국 아동 폭력 노출 실태 조사(2011)에 따르면 아동의 41.2%가 지난 1년 동안 신체적 폭력의 피해자였으며 그중 10.1%는 신체적 상해를 입었고, 6.2%는 흉기가 사용된 것으로 나타났다(Finkelhor et al., 2013). 같은 기간 동안 아동 및 청소년의 5.6%는 성적인 피해를 경험했고, 10대 여성 청소년의 경우 22.8%에 달했다. 또한 청소년의 13.8%가 양육자로부터 방임과 신체적, 성적, 정서적 학대를 당한 것으로 나타났다(Crouch et al., 2000). 설문조사에 따르면 22.4%의 청소년들이 가정이나 학교에서 폭력을 목격하거나 지역사회 폭력community violence을 경험한 적이 있는 것으로 나타났다. 전체적으로 50가지의 다양한 피해 범주를 고려할 때, 청소년의 57.7%가 폭력에 어느 정도 노출되었고 15.1%는 6개 이상의 범주에 노출되었으며 4.9%는 10개 이상의 범주에 노출된 것으로 나타났다(Crouch et al., 2000). Rossen과 Cowan(2013)은 트라우마를 경험한 학생들은 학습에 집중하기보다 기본적인 생존에 집중한다고 지적했다. 트라우마에 노출된 청소년들은 학습에 참여하고 사교하며 학교 안에서 의미 있는 방식으로 소통하는 능력에 어려움을 겪었다(Rossen & Cowan, 2013).

앞서 언급한 바와 같이, 지역사회 폭력에 노출되는 비율에는 상당한 불균형이 존재하며 특히 도시, 저소득층, 소수 민족/인종 공동체에 거주하는 아동의 경우 그 비율이 더 높다. 연소득이 2만 달러 미만인 가정의 청소년은 연소득 5만 달러 이상인 가정의 청소년보다 더 많은 폭력을 목격하고(저소득층 청소년 49.8% 대 고소득층 청소년 34.8%), 신체적 폭력의 피해자가 될 가능성이 더 높다(저소득층 청소년 24.2% 대 고소득층 청소년 15%)(Crouch et al., 2000).

이 외에도 소수 집단의 청소년들이 평생에 한 번 이상 폭력을 목격할 확률이 더 높다. 구체적으로 평생에 한 번 이상 폭력을 목격하는 것에 대한 인종별 확률은 다음과 같다. 아프리카계 미국인 57.2%, 히스패닉계 50%, 백인 34.3%. 평생에 한 번 이상 신체적 폭행의 피해자가 되는 확률도 인종에 따라 차이가 있다. 아프리카계 미국인 24.2%, 히스패닉계 20.7%, 백인 15.5%(Crouch et al., 2000).

더불어 주목할 만한 점은 소득 증가라는 보호 요인이 백인 청소년에게만 관련성이 있는 것으로 밝혀졌다는 사실이다. 고소득 아프리카계 미국인 및 히스패닉계 가정의 아동은 저소득 백인 가정의 청소년보다 더 많은 폭력에 노출된 것으로 나타났다(Crouch et al., 2000). 이는 소득보다 인종이 트라우마와 역경에 노출되는 사람에게 더 큰 영향을 미친다는 것을 시사한다. 실제로, 트라우마 노출의 전반적 수준과 기타 인구통계학적 변수를 고려한 후에도 아프리카계 미국인, 히스패닉계, 아메리카 원주민 모두 외상성 폭력의 결과로 인한 외상 후 스트레스 장애(PTSD)의 발병률이 더 높다(APA, 2013). 이러한 불평등은 미국에 새로 온 아동에게도 적용된다. 최근 이민 온 아동은 폭력 피해 및 노출에 대한 위험이 특히 더 크다. 이민 집단의 약 32%는 외상 후 스트레스 장애 증상을, 16%는 임상적으로 유의미한 우울 증상을 보고했다(Jaycox et al., 2002).

트라우마 기반 학교 프레임워크는 불평등 문제뿐만 아니라 학교 내 행동 문제와 징계를 줄이고 해결할 수 있다. 폭력에 대한 노출이 증가하면 무단결석과 학업 중단 가능성이 높아진다는 것은 잘 알려진 사실이다(Kataoka et al., 2007). 연구에 따르면 폭력에 노출된 학생에게 효과적인 개입을 제공하면 징계의 불균형을 줄이는 데 도움이 될 수 있다(Ramirez et al., 2012).

학생들이 지역사회 폭력과 관련된 트라우마에 대처하도록 돕는 데 관심을 집중하는 것은 학생들의 학교 참여와 성과 문제를 다루도록 도울 수 있으며, 전반적인 학교 환경을 개선하기 위해 추구할 수 있는 합리적인 방안이다. 앞서 언급했듯이 트라우마는 소수 민족 및 인종 학생과 가족에게 불균형적으로 영향을 미칠 수 있고, 학교 내 트라우마 기반 접근법 및 트라우마 기반 케어는 트라우마와 관련된 학업, 행동, 심리사회적 결과의 불균형을 잠재적으로 최소화할 수 있다. 학교 기반 정신건강 서비스들은 이러한 불균형을 줄일 수 있는 방법 중 하나다. 이 책의 저자들은 "트라우마와 관련이 있을 수 있는 행동을 정신건강 문제가 아닌 훈육 문제로 다루는 것은 효과적이지도 않고 사회적으로 정당하지도 않다."고 굳게 믿는다(Ridgard et al., 2015, p. 1).

## 캘리포니아 컴튼의 사례

트라우마 기반 학교 교육 운동이 미국에서 열기를 띠게 된 것은 부분적으로는 캘리포니아 주에서 제기된 획기적인 집단 소송 때문이다. 2015년 캘리포니아 주에서 최초로 제기된 집단 소송인 Peter P. 등 대 컴튼 통합 교육구(CUSD)의 소송은 트라우마가 학습에 미치는 영향을 대중들의 관심사로 끌어올렸다(Peter P., et al. v. Compton Unified School District, 2015).

로스앤젤레스 국선 변호사와 Irell & Manella LLP 로펌은 5명의 학생과 3명의 교사를 대변하여 소송을 제기했다. 이 소송은 컴튼 통합 교육구(CUSD)가 트라우마에 노출된 학생들에게 연방법에 따라 학생들이 받을 권리가 있는 무료의 적절한 공교육에 대한 서비스와 편의를 제공하지 않았다고 지적했다. 소송은 학교가 미국 장애인법(ADA)에 따라 신체적, 정서적 또는 신경학적 장애가 있는 학생들에게 서비스를 적용하고 제공하는 것과 동일한 방식으로, 트라우마에 노출된 학생들에게도 학습을 돕는 서비스를 적용 및 제공해야 한다고 주장했다.

2015년 9월, Michael Fitzgerald 연방 판사는 교육구의 소송 기각 신청을 기각했다. Fitzgerald 판사는 학생들과 교사들을 대변하여 제기된 주장에 본질적으로 동의하며, 지속적이고 충격적인 스트레스를 경험하고 심각한 트라우마에 노출된 학생들은 미국 장애인법에 따라 "장애인"으로 간주될 수 있다고 판단했다. 이에 따라 학교는 이러한 학생들에게 학습 장애, 자폐증, 주의력 결핍 과잉 행동 장애(ADHD), 시각 장애 또는 기타 문서화된 장애를 가진 학생들에게 제공하는 것과 동일한 방식으로 서비스를 제공해야 한다. 이 소송은 부정적인 어린 시절 경험에 노출된 아동에게 학교가 연방 장애인법을 사용하여 서비스를 제공해야 한다고 요구하는 최초의 관련 사례다. 처음 제기된 소송에서는 치료 받지 않은 만성 외상성 스트레스 및 역경에 노출된 경험이 이후 학업 실패의 중요한 지표가 된다고 주장했다(Blodgett, 2015).

이 소송은 그들의 입장을 뒷받침하는 방대한 양의 자료를 바탕으로 초기 고소장(Peter P., et al. v. Compton Unified School District, 2015)에서 다음과 같이 언급했다.

> 학교는 재활법 및 미국 장애인법에 따라 복합 외상을 경험했다는 이유만으로 교육 프로그램의 혜택을 받지 못하는 학생들을 수용해야 할 의무가 있다. 학교는 트라우마가 어린 학생들의 교육적 성취와 삶의 기회들을 결정하지 않도록 전문적 기준에 따라 조기에 일관되게 개입해야 한다. 캘리포니아와 미국 전역의 경험에 따르면 어린 학생들의 회복탄력성을 강화하는 것으로 입증된 기술을 가르치는 적절한 개입이 트라우마로 인한 장애를 효과적으로 수용할 수 있다는 사실이 반복적으로 밝혀졌다. 이를 통해 트라우마로 인해 영향을 받은 학생들은 마땅히 받아야 할 공교육에 의미 있게 접근할 수 있다. 전문가들은 특히 트라우마에 영향을 받은 학생들이 집중되어 있는 학교의 경우, 복합 외상으로 인해 학습에 장애가 있는 학생들에게 합당한 수용을 효과적으로 제공하기 위해서 개별화된 계획만으로는 불충분하다는 점에 동의한다. 오히려 학교 전체적으로 학생들이 배울 수 있는 환경을 조성하는, 트라우마에 민감한 실천을 구현하는 것이 필요하다.
>
> (Peter P., et al. v. Compton Unified School District, 초기 고소장, 2015, p. 2, line 3)

이 소송은 CUSD가 트라우마 기반 실천을 교직원에게 적절하게 훈련하지 않았고, 트라우마 스트레스에 노출된 학생들을 선별하고 지원하는 메커니즘을 갖추지 않았다고 주장한다. 소송은 학생들이 행동 문제를 해결하도록 돕기 위해 교육구가 회복적 정의 실천을 사용하지 않는다고 이어서 주장한다. 또한 CUSD가 트라우마에 민감한 방식으로 갈등과 폭력을 다루지 않았고, 트라우마에 노출된 학생들이 자기 조절을 강화하도록 돕지 않았다고 지적했다. 다음이 아마 가장 우려스러운 부분인데, 교육구가 트라우마에 노출된 학생(그리고 모든 학생)에게 효과적이라고 연구에서 밝혀진 트라우마에 민감한 실천을 모두 제공하기보다는 "트라우마의 영향을 받은 학생에 대해 징벌적이고 역효과적인 정학, 퇴학, 강제 전학, 법률 집행 의뢰를 처분하여 그들을 학교 밖으로 내몰고, 졸업의 길에서 벗어나도록 형사 사법 체계로 내몰았다."고 소송에서 주장했다(Peter P., et al. v. Compton Unified School District, 초기 고소장, 2015, p. 5, line 3).

이 소송은 대법원이 모든 학생에게 적절한 무료 공교육을 받을 필요성을 인정하고, 이것이 훌륭한 시민권의 기초가 되는 기본 권리임을 인정한 악명 높은 Brown 대 교육위원회 판결[347U.S. 483(1954)]을 인용했다. 이 소송은 60년이 지난 지금도 컴튼 지역에 거주하는 트라우마 피해 학생들이 이러한 권리를 누리지 못하고 있었다고 주장한다(Peter P., et al. v. Compton Unified School District, 초기 고소장, 2015). 더불어 만성적인 독성 외상성 스트레스에 노출된 아동들은 학습, 기억, 정서 조절, 관계 형성, 갈등 관리 등 학교 내 경험에 여러 수준으로 영향을 미치는 신경 조절 시스템이 변화되었다는 사실을 독자와 법원에 상기시켜 준다(Perry et al., 1998, 1995).

일반적인 학생은 일상적인 스트레스 요인에 대해 자기 관리 및 갈등 해결 능력으로 대응할 수 있지만 트라우마에 영향을 받은 학생은 대처 능력이 크게 변화하여 매우 다르게 반응할 것이다(Lenore, 1991). 이러한 학생들 중 일부는 정신질환 진단 및 통계 편람(DSM)에 적합할 수 있다는 점에 주의해야 한다.

DSM 진단에 따라 외상 후 스트레스 장애라고 진단되는 경우도 있지만 그렇지 않은 경우도 있다(Stein et al., 2003). 이 외에도 다른 여러 정신건강 진단이 어린 시절 트라우마 경험과 관련되어 있을 수 있다.

원고의 소송이 기각되지 않은 것에 대해, 국선 변호사 Mark Rosenbaum은 "이 역사적이고 삶을 변화시키는 판결은 폭력, 인종차별, 극심한 빈곤, 기타 어린 시절의 부정적인 경험으로 인한 복합 외상의 장애를 경험하는 아동이 교육에 동등하게 접근하고 적절한 서비스를 제공받을 권리가 있음을 인정한 것"이라고 언급했다(Palta, 2015, para. 5)

반면, 컴튼의 변호사는 "단지 아동이 컴튼에 거주한다고 해서 트라우마로 인한 장애를 입은 것은 아니다."(Palta, 2015, para. 7)라고 언급하며 이 사건을 회고했다. 이러한 상반된 관점이 이 논쟁의 핵심이다. 교육구는 트라우마에 노출된 학생들에게 개입과 조정을 제공할 책임이 있는가? 그리고 트라우마에 노출된 모든 학생이 잠재적으로 장애를 가지는가? 이는 복잡한 질문이다. 이 책의 저자들은 트라우마를 포함하여 적절한 무료 공교육에 접근하기에 불리한 조건을 가진 모든 아동에게 서비스를 제공하는 것이 실제로 학교의 책임이라고 주장한다. 우리는 트라우마에 노출된 학생들 중 심각한 손상을 겪고 있는 학생을 더 잘 식별할 수 있도록 트라우마 기반 접근의 평가가 이루어지기를 촉구한다.

학교나 지역사회에 있을 수 있는 트라우마 피해 아동의 프로필을 고려할 때, Peter P.의 역사만 살펴보면 어떻게 그의 이야기가 매일매일 미국 전역에 울려 퍼지는지 알 수 있다. 지금 당신의 학교와 지역사회에도 Peter P.가 있다. 2017년 5월, 럿거스대학교 로스쿨의 "법, 불평등, 도시 형평성에 관한 센터"에서 열린 학제 간 소송 연구 콘퍼런스에서 국선 변호사 Jeff Rosenbaum은 원고에게 이 사례에서 어떤 가명을 쓰고 싶은지 물었다고 언급했다. 그 청년은 피터 팬, 즉 Peter. P를 선택했다. 이는 그가 그 자신을 어떻게 바라보고 그가 무엇을 겪어 왔는지에 대한 깊은 상징적 성찰을 담고 있는 이름이다(Rosenbaum, 2017). Peter. P의 이야기를 더 자세하게 들어 보면 우리는 그가 어떻게 사회적 보호를 받지 못하고 살아왔는지, 우리가 그를 통해 무엇을 배울 수 있는지 더 깊이 이해할 수 있다. Peter. P에 대해 더 알게 되면 그의 프로필을 조금 더 자세히 알 수 있고, 비슷한 배경을 가지고 있을지도 모르는 우리 지역사회 내 아동들을 고려하는 데 도움이 된다. 우리는 독자들이 트라우마와 학습 웹사이트[1]에 방문하여 Peter와 그의 또래 친구들 그리고 컴튼의 현재 상황에 대한 추가 정보를 얻을 것을 강력하게 권장한다.

원고 Peter P.는 캘리포니아 컴튼에 있는 도밍게즈 고등학교에 재학 중인 17세 남학생이었다. 다음은 제기되었던 소송의 공식적인 내용에서 확인할 수 있는 Peter P.의 초기 삶의 경험에 대한 사실이다.

- 생모가 마약 사용자였다.
- 성적 및 신체적 학대의 피해자였다. (모의 여러 남자 친구들이 가해자)
- 형제자매 및 모에 대한 신체적 학대를 목격했다. (모의 여러 남자 친구들이 가해자)
- 5살 때, Peter와 형제들은 생모의 보살핌을 받지 못하고 위탁 시스템에 맡겨졌다.
- Peter는 형제자매들이 위탁 보호 시설에 입소하면서 형제들과 헤어졌다.
- Peter는 자주 이사를 다니며 여러 위탁 가정을 전전했고, 이 기간 동안 Peter는 한 번에 몇 주씩 생모의 집에 보내졌다가 다시 위탁 가정에 배정되기도 했다.

1) https://www.traumaandlearning.org/home

- 10세 또는 11세 때 생모의 권리가 종료되었고, 그 당시 그와 그의 형제들 중 일부(전부는 아니지만)는 입양되었다.
- Peter는 폭력의 목격자이자 피해자였다.
- 2014년, 중학교 재학 중에 Peter는 가장 친한 친구가 총에 맞아 죽는 장면을 목격했다.
- 2014년, Peter는 칼에 찔린 친구를 구하려다 꿰매야 하는 자상을 입었다.
- 보고된 바에 따르면 Peter는 20건이 넘는 총격 사건을 목격했다고 한다.
- Peter의 형들은 감옥에 갇혀 있다.
- Peter와 형제들이 위탁 보호 시스템이 들어갔을 때 모와 함께 살면서 Peter와 형제들을 돌본 남자는 현재 살인죄로 수감되어 있다.
- 2015년 3, 4월 동안 Peter는 노숙자였으며, 이 기간 동안 고등학교 카페테리아 옥상에서 잤다.

(Peter P., et al. v. Compton Unified School District, 최초 고소장, 2015)

소송 당시, 그의 임상 소견도 포함되었다.

- Peter는 플래시백(모와 형제자매들이 남성 가해자의 손에 의해 성적 학대를 당하고, 피해자가 된 경험에 대한 장면)이 있으며, 남성이 접근하면 공격성을 느낀다고 종종 보고한다.

이 소송의 핵심적인 질문은 어린 시절 역경과 트라우마가 이후 기능에 미치는 영향에 관한 것이다. 조기에 만성적으로 외상성 스트레스에 노출된 아동은 학습과 교육에 대한 접근을 저해하는 문제를 가지고 있는가? 그 대답은 "경우에 따라 다르다."가 될 수 있다. 이 책은 지금부터 매우 중요하다. Peter와 같은 아동들과 일하는 학교 및 지역사회 기반 실무자들이 다음 두 가지 일을 해야 한다. 첫째, 모든 아동을 위한 트라우마 기반 학교를 만들고(1단계) 둘째, 트라우마 경험으로 인해 기능적, 임상적으로 가장 큰 영향을 받은 아동에게 트라우마 기반의 증거 기반 치료법을 제공하는 대응 절차를 구축해야 한다(2단계 및 3단계). 1단계 개입에서는 트라우마 기반 실천을 통합하고, 2단계와 3단계 개입에서는 1단계 및 2단계 개입에 반응하지 않았거나 증상이 심해서 보다 개별화된 임상적 지원이 필요한 아동을 평가한다.

미국 전역에서 중재반응모델(Response To Intervention: RTI)은 다양한 시행 단계에 있으며, 그 충실도[fidelity]의 범위는 매우 넓다. 중재반응모델에 대한 심층적인 논의는 이 책의 범위를 훨씬 벗어나지만, 모든 단계에서 트라우마 기반 실천이 통합될 수 있다는 점에 유의하는 것이 중요하다. 또한 학생이 특수 교육 편입을 고려하기 위해 강도 높은 심리교육과 임상적 평가가 필요한 수준일 경우에는 트라우마 기반 평가가 필수적이다. 우리는 학교 및 지역사회 환경에 있는 모든 임상가가 종합 평가에 의뢰된 모든 아동에 대하여 트라우마 여부를 스크리닝하고 고려해야 한다고 주장한다. 실제로 1단계 또는 2단계 스크리닝에서 수행하거나 실제 평가 맥락에서 완료한 기초 스크리닝 검사의 결과를 기다리는 동안 1단계 스크리닝이 임상적으로 관련성이 있고, 타당하며, 근거가 되는 상황이 될 수 있다. 이 자료는 아동의 근본적인 욕구를 이해하고, 아동기 부정적 경험에 대한 노출이 임상 증상의 일부일 가능성을 고려하는 데 매우 중요하다. 이것이 바로 컴튼에서 놓친 것이다.

## 트라우마 및 학습 정책 이니셔티브

학교 전체에 트라우마 기반 실천을 구축하는 것은 큰 작업이다. 이 주제를 전체적으로 논의하는 것은 이 책의 범위를 넘어서지만, 우리는 트라우마 기반 평가가 트라우마 기반 학교와 조직에 포함되어야 한다고 믿는다. 독자들은 『트라우마를 겪은 아동의 학습 돕기: 트라우마에 민감한 학교 만들기 및 옹호하기(Helping Traumatized Children Learn: Creating, and Advocating for Trauma–Sensitive Schools)』라는 제목의 방대한 책을 참고하기를 바란다[2]. 이 책은 매사추세츠 아동 옹호 단체(Massachusetts Advocates for Children: MAC) 및 하버드 로스쿨과 협업하고 있는 '트라우마 및 학습 정책 이니셔티브(Trauma and Learning Policy Initiative: TLPI)'에서 발간한 두 권의 책 중 두 번째 책이다(Cole et al., 2005a, 2005b, 2013).

트라우마 및 학습 정책 이니셔티브(TLPI)의 사명은 어린 시절 역경과 트라우마에 노출된 모든 아동이 성공적인 학교생활을 할 수 있도록 하는 것이다. TLPI는 학교가 트라우마 기반 실천을 개발하고, 트라우마 기반 조직이 될 수 있도록 지원하는 옹호 단체로서 활동하고 있다. 여기에는 정책 개발뿐만 아니라 많은 물류 입법 작업도 포함된다. 매사추세츠 아동 옹호 단체(MAC)는 1990년대 중반 매사추세츠주에서 퇴학 및 정학 처분을 받은 아동의 필요를 해결하기 위해 시작되었다. MAC은 가정 폭력 피해 아동을 위한 태스크포스를 구성하고 다수의 실무 논문과 문서를 작성했으며, 정책 및 법률 개발과 직접적으로 관련된 활동을 했

2) https://traumasensitiveschools.org

다. 2000년에 MAC는 레슬리 대학교 특수교육센터와 협력하여 트라우마와 학습에 관한 전문 교육 및 콘퍼런스를 개최했다(Cole et al., 2005a, 2005b, 2013). 이 두 기관은 정신건강 전문가, 교육자, 변호사, 옹호자들을 아우르는 다학제적 작업 그룹을 만들기 위해 함께 모였다. 이들은 함께 『트라우마를 겪은 아동의 학습 돕기(Helping Traumatized Children Learn)』 책을 발간했다(Cole et al., 2005a, 2005b, 2013). 그들은 **유연한 프레임워크**라고 불리는 것을 개발하여 출판물을 널리 보급했다. 유연한 프레임워크는 트라우마에 민감한 학교를 만들고 통합하기 위한 도구다(Cole et al., 2005a, 2005b). 2004년에 MAC은 하버드 로스쿨과 협력을 맺었고, 트라우마 및 학습 정책 이니셔티브(TLPI)가 탄생했다. 이후 TLPI 집단은 미국 전역과 전 세계의 정신건강 서비스 제공자 및 교육자들에게 수십만 부의 출판물을 무료로 보급했다(Cole et al., 2005a, 2005b, 2013). TLPI는 특수 교육에 대한 배경지식이 있는 변호사 Susan Cole이 이끌고 있다(Cole et al., 2005a, 2005b, 2013). Susan과 그녀의 팀은 TLPI를 옹호 활동으로 확장해 왔고, 현재 전체 주의 모든 아동을 위해 트라우마에 민감하고 안전한 학교를 구축하는 것과 직접적으로 관련된 매사추세츠주의 '안전하고 지지적인 학교 위원회(Safe and Supportive Schools Commission)'도 이끌고 있다(본 저자도 참여하고 있다). 트라우마에 민감한 학교들과 TLPI는 트라우마에 민감한 학교를 이해하고 구축하는 데 투자한 지역사회 및 학교 기반 전문가들을 위한 전체 자원 목록을 제공하고 있으며, 우리는 독자들이 이 웹사이트를 방문하여 더 자세한 내용을 알아보기를 권장한다[3].

## 법안 H. 4376: 총기 폭력 감소에 관한 법률

2014년 8월 13일, 총기 폭력 감소와 관련된 소송인 하원 법안 4376이 Deval Patrick 주지사(D)의 서명을 받아 법으로 제정되었다. 이 법안의 주요 취지는 보편적인 신원 조회와 주 내 총기 폭력의 감소에 관한 것이었지만, 학교를 위한 안전하고 지지적인 체계에도 초점을 맞추었다. 이 법안은 여야 양측에서 여러 차례의 수정과 타협을 거쳤다. 이 법안은 연방 내 총기 판매 및 소지에 관련된 것으로, 공공의 편의를 즉각적으로 보존하기 위해 필요한 긴급 법안으로 선포되었다. 현재 논란이 되고 있는 이 법안은 2012년 코네티컷주 뉴타운에서 발생한 학교 총기 난사 사건에 대한 대응으로 시작된 길고도 어려운 입법 과정을 반영한 것이다. 총기 난사 사건 이후, 매사추세츠주 의원들은 총기 폭력과 관련하여 60개 이상의 법안

3) https://traumasensitiveschools.org/about-tlpi.

을 제출했다(Schoenberg, 2014). 하원 법안 4376이 법으로 제정되는 과정은 주로 총기 소지와 수정헌법 제2조의 권리를 둘러싼 많은 논란과 함께 당파적인 과정을 거쳤다(Schoenberg, 2014). 주 전체에 걸친 태스크포스가 구성되었고, 결국 Rober DeLeo 하원 의장(D)이 총기 폭력 법안을 발의했다. 개정된 법안은 또한 매사추세츠주 법원이 모든 관련 정신건강 및 약물남용 범죄, 가정 폭력 유죄 판결, 접근 금지 명령, 후견인 지정을 형사 사법 체계와 공유하도록 요구했다(Eger, 2014). 이후 이 정보는 FBI 국가 범죄경력조회 시스템에 추가되었다(Eger, 2014). 기본적으로 이 법은 주 내 모든 총기 판매에 대한 광범위한 신원 조사를 확대하는 데 중점을 두었다. 총기 면허 및 인수와 관련된 법안의 모든 세부 사항을 요약한 내용은 여기에서 확인할 수 있다[4].

법안 H. 4376은 총기 규제에 중점을 두는 것과 더불어, 학교와 지역사회의 안전과 관련된 여러 가지 다른 매개변수들도 개선했다. 이 법안은 연방 내 모든 학교가 종합적인 학교 안전 계획을 수립하고, 학생들의 정신건강 요구 사항을 해결하도록 했다(Schoenberg, 2014). 법안 H. 4376은 궁극적으로 교육, 정신건강, 공중보건, 정책 및 법률 전문가들로 구성된 태스크포스인 매사추세츠주의 '안전하고 지지적인 학교 위원회'를 설립하여 연중 회의를 통해 법을 제정하고 권고안을 제시하도록 이끌었다. 법안에서 잘 알려지지 않은 측면이지만 이 위원회는 총기 폭력 감소와 관련된 법률(안전하고 지지적인 학교 위원회, 2014)을 통한 안전하고 지지적인 학교 기본법(「매사추세츠 일반법」, 제69장, 제1조)의 일부로서 만들어졌으며, 초중등교육부와 협력하여 활동하고 있다. 제1조에서 안전하고 지지적인 학교 프레임워크는 위원회의 임무가 모든 학생에게 안전한 학교를 만드는 것이며, 긍정적이고 건강하며 포용적인 학교 환경을 조성하고, 학생들이 신체적, 심리적 건강과 웰빙을 유지하는 데 중점을 두면서 학교에서 학업적 및 비학업적 성과를 달성할 수 있도록 지원하는 것이라고 언급했다(Cole et al., 2005a, 2005b, 2013). 이 프레임워크는 사회 정서적 학습, 정신건강, 행동 관리에 대한 긍정적 접근 방식, 트라우마 감수성[trauma sensitivity]을 지원하는 통합적이고 조정된 서비스 제공 모델과 학교 차원의 문화를 만들고자 한다. 이 태스크포스의 목표는 2008년 법률 제321장 제19조에 따라 만들어진 초중등교육부의 행동건강 및 공립학교(Behavioral Health and Public Schools) 태스크포스의 초기 작업을 기반으로 구축되었으며, 이 두 가지 목표의 전문은 추가 설명의 두 웹사이트[5]에서 확인할 수 있다. 독자들은 두 웹사이트를 방문하기를 바란다.

---

4) https://www.mass.gov/eopss/agencies/dcjis/key-changes-to-the-massachusetts-gun-laws-august-2014.html

5) https://malegislature.gov/Laws/GeneralLaws/PartI/TitleXII/Chapter69/Section1P
https://malegislature.gov/Laws/SessionLaws/Acts/2014/Chapter284

## 학교의 역할

다른 곳에서도 언급했듯이, 트라우마와 만성적인 독성 스트레스가 학습과 학교 기능에 미치는 영향은 상당하다. 다음 장에서 더 자세히 설명하겠지만, 말할 필요도 없이 트라우마는 학교 환경에서 아동의 일상적인 기능에 중대한 영향을 미친다. 청소년에게 미치는 트라우마 노출의 중대하고 광범위한 영향과 그에 따른 정신건강 문제에도 불구하고, 양질의 치료를 받을 수 있는 사람은 상대적으로 적다. 치료를 받는다고 해도 낮은 질의 치료를 받는 경우가 많다(Weist & Evans, 2005).

바로 이 지점에서 학교의 역할이 발휘된다. 법적으로 모든 아동은 대부분 공공 부문에 속해 있는 몇 가지 유형의 교육 프로그램에 등록해야 한다. 이러한 의무 교육 요건으로 인해 학교는 공교육 제도를 통해 아동에게 공중보건 서비스를 제공할 수 있게 된다. 본질적으로 지역사회 기반 정신건강 서비스를 제공하는 것은 학교 시스템 맥락에서 이루어질 수 있다(Farmer et al., 2003). 정신건강 서비스를 학교 시스템 안으로 통합함으로써, 우리는 다른 방법으로는 접근하기 어려웠던 고위험군에 접근할 기회를 얻는다. 우리가 이미 가지고 있는 기회, 즉 학교에서 많은 아동 및 청소년들과 매일 함께하고 있는 기회를 활용하고, 정신건강 서비스를 학교 환경으로 옮김으로써 우리는 서비스 이용 가능 여부와 관련된 인종 간 격차도 줄일 수 있다(Kataoka et al., 2007).

정신건강 서비스를 학교로 확대하면 모든 학생에게 선별, 식별, 예방 및 개입을 시행할 수 있다. 또한 학교, 가족 및 지역사회 기관이 협력하여 학교 내에 질 높은 증거 기반, 데이터 기반의 예방 및 개입 프로그램을 제공하는 데에도 도움이 된다(Weist & Evans, 2005). 이것이 공교육과 공중보건 간 교집합의 토대다. 정신건강 서비스에 공중보건 관점을 통합한 학교는 모든 아동에게 더 나은 서비스를 제공할 수 있다. Jaycox 등(2007)의 연구에 따르면 이미 종합적인 정신건강 프로그램을 갖추고 있는 학교는 트라우마 사건과 위기에 대응을 더 잘하는 것으로 나타났다(Jaycox et al., 2007).

학교 시스템 내에 효과적인 정신건강 시스템이 구축되어 있을수록 학교가 단일 트라우마 사건에 더 잘 대처할 수 있다는 것이 점점 더 분명해지고 있다(Brock & Cowan, 2004; Cowan et al., 2013). 여기에서 우리의 초점은, 시간이 지남에 따라 복합 외상으로 이어지는 지역사회 기반의 만성적인 외상성 스트레스 요인을 관리하기 위해 학교가 어떻게 하면 더 준비되고 효과적일 수 있는지 고민하는 것이다.

트라우마 기반 접근법은 특정한 개입이 아니라, 트라우마로 인해 부정적인 영향을 받은 아동과 가족의 기능 향상을 촉진하는 서비스를 제공하는 방식이다(Kessler, 2014; SAMSHA, 2014). 허리케인 카트리나, 샌디훅 초등학교 총기 난사, 9.11 테러리스트 공격과 같은 단일 사건의 재앙적인 트라우마는 트라우마 사건 대응에 대한 지역사회의 긴박감을 불러일으켰다. 잘 준비된 학교는 자연재해부터 학생 자살에 이르기까지 모든 상황에 대응할 수 있는 위기 개입 계획과 팀을 갖추고 있다. 대중의 인식이 높아지면서 이러한 사건들에 대해 신속하고 신중하게, 그리고 종종 증거 기반 대응 접근법으로 대응할 수 있도록 직원을 훈련하고 교육구 차원의 역량을 구축하려는 노력이 증가했다(Brock & Cowan, 2004; Cowan et al., 2013).

하지만 학생 인구의 상당수가 정기적으로 역경과 독성 스트레스에 시달리고 있는 학교는 어떨까? 지역사회 폭력, 빈곤, 주거 및 식량 불안정과 같은 문제는 학교 환경에서 학생이 학습하고 기능하는 능력에 중대한 영향을 미치지만, 이러한 아동이 필요한 서비스를 받고 각자의 고유한 요구를 충족해 줄 준비가 된 학교에 진학할 수 있도록 보장하는 방법에 대해서는 아직 많이 알려지지 않았다.

학교가 이러한 아동, 그리고 결과적으로 학교 내 다른 모든 학생의 요구에 대응할 수 있는 한 가지 방법은 학교 차원의 트라우마 기반 모델을 채택하는 것이다. 학교는 학교 교육에 트라우마 기반 접근법을 도입함으로써 트라우마가 학생들의 학업, 행동, 심리적 건강에 미치는 부정적인 영향을 다룰 수 있다. 앞서 언급했듯이, 트라우마 기반 접근법을 활용하는 것은 단순히 강력한 정신건강 서비스를 제공하는 것에 관한 것만이 아니라 사회 정의와 형평성을 위한 의무다. 트라우마 감수성에 대한 학교 차원의 접근으로 전국적인 주목을 받고 있는 뉴올리언스의 크로커 콜리지 사립학교의 교장 Nicole Boykins는 이것이 사고방식의 전환에 대한 것이라고 언급한다(Boykins, 2017). 트라우마 기반 학교는 단순한 개입이 아니라 서비스를 제공하고 사고방식을 변화시키는 방식이다(Kessler, 2014; Substance Abuse and Mental Health Services Administration, 2014).

『교육 효과성 증진: 학교 정신건강 및 학교 차원의 긍정적 행동 지원의 상호연결(Advancing Education Effectiveness: Interconnecting School Mental Health and School-Wide Positive Behavior Support)』이라는 제목의 행동 탐구 연구 단행본에서, 편집자와 저자들은 학교 정신건강(school mental health: SMH)을 학교 차원의 긍정적 행동 지원으로 연결하는 방법에 대한 종합적인 자료를 정리했으며 이는 트라우마 기반 학교에 대한 논의에 있어서 필수적이다. 단행본의 원고 및 관련 활동은 미국 교육부의 특수 교육 프로그램 사무소(Office of Special Education Programs: OSEP)와 미국 보건복지부의 보건 자원 및 서비스 관리국 내 모자보건국

(Maternal and Child Health Bureau: MCHB)의 자금 지원을 통해 개방되었다. 전체 문서[6]는 홈페이지를 참고하고, 여기에서는 핵심 사항을 요약하고자 한다. 상호연결 체계 프레임워크(Interconnected Systems Framework: ISF)는 긍정적인 행동 개입 및 지원(Positive Behavioral Interventions and Supports: PBIS)과 학교 정신건강(SMH)을 연결하기 위해 제안된 메커니즘이고, 또한 트라우마에 민감한 학교의 발전을 가장 잘 지원할 수 있는 메커니즘이라고 믿는다(Barrett et al., 2013).

앞서 언급한 바와 같이, 공중보건 관점은 예방으로부터 고도로 구체화된 개입에 이르기까지 서비스와 개입의 연속성을 다루는 한 가지 관점이며, 이 프레임워크는 ISF 모델의 핵심이다. 학교는 이러한 연속성과 다양한 서비스를 실현하기 위한 가장 이상적인 장소다. 참고로, 정신건강 서비스를 받은 모든 아동 중 대략 70%가 학교를 통해 제공된 서비스를 이용한다(Barrett et al., 2013). Barrett 등(2013)은 PBIS가 SMH를 전달할 수 있는 역량을 갖추고 있기 때문에 PBIS와 SMH 모델을 결합하는 것이 적절하다고 언급했다. 현재 대략 5명 중 1명의 청소년이 정신건강 '문제'를 가지고 있으며, 학교는 SMH 서비스를 위한 자연스러운 수단이 되고 있다. 이 단행본의 편집자들은 실행 과학(Fixsen et al., 2009)과 실천 지역사회(Wagner et al., 2005)를 인용하여 ISF의 최종 개념화는 여러 부문의 정보를 바탕으로 이루어졌다고 말한다.

상호연결 체계 프레임워크(ISF)는 무엇인가? ISF는 PBIS와 SMH를 하나로 묶는 플랫폼이다. 우리는 트라우마에 민감한 학교 또한 여기에 표현될 수 있다고 믿는다. Barrett, Eber, Weist는 특히 고위험군 아동의 행동 및 정신건강 요구가 해결되지 않는 2단계 및 3단계 측면의 불충분한 발달에 ISF의 초점을 맞춤으로써, PBIS 독립 모델이 가지는 격차를 해소할 수 있다고 언급한다. 또한 저자들은 1단계에서 사회적 분위기 및 징계와 관련된 진전이 있었지만 아직 광범위한 정신건강 예방과 연결되지는 않았다고 지적한다. 결국 저자들은 실행 과학의 부족, 구조의 부재, 서비스 단절 등 SHM 모델의 약점을 PBIS 모델이 활용할 수 있다고 언급한다. 이 두 모델은 서로의 약점을 보완하여 상호연결 체계 프레임워크를 추진한다. ISF 모델의 핵심 기능은 다음과 같다.

1. 지역사회 정신건강 제공자를 포함하는 효과적인 팀
2. 데이터 기반 의사결정

6) https://www.pbis.org/school/school-mental-health/interconnected-systems

3. 증거 기반 실천의 선택과 실행을 위한 공식적인 절차
4. 종합적인 선별을 통한 조기 접근
5. 충실도와 효과성 모두를 위한 엄격한 진행 상황 모니터링
6. 시스템과 실무 수준 모두에서 지속적인 코칭(Barrett et al., 2013, p. 3)

이것은 트라우마에 민감한 실천을 학교에 통합하는 목표를 고려할 때 중요하다. 예를 들어, 불안과 트라우마의 영향을 치료하는 심리교육 모델은 효과적이라는 강력한 증거가 있다(Stein et al., 2003). 그러나 학교 현장에서 진정으로 유용하게 되려면 실행에 대한 지원(훈련, 코칭, 충실도, 모니터링)이 필요하다(Graczyk et al., 2003; Weist et al., 2007). 트라우마에 민감한 학교 발전을 고려할 때 ISF는 꽤 유용하다. Barrett, Eber, Weist가 언급했듯이 "ISF는 여러 단계 지원을 구축함으로써 PBIS와 SMH의 기반을 만들어 예방 및 개입의 깊이와 질을 향상시킨다"(Barrett et al., 2013, p. 6). 또한 Barrett, Eber, Weist는 치료 시스템(Pires, 2002)을 인용하면서, ISF가 다음과 같은 여러 가지 경제적, 사회적 이점을 달성할 것이라고 언급했다.

1. 아동·청소년은 강화된 예방 서비스를 통해 더 넓은 범위의 증거 기반 실천에 더 일찍 접근할 수 있다.
2. 아동·청소년은 실천 a가 단계적 프레임워크 내에서 실행될 때 더 높은 수준의 치료를 받을 가능성이 높다.
3. 교직원은 학교에서 고용한 정신건강 직원과 지역사회에서 고용한 제공자 간의 역할과 관계를 명확하게 정의한다.
4. 시스템 간 리더십과 훈련은 지역사회 및 학교 시스템의 요구를 해결하기 위한 공통의 접근법과 공통의 언어를 장려한다.
5. 개입은 여러 환경에 영향을 미치면서 일반화 가능성을 높인다.
6. 학교 환경 내 서비스를 이용하면 낙인이 덜 찍히게 된다.
7. 효과적인 팀 간 구조는 영향력과 충실도를 모니터링하고 측정하는 체계적인 방법을 통해 의사소통, 서비스 조정, 가족 참여 강화를 촉진한다(Barrett et al., 2013, p. 6).

우리는 ISF의 원칙이 트라우마에 민감한 학교 프레임워크의 개발과 실행을 고려하는 데 도움이 될 것이라 믿으며 이 프레임워크를 가이드 원칙으로 사용할 것이다.

ISF를 트라우마에 민감한 학교에 대한 프레임워크와 배경으로 삼아, 우리는 약물남용 및 정신건강 관리국(Substance Abuse and Mental Health Services Administration: SAMSHA)의 네 가지 R을 다시 살펴볼 수 있다. SAMSHA에 따르면 트라우마 기반 조직 및 체계는 다음을 수행한다.

1. 트라우마의 광범위한 영향을 인식하고(Realize) 잠재적인 회복 경로를 이해한다.
2. 체계에 속한 내담자, 가족, 직원 및 기타 사람들의 트라우마 징후와 증상을 인지한다(Recognize).
3. 트라우마에 대한 지식을 정책, 절차, 관행에 완전히 통합하여 대응한다(Respond).
4. 재트라우마에 대해 적극적으로 저항하고자 한다(Resist re-traumatization)(SAMSHA, 2017, para. 2).

SAMSHA 모델의 4R(Realizes, Recognizes, Responds, Resists re-traumatization)을 다시 살펴보면, 우리는 이러한 원칙이 학교 전체 차원의 노력을 통해 통합될 수 있음을 알 수 있다(SAMSHA, 2014). 이 원칙을 기존의 학교 차원의 노력에 통합함으로써, 우리는 학교가 더 트라우마에 기반한 조직에 가까워지도록 할 수 있다. 트라우마 기반 모델은 여러 단계 서비스 제공 시스템을 통해 학교에 통합될 수 있다(Kessler, 2014; Walkey & Cox, 2013).

이는 종종 시스템 수준 변화의 필요성을 탐색하는 것을 의미한다. 단계적 모델 접근이 본래 RTI 세계와 그 이전의 공중보건 세계에서 비롯되었다는 것을 고려하고, 대신 이를 트라우마 기반 프레임워크의 원칙을 개념화하는 데 사용한다면 우리는 이러한 개념을 조직의 모든 수준에 통합할 수 있다. 예를 들어, 1단계 변화에는 트라우마의 영향을 인식하고, 트라우마의 징후와 증상을 인지하고, 동일한 방식으로 대응하도록 돕는 학교 정책, 관행, 절차, 보편적 개입이 포함될 수 있다. 트라우마 기반 학교가 되기 위해서는 문화와 분위기를 개선해야 한다. 여기에는 학교 전체 커뮤니티를 통제하고 관리하는 절차가 포함될 수 있다(Kessler, 2014; Walkley & Cox 2013). 학교는 앞에서 언급한 트라우마 기반 치료에 대한 SAMSHA의 네 가지 측면을 모든 수준의 개입에 걸쳐 학교 구조에 통합함으로써 이를 위해 노력한다.

인식하고 인지하는 것은 SAMSHA의 처음 두 가지 원칙이다. 이는 모든 트라우마 기반 평가와 개입의 기초가 된다. 트라우마 기반 개입 및 평가가 학교에 존재하기 위해서는 이러한 원칙이 마련되어 있어야 한다. 개별 실무자들은 3단계(즉, 자체 평가)에서 트라우마 기반 평가 및 개입을 개별적으로 다루고 제공할 수 있지만, 가장 좋은 결과는 1단계와 2단계가 트라우마 기반 접근을 지원할 때 나타날 수 있다.

트라우마 및 관련 증상의 광범위한 영향을 인식하고 인지하는 것은 전문성 개발 및 교직원 훈련의 일부가 될 수 있다. 이는 트라우마 기반 학교를 구축하기 위한 토대를 마련하는 데 도움이 된다(Ko et al., 2008; Walkley & Cox, 2013). 또한 트라우마에 대한 보편적 선별검사를 1단계 수준에서 실시할 수 있다. 트라우마 기반 접근을 활용하는 학교는 아동이 잠재적인 단일 외상 사건을 경험했을 뿐만 아니라 여러 번의 만성적인 아동기 부정적 경험(ACE)을 했는지 고려하기 위해 보편적 선별검사를 시행해야 한다. 또한 선별검사는 외상 기반 증상을 적극적으로 보이는 아동과 보편적 개입에 반응하지 않는 아동을 고려해야 한다(Conradi & Wilson, 2010; Walkley & Cox, 2013).

교직원을 위한 전문성 개발은 먼저 교직원이 트라우마 및 어린 시절의 부정적인 경험이 개인과 아동 및 가족 모두에게 미칠 수 있는 영향을 이해하고 인식하도록 돕는 데 초점을 맞출 수 있다. 학교는 교직원에게 트라우마와 역경이 미치는 영향의 파급성을 각인시키기를 원한다. 이를 위해 이 책의 1장은 교직원에게 유용한 읽을거리가 될 수 있으며, 교사와 관리자뿐만 아니라 버스 운전사, 청소부, 학교급식 직원 및 기타 모든 보조 직원을 포함한 모든 교직원을 위한 학교 차원의 훈련을 개발하는 데 사용될 수 있다. 건물의 모든 직원에게 이 기초 지식을 제공함으로써 실제로 우리는 인식을 다루고, 바꾸고 있다. 트라우마 기반 학교는 단순히 일련의 개입과 프로그램이 아니라 완전한 사고방식의 전환을 나타낸다는 것을 기억하라.

연구에 따르면 조직 윤리에 트라우마 기반 관점을 구현하는 것은 상당히 영향력이 있을 수 있다. 다른 아동 서비스 기관을 대상으로 한 (아동 복지) 연구에서는 교직원 전문성 개발이 다음과 같은 효과를 보일 수 있는 것으로 나타났다. 트라우마 기반 치료에 대한 지식을 높이고, 트라우마 기반 치료의 사용에 대한 태도를 개선하며, 트라우마 기반 접근법 및 실천의 사용을 늘릴 수 있다(Brown et al., 2013; Conners-Burrow et al., 2013).

재트라우마의 예방은 다양한 방법으로 표현될 수 있다. 한 가지 방법은 징계 방식을 수정하거나 조정하는 것이다. 트라우마와 역경의 영향을 해결하려는 학교 차원의 노력은 만성적인 외상 스트레스에 노출된 아동뿐만 아니라 모든 아동에게 도움이 된다. 이러한 결과는 1단계 서비스 제공 수준에서 모든 학생을 대상으로 다루는 학교 차원의 다른 개입 프로그램에서도 일관적이다. 학교 시스템에서 일하거나 상담하는 학교 심리학자와 기타 정신 및 행동 건강 전문가는 이러한 노력에 의미 있는 역할을 할 수 있다.

SAMSHA 모델은 트라우마 기반 접근의 여섯 가지 원칙을 자세히 설명한다. 우리는 이 원칙이 학교 차원의 트라우마 기반 프레임워크에 통합될 수 있다고 생각한다. 이 여섯 가지 원칙은 다음과 같다.

## 트라우마 기반 접근의 여섯 가지 원칙

1. 안전
2. 신뢰성 및 투명성
3. 동료 지지
4. 협업 및 상호성
5. 권한 부여(목소리 및 선택)
6. 문화, 역사, 젠더 문제(SAMSHA, 2014, para. 3)

Ridgard 등(2015)이 언급했듯이, 학교 정책 및 절차가 이 여섯 가지 원칙에 부합한다면 그러한 원칙은 트라우마 기반 학교 및 지역을 구축하는 일상 업무에 통합될 것이다. 이는 일관된 트라우마 기반 접근을 반영한다. 한 가지 예로 신뢰성과 투명성을 학교 발전의 모든 측면에 통합하는 것을 들 수 있다. 이는 개방적이고 정직한 의사소통, 일관되고 신뢰할 수 있는 상호작용, 직원과 학생 간의 명확한 기대로 정의될 수 있다(Kessler, 2014). 많은 학교가 학교 곳곳에 보이는 학생에 대한 명확한 행동 기대를 가지고 있지만, 그들은 또한 직원과 교사에 대한 행동 기대를 개발할 수도 있다. 이는 학생과 직원 간의 투명성을 개선하고 학생-교사 상호작용의 관계적 측면에 긍정적으로 기여할 것이다. 이는 투명성을 향상시킬 뿐만 아니라 트라우마 기반 학교의 기본 요소인 두 집단 간의 신뢰를 구축할 것이다(Walkley & Cox, 2013).

트라우마 기반 학교는 트라우마에 기반한 지역사회를 구축하고, 트라우마와 역경에 노출된 아동을 지원하는 미래를 상징한다. 이러한 지역사회를 구축하는 '방법'을 고려할 때, 우리는 지원을 위한 옹호의 세계를 바라볼 수 있다.

## 제2부

# 복합외상과 기능 손상의 역할

• 제5장 •

# 아동 발달

– Bettina Franzese –

## 아동 발달 연구: 아동 복지와 과학적 연구

우리가 아이들의 보살핌과 복지에 대해 생각하게 된 것은 아주 최근의 일이다. 18세기 말 미국에서 도시 성장과 산업혁명이 도래하면서 아이들은 환기가 잘 안되고 조명도 어두운 공장에서 임금도 거의 또는 전혀 받지 못한 채 열악한 조건에서 오랜 시간 일해야 했다. 이처럼 가혹하고 위험한 환경에서 하루 12시간씩 일하다 보니 이는 어린 미국 시민들의 질병, 사고, 사망으로 이어졌다. 아동의 건강과 복지에 대한 사회적 관심은 더 많은 사회적·과학적 연구, 개혁, 아동 노동법 제정으로 이어졌다(Stearns, 2006). 아동의 인지적, 사회적, 정서적, 행동적 삶에 대한 관심이 확대됨에 따라 유아기부터 청년기까지의 발달적 변화가 과학적 탐구의 대상으로 자리 잡았다. 19세기 말 Alfred Binet와 Theodore Simon이 아동 정신능력 개인차의 이해를 증진하기 위해 30개 항목으로 구성된 표준화 검사를 고안하여 최초로 널리 사용되는 심리측정 기반 지능 검사 도구인 1905 비네–시몽 검사(1905 Binet–Simon Scale)를 제작했다는 점은 심리학자들의 주목을 끌 것이다(Lightfoot et al., 2013; Sattler, 2008).

오늘날 아동 발달 분야는 신경생물학, 뇌영상학, 분자생물학, 유전학, 사회 및 행동과학, 공공정책 등 다양한 분야의 영향을 받으며 다각도로 연구되고 있다. 아동 발달의 한 가지 원칙은 아동의 안전과 복지에 계속 초점을 맞추는 것이다. 동시에 모든 아동과 청소년의 건강 및 적응적 발달 결과를 최적화하고 발전시키는 데 점점 더 많은 다학제적 노력이 집중되고 있다. 심리학의 평가, 상담, 개입에 대한 연구가 개별적인 실천을 조명하고 안내하는 것처럼, 발달 과학은 지역사회 내 가족과 아동에게 영향을 미칠 수 있는 거시적 차원의 정책 계획과 프로그램을 조명하고 있다. 오늘날의 아동은 미래의 부모이자 사상가이며 리더이다. 생산적이고 책임감 있는 미래 시민을 키우기 위해 인구 차원의 지원을 제공하는 것이 우리의 최고 관심사다. 인구집단 건강 모델population health model과 공중보건의 개념은 이 책의 다른 곳에서 논의되었으며 여기에도 관련성이 있다.

아동이 건강한 어린이에서 건강하고 잘 적응하는 성인으로 성장할 확률을 극대화하는 데 도움 되는 정책과 실천 방법을 발견하는 것은 상당 기간 동안 중요시되어 왔다. 반면 이를 달성하기 위한 정확한 방법은 논쟁과 경쟁적 이론들로 가득 차 있었다. 예를 들어, 한때는 아이들의 공격적 행동을 줄이기 위해 체벌과 물리력을 사용하는 것이 잘못된 행동을 통제하는 효과적인 수단이라고 여겨졌으며, 우는 영유아를 안아 주면 아이가 '버릇없어지고' 까다로움과 짜증을 강화한다고 생각했다.

역사적으로, 체벌이 심리적으로 심각한 피해를 줄 위험이 있으며 기본 인권을 침해한다는 사실에 대한 인식은 거의 없었다(Lenta, 2012). 많은 주, 국가, 대륙뿐 아니라 광범위한 문화적, 종교적 관행 내에서 체벌은 여전히 행동 변화를 유도하는 합리적인 수단으로 간주된다. 이 책을 집필하는 시점(2017~2018)에는 이 인권 침해를 종식시키려는 국가 차원의 노력이 증가했다. 총 53개 주에서 가정 내 체벌을 포함한 모든 아동 체벌을 금지하고 있으며, 54개 주에서는 이러한 체벌을 전면 금지하겠다는 의지를 표명했다[1]. 그럼에도 불구하고 어린이집, 학교, 교도소, 대안 보호 시설 등 미국 대부분의 주에 적용되는 주법은 여전히 자녀에게 체벌을 가할 수 있는 부모의 권리를 인정하고 있다. 40개 주와 워싱턴 D.C.의 모든 대안 교육 환경에서 체벌이 금지되어 있으며, 36개 주에서는 모든 유아 보육 및 탁아소에서 체벌이 금지되어 있다[2]. 이러한 부모의 권리는 폭력과 학대에 관한 법적 조항으로부터 부모를 더욱 보호한다. 즉, 부모는 자녀에게 체벌을 사용하는 것에 대해 결정할 수 있다. 현재 모든 주의 개인 가정에서 합법적으로 허용되는 체벌은 주법에 따라 부모가 체벌을 사용할 수 있는 권리를 확인해 준다. 폭력 및 학대에 대한 주법은 일반적으로 체벌을 제외하는 것으로 해석된다[3].

모든 아동의 성공적 학습을 돕기 위한 트라우마 기반의 안전하고 지지적인 학교 환경의 역할을 고려할 때, 학교 내 체벌은 특히 관심을 끄는 주제다. 미국에는 공립 및 사립 학교에서 체벌을 금지하는 연방법이 존재하지 않는다. 미국 수정헌법 제8조는 잔인하고 비정상적인 형벌을 금지한다. 그러나 1977년 미국 대법원은 이 조항이 학교에 적용되지 않는다고 판

1) www.endcorporalpunishment.org
2) www.endcorporalpunishment.org
3) http://www.endcorporalpunishment.org/progress/country-reports/usa.html

결했다[4]. 최근 몇 년 동안 여러 주(2017년 8월 유타주, 2015년 6월 매사추세츠주) 대법원에서 부모의 부당한 체벌로부터 자녀를 보호하는 데 찬성하던 기존의 판결을 뒤집은 사례가 있었다. 매사추세츠 사건은 폭행 및 구타에 대한 기존의 유죄 판결을 뒤집고 다음과 같이 언급했다. "판결은 다음과 같은 '틀'을 제시한다. …… 부모나 보호자는 그들의 보살핌과 감독하에 있는 미성년자에 대한 물리력 사용에 대해, 다음과 같은 조건하에 형사 책임을 지지 않을 수 있다. (1) 미성년자에 대해 사용된 물리력이 타당한 경우 (2) 물리력이 미성년자의 위법행위 예방 또는 처벌을 포함하여 미성년자 복지를 보호 또는 증진을 위한 목적과 합리적으로 관련된 경우 (3) 사용된 물리력이 신체적 상해(일시적 통증 또는 경미하고 일시적인 자극을 넘어서는), 심각한 수모 또는 심각한 정신적 고통을 유발하거나 발생시킬 상당한 위험을 초래하지 않는 경우."(End Corporal Punishment, 2017, para. 4) 판결의 구체성 덕분에, 이번 판결은 아동을 보호해야 하는 국가의 책임과 부모의 양육권 존중 간 균형을 맞추는 데 있어 다른 판결보다 나은 성과를 거둔 것으로 평가된다. 즉, '불합리함'을 명확히 한 것은 국가의 아동 권리 보호 범위의 진전으로 보인다. 다른 주에서는 신체적 학대가 실제 아동에게 해를 끼쳤음을 입증해야 하는 부담이 충족되지 않아 판결이 더 우려되는 경우도 있다.

> 2017년 8월, 유타주 대법원은 벨트로 자녀를 때린 부모에게 유타주 법에 따라 학대죄로 유죄 판결을 내린 소년법원의 판결을 뒤집었다. 대법원은 유타주 법에 정의된 '신체적, 정서적 또는 발달적 상해 또는 손상' 기준에 따라 아동에게 '위해'를 입혔다는 사실을 소년법원이 입증하지 못했고, 대신 위해를 매질에 따른 자연스러운 결과로 규정했다는 점을 강조했다. 또한 대법원은 "벨트나 끈 또는 다른 물건으로 아동을 때리는 행위는 학대"라는 소년법원의 규정이 너무 광범위하여 "아동에게 베개나 말아 올린 양말을 던지는 행위" 또는 "게임의 일부로 장난삼아 너프 검으로 아동을 때리는 행위"와 같은 불쾌한 상황에도 적용될 수 있다는 점에서 단독 판결 규칙 채택에 반대했다.
>
> (http://www.endcorporalpunishment.org/progress/country-reports/usa.html, 2017, para. 4)

4) http://www.endcorporalpunishment.org/progress/country-reports/usa.html 참조

이 정보는 여러 가지 이유로 이 책 및 이 장과 관련이 있다. 첫째, 이 책은 돌봄 관계 맥락에서 종종(항상 그런 것은 아니지만) 경험하는 만성적이고 충격적인 스트레스 요인을 겪은 아동을 지원하는 방법에 대해 이해와 지식을 향상시키고자 한다. 미국을 비롯한 많은 국가에서 양육에 신체적 강압, 강제, 접촉을 사용하는 것이 여전히 합법적으로 가능하다는 사실은 이러한 상황을 더욱 우려스럽게 만든다. 아동을 가르치는 데 신체적 접촉이 있어서는 안 된다는 사실은 이미 여러 문헌을 통해 꾸준히 밝혀졌지만, 우리 법체계는 아직 이를 완전히 수용하지 못하고 있다. 학생의 행동을 관리하기 위해 신체 접촉과 체벌을 허용하는 상황에서 트라우마 기반의 안전하고 지지적인 학교 문화를 구축하는 것은 어려울 수 있다. 2017년 여름, 텍사스 남부의 한 학군(Three Rivers Independent School)에서는 학교에서 학생에게 매를 사용할 수 있도록 허용하는 정책에 대해 학부모가 동의 또는 거부할 수 있는 기회를 제공했다. 텍사스 교실 교사 협회(Texas Classroom Teachers Association: TCTA)는 체벌을 "훈육의 수단으로 사용되는 때리기, 회초리질, 엉덩이 때리기, 뺨 때리기 또는 기타 물리적 힘에 의한 고의적인 신체적 고통 가하기"로 정의한다(Texas Classroom Teachers Association 2017, para. 2). 또한 TCTA는 다음과 같이 언급했다. "교육자는 학생의 부모나 보호자가, 또는 학생을 합법적으로 통제할 수 있는 기타 인물이 학생에 대한 체벌 사용을 금한다는 서면 서명 진술서를 사전에 제공하지 않는 한, 이사회가 체벌 사용을 허용하는 정책을 채택한 경우에 한해 체벌을 사용할 수 있다."(Texas Classroom Teachers Association 2017, para. 2) 국립 안전하고 지지적인 학습 환경 센터(National Center on Safe and Supportive Learning Environments[5])에 따르면 텍사스는 학교에서의 체벌 사용을 특별히 지지하는 15개 주 중 하나이며, 나머지 8개 주에는 체벌 사용을 규제하는 특정 법령이나 법률이 없다[6].

2016년 11월, John B. King 교육부 장관은 학교에서 체벌을 중단할 것을 전국적으로 촉구했다. 그는 모든 주에 서한을 보내 체벌의 장단기적 부정적 결과를 언급하며 지도자들에게 학교에서의 체벌을 전면 중단할 것을 강력히 촉구했다.

> "우리 학교들은 지역사회 내에서 어린이와 청소년의 복지, 안전, 특별한 잠재력을 보호해야 한다는 신성한 신뢰에 묶여 있다."라고 King은 말했다. "일부에서는 체벌이 일부 학교 커뮤니티의 전통이라고 주장할 수 있지만, 사회는 진화했으며 과거의 관행만으로는 정당화될 수 없다. 학생들이 체벌에 대한 두려움을 갖고 있다면 그 어떤 학교도 안전하거나 지지적인 학교

5) U. S. Department of Education; https://safesupportivelearning.ed.gov
6) https://safesupportivelearning.ed.gov

로 간주될 수 없다. 교육자, 인권 옹호자, 의료 전문가, 연구자들이 체벌이 학생들에게 해롭다는 데 동의하고 있으며, 체벌이 유색인종 및 장애 학생에게 명백하고 불균형적인 영향을 미친다는 사실을 데이터들이 보여 주고 있다. 따라서 체벌을 학교에서 금지할 것을 각 주에 강력히 촉구한다."

(U.S. Department of Education, U.S. Education Secretary John B, King[7])

Gershoff(2013)는 「매질과 아동 발달: 우리는 이제 자녀를 때리는 것을 멈출 만큼 충분히 알고 있다(Spanking and Child Development: We Know Enough Now to Stop Hitting Our Children)」라는 논문에서 아동을 때릴 경우 발생할 수 있는 여러 심각한 결과에 대해 언급했다. 태초부터 체벌이 육아 관행의 일부였다는 점을 감안할 때, 이를 중단하는 것이 종종 저항에 부딪히는 것은 당연하다(Scott, 1996). 체벌은 여전히 많은 문화 및 종교 단체에서 지지하는 관행이지만, Gershoff는 이제 체벌이 구시대적이고 비효율적인 관행이라는 개념을 뒷받침할 수 있는 문헌이 충분히 축적되었다고 주장한다. 회초리는 단기적 비순응, 장기적 비순응 및 공격성을 증가시킨다(Gershoff, 2013; Holden et al., 1995; Gershoff, 2002; Roberts & Powers, 1990).

체벌은 여전히 상당히 일반적인 육아 관행으로 남아 있지만(UNICEF, 2014), 일반적으로 체벌을 훈육 방법으로 사용하면 오히려 아동의 문제 행동, 따돌림, 신체적·언어적 공격성을 증가시킬 수 있다는 연구 결과들이 있다(Gershoff & Grogan-Taylor, 2016). 미국 아동 및 청소년 정신과 학회는 행동 수정 방법으로 체벌을 사용하는 것을 지지하지 않는다(policy statement, 2012). 또한 유아의 고통에 신체적 편안함과 따뜻하고 일관된 보살핌으로 대응하면 아이가 스트레스 요인을 더 잘 다룰 수 있고, 안전과 안정의 토대를 구축하며, 이것이 아동의 정신건강과 발달에 필수적이라는 사실이 잘 알려져 있다(National Scientific Council on the Developing Child Working Paper #1, 2004).

오늘날 우리는 아이들의 발달이 유전학, 분자생물학, 환경, 사회적 경험 등 역동적인 방식으로 상호작용하는 수많은 요인의 영향을 받는다는 것을 알고 있다. 발달 단계 진행은 신체적, 정신적 소인과 특성뿐만 아니라 빈곤한 환경, 산모의 산전 약물 노출, 반응적이고 공감적인 부모 또는 보호자의 존재와 같은 환경적 조건이 복합적으로 작용한 결과다. 발달 과학은 또한 문화적, 집단적, 인종적 변수가 발달 과정에 영향을 미치는 여러 가지 방식에 의

7) https://www.ed.gov/news/press-releases/king-sends-letter-states-calling-end-corporal-punishment-schools, para. 2

해 크게 영향 받는다. 미국은 서로 다른 문화와 가족 관습, 그리고 더 큰 사회에 내재된 아동의 사회화 및 아동기 행동에 대한 여러 기대치를 가진 다양성 있는 국가다. 따라서 아동은 생물학적 또는 유전적 구성만큼이나 그들 성장사에 필수적인 문화적 맥락 속에서 성장하고 성숙한다(Lightfoot et al., 2013).

## 아동 발달의 기초

발달은 시간이 지남에 따라 모든 개인에게 일관된 순서로 진행되지만, 사람들은 독특하고 다양한 방식으로 발달하고 성숙해 간다. 아동이 발달기 내에 숙달하고 달성해야 하는 발달 과제와 이정표가 있다. 이러한 기본 구성요소는 성장하면서 더 발전되고, 이는 복잡한 능력을 습득하는 데 필요하다.

민감기sensitive periods 또는 최적기optimum periods(Werker & Tees, 2005)는 아동기에 적응적 행동 및 기술 발달을 촉진하거나 방해할 수 있는 환경적 경험으로부터 이득을 얻을 준비가 되어 있는, 아동이 개방적이고 준비된 시기를 말한다. 이제 우리는 특정 발달 과정이 최적기가 아닐 때 습득되더라도 변화와 수정이 가능하다는 것을 알고 있지만, 더 일반적인 발달 시기에 습득되었을 때보다 기대되는 기술 및 결과를 얻기가 더 어려울 수 있다. 이는 뇌 가소성이라고 알려져 있으며, 발달에 미치는 다양한 긍정적 또는 부정적 영향을 수용하기 위해 뇌가 변화하거나 수정할 수 있는 능력을 말한다. 아동기 부정적 경험(Adverse Childhood Experiences), 트라우마, 학대 또는 방임은 아동의 스트레스 반응 시스템을 변화시킬 수 있지만, 뇌 가소성 덕에 아동은 증거 기반 개입을 통해 초기 역경과 관련된 부정적 결과에 대처하고 극복할 수 있다. 발달 중인 뇌가 성숙해지고 기능이 더 특수화됨에 따라, 변화하는 경험적 환경에 적응하거나 재구성하는 능력은 감소된다.

## 발달 시기, 기능 영역 그리고 성취

일반적으로 발달 시기는 다음과 같은 방식으로 구분할 수 있다(단, 구성에 따라 이러한 시기의 정의가 다르다는 점에 유의할 필요가 있다). 또한, 사회 문화 및 경제적 변화에 따라 이 기간이 변경될 수도 있다. 예를 들어, 성인 진입기(emerging and young adulthood)는 18세부터

20대 후반까지로 개념화할 수 있다. 이러한 개인은 성인이 되어서도 부모에게 의존할 수 있으며, 이는 우리가 그들의 필요를 이해하는 방식을 변화시킬 것이다.

- 태아기(Prenatal): 임신부터 출산까지
- 영아기(Infancy): 출생부터 12개월까지
- 걸음마기(Toddlerhood): 12~36개월
- 초기 아동기(Early childhood): 3~6세
- 중기 아동기(Middle Childhood): 6~11세
- 초기 청소년기(Early Adolescence): 11~15세
- 청소년기(Adolescence): 15~19세 (Arnett, 2007)

아동 의료 서비스 제공자와 임상가들은 아동의 발달 이정표에 대해 문의하고 관찰하는데, 이는 시간이 지남에 따라 순차적으로 발생하는 특정 기술 성취도 및 역량으로, 성장에 따라 더 기본적인 기초 기술을 기반으로 이루어진다. 발달이정표는 신경생물학적 시스템 발달과 환경 내 아동의 고유한 경험의 역동적인 상호작용의 결과다. 기술 성취는 종종 신체 발달, 운동 발달, 인지 발달, 언어 발달, 사회/정서 발달, 도덕 발달 등의 영역으로 그룹화된다.

이 시기에는 주요한 변화가 일어나며, 여기에 설명된 특성은 일반적인 것으로 기본적 기술과 능력을 검토하기 위한 것이다. 이 섹션에서는 아동 발달에 대한 간략한 요약을 제공하지만, 필요에 따라 추가 자료를 통해 이해의 폭을 넓힐 것을 권장한다. 다음 목록은 여러 출처를 바탕으로 작성되었으므로 독자들이 해당 자료를 전체적으로 검토할 것을 권장한다.

**■ 아동 발달에 관한 참고자료**

- Lightfoot, C., Cole, M., & Cole, S. R. (2013). The Development of Children (7th ed.). New York: Worth Publishers.
- Berk, L., & Meyers, A. (2016). Infants, Children, and Adolescents (8th ed.). New York: Pearson.
- Feldman, S. (2016). Child Development (7th ed). New York: Pearson.
- The PA Child Welfare Training Program - Child and Adolescent Development Resource Book; University of Pittsburgh Office of Child Development[8].

8) http://www.pacwrc.pitt.edu/Curriculum/CTC/MOD9-OLD/RsrcBk/RsrcBk.pdf

• Centers for Disease Control and Prevention[9)]

발달 시기별로 대부분의 아동이 할 수 있거나, 습득하고 있거나, 달성할 수 있는 것들의 목록을 다음에 제시하였다.

## 초기 아동기: 3~6세

- 유치원에 다닐 수 있는 어린이
- 만 5세 또는 6세에 유치원에 입학할 수 있음

### 인지 발달

- 사고는 융통성 없고 구체적임(4~5세)
- 기본 도형을 알고 식별할 수 있음
- 색상, 크기 또는 모양별로 개체를 정렬할 수 있음
- 가장 큰 것과 가장 작은 것을 포함한 크기와 같은 개념을 이해할 수 있음
- 몇 가지 색상을 알고 있음
- 익숙한 상황에서 인과관계를 이해함
- 이야기를 즐김
- 문자와 소리가 체계적으로 연결되어 있다는 것을 이해함
- 시간 감각을 가지기 시작함
- 아주 간단한 덧셈과 뺄셈을 할 수 있음

### 언어 발달

- 약 1,500단어(4세 기준)의 어휘력을 갖춤
- 5세가 되면 어휘력이 10,000단어에 이름(여아가 남아보다 빠름)
- 대명사를 올바르게 사용함
- 2단계 또는 3단계 지시를 따름
- 간단한 질문에 답할 수 있음

---

9) https://www.cdc.gov/ncbddd/childdevelopment/index.html

- 반대의 개념을 이해함
- 전치사를 이해하고 사용하기 시작함
- 회화 실력이 향상됨
- 동사를 적절히 사용하기 시작함

### 사회적/정서적 발달

- 이들의 사회적 상호작용은 가정에서 학습되고 모델링된 상호작용을 기반으로 함
- 거만하고 공격적일 수 있음
- 뭔가를 독립적으로 하고 싶어 함
- 번갈아 가며 순서를 정하는 개념을 이해하지만 언제나 그렇게 하지는 않을 수 있음
- 의도적 행위와 비의도적 행위를 구분하기 시작함
- 소음, 상상의 생물, 폭풍우를 두려워할 수 있음
- 첫 번째 우정을 쌓음
- 상호적인 놀이가 증가함
- 자신의 성취를 자랑스러워함(5세)
- 정서 조절 능력이 향상됨
- 정서를 유도하기 위해 내면의 말을 활용할 수 있음
- 사회적으로 유능한 아이들은 인기 있지만, 문제적인 아이들은 사회적으로 거절당하는 경향이 있음

### 도덕성 발달

- 강화를 얻고 처벌을 피하기 위해 자신의 행동을 계속해서 통제하지만, 정의감과 이타심을 증명하기 시작함
- 나눔을 사회적 의무로 여기는 것과 같은 사회적 기대를 이해함(5세까지)

## 중기 아동기: 6~11세

일반적으로 이 시기는 초등학교에 입학하여 중학교로 진학하는 때다. 성취도는 6세부터 11세까지 한 범주로 분류되고, 9세부터 11세까지는 일부 영역에서 다시 분류된다.

### 인지 발달

- 논리적 사고의 마커와 함께 인지 능력이 빠르게 발달함
- 학습을 위해 기억 전략을 사용할 수 있음
- 글자 역전letter reversal이 감소됨
- 학업 기술 레퍼토리에 새로운 정보를 추가하여 구축할 수 있는 기본 기술에 점점 더 능숙해질 기회들이 있음

**9~11세**

- 계획 세우기, 자기 모니터링, 자기 조절, 목표를 향한 노력 등 실행 기능 기술이 향상됨
- 장기적 지식 기반long-term knowledge base의 규모와 조직이 계속 증가됨
- 새로운 자료를 숙달하기 위해 기억 전략을 사용함

### 언어 발달

- 새로운 단어에 관심을 가짐
- 완전한 문장을 사용함
- 읽기를 시작함(6세)
- 읽기 위한 학습에서 학습을 위한 읽기로 전환됨
- 자유롭게 자주 대화함
- 중기 아동기 내내 어휘력이 급격히 증가함
- 수수께끼와 농담을 즐김
- **9~11세** 이제 이중의미, 은유, 유머를 이해함
- 복잡한 문법구조를 사용함
- 상황에 따라 대화를 조정함

### 사회적/정서적 발달

- 특별한 친구가 있을 수 있음
- 협동 놀이에 참여함
- 타인과 자신을 비교함
- 타인의 사회적, 정서적 신호에 주의를 기울임
- 더 책임감 있고 독립적이 됨

- 마음 이론theory of mind을 가지며, 타인이 자신과 다른 관점을 가질 수 있음을 이해함
- **9~11세** 타인과 공감할 수 있음
- 감정을 더 잘 조절할 수 있음
- 관심사와 활동 공유를 기반으로 우정을 나눔
- 비슷한 관심사와 생각을 가진 동료를 찾음

### 도덕성 발달

- 여전히 문제를 피하기 위해 권위에 복종함
- 규칙의 필요성을 이해하기 시작함
- 공정하고 평등한 것에 대한 인식이 높아짐
- 보상을 공적과 연결함

**9~11세**

- 도덕적 관습과 사회적 관습 간 연관성을 파악함
- 옳고 그름에 대한 확장된 개념을 가짐을 증명함

## 초기 청소년기: 11~15세, 그리고 청소년기: 15~19세

이 청소년들은 중학교와 고등학교에 재학 중이다.

### 인지 발달

- 사고가 덜 구체적이고 더 추상적이며, 이상적이고, 논리적임
- 주의집중 시간attention span과 집중력이 더 좋음
- 성취와 미래에 대한 관심이 있음
- 귀납적 추론과 연역적 추론을 통해 형식적인 추상적 사고를 계속 사용하고 적용함

### 언어 발달

- 종종 토론과 논쟁을 즐김
- 성인과의 의사소통을 꺼릴 수 있음
- 친구들과 소통하는 것을 즐김
- 다른 사람들이 자신을 이해하지 못한다고 생각할 수 있음

• 자신의 생각과 느낌을 전달하기 위해 일기 쓰기 등 문어적 표현 기술을 활용할 수 있음

## 사회적/정서적/도덕적 발달

### 초기 청소년기

• 자신의 정체성을 형성하고 타인과의 분리를 형성함
• 부모와의 갈등이 증가함
• 또래에 대한 관심이 증가하고 지위를 얻기 위해 순응해야 한다는 압박감이 커짐
• 종종 자기중심적이고 외모에 민감함
• 기분 변화가 심할 수 있음
• 문화적 배경이 다른 청소년은 편견과 인종차별을 겪는 등 여러 가지 불리한 점이 있음
• 기대에 부응하기 위해 노력함
• 문화에 기반을 둔 도덕적 가치를 지속적으로 학습함

### 청소년기

• 가상의 청중이 자신과 자신의 행동을 지켜보고 있다는 믿음이 있으며, 개인적 고유성을 가짐
• 외모에 대한 적극적인 관심을 보임
• 성인이 될 준비를 하며 자신의 정체성을 계속 형성해 나감
• 소수자 청소년은 자신의 문화와 다수자 문화를 탐색하는 법을 배움
• 성별 기반 스크립트에 따라 데이트 상호작용을 할 수 있음
• 자신의 생각과 의견에 대해 염려함
• 연애 관계 형성에 관심이 있음
• 어른들의 권위에 의문을 제기하고 스스로를 사회 관행을 따르지 않는 사람[nonconformists]으로 여길 수 있음

## 아동 발달의 핵심 원칙

역경과 만성적이고 트라우마적인 독성 스트레스가 아동의 삶에 미칠 수 있는 영향을 이해하는 맥락에서, 아동 발달에 대해 고려해야 할 네 가지 핵심 원칙이 있다.

### 1. 유전과 환경(Nature Plus Nurture)의 영향과 후성유전학의 역할

아동 발달은 인지, 기질, 성격 요인 등 아동의 심리 특성 내에서 유전적 구성이 역동적으로 상호작용하는 복잡하고 순차적인 과정으로 전개된다. 또한 양육 환경과 같은 외부 변수도 있으며, 여기에는 문화적 맥락 및 상황 또는 해당 환경 내에서의 경험도 포함된다. 생물학적·사회적 관점에서 이 다섯 가지 요소는 두뇌 발달, 정신 및 신체 건강, 적응 기능, 스트레스 관련 장애에 대한 취약성에 기여한다. 이러한 요인들은 출생 이전부터 성인이 될 때까지 지속적으로 상호 영향을 주고받으며 얽혀 있다. 유전자는 발달 중인 뇌의 신경세포와 신경 연결에 대한 기본 계획을 마련하지만, 환경은 뇌의 구성, 구조, 기능에 지대한 영향을 미친다. 뇌는 나이에 걸맞은 중요한 '예상되는 경험expected experiences'에 의해 형성되고 영향 받으며, 이를 통해 유전적 성향이 나타나도록 설계되어 있다. 아동의 유전자와 발달 중인 두뇌는 특히 초기 아동기에 접하는 긍정적인 경험과 부정적인 경험 모두로부터 깊은 영향을 받는다. 자녀가 부모로부터 물려받는 약 23,000개의 유전자가 게놈을 구성한다. 이것은 각 개인을 생물학적으로 고유하게 만드는 완전한 조립체이자 일련의 DNA(디옥시리보핵산deoxyribonucleic acid) 명령어다. 개인의 후성유전체epigenome는 시간이 지남에 따라 만들어지는 화합물로, 유전자에 화학적 신호를 남길 수 있으며 유전자 발현에 영향을 미쳐 유전자를 켜거나 끌 수 있다. 경험의 역할은 일란성 쌍둥이가 유전적으로 동일함에도 불구하고 건강 상태, 행동, 성격, 환경에 대한 반응을 다르게 보일 수 있는 이유를 설명하는 데 도움을 준다. 영양, 독소에 대한 노출, 오염 물질, 적응적 또는 부적응적 생애 경험의 성격과 시기 등 다양한 요인이 후성유전체를 형성할 수 있다. 이러한 유전자 발현과 환경의 상호작용을 일반적으로 후성유전학epigenetics이라고 한다(Meany, 2010; Murgatroyd & Spengler, 2011; National Human Genome Research Institute Fact Sheet: Epigenomics, 2016). 어린 시절 학대 및 방임과 같은 반복적인 스트레스 요인에 노출되면 뇌의 구조와 기능에 장애가 생길 수 있지만, 환경과의 다양한 경험적 상호작용에 적응하고 수용하며 발달하는 뇌 가소성brain plasticity도 존재한다. 그러나 아동이 성숙해지고 뇌의 기능이 더욱 전문화됨에 따라 이러한 재구성 및 적응 능력을 상실하게 된다. 따라서 양질의 풍부한 경험에 노출되면 최적의 두뇌 발달을 위한 탄탄한 기초를 다질 수 있으며, 이를 통해 아이들은 건강한 발달 궤도에 오르고 지속적으로 긍정적 경험을 누릴 수 있다(National Scientific Council on the Developing Child, Working Paper #5, 2007).

## 2. 첫 5년이 특히 중요하다

생후 5년 동안 아동의 두뇌 성장, 인지 발달, 언어 기능, 사회적/정서적 학습, 스트레스 요인에 대한 적응, 도덕적 역량, 사고 및 감정과 행동의 자기 조절 등에 중요한 영역이 급속도로 발달한다. 자기 조절 능력과 스트레스 대처 능력의 성장은 초기 아동기 발달의 초석으로 간주되며 다양한 사회, 학습, 학업 환경에서 이루어질 필요가 있다. 이 시기에는 어느 정도의 가소성이 있지만, 반응적인 돌봄, 양질의 초기 아동기 프로그램 접근성, 풍요로운 환경 노출, 적절한 안전, 영양, 의료 서비스 등 긍정적인 경험이 매우 중요하다. 이는 이러한 요인 또는 그 부재가 절대적으로 긍정적 또는 해로운 영향을 미칠 수 있기 때문이 아니라, 이러한 경험이 다른 발달 역량을 구축하는 탄력적이고 견고한 토대가 될 수도 있고, 부적응적이고 취약한 토대가 될 수도 있기 때문이다(Shonkoff & Phillips, 2000). 정상 아동과 그렇지 않은 아동의 발달을 이해하면 발달 과정의 위험 요인 및 보호 탄력성 요인을 이해할 수 있다(Cicchetti & Toth, 2009).

## 3. 아동이 잠재력을 최대한 발휘하려면 건강하고 지지적인 환경이 필요하다

적절한 산전 관리부터 어머니와 자녀 모두를 위한 양질의 영양 공급에 이르기까지, 아이를 건강하게 키우기 위해서는 개인적 관점과 공공 정책적 관점 모두에서 시간과 자원을 투자해야 한다. 부모는 가정과 직장의 책임 사이에서 균형을 잡는 데 어려움을 겪을 수 있으며, 이로 인해 자녀와 소통하는 데 더 많은 시간을 할애하기 어려울 수 있다. 경제적 어려움을 겪고 있는 부모는 양질의 보육 서비스를 이용하지 못할 수 있으며, 자신이나 자녀를 위한 적절한 의료 서비스와 같은 지역사회 자원을 이용하지 못할 수 있다. 이러한 환경에서 생활하는 아동은 사회적 스트레스가 크거나 안전하지 않은 지역에 거주하거나 뇌를 손상시킬 수 있는 신경독성 환경 물질에 노출되는 등 여러 가지 부정적 조건에 처하기 쉽다. 신경 독소에 노출되면 출생 전과 후의 뇌 발달에 지장을 가져올 수 있으며 평생에 걸쳐 해로운 결과를 초래할 수 있다. 미성숙한 뇌는 성인의 뇌보다 독성 물질 노출에 더 취약하다. 납(오래된 배관 및 페인트에서 발견됨), 수은(음식에서 발견됨), 망간(무연 휘발유에서 발견됨)과 같은 중금속은 정상적인 신경생물학적 과정에 지장을 주고, 발달 중인 뇌의 구성을 방해하며, 뇌의 한 부분에서 다른 부분으로의 뇌세포 이동을 저해하고, 뉴런 연결 및 회로 형성에 부정적인 영향을 미칠 수 있다. 경제적으로 취약한 환경에 거주하는 아동은 부유한 환경에 거주하는 아동보다 어려움에 노출될 가능성이 더 높다. 아이들은 자궁 내에서, 니코틴, 코카인, 알코올을 비롯한 다른 약물에 노출될 때 추가적인 화학물질 노출을 경험할 수 있다. 알코올은 신경 기능에 광범위하고 파괴적인 영향을 미치며 심혈관계, 소화기, 근골격계 등 다른 생물학적 기관 시스템을 방해할 수 있다(National Scientific Council on the Developing Child, Working Paper #4, 2006).

## 4. 관계는 건강한 발달을 위한 핵심이다

대부분의 미국 어린이는 가정 또는 가정과 유사한 환경에서 자란다. 앞서 언급했듯이, 연령에 맞는 예상 경험의 필요성은 생물학적으로 뇌에 프로그래밍되어 있다. 이러한 경험은 아동의 발달 능력 향상에 도움이 될 수도 있고, 건강한 발달 궤도에서 벗어날 위험에 더 취약하게 만들 수도 있다. 아동의 초기 사회적 관계의 질보다 더 분명하게 드러나는 것은 없다. 영유아는 의식주 해결을 위해 성인 보호자(보통 부모 또는 부모 역할을 하는 사람들)에게 의존할 뿐만 아니라, 보호자가 제공하는 따뜻하고 양육적인 사회적 환경을 필요로 한다. 부모가 어린 자녀의 고통에 위로로 반응하면 자녀의 높은 스트레스 반응이 진정되고 정상적인 기준선으로 돌아간다. 이러한 부모-자녀의 상호작용은 상호호혜적 관계를 형성하며, 이러한 관계는 신뢰, 안전, 보안의 토대를 구축하고 향후 사회적 상호작용의 기반이 된다. 이러한 안정적인 관계 형성은 다른 요인들과 함께 시간이 지남에 따라 최적의 두뇌 성장을 가능하게 하고, 정신적, 신체적 건강의 가능성을 극대화한다. 심리학자들은 일반적으로 이를 애착이라고 부르는데, 애착은 타인과 건강한 사회적·정서적 유대감을 형성하고 유지하며, 삶의 스트레스 요인에 대처하고, 완충적 자기 조절 기술을 개발하여 회복탄력성이라는 보호 요소를 구축하는 아동의 능력이다. John Bowlby, Mary Ainsworth 등의 연구자들은 안정애착을 촉진하는 요인들을 문서화했다. 학대 및 기타 아동기 부정적 경험을 포함한 초기 애착 문제는 전 생애에 걸쳐 다양한 정신병리, 정신건강 문제, 적응 문제를 가져올 수 있다(Bretherton, 1992; National Council on the Developing Child, Working Paper #12, 2012). 이 책에서는 애착 관련 문헌에 대해 완전하게 논의하기 어렵지만, 문헌에 대한 리뷰는 Davies(2011)와 Sroufe 등(1999)의 연구에서 찾아볼 수 있다.

이 글은 아동 발달에 대한 간략한 검토를 목적으로 하지만, 역경이 아동 발달에 미치는 영향에 대해 논의하려면 건강하고 전형적인 아동 발달이 어떤 모습인지에 대한 이해가 전제되어야 한다.

• 제6장 •

# 복합외상이 뇌에 미치는 영향

– Bettina Franzese –

## 역사

트라우마와 외상성 경험에 관한 연구의 선구자 Lenore Terr는 아동에게 영향을 미칠 수 있는 트라우마의 종류를 유형 I과 유형 II 두 가지로 분류하였다. 유형 I 트라우마는 생명을 위협하는 사건을 경험하는 등 외상 후 스트레스 장애(PTSD)와 관련된 증상을 초래하는 개별적인 일회성 경험이다. 유형 II 트라우마는 아동 학대 피해와 같이 시간이 지남에 따라 반복되는 경향이 있는 부정적이고 만성적인 경험을 말한다(Terr, 1991). 사실 많은 아동이 심각한 사고와 같이 극심한 스트레스를 일으키고 잠재적으로 트라우마가 될 수 있는 일회성의 사건 사고를 경험할 수 있다. 그러나 아동을 만나는 임상가들이 주로 접하는 트라우마는 가정에서 비롯된 만성적인 생활 스트레스 요인과 관련된 경우가 더 흔하며, 따라서 아동기 트라우마는 대부분 가정에서 형성되고 시작된다고 볼 수 있다. 우리는 이를 복합외상이라고 한다.

## 복합외상

미국립 트라우마 스트레스 네트워크(National Child Traumatic Stress Network, 2016)는 복합외상을 다음과 같이 정의하였다. “외상 사건에 노출된 아동에게 광범위하고 장기적인 영향을 주는 복합적인 외상 경험으로, 이때의 외상 경험은 종종 대인관계 장면에서 침습적인 형태로 나타날 수 있다. 가장 흔하면서도 심각한 영향을 주는 복합외상의 예시로 학대와 방임이 있으며, 복합외상 사건들은 보통 생애 초기에 시작되어 아동 발달과 자아 형성을 저해할 수 있다. 또한 복합외상은 주로 아동과 보호자의 관계에서 발생하는 경우가 많기 때문에 아동의 안정 애착 형성에 방해가 된다. 아동의 건강한 신체적, 정신적 발달에는 이러한 안전과 안정감이 가장 우선적인 조건이다."(National Child Traumatic Stress Network, 2016, para. 1)

아동의 스트레스 요인과 트라우마에 관한 문헌을 살펴볼 때 학문 분야별로 연구 관심이 달라질 수 있다는 점을 고려하는 것이 좋다. 임상 아동심리학과 정신의학 연구자들은 트라우마에 노출된 개인에 대하여 애착의 역할, 정서 조절, 자기감sense of self, 부정적인 정서 상태, 해리 경험, 대인관계 그리고 정신장애 진단 및 통계 편람[1]에 근거한 임상 진단 등에 관심을 가진다. 신경심리학자와 학교 심리학자들은 유아기 트라우마가 학업 성취도, 인지 과정, 학습 및 기억, 감각 운동 능력, 언어 발달, 시각 공간 능력, 집행기능, 문제 해결 능력에 미치는 영향 등 뇌-행동의 관계와 트라우마 간의 연관성을 이해하는 데 중점을 둔다. 의학 연구자들은 외상 경험과 스트레스 대응 체계의 기능 및 구조의 관계, 외상 경험이 발달 중인 두뇌, 신체 조직, 면역 체계, 건강 및 질병 상태에 미치는 신경화학 및 생물학적 측면이 어떠한지 이해하고자 할 것이다. 앞서 소개된 내용의 상당수는 현장에서 아동 및 청소년을 만나는 임상가들이 관심을 가질 수밖에 없는 주제들이며, 전문성을 훈련받는 과정에서도 많이 접하고 다루었을 것이다. 그럼에도 우리 전문가들은 아동기의 트라우마 노출이 아동의 인지 처리 과정, 학습, 사회-정서적 기능, 생활 적응 기술, 적응 능력, 정신건강 및 신체 건강에 어떻게 부정적인 영향을 미치는지 더 잘 이해하려고 꾸준히 노력해야 할 것이다. 또한 위험요인이 높은 가정에서 아동 학대 및 사회적 스트레스 요인이 발생할 가능성을 방지하려는 노력을 지속해야 하며, 근거 기반의 개입을 제공하지 않는다면 복합외상 사건은 평생 지속될 수 있음을 명심해야 한다(Anda et al., 2006a, 2006b, 2006c).

## 발달외상장애

DSM에 따르면 트라우마 병력이 있는 아동은 복합적인 임상 양상을 보일 수 있다. 다시 말해, 트라우마로 인해 나타날 수 있는 증상이 광범위하고 다면적으로 나타나는 경향이 있는 것이다. 공격적이고, 파괴적이며, 반항적이고, 폭발적인 모습을 보이는가 하면 반대로 위축되고, 지나치게 순종적이거나, 사회적인 장면에서 몹시 어색해하면서 철수하는 모습이

1) Diagnostic Statistical Manual of Mental Disorders (American Psychiatric Association, 2013)

나타날 수도 있다. 절망감, 무력감, 미래에 대한 부정적 기대sense of a foreshortened future와 함께 불안이나 우울증과 같은 심각한 내면화 증상이 나타날 수도 있다. 행동 및 정서 조절 장애가 있을 수 있으며, 섭식장애 및 수면장애와 더불어 신체화 증상을 호소하는 경우도 있다. 유분증과 야뇨증은 혼란스러운 가정 환경의 유아에게서 흔히 나타난다. 좀 더 자란 아동과 청소년의 경우는 자살 사고를 보고하거나 칼로 신체 일부 긋기, 신체 훼손하기 등의 비자살적 자해 행동이 나타날 수 있다. 파괴적이고 불만족스러우며 건강하지 못한 대인관계를 맺을 가능성도 있다. 학대 피해 아동은 학업 성취도가 떨어지고 또래들에 비해 학업 기술의 숙달도 뒤처지는 경향이 있다. 이러한 아동과 청소년은 종종 학습 장애, 주의력 결핍/과잉행동장애(ADHD), 적대적 반항장애, 충동조절장애, 경계성 성격장애, 우울 및 불안장애, 배설장애, 섭식장애, 외상 후 스트레스 장애와 같은 정신장애 진단의 행동 기준을 충족하기도 한다. 안타깝게도 트라우마의 영향을 받은 아동의 상당수가 여러 가지 문제가 복합적으로 나타나기 때문에 동시에 여러 장애의 진단 기준을 충족하는 경우도 많다(Van der Kolk, 2005).

미국립 아동 트라우마 스트레스 네트워크(NCTSN)의 복합외상 태스크포스는 복합적인 외상 경험에 노출된 아동에게 나타나는 임상적인 증상은 무수히 다양하고 복잡한 형태를 보일 수 있기 때문에 DSM-IV의 외상 후 스트레스 장애 진단 기준만으로 아동의 복합외상 증상이 적절하게 선별되지 않을 수 있다고 제안했다. 이러한 증상은 트라우마 중심 관점으로 살펴볼 때 더 잘 이해될 수 있으며, 이러한 맥락에서 DSM의 후속 버전(DSM-5)을 개편하는 과정에서도 복합적인 증상이 나타나는 외상 경험 아동에게 더 명확한 진단을 내리기 위해 발달외상장애라는 진단명과 진단 체계의 도입 의견이 제시되기도 하였다. Bessel van der Kolk(2005) 역시 PTSD 진단 기준은 성인의 급성 외상 증상 진단에는 적합하지만 생애 초기부터 지속적으로 트라우마를 겪을 수 있는 아동의 문제를 적절하게 이해하기 어렵다고 지적하였다. 이러한 기존 진단 체계의 한계는 아동의 기존 증상은 더욱 악화시키고 새로운 증상이 계속해서 추가될 수 있는 문제점을 남긴다.

## 발달외상장애의 진단 기준으로 제안된 내용

**외상 경험에 노출.** 아동이 오랜 시간에 걸쳐 부정적인 사건을 경험했거나 목격함

**생리적 및 정서적 조절 불능.** 극단적인 정서 상태를 견디지 못하거나, 대처하지 못하거나, 회복하지 못하는 등 각성 조절과 관련된 정상적인 기능 발달에 손상이 생김. 섭식, 수면, 배변 활동과 같이 생리적 조절 기능에 손상이 생김. 정서 상태를 표현하거나 경험하는 능력이

저하됨으로써 주변 환경에서 비롯된 사회적 스트레스 요인에 극심한 혼란 및 과잉 또는 과소 반응을 보임

**주의력 및 행동 조절 불능.** 주의력, 학습 또는 스트레스 요인에 대해 적응적인 대처 능력이 부족해지고 비전형적인 행동을 보임. 이러한 대처 능력 부족(또는 비전형적인 행동)에는 위협에 대한 과잉 경계, 안전 및 위험 신호의 오해석, 위험 감수 행동, 부적응적 대처 기술, 자해 행동, 목표 관련 행동 문제 등이 포함됨

**자기 및 관계 조절 불능.** 개인의 정체성과 관계에 대한 인식에 손상이 생김. 여기에는 부모의 안전에 대한 집착, 부정적인 자기 인식, 타인에 대한 불신, 또래나 성인에 대한 공감 및 배려 부족, 타인의 고통에 대한 과도한 반응 등이 있으며, 일반적으로 그러한 반응이 나타날 수 있는 연령을 넘어서서 이러한 반응이 나타남

학교, 입원 및 외래 치료를 제공하는 트라우마 클리닉, 청소년 사법 기관, 보호 치료 센터 등에서 위기에 처한 트라우마 아동 및 청소년을 접하는 임상가들은 트라우마에 지속적으로 노출된 아동에게서 무수히 많은 증상이나 기능 손상이 나타난다는 사실을 이미 인식하고 있을 것이다. 예를 들어, 학습 장애가 있는 아동이 과제에 집중하지 못하는 증상을 보이면서 동시에 과도하게 공격적인 행동이나 행동화 양상을 보일 수 있기 때문에 각각의 진단이나 문제를 개별적으로 파악하고 개입하기보다는 트라우마 기반의, 트라우마에 민감한 관점으로 문제를 개념화하고 개입을 제공할 때 더욱 통합적이고 효과적인 도움을 줄 수 있다.

비록 발달외상장애의 진단 체계는 DSM에 포함되지 않았으나 DSM-5로 개정되면서 두 가지 주요한 변화가 있었다. 기존의 PTSD는 불안장애의 하위 체계로 분류되었으나 DSM-5에서는 '외상 및 스트레스 관련 장애'의 하위 체계로 분류되었다. 또한 6세 이하 아동의 외상 후 스트레스 장애 진단 기준을 PTSD 진단 체계에 포함하였다.

이번 장에서 아동기 트라우마, 아동기 부정적 경험(ACE), 생애 초기 부정적 생활 경험, 심각한 스트레스 요인이라는 용어가 언급되는 경우 시간이 지나도 지속되는 만성적이고 부정적인 경험을 지칭하는 것임을 밝힌다. 이때의 사건은 아동 발달을 저해하여 정상적인 발달 궤도에서 벗어나게 하며 다양한 기능 영역에 걸쳐 심각한 고통과 장애를 초래할 수 있다는 특징이 있다.

## 아동기 트라우마의 유형

아동은 부정적인 결과를 초래할 수 있는 다양한 부정적인 생활 경험에 노출될 수 있다. 복합외상의 주요한 원인 중 하나는 아동 학대다. 아동 학대에는 일반적으로 신체적 학대, 성적 학대, 방임, 심리적 학대가 포함된다.

신체적 학대는 아동 또는 청소년에게 신체적 고통과 상해를 입히거나 입히려고 시도하는 것을 의미한다. 신체적 상해에는 붉게 부어오른 상처, 타박상, 베인 상처, 물집, 골절상 등이 포함될 수 있다. 이러한 부상은 아동을 주먹 또는 여러 도구를 이용하여 때리거나, 발로 차는 등 여러 가지 방법으로 아동을 다치게 할 때 발생한다. 아동의 연령이나 상태를 고려하지 않은 체벌로 인해 부상을 입는 경우도 있다. 의도하지 않았음에도 아동이 상해를 입은 경우에는 신체적 학대로 간주될 수 있다. 신체적 학대는 한 번의 행위 혹은 수차례 반복되는 행위가 모두 포함된다. 극단적인 경우 신체적 학대는 사망으로 이어질 수 있다.

성적 학대는 아동이 가해자 또는 관찰자의 성적 자극을 위해 이용되는 아동과 성인(또는 다른 아동) 간의 모든 상호작용을 말한다. 성적 학대는 접촉 행위와 비접촉 행위가 모두 포함될 수 있다. 신체 접촉 행위는 성기, 유방, 엉덩이를 만지거나 구강-성기 접촉 또는 성관계를 포함한다. 비접촉 행위에는 관음증(아동의 알몸을 보려는 행위), 노출증, 음란물 노출이 포함된다. 가해자는 종종 물리적인 힘을 가하지 않고 놀이, 속임수, 위협 또는 다양한 형태의 강압을 사용하여 아동의 참여를 유도하고서 침묵을 유지한다. 또한 가해자들은 이른바 '그루밍'이라고 불리는 교묘하고 설득력 있는 수법을 사용하여 선물을 사 주거나 특별한 활동을 주선하는 등 피해자를 혼란스럽게 만들기도 한다.

아동 방임은 부모 또는 보호자가 아동을 돌볼 여유가 있거나 돌봄을 제공하는 데 도움을 받았음에도 불구하고 아동의 필요에 따라 연령에 맞는 적절한 관심을 기울이지 않는 것을 말한다. 아동에게 의식주를 제공하지 않는 것 또한 방임이라고 볼 수 있다. 부모 또는 보호자가 아동에게 의료 혹은 정신건강 치료를 제공하지 않거나 아동에게 필요한 처방약을 제공하지 않는 것도 방임에 해당한다. 또한 방임은 아동의 교육을 소홀히 하는 것을 의미할 수 있으며, 아동을 학교에 보내지 않는 것도 방임의 한 형태가 될 수 있다. 아동을 위험한 환경에 노출시키는 것도 방임에 포함된다. 아동을 돌볼 능력이 없는 사람에게 아동을 맡기는 등 아동에 대한 감독을 소홀히 하는 것, 아동을 유기하거나 가정에서 내쫓는 것도 방임을 의미한다. 방임은 아동 복지 당국에 신고되는 가장 흔한 형태의 학대다.

정서적 아동 학대는 심리적 성장과 발달에 장애를 초래하는 학대로, 아동 또는 청소년에 대한 말, 행동, 무관심한 태도 등이 포함된다. 학대 가해자는 끊임없이 피해 아동을 비난하고, 거부하고, 무시하거나 비하하는 표현을 지속한다. 이러한 형태의 학대는 신체적 학대와 함께 또는 신체적 학대 없이 발생할 수 있으며, 종종 두 종류의 학대가 동시에 가해지는 일도 생긴다. 정서적 학대의 예로는 언어적 학대, 아동의 성과에 대한 과도한 요구, 긍정적이고 정상적인 행동을 보이는 아동에게 불이익을 주는 행위, 보호자와 아동의 애착을 방해하는 행위, 학교 및 또래 집단에서 적절한 성과를 내는 데 필요한 대인관계 기술을 사용하는 아동에게 불이익을 주는 행위 등이 있다. 아동을 가정 폭력에 자주 노출시키고 일상적인 돌봄을 제공하는 과정에서 적절한 애정이나 자극을 제공하지 않거나 제공할 수 없는 경우에도 정서적 학대가 될 수 있다(National Child Traumatic Stress Network–Types of Abuse; Child Welfare Information Gateway–Child Abuse and Neglect).

외상을 일으킬 만한 부정적인 사건에 노출된 아동·청소년을 접하는 심리학자 및 기타 신고의무자에 해당하는 사람은 아동 학대 의심 사례를 신고할 책임이 있으므로 아동 보호 가이드라인을 숙지해야 한다.

## 복합외상으로 이어질 수 있는 아동기 부정적인 경험

- 심각한 수준의 재정 곤란
- 폭력적인 지역에 거주
- 인종차별/성차별 경험
- 친밀한 파트너 폭력 또는 대인 간 폭력을 경험하거나 목격한 경우
- 부모의 약물남용, 수감, 정신건강 및 신체건강 문제
- 아동 및 청소년 서비스와의 접촉이 많은 경우
- 가정 밖 배치[2]
- 위탁시설 거주
- 노숙
- 만성적인 괴롭힘 피해 경험

2) 역자 주: Out of home placement. 미 당국에서는 취약한 아동을 보호하기 위해 가정에서 분리시켜 대안적인 형태의 양육 및 보육을 제공한다. 한국에서 가정 밖 청소년에게 쉼터 등의 보호 서비스를 제공하는 것이 이에 해당한다.

• 범죄, 재난, 자연재해, 사고의 피해자인 경우
• 중증 이상의 만성적 신체 질환
• 고통스러운 의료 시술

위험한 환경에 놓여 있는 소외계층 아동은 대개 다양한 생활 스트레스 사건에 복합적으로 노출된다. 취약한 아동이 가정에서 대인 간 폭력을 목격하고, 심각한 정신건강 문제가 있는 보호자가 있으며, 혼란스러운 환경에서 생활하고, 아동 및 청소년 서비스 기관과 지속적으로 접촉하는 경우가 동시에 발생하는 것은 드문 일이 아니다.

복합외상 진단 기준은 DSM-5에 포함되지 않았지만 아동 청소년을 접할 때 사례 구성 및 개념화하는 데 있어 임상적으로 유용하며, DSM-5에 제안된 바 있는 발달외상장애의 잠정 진단과도 내용이 일치한다.

## 복합외상으로 인한 손상 영역

애착. 생애 초기 민감하고 적절한 반응을 보이는 부모의 돌봄은 아이들이 자신과 타인에 대한 내적 작업 모델을 개발할 수 있는 안정적인 관계 맥락을 제공한다. 반응적인 돌봄은 아동이 자기 조절과 같은 능력을 발달시키고 자신을 둘러싼 환경을 안전하게 탐색하며 환경에서 활용 가능한 자원을 찾는 도구적 감각을 획득하도록 안전감을 제공하며 타인과 건강한 관계를 맺는 데 필요한 정서 조절 및 의사소통 기술을 갖출 수 있도록 돕는다. 주 양육자가 아동을 받아 주는 행동과 거부하는 행동을 번갈아 가며 보이면 양가적인 애착 패턴이 형성될 수 있다. 이러한 애착 문제를 보이는 아동은 타인의 반응 예측이 어려운 상황에 익숙해져 어른들이 지나치게 관여하거나 거부한다고 느끼면 사회적 관계를 단절하려고 한다. 아동을 방임하거나 아동에게 거부적인 보호자의 태도로 형성된 애착 문제는 아동이 압도감을 느낌으로써 자기 경험을 의미 있고 적응력 있는 방식으로 조직화하고 처리하는 능력을 잃게 만든다. 이런 애착 형태는 생물심리사회적 역량을 방해하고 무력화할 수 있으며, 일반적으로 '혼란형 불안정 애착disorganized attatchment'이라고 한다(Cicchetti & Toth, 1995). 혼란형 불안정 애착은 개인의 경계 침범, 타인의 생각과 감정에 동조하지 못하는 공감 결여, 사회적 상황에서 문제 해결을 위한 의사소통의 어려움으로 이어질 수 있다. Schore(2001)는 혼란형 불안정 애착이 전전두엽 피질의 신경전달 통로가 파괴된 결과일 수 있다고 지적하였다. 즉,

애착에 문제가 생기면 아동의 신체적 질병 및 심리사회적 문제 발생 위험이 높아진다고 볼 수 있다.

**해리.** 일반적으로 해리는 복합외상의 주요 증상으로 알려져 있다. 해리는 경험과 단절된 상태를 말하며, 해리가 일어나지 않은 정상적인 사람은 경험 중인 사건과 자신을 의미 있는 방식으로 연결지어 지각한다. 해리된 경험은 자기감sense of self에 통합되지 못하고 의식적인 수준의 인지 과정에 변화를 초래한다. 자기 경험과의 단절이 일어나면 기억, 주의력, 자아 정체성, 환경에 대한 지각과 같은 통합적인 인지 능력에 문제가 발생한다. 해리 증상은 다양한 영역에 걸쳐 나타날 수 있는데 운전 중 생각에 잠겨 있다가 목적지에 도착했다는 사실을 뒤늦게 깨닫는 것부터, 외상 경험에 대한 기억을 떠올려도 아무런 감정도 떠오르지 않고(정서적 마비) 자기 몸에서 분리된 듯한 느낌이 드는 것, 트라우마 유발 상황에 노출된 상태에서도 주변외상성 해리peritraumatic dissociation를 경험하는 것 등이 있다. 외상 경험에 장기간 노출된 아동은 압도적이고 고통스러운 감정에 대처하기 위해 해리 증상에 의존하게 된다. 그렇게 해리 증상이 나타나면 행동, 정서, 자기 인식 등의 자기 조절 기능이 마비되는 것이다(Putnam, 1997).

**행동 조절.** 외상 경험에 노출된 아동은 종종 행동 문제를 일으켜 임상가들을 만나게 된다. 행동 문제는 내재화 또는 외현화 행동으로 나타나며, 두 가지 방식이 동시에 발생할 수도 있다. 흔하게 볼 수 있는 행동 문제는 충동성, 공격성, 반항적이고 도전적인 행동, 규칙 준수와 한계 수용의 어려움, 성인에 대한 과도하게 순응적인 태도 등이 있다.

**인지.** 학대 가정에서 자란 아동은 유아기 후반 인지적 결손이 나타날 수 있다(Egeland et al., 1983). 방임하는 부모는 정서적 지원, 감각 자극, 발달에 필요한 풍부한 언어 소통 기회, 문제 해결 경험을 할 수 있는 기회를 제공하지 못한다. 시간이 지남에 따라 이러한 아동은 언어 기능과 지능 발달이 지연되어 학업 성취에 어려움을 겪게 된다.

**그 밖에 두뇌 발달에 치명적인 영향을 주는 복합외상과 독성 스트레스.** 적절한 산전 관리, 영양가 있는 식단, 양질의 의료 서비스 이용, 타인과의 긍정적인 상호작용, 풍부한 경험에 대한 노출, 따뜻하고 세심한 반응을 제공하는 돌봄, 안전한 생활 환경 등 많은 요소가 정상적인 두뇌 발달에 중요하다.

## 정상적인 두뇌 발달

스트레스와 부정적인 경험이 어떻게 뇌에 부정적인 영향을 미치는지 이해하기 위해 정상적인 뇌 발달과 신경세포 구조에 대해 간략히 설명하고자 한다. 이 내용은 문제 환경에 놓여 있는 아동에게 일어나는 악영향을 잘 이해하기 위한 맥락을 제공할 것이다.

인간의 두뇌 발달은 임신 3주차부터 시작되어 청소년기에 이르기까지(그리고 아마도 평생에 걸쳐) 지속되는 장기적인 과정이다(Stiles, 2010). 이 과정은 유전적 요인(유전자 및 유전자에 저장된 정보를 발현하는 세포 수준의 메커니즘)과 환경적 맥락의 역동적이고 복합적인 상호작용을 통해 일어난다. 유전적 요인과 환경적 요인은 함께 작용하고 조화를 이루면서 신경구조를 생성하고 신경계 기능의 발달 과정을 이끌어 나간다.

신경생물학적 과정과 아동의 독특한 환경 경험은 성장과 변화의 모든 단계에서 두뇌 발달에 영향을 준다. 특히 출생 직후에는 아동의 뇌 조직이 구성되고 연결성 패턴을 정의하는 데 있어 경험의 역할이 더욱 두드러진다. 그래서 출생 직후를 경험-기대 학습시기^the time of experience-expectant learning^라고 부르기도 하는데, 정상적으로 두뇌가 발달하기 위해 이 시기 아동의 두뇌 체계는 외부 환경으로부터 특정 유형의 경험적 정보가 입력될 수 있도록 준비되어 있다.

그렇기 때문에 신경과학계에서는 초기 아동기 경험, 특히 생후 5년 동안의 경험이 아동 발달에 지대한 영향을 미친다고 보고 있다. 앞으로 나올 내용은 신경계 구조와 기능에 대한 기초적인 검토일 뿐이며, 더 자세한 정보는 다음의 출처[3]를 참조하길 바란다.

뇌는 아래쪽^caudal^에서 위쪽^rostral^으로 순차적으로 발달한다. 심장 박동, 호흡, 혈압과 같은 자율 기능을 조절하는 원시 영역이 먼저 성숙하고 추론 능력, 추상적인 사고 기능과 같은 고차원적인 인지 기능은 출생 후 성숙하는 과정으로 발달한다. 뇌의 성장은 뒤쪽^posterior^에서 앞쪽^anterior^ 영역으로 진행되며, 전전두엽 피질은 생후 30년까지 계속해서 성숙한다(ZERO TO THREE, 2012). 인간의 신경계는 뉴런과 신경교세포(흔히 신경아교세포라고도 함)라는 두 종류의 세포로 구성되어 있다. **뉴런**은 다른 신경세포, 근육, 분비샘에 정보를 전달하는 특수화된 뇌의 신호 전달 세포다. **신경교세포**는 비신경세포로, 다른 세포에 전기 신호를 직접 전달하지 못하지만 신경세포 활동을 조절하고 신경전달을 도와주는 역할을 한다. 이외에도 부가적인 기능을 하는 여러 유형의 신경교세포가 있으며, 이들은 구조적 기계적 지지력을 제

3) Cognitive Neuroscience: The Biology of the Mind(Gazzaniga et al., 2014); Neroscience, Fourth Edition (Eds. Purves et al., 2008); Fundamentals of Human Neuropsychology, Seventh Edition, (Kolb & Whishaw, 2015).

공하거나, 세포 외 공간extracellular space에서 전해질 균형을 유지하기도 한다. 일부 신경교세포는 신경세포의 축삭을 피복처럼 감싸는 지방질의 수초fatty myelin를 생성하여 전기 신호의 전도 속도를 높임으로써 뇌세포 간의 비약적이고 효율적인 전기 신호 소통을 가능케 한다. 뉴런은 세포핵을 가진 세포체(소체), 수상돌기, **축삭**(세포체에서 다른 세포로 신호를 전달하도록 뉴런이 연장된 형태), 신경 말단(**축삭** 말단이라고도 함)으로 이루어져 있다.

세포체는 뉴런에 에너지를 공급하는 DNA와 세포 내 구조를 지니고 있다. **수상돌기**는 세포체에서 나무처럼 가지를 뻗은 돌기로 다른 뉴런으로부터 신호 전달을 받아들인다. 수상돌기가 많을수록 뇌의 연결성과 네트워크 잠재력이 커진다. 축삭은 전기 신호를 전도하는 역할을 하며 세포체에서 뻗어 나온다. 축삭은 대부분 여러 갈래로 나뉘어 서로 다른 표적 세포로 정보를 전달한다. 중추신경계에서 축삭을 감싸고 있는 세포인 희돌기아세포oligodendrocytes는 신경세포의 전기적 정보 전달 속도를 향상시키는 지방질의 수초를 만들어 낸다. 축삭은 시냅스 소포house synaptic vesicle가 몰려 있는 말단부(말단 또는 종말단추)에서 끝난다. 신경세포가 세포 간 정보를 전달하기 위해서는 시냅스 연접이라고 알려진 신경세포 간 공간에 화학적 메신저인 신경전달물질이 방출되는데, 화학적 시냅스 소포에 바로 이 신경전달물질이 들어 있다. 신경전달물질은 시냅스 후 뉴런의 세포막에 결합하며, 이 세포막에는 신경전달물질을 받아들이는 수용체가 있다. 뉴런의 종류, 위치, 분비되는 신경전달물질 종류에 따라 시냅스 후 뉴런이 정보 전달이 활성화되거나 억제된다.

## 신경전달물질의 종류

아세틸콜린은 주의력, 각성, 집중력, 기억력 등에 관여하는 널리 분포된 신경전달물질이다. 뇌의 특정 부위에서 아세틸콜린의 농도 감소는 알츠하이머병과 관련이 있는 것으로 알려져 있다.

도파민은 운동 신경 조절에 관여한다. 또한 뇌의 보상 및 쾌락 중추에도 관여하기 때문에 약물 중독과 그 외 여러 가지 형태의 중독과 관련이 있다. 도파민 활성 증가는 조현병과 관련이 있을 수 있으며, 도파민 감소는 ADHD와 관련 있는 것으로 알려져 있다.

노르에피네프린은 수면, 정서, 학습 등에 주요한 역할을 한다. 노르에피네프린의 감소는 우울증과 ADHD와 관련이 있다.

세로토닌은 각성, 수면, 식욕, 체온 조절, 정서에 중요한 역할을 한다. 우울장애, 불안장애, 강박장애를 비롯한 여러 정신건강의학적 질환과 관련이 있다.

호르몬, 약물 및 기타 물질은 신경전달물질의 역할을 모방하거나 신경전달물질의 기능과 활동을 방해할 수 있다.

비슷한 기능을 하는 뇌의 회로는 신경계로 분류되며, 일반적으로 세 개의 신경계가 있다.

1. 감각 신경계: 시각 및 청각과 같은 감각 신경계는 환경으로부터 정보를 수집하고 처리하는 역할을 한다.
2. 운동 신경계: 유기체가 감각 신경을 통해 받아들인 정보에 반응하여 움직임과 행동 반응을 생성한다.
3. 연합 신경계: 연합 신경계는 감각 신경계와 운동 신경계를 연결하여 지각, 주의력, 인지, 기억, 언어, 사고, 학습 및 정서와 같은 뇌의 고차원적인 기능의 기반이 된다(Purves et al., 2008).

## 아동기 트라우마의 위험성과 두뇌 발달 문제

앞으로 우리는 미국립 아동 발달 과학 위원회(2005/2014)[4]에서 발간한 『워킹 페이퍼 3. 두뇌 구조의 발달을 저해하는 과도한 스트레스』[5]의 최신판에 제시된 내용을 중심으로 아동기 트라우마와 두뇌 발달 문제를 살펴볼 것이다.

출생 직후 스트레스에 대한 노출이 특히 영유아기 아동의 뇌와 신체 기관에 어떻게 파괴적이고 해로운 결과를 초래하는지에 대한 메커니즘을 밝히기 위해 많은 연구가 진행되고 있다. 물론 스트레스를 유발하는 부정적인 경험이 모두 해로운 것은 아니다. 앞으로 발생할 수 있는 스트레스 요소와 역경에 대처하기 위해 영유아가 정상적인 생물학적 스트레스 반응 체계를 가동하고, 자기 조절을 학습하며, 적절한 대처 기술을 발전시켜 나가려면 일부 스트레스에 노출될 필요가 있다. 이러한 스트레스 경험은 정상적이고, 예상 가능하며, 필수적이라고 볼 수 있다. 앞으로 우리는 아동기 부정적인 경험(ACE)이 생물학적 스트레스 반응 체계와 뇌를 포함한 장기 기관에 잠재적으로 어떻게 손상을 일으키는지 살펴보기 위해, 스트레스를 긍정적인 스트레스, 견딜 만한 수준의 스트레스, 독성 스트레스 등 세 가지 수준으로 범주화하여 논의를 진행할 것이다. 또한 스트레스 경험으로 초래된 부정적인 결과는 아

4) National Scientific Council on the Developing Child(2005/2014)

5) Excessive Stress Disrupts the Architecture of the Developing Brain: Working Paper 3.

동의 취약성과 연관이 있으며, 이러한 취약성은 생물학적, 유전적, 기질적, 사회적 요인으로부터 영향을 받는다는 점도 기억해 둘 필요가 있다. 여러 연구에서 아동이 스트레스와 역경에 적응력 있게 대처할 수 있는 회복탄력성을 획득하는 데 있어서, 그리고 부정적인 경험이 회복할 수 없는 장애와 발달 저해로 이어지는 데 있어서, 보호자의 질적인 양육 제공 여부가 중요한 매개 요인인 것으로 나타났는데 이 점 또한 함께 살펴볼 것이다.

긍정적인 스트레스는 인지적, 생물학적인 차원의 스트레스 반응 체계가 활성화될 정도로 속상한 경험이나 도전이 생겼을 때 경험한다. 이러한 스트레스 요인은 아동이 예방 접종을 받는 것과 같이 정상적이고 예상 가능한 어린 시절의 경험이며, 보통 경미한 수준으로 장기간 지속되지 않는다. 긍정적인 스트레스를 경험할 때 아동의 스트레스 반응 체계는 활성화되어 코르티솔과 같은 스트레스 호르몬 수치가 약간 상승하고 심박수와 혈압이 상승하는 것과 같은 생물학적 변화가 일어난다. 보호자가 아이의 스트레스 반응에 따뜻하고 즉각적이며 긍정적인 방식으로 반응하면 아동은 경미한 수준의 혐오 경험에 대해 스스로를 진정할 수 있고, 스트레스 관리 능력이 생기며, 적응적으로 대처할 수 있게 된다. 이러한 경험은 아동이 건강하게 발달하는 데 있어 필수적인 요소다. 그 외에도, 누구나 겪을 수 있는 좌절감에 대처한 경험, 새로운 환경적, 경험적 도전에 직면하는 것 등이 긍정적인 스트레스에 해당한다.

견딜 만한 수준의 스트레스는 더 많은 부정적인 경험과 더 많이 활성화된 신체의 스트레스 반응 체계와 관련이 있다. 고통스럽긴 해도 스트레스 요인은 시간 제한적인 경향이 있다. 아동이 이러한 스트레스를 경험할 때 보호자가 반응적이고 따뜻한 돌봄을 제공하면 아동의 스트레스 반응 체계가 회복되고 항상성이 균형 상태 또는 기준점으로 돌아가면서 아동의 고통이 완화된다. 견딜 만한 수준의 스트레스의 예로는 어린 시절의 질병이나 부상, 문제 환경에서 스트레스를 유발할 만한 부정적인 경험에 대한 노출 등이 있다. 스트레스에 직면했을 때 민감한 돌봄을 제공받은 아동은 신뢰할 수 있고 일관된 방식으로 안전과 위로를 제공하는 다른 사람이 존재한다는 점을 배울 수 있다. 부정적인 경험은 보호자와 아동의 관계 속에서 견딜 수 있는 수준이 된다. 이러한 돌봄을 받은 아동은 도전적인 경험, 부정적인 영향, 강한 감정을 관리할 수 있는 대처 기술을 습득하고 발전시켜 나갈 수 있다.

독성 스트레스는, 독성이라는 표현에서 알 수 있듯이 심각하고 만성적인 경향이 있으며, 지지적인 돌봄이 제공되지 않아 스트레스 경험을 완충시켜 주는 요인이 부재한 상황에서 발생하는 심각하고 고통스러운 부정적인 경험을 말한다. 부모가 부재하거나 있더라도 자녀의 욕구를 적절히 돌보지 못하여 아동은 어떠한 위로나 위안을 받지 못한 채 홀로 고통스러운 경험을 겪게 된다. 독성 스트레스는 아이가 도움과 보호를 받기 위해 의존하는 대상이 아이에게 두려움과 혐오 경험을 제공하는 사람과 동일 인물인 경우에도 발생한다. 이는 아동에게 심각한 고통을 야기하고 스트레스 반응 체계가 과도하게 활성화된 채로 장기간 지속되는 결과를 초래한다. 지지적인 성인의 보호 없이 잦은 또는 지속적인 스트레스 체계 활성화는 뇌 발달, 면역 체계, 기타 장기 시스템을 방해하고 손상시킬 수 있으며, 잠재적으로 성인이 된 후에도 스트레스 관련 문제와 정신적, 신체적 질병에 취약해질 수 있다.

## 스트레스 체계

환경 속에서 개인이 겪는 경험을 통해 면역 체계, 스트레스 체계, 그리고 뇌는 상호 연결되고, 형성되며, 영향을 받는다. Johnson 등(2013)은 "경험이 뇌 발달에 미치는 영향을 경험이 스트레스 반응과 면역 체계에 주는 영향을 배제하고 분석해 내기란 사실상 불가능하다"고 밝힌 바 있다(p. 320).

### 위협에 대한 즉각적인 대응

스트레스 반응 체계는 두 개의 대표적인 체계가 있다. 이 두 가지 체계는 상호 연관되어 함께 작동하며 스트레스와 외상 경험에 대한 신체의 적응을 조절한다. 그중 하나는 자율신경계의 일부인 교감-부신수질(sympathetic-adrenomedullary: SAM) 체계다. SAM은 위험에 대응하기 위해 신속하고 즉각적인 조치를 취하는 데 필요한 생리적 반응을 활성화한다. 실제 위협 혹은 인지된 위협이 감지되면 부신에 의해 시상하부(뇌간 상부에 위치한 뇌 구조)가 교감 신경계를 자극하여 투쟁-도피 반응을 활성화한다. 에피네프린과 노르에피네프린이 순환계로 방출되어 여러 표적 기관을 활성화하여 즉각적이고 주요한 생리적 변화가 일어난다. 심장 박동, 폐 기능, 혈압이 모두 상승하고, 동공 확장되며, 골격근으로 혈액이 공급된다. SAM 체계의 활성은 우리 신체의 자원을 동원하여 경계심, 주의력, 각성을 극대화하여 공격, 방어, 또는 도피할 수 있게 돕는다. 위협에 대응하여 높은 수준의 경계 태세를 갖추면 유기체가 생존할 수 있는 확률이 높아진다.

## 스트레스에 대한 느린 반응: HPA 축

위협에 대한 스트레스 반응의 두 번째 요소는 시상하부–뇌하수체–부신 축(Hypothalamic–Pituitary–Adrenocortical: HPA 축)이다. HPA 축은 변연계가 관여하기 때문에 변연계–시상하부–뇌하수체–부신피질 축(Limbic–Hypothalamic–Pituitary–Adrenocortical: LHPA 축)이라고 부르기도 한다.

HPA 축은 출생 당시에는 완전히 성숙하지 않은 상태이며 나이가 들면서 발달한다. HPA의 반응성을 형성하는 데는 경험이 중요하다(Gunnar & Donzella, 2001).

중추신경계의 노르에프네프린은 HPA 축 활성화에 관여한다(Gunnar & Quevedo, 2007). 빠르게 작용하는 SAM과 마찬가지로 느리게 반응하는 HPA 축의 기능 역시 위험이 실제인지 인지된 것인지에 관계 없이 내부 또는 외부적 위협 결과로 활성화된다.

스트레스를 인지하는 순간, 그리고 변연계의 자극 입력이 동반할 때 시상하부는 부신피질자극호르몬분비호르몬(CRH)을 분비한다. CRH는 뇌하수체(두개골 하부에 위치한 작은 땅콩 모양의 구조)가 부신피질자극호르몬(ACTH)을 분비하도록 작용한다. ACTH는 혈류를 따라 신장 상부에 위치한 부신에 도달한다. 부신 바깥 영역인 부신피질은 글루코코르티코이드라는 스테로이드 호르몬을 생성하고 분비하는데, 사람의 경우 글루코코르티코이드의 한 종류로 코르티솔이 있다. 코르티솔은 기억과 감정 표현에 관여하는 등 다양한 역할을 한다. 코르티솔의 주요 기능은 스트레스에 노출된 신체가 항상성을 회복하도록 돕는 것이다. 에피네프린과 노르에피네프린이 방출되어 신체에 즉각적인 영향을 미치는 것과 달리, 코르티솔의 분비 및 효과는 느리게 나타난다. 글루코코르티코이드가 표적 조직에 작용하면 유전자 전사를 변화시킬 수 있으며, 이는 스트레스 반응 활성화로 인해 개인에게 지속적인 생리적 영향이 나타날 수 있는 이유를 설명하는 데 도움이 된다(Sapolsky et al., 2000a, 2000b). 위협이나 위험이 없을 때도 코르티솔 수치는 일주기에 따라 증가와 감소를 거듭한다. 코르티솔 수치는 아침에 가장 높고, 밤에 가장 낮아진다. 하루 코르티솔의 수치 변화 패턴은 우리 몸이 아침에 에너지를 얻고 밤에 휴식을 취할 수 있도록 돕는다. 이러한 변화 패턴은 일반적이고 건강한 현상이라고 볼 수 있다. 스트레스를 받으면 우리 몸은 감지된 위험에 대처하기 위해 코르티솔을 추가로 생성한다. 코르티솔은 에너지를 증가시키기 위해 혈당 생성을 촉진하여 우리 몸이 대처하기 위한 생리적 과정에 연료를 공급한다.

코르티솔은 신체를 충전하고 높은 경계 태세를 유지하도록 한다. 안전에 대한 위협이 사라졌다고 인식하면 시상하부에 다시 신호를 보내 코르티솔 농도가 감소하고 음성 되먹임 기전negative feedback mechanism에 의해 스트레스 반응이 약화된다. 뇌의 전전두엽 피질과 변연계 전대뇌 구조limbic forebrain structure도 이러한 되먹임 과정에 관여한다. 이 과정을 조절하는 다른 중요한 구조로는 편도체와 해마가 있다(Bernard et al., 2015; Gunnar & Quevedo, 2007; Harvard Medical School, 2016; Jacoby et al., 2016; Sapolsky et al., 2000a,b; Tarullo & Gunnar, 2006).

## 스트레스성 글루코코르티코이드와 뇌 발달

정상적인 뇌 발달은 태내에서부터 시작되어 아동기와 청소년기를 거쳐 초기 성인기에 이르기까지 이루어지며 신경세포의 과잉 생성, 신경세포 성장의 증가, 신경 연결의 증가 등의 과정이 동반된다. 주산기prenatal period에는 시냅스, 수상돌기, 축삭돌기가 과잉 생산되는데 이는 이후 예정된 세포 사멸을 위해 정상적으로 일어나는 과정이다. 세포 사멸을 통해 일부 신경 연결은 감소하고 필요한 신경 연결을 강화하는 선택적 가지치기가 일어난다.

수초화된 축삭돌기는 그렇지 않은 신경세포보다 신호를 더 빠르게 전달하기 때문에 신경세포의 수초화는 발달 중인 뇌 영역의 연결성을 더욱 높인다. 글루코코르티코이드의 농도 감소 및 증가는 스트레스 반응 활성을 지속시키거나 혹은 스트레스 반응 체계의 조절에 문제를 일으켜 예정된 세포 사멸에 악영향을 주고, 나아가 수초화 지연, 가지치기 과정 중단, 새로운 세포 성장 억제를 초래할 수 있다[De Bellis & Zisk(2014)와 Bick & Nelson(2016)의 논의 참조)]. 글루코코르티코이드는 전전두엽 피질, 편도체, 해마, 뇌량, 소뇌와 같은 HPA 축에 속한 뇌 부위의 뉴런을 손상시킬 수 있다. 이러한 부위는 글루코코르티코이드 수용체가 많이 분포되어 있고, 장기적인 시간에 걸쳐서 발달하는 부위이기 때문에 글루코코르티코이드 노출로 인한 독성 영향에 더욱 취약하다.

만성적인 외상과 학대 경험이 있는 아동에게서 코르티솔 조절 문제가 발견될 가능성이 높은데 이는 스트레스 반응 체계의 손상을 의미한다. 스트레스 체계가 지속적으로 활성된 채로 신경 연결성이 증가하면 스트레스 네트워크가 더욱 민감해진다. 그러면 일종의 두려움 템플릿이 형성되어 다양한 감각적 자극을 해당 반응 방식으로 처리하게 된다. 이 경우 아동은 아주 사소한 스트레스에도 과장된 반응을 보일 수 있다. 교사와 부모가 "아주 사소한 일로 아이가 화를 내요."라거나 "오늘 아침에는 애가 괜찮았는데 별일 아닌 일로 완전히 무너졌어요."라고 말하는 경우를 종종 보았을 것이다(Perry et al. 1995). 과각성, 해리, 행동 및 정서 조절 불능, 짜증, 투쟁-도피 혹은 경직 반응은 만성적인 트라우마가 스트레스 체계 발달의 생리적 변화를 일으킬 수 있다는 증거로 볼 수 있다.

## 뇌 영상 촬영 기술

과거에는 장애나 질병을 앓고 있는 사람들에게 나타나는 구조적 차이를 밝혀내는 방법으로 부검이 유일했다.

그러나 영상 과학과 컴퓨터 기술의 발전으로 연구자들이 뇌–행동–병리 관계의 임상적 연관성을 더 잘 이해할 수 있도록 뇌의 전기적, 화학적 활동을 추적 관찰하여 실시간으로 기능, 구조, 분자 및 전기 정보를 제공할 수 있게 되었다. 뇌 영상은 심각한 트라우마를 경험한 아동의 뇌 영상을 대조군 아동의 뇌 영상과 비교하여 생애 초기 역경과 스트레스가 신경계 발달에 미치는 영향을 연구하는 데 유용하다. 뇌파 검사와 신경 영상 촬영을 통해 역경에 노출된 아이들에게 흔히 나타나는 뇌 변화의 시기, 순서, 과정에 대한 중요한 정보를 얻을 수 있다. 이는 예방 프로그램과 치료 계획을 설계하는 데 활용될 수 있으며, 아동의 전형적이고 정상적인 뇌 발달 과정을 이해하는 데 도움이 된다.

학대받은 아동과 학대 이력을 보고한 성인에 대한 연구가 활발한 가운데 몇 가지 한계가 존재한다. Hart와 Rubia(2012)는 학대 경험이 있는 개인이 우울장애, 불안장애, 섭식장애, 품행장애와 같은 정신과적 질환을 동반하는 경우가 많다는 사실을 언급하였다. 뇌 영상 촬영 결과에서 구조와 기능의 차이가 나타나더라도 이 차이가 학대나 방임 문제로 인한 것인지 정신과적 질환으로 인한 것인지 구분하기 어렵다는 것이다. 게다가 연구 참여자 일부는 정신질환 치료 목적으로 뇌 기능에 영향을 미치도록 설계된 향정신성 약물을 처방받아 복용 중인 경우도 있다. 많은 연구에서 약물 치료 중인 사람을 포함하거나 제외하면서 이러한 요인을 통제하기 위해 시도하고 있지만 이 또한 결과 해석에 문제를 일으킬 수 있다. 그럼에도 불구하고 뇌 영상 촬영 기술을 활용한 연구는 생애 초기 심각한 스트레스가 뇌에 미치는 영향을 밝히고 있으며, 나아가 환경으로 인한 경험, 뇌 가소성, 민감하고 중요한 발달 시기, 아동 발달 결과 사이의 관계를 이해하는 데 기여할 수 있을 것이라고 기대된다.

### 일반적으로 사용되는 뇌 영상 촬영 기법

**컴퓨터 단층 촬영**(CT) 스캔은 두부에 X–선을 통과시켜 뇌의 전체적인 구조 이미지를 제공한다. CT 스캔은 컴퓨터 기술을 통해 다양한 각도로 촬영된 엑스레이 결과를 조합하여 뇌의 단면 이미지를 생성한다. CT를 사용하면 X–선이 몸 주위를 원을 그리며 움직이기 때문에 다양한 각도의 뇌 구조를 관찰할 수 있다. CT 스캔은 뇌졸중, 두개골 골절, 급성 두부 외상 환자에게 유용하다. 그러나 방사선 노출이 인체에 유해할 수 있기 때문에 아동에게 CT 스캔을 사용하는 것은 다소 우려점이 있다.

**뇌 자기공명영상**(MRI)은 자기장과 무선전파를 이용해 뇌와 뇌간의 상세한 이미지를 생성한다. 우리 몸의 물 분자는 자기장과 반응하는 수소 양성자를 다량으로 보유하고 있다. 자화된[magnetized] 수소 양성자는 자기장에 따라 정렬된다. 이때 무선 주파수가 자기장에 적용된다. 수소 양성자가 원래 위치로 재정렬되면서 무선 신호를 내보내고, 이를 컴퓨터가 분석하여 이미지로 변환한다. MRI는 CT 스캔보다 신경해부학적 구조를 더 높은 해상도로 볼 수 있으며 엑스레이를 사용하지 않는다. 뇌의 관심영역(ROI)에 대한 시각화를 향상시키기 위해 조영제를 사용하기도 한다.

**확산 텐서 영상**(DTI)은 뇌 백질의 미세 분자 환경, 신경 섬유 경로, 뇌세포 연결성 등을 연구하기 위해 사용되는 MRI 기술의 한 종류다.

**기능적 자기공명영상**(fMRI)은 운동 또는 인지 작업과 같은 주어진 작업 중 대뇌 활동의 기능적 정보를 제공한다. fMRI는 혈액 산소화(조직 관류[tissue perfusion])를 감지하며, 뇌 부위의 혈류량 증가는 신경세포 활동 증가와 상관관계가 있다.

**뇌전도검사**(EEG)는 뇌의 구조와 기능에 대한 시각적 이미지를 생성하는 것은 아니지만 뇌의 전기적 활성 정보를 제공한다. EEG는 뇌파 패턴을 읽고 추정하고 기록한다. 뇌파는 발작장애와 수면장애를 평가하고 진단하는 데 주로 사용된다.

[뇌 영상 기술 및 뇌 진단 절차에 관한 전체 리뷰는 Noggle 등(2011) 참조]

## 초기 아동기 외상 경험과 신경생물학적 변이: 임상가를 위한 기능 및 시사점

뇌의 가소성, 구조와 기능의 다기능성, 뇌 영역 전반의 연결성을 고려할 때, 행동과 뇌의 특정 구조를 일대일로 연관시키려는 시도는 인간 뇌의 복잡성을 간과하는 것이다. 정상적인 발달 과정에서도 그러한데 하물며 일반적인 발달 과정을 따르지 않을 가능성이 높은 트라우마 노출 아동의 경우, 트라우마와 관련된 신경생물학적 변화가 아동의 기능에 어떤 영향을 미칠 수 있는지 이해하기는 더욱 어려워진다.

학대에는 성적 학대, 신체적 학대, 방임, 심리적 또는 정서적 학대, 친밀한 파트너 폭력 목격 등을 포함하여 여러 가지 유형이 있다. 따라서 전반적인 학대의 영향뿐만 아니라 성적 학대와 같은 특정 유형의 학대의 영향을 밝히려는 연구도 존재한다. 어떤 연구는 PTSD와 같이 DSM-5에 따른 진단을 받은 아동에 초점을 맞추기도 한다. 생애 초기 부정적인 삶의 경험이 있는 아동은 대부분 한 가지 유형의 트라우마만을 경험하지 않는다. 대다수의 취약 아동은 빈곤, 위험한 동네 거주, 어린 시절 학대를 경험한 부모 밑에서 자라는 등 복합적인 심리사회적 스트레스 요인을 접하는 것이 일반적이다. 이러한 요인들은 연구 결과를 어지럽힐 수 있으며, ACE 중 어떤 경험이 특정한 문제를 일으키는지 개별적인 기여도를 밝혀내기 어렵게 만든다. 뇌 영역과 구조는 서로 밀접하게 연결되어 있고 상호 의존성이 높으며 다양한 생물학적 체계에 많은 기능을 수행한다. 예를 들어, 해마는 스트레스 반응, 불안, 학습, 기억, 정서 처리 과정에 관여하는 다양한 하위 영역으로 구성된 다중 기능 구조다. 트라우마와 관련된 뇌 구조 영역, 부피 또는 연결성에 차이를 발견하더라도 임상가는 아동의 결함을 해석할 때 주의해야 한다. 학대 피해 아동의 뇌량이 더 작다는 연구 결과가 있다고 해도 문제 환경에서 자란 모든 아동의 뇌량이 상대적으로 작을 것이라고 가정하고 낮은 IQ가 나타날 것이라고 결론지으면 안 되는 것처럼 말이다. 뇌량이 고차원적인 인지 기능에 중요한 역할을 하지만 뇌량이 작다는 사실은 하나의 위험요인으로만 해석되어야 하며, 구조적 결함과 기능 수준을 일대일로 대응하여 이해해서는 안 된다. 이러한 주의에도 불구하고, 아동기 외상 경험은 발달을 방해하고, 적응적인 발달 궤도에서 벗어나게 하며, 뇌 구조와 기능을 변화시키고, 아동의 인지, 학업, 사회–정서, 적응 및 행동 결과에 부정적인 영향을 미칠 수 있다는 증거는 이미 많이 밝혀져 있다.

아동은 성인의 축소판이 아니며 아동과 함께 일할 때 중요한 것은 정상적인 발달 단계에서 나타날 수 있는 반응을 이해하고 있어야 한다. 전문가들은 만 2세 유아는 정서와 행동 조절이 미숙하여 반항적이고 도전적이며 충동적일 수 있다는 점을 알고 있다. 걸음마기에는 이러한 기능을 제어하는 뇌 처리 과정이 미성숙하다. 12세 아동에게 이러한 행동을 기대할 수는 없다. 모든 아동과 청소년의 아동기 문제를 평가하고 치료할 때는 아동 발달 규범을 고려해야 한다. 트라우마에 노출된 아동은 발달 이정표developmental milestones를 따르지 못하거나 발달 과제에 숙달하지 못할 수 있기 때문에 이러한 아동을 대할 때 전형적인 발달과 비정형적인 발달에 대한 지식이 반드시 요구된다.

### 대뇌와 대뇌피질

중추신경계는 두 가지 유형의 신경세포로 구성되어 있다. 회백질(신경세포체와 수초화되지 않은 축삭으로 이루어져 있다)은 뇌의 정보 처리 과정과 관련되어 있다. 백질은 수초화된 신경세포로 구성되며, 수초화된 신경세포를 지방질로 둘러싼 수초가 뇌세포 간의 정보 전달 속도를 향상시킨다. Hale과 Fiorello는 회백질과 백질의 차이를 이해하기 쉽게 다음과 같은 비유를 사용하였다. 회백질은 집과 동네(정보 처리가 일어나는 뇌의 영역)로, 백질은 뇌 영역과 구조 사이의 연결된 도로와 고속도로에 빗대어 볼 수 있다. 여러 연구 결과 생애 초기 박탈 경험으로 보호시설에 맡겨진 아동의 백질과 회백질의 감소가 일관적으로 나타났다. De Bellis 등(1999)은 트라우마에 노출된 아동 중 PTSD 진단을 받은 아동이 대조군 아동보다 두개 내 및 대뇌 용적이 더 작다는 사실을 발견했다. 빈곤 환경 또한 회백질 및 백질의 약화와 관련이 있다(Teicher & Samson, 2016).

기능. 대뇌피질은 좌반구와 우반구로 구성되어 있으며 후두엽, 측두엽, 두정엽, 전두엽의 네 가지 주요 엽으로 나뉜다. 후두엽은 시각 시스템과 시각 정보 처리에 관여하고, 측두엽은 청각 정보 처리, 언어 기능 및 기억을 제어한다. 두정엽은 감각 정보를 처리하고 공간 지각에 관여하며, 전두엽은 운동 기능과 계획 및 조직 능력과 같은 집행기능 기술을 처리한다. 일차 피질primary cortices과 같은 피질의 특정 영역은 시각 및 청각 정보와 같은 감각 정보를 받아들이거나 신체 움직임에 관여한다. 대뇌피질 연합영역은 문제 해결, 학습, 기억, 주의력, 언어, 정서적 반응, 판단력, 목표 지향적 행동과 같은 고차원적인 인지 기능이 포함된다.

위험요인. 방임과 트라우마로 인한 회백질과 백질의 전반적인 감소는 다양한 감각, 운동, 인지 문제에 취약하게 만들어 아동의 발달 이정표 지연, 발달 지연, 낮은 IQ, 언어·주의력·학습·기억력 결핍, 처리 속도 저하, 일상생활활동(ADL) 문제 등이 발생할 수 있다. 트라우마 경험 아이들 중 흔한 경우로 태내 환경에서 알코올에 노출된 아이들은 다양한 뇌 영역에서 기형이 나타날 수 있다. 가장 흔한 것은 뇌 용적 감소와 뇌의 두 반구를 연결하는 가장 큰 백질 경로인 뇌량의 기형이다(Lebel et al., 2011). 태아 알코올 스펙트럼 장애가 의심되는 경우, 이는 복잡한 의학적 진단이므로 적절한 의뢰가 필요하다. 최신 임상 지침에서는 다학제적 임상 팀 접근 방식을 권장한다. 팀원에는 소아청소년과 의사와 같은 의사가 포함되어야 하며 정신과 의사, 임상유전학자, 심리학자, 작업 및 물리 치료사, 특수교육 전문가 등이 포함될 수 있다(Hoyme et al., 2016).

## 변연계

### 해마

많은 연구에 따르면 생애 초기 트라우마 이력이 있는 성인이 그렇지 않은 성인에 비해 해마 용량이 더 작은 것으로 나타났다[Teicher et al., 2012; Teicher & Samson(2016)이 재검토]. 그러나 트라우마 경험 아동을 대상으로 한 해마 연구에서는 엇갈린 결과가 나타났다. De

Bellis 등(2001)은 학대 피해 아동의 해마 부피 감소를 발견하지 못했다. 심지어 성인을 대상으로 한 연구와 정반대로, 한 연구에서는 아동기 학대 경험 이후 PTSD 진단을 받은 아동과 청소년의 해마 용량이 더 크다고 보고하였다(Tupler & De Bellis, 2006). Tottenham과 Sheridan(2009)은 해마와 해마 부피에 대한 외상 경험의 영향이 아동기 후반까지는 나타나지 않을 수 있다는 가설을 세우기도 하였다.

기능. 해마는 변연계의 일부이며 측두엽 깊은 곳에 위치한다. 해마는 편도체, 시상하부, 피질 연합영역과 같은 다양한 영역과 광범위하게 연결되어 있다. 그만큼 여러 반응 체계와 정보 처리 과정에 관여한다. 스트레스 호르몬인 코르티솔이 해마에 작용하면 스트레스 반응이 중단된다. 즉, 해마는 HPA의 스트레스 반응 체계의 음성 되먹임 기전을 조절하는 데 관여한다.

또한 해마는 학습과 기억, 특히 일화기억[episodic memory] 및 공간기억과 관련이 있다(Kolb & Whishaw, 2015). 기억 부호화[encoding], 응고화[consolidation], 인출[retrieval]을 포함한 대부분의 기억 처리에 중요한 역할을 한다. Carrion과 Wong(2012)은 PTSD와 대인관계 트라우마 병력이 있는 10~17세 청소년을 대상으로 진행한 연구에서, 언어 기억 과제[verbal memory test]를 수행하는 동안 PTSD를 앓고 있는 청소년의 해마 활동이 감소하고 과제에 대한 인출 정확도가 떨어지는 결과가 나타났다. 해마는 학습과 기억 외에도 사회적 행동, 주의력, 동기 부여에도 관여한다(Farmer−Dougan et al., 2011).

위험요인. 온전한 기억 처리 능력은 다양한 인지 과정에 영향을 주고, 읽기, 쓰기, 수학 등의 학습을 비롯한 모든 학업 성취에 결정적인 역할을 한다. 트라우마 경험 아동의 기억 처리 능력을 평가할 때 임상가는 장기기억 인출 및 재인[recognition], 이야기 기억 및 일화기억, 기억 응고화에 대한 평가뿐만 아니라 단기기억, 작업 기억, 시각과 언어적 영역에 대한 장기기억과 같은 학습과 기억 능력 측정을 추가하는 것이 바람직하다. 공간기억 과제 검사를 통해, 트라우마 경험 아동이 학교 등 여러 환경에서 물건의 위치나 자기 위치 탐색에 어려움을 겪는다거나, 교실 위치를 잊어버리거나, 주어진 시간에 어디에 있어야 할지 몰라 복도를 서성거릴 가능성을 예상할 수 있다. 공간기억은 생애 초기 수학적 기술 습득을 촉진하며, 유아기 아동이 처음 수학을 배울 때 시공간기억에 많이 의존한다는 사실을 떠올려 보면 수학 학습에 대한 공간기억의 중요성을 더 잘 이해할 수 있다[Van de Weijer−Bergsma 등(2015)에서 논의]. 또 다른 기억력 문제로는 일상적인 대화 내용이나 일상적인 활동을 잊어버리는 것이 있다(Vargha−Khadem et al., 1997). 트라우마에 노출된 청소년, 그중에서도 정신병리학적 장애 진단기준을 충족한 청소년에 대해 치료와 심리사회적 개입을 제공하는 경우 임상가는 이들이 치료 약속, 치료 과제, 이전 치료 회기에서 다룬 정보 등을 잊을 수 있다는 사실을 유념해야 한다. 일화기억과 자전적 기억에 결손이 생길 수 있기 때문에 아동은 트라우마나 가족에 관한 기억을 떠올리기 어려워할 수 있다. 기억력의 결손은 치료 목적으로 트라우마 내러티브를 활용하는 트라우마 중심 인지행동치료(TF-CBT)를 적용할 때도 영향을 주어 치료 효과가 떨어질 수 있다.

### 편도체

지금까지 진행된 연구에서는 학대 피해 아동의 편도체에서 구조적 차이가 나타나지 않았지만, 최신의 일부 연구에서는 학대와 방임에 노출된 아동이 편도체 부피가 더 작은 것을 발견할 수 있었다. 우울증에 걸린 어머니는 돌봄 부재와 방임의 위험요인으로 지목되며, 이러한 어머니를 둔 아동을 장기간에 걸쳐 관찰하는 연구가 진행되었다. 아이들이 성장하면서 아동기 후반에 MRI를 촬영한 결과 어머니의 우울증과 편도체 크기 사이에 연관성이 있는 것으로 밝혀졌다[Bick과 Nelson(2016)에서 재검토].

기능. 편도체는 핵[nuclei]의 복합체로 뇌의 내측 측두엽에 위치하고 있다. 편도체 역시 시상하부, 해마, 전전두엽 피질을 비롯한 여러 뇌 영역과 광범위하게 연결되어 있다. 편도체는 변연계와 더불어 스트레스 반응 체계의 일부이며 공포 반응 조절, 정서 학습, 정서적 자극에 대한 반응성, 사회적 정보 처리에 중요한 역할을 한다. 편도체는 불안장애의 정신병리학적 기전과도 관련이 있다. 영장류 연구에서 편도체와 관련된 신경 내분비 중추를 자극하면 과잉 경계 및 과각성과 같은 불안 증상을 일으키는 공포 반응 중추가 활성화되었다(Kolb & Whishaw, 2015). 편도체는 사회적 판단과 인지에 중요한 역할을 하며 시선, 감정 단서, 표정 등의 사회적 신호를 받아들일 때 활성화된다[Baron-Cohen 등(2000)에서 논의]. 개인의 경계를 존중하고 개인적인 공간의 필요성을 이해하는 것과 같이 사회적 관습을 이해하는 것도 편도체와 관련이 있다(Kennedy et al., 2009). 다른 사람에게 너무 가까이 다가가면 상대에게 경계를 침범당한 느낌과 불편함을 느끼게 하여 사람들로부터 소외될 수 있고, 나아가 이미 가지고 있는 대인관계 의사소통 문제가 더욱 악화될 수 있다. 냉담하고 무감한 특성을 보이는 청년 대상 연구에서는 이들이 두려운 표정을 볼 때 오히려 편도체의 반응이 감소하는 것을 발견할 수 있었다(Marsh et al., 2008). 편도체 반응의 감소는 타인의 표정(특히 두려움)을 해석하는 데 어려움이 있거나 아예 이러한 능력이 결핍된 상태를 시사하며, 해마 형성, 전두엽 피질, 변연계-전두엽 연결 문제를 가진 자폐증을 시사하는 결과다[Baron-Cohen 등(2000)에서 논의]. 편도체는 해마와 마찬가지로 글루코코르티코이드 수용체가 많이 분포되어 있고, 청소년기까지 계속 발달하면서 신경 연결이 증가하는 특성이 있기 때문에 만성적인 외상 경험에 특히 취약하다.

위험요인. 학대 피해 청소년은 과도한 반응성과 정서적 예민함을 보이는 것이 일반적이다. 트라우마에 노출된 아동은 초기 애착 형성이 저해되고 학대에 대한 공포심을 가지고 있기 때문에 주변의 여러 신호를 과도하게 경계한다. 경험에서 비롯된 이러한 민감성은 생존 메커니즘을 발동시키는 정당한 공포 반응이지만 사회적 상호작용에는 해롭다. 이러한 아동을 돌보는 성인은 친사회적 행동을 학습시키거나 적절한 모델링 경험을 제공하지 못하는 경우가 많다. 친밀한 파트너 폭력이 일어나는 가정에서 성인 보호자가 아동에게 관계 갈등을 평화롭게 해결하는 방법을 알려 주는 모범이 될 것이라고는 도저히 기대할 수 없다. 이러한 환경에 놓인 아동은 오로지 공격성만이 자신의 욕구를 충족하고 관계 갈등을 해결하기 위한 정당한 방법이라는 것을 학습하게 된다. 민감한 감정 반응성은 이러한 문제를 더욱 악화시킨다. 편도체 기능이상이 생긴 아동은 평온한 상황에서도 위협과 공포를 감지한다. 이는 중요한 사회적 단서를 포착하고 처리하는 데 방해가 될 수 있으며, 다른 사람과의 긍정적인 상호작용에 대한 적응적인 방법을 학습하지 못하게 만든다(Rodriguez et al., 2016).

공격성에 문제가 있는 아동은 사회적 상황을 종종 오해석하여 환경적 자극에 적대적인 태도를 취한다(Crick & Dodge, 1996). 트라우마에 노출된 아동은 종종 개인의 경계를 침범하거나 낯선 사람에게 무분별한 친근감을 보이는 등의 문제가 나타나기도 한다. 이러한 아동은 낯선 사람을 껴안거나 모르는 성인에게 애정을 표현하여 도리어 학대 위험에 노출될 수 있으며 종종 '애정을 갈구한다'거나 '집착한다'고 묘사된다. 건강한 아동은 자신이 아는 사람이 편안함과 안전을 제공할 것이라는 믿음이 있기 때문에 낯선 사람에게 불필요하게 관심을 구하지 않는다. 한편 공격성 문제 아동은 학대 경험으로 인해 다른 사람을 지나치게 의심하고 타인의 도움을 거부하고 상대방에게 불신감을 보이는 모습이 나타난다. 정서 반응 식별과 정서 조절에 문제가 있어 사회적 관습을 이해하거나 따르지 못하고, 친구를 사귀고 유지하는 데 어려움을 겪으며, 의미 있고 호혜적인 또래 및 성인과의 사회적 관계를 맺기 힘들 수 있다. 사회적 역량에 결함이 있는 아동은 성인이 되었을 때 특히 더 좋지 않은 결과가 나타날 위험이 높다. 트라우마와 아동의 사회적-정서적 기능 사이의 연관성을 이해하면 임상가는 사회적 역량과 사회적-정서적 학습을 위한 추가 평가와 개입이 필요한 아동을 조기에 발견하여 적극적으로 대처할 수 있다. 보호자나 교사의 보고 내용, 직접 관찰 또는 객관적 검사 결과를 통해 사회적 기술에 대한 상세한 정보를 확보하면 목표에 맞는 치료 계획을 세울 수 있다. 불안, 우울증, 트라우마 증상이 동반될 수 있으므로 이러한 증상도 함께 평가하고 치료할 수 있도록 고려해야 한다. 더 어린 유아들에게는 불안에 대한 감별진단이 유용할 수 있는데 시간이 지남에 따라 증상 심각도와 손상의 변화를 추적 관찰하여 불안으로 인해 더 쇠약해지거나 증상이 널리 퍼지기 전에 미리 개입할 수 있다. 불안은 아동에게 가장 흔하게 나타날 수 있는 문제로, 증상을 완화하고 기능을 개선하기 위한 근거 기반의 개입들이 다양하게 존재한다. 사회적·정서적 역량은 초기의 아동–부모 상호작용과 직접적으로 연관되어 있으므로 면담이나 애착 관련 평가 도구를 통해 이러한 관계 양상을 평가하여 아동에 대한 보다 철저한 임상적 개념화를 구성하는 것이 좋다. 불안, 정서 조절, 사회적 기술 역량의 결핍은 트라우마 경험 아동 집단에서 더 흔하기 때문에 정서 조절, 공감, 대처 기술, 마음챙김, 이완 기법, 사회적 기술을 가르치는 등의 적극적인 개입은 아동이 성장하고 발달함에 따라 더 심각한 문제로 악화되는 것을 선제적으로 예방하는 데 도움이 된다.

### 구조적 연결성: 뇌량

아동의 학대와 뇌 구조 변화에 대한 연구에서 뇌량의 크기 감소와 형성 문제가 꾸준히 제기되어 왔다(De Bellis et al., 1999; Teicher et al., 2004). 여러 연구에 따르면 남아가 여아보다 더 부정적인 영향을 받을 수 있다고 한다(De Bellis et al., 2002a, 2002b, 2002c; Teicher et al., 2004). 성별 및 학대 유형별 결과에 따르면 뇌량 이형성에 있어 남아는 방임이, 여아는 성적 학대가 가장 높은 관련이 있는 것으로 나타났다(Teicher et al., 2004).

기능 및 위험요인. 뇌에서 가장 큰 백질 구조인 뇌량은 피질의 상동 영역을 연결하여 좌뇌와 우뇌 피질 반구 사이의 소통을 촉진한다. 뇌량에는 1억 9천만 개 이상의 축삭이 있어 신경 정보 전달 및 처리 과정을 통합하는 역할을 하지만, 높은 수준의 스트레스 호르몬이 수초화에 중요한 신경교세포의 분열을 방해하기 때문에 조기 외상 경험에 취약하다. 다른 뇌 구조와 마찬가지로 뇌량의 발달도 경험에 따라 변화한다. 여러 뇌 영역과 정교하게 연결되어 있기 때문에 대부분의 뇌 기능과 신경계는 뇌량 발달에 변화가 생기면 영향을 받을 수밖에 없다.

뇌량의 문제로 인해 수면 문제, 사회적 기능 손상, 신체적 증상, 기이한 사고 등의 증상이 나타날 수 있다[자세한 내용은 Badaruddin 등(2007) 참조].

인지 영역에서 뇌량은 일반 지능과 높은 IQ, 문제 해결, 시공간 지각 능력, 단기 시공간 기억, 장기 언어 기억, 추론 능력, 정보 처리 속도, 집행기능 및 사회적 인지와 양의 상관관계가 있다(Hinkley et al., 2012; Kolb & Whishaw, 2015; Penke et al., 2010). 뇌량의 성장은 아동이 성숙함에 따라 계속된다. 시간이 지남에 따라 뇌 영역 간 정보 전달의 연결성과 효율성이 강화되고 이는 고차원적인 인지 과정의 발달에 영향을 준다(Pechtel & Pizzagalli, 2011). 언어의 기본음 구조 조작 능력, 음운 정보 처리, 음운 인식과 같이 독해에 필요한 기초 기술은 뇌량 발달과 관련이 있다. 여러 연구에 따르면 읽기 능력이 뛰어난 사람은 그렇지 않은 사람에 비해 뇌량 면적이 더 넓고 백질의 통합성이 높은 것으로 나타났다. 측두엽에 위치한 베르니케 영역과 전두엽에 위치한 브로카 영역을 연결하는 섬유 다발인 대뇌궁상섬유(AF)도 독해 능력과 구술로 언어를 표현하는 능력, 언어 이해 능력에 매우 중요하다(Wandall & Yeatman, 2012). 부정적인 과거사를 보고한 사람들은 자아와 의식의 통합기능에 장애가 나타나는 해리 증상을 보일 수 있다. 학대받은 아동 및 청소년의 해리 증상은 뇌량의 연결성 감소와 연관되었을 것이라는 가설을 가지고 실시한 연구에서 실제로 아동 해리 체크리스트 점수와 뇌 영상 촬영 결과가 관련이 있는 것으로 나타났다(De Bellis et al., 1999). 아동과 청소년의 뇌량 기능 변화로 인한 또 다른 문제로는 감각-운동 능력 결손, 수면 문제, 사회적 기능 손상, 신체 불편감 호소, 기이하고 특이한 사고 과정 등이 있다(Badaruddin et al., 2007 참조). 뇌량 크기 감소는 대뇌피질 반구 간의 연결 감소와 관련이 있다. 성인 대상 연구에서 뇌량 기능 감소는 노인의 인지 기능 저하에 영향을 준다는 점이 밝혀졌다(Zahr et al., 2009).

뇌량의 무형성(부재) 또는 저형성(부분적 부재)은 인간에게 가장 흔하게 나타나는 뇌 기형 중 하나다. 발달장애 아동의 경우 유병률이 100명당 2~3명이다(Bedeschi et al., 2006; Jeret et al., 1986). 약물 치료로 발작 증상에 호전이 없는 난치성 뇌전증의 경우, 뇌의 전기 활동이 다른 반구로 넘어가는 것을 막는 뇌량 절제술(외과적 절단술)이 치료법으로 사용되어 왔다. 뇌량의 연결성 문제는 ADHD, 자폐증, 양극성 장애, 조현병에서도 볼 수 있다. 유전적 영향도 이러한 장애들과 관련이 있다(Hinkley et al., 2012). 뇌량의 작용을 이해하면 임상가들이 위기 아동을 만날 때 아동의 광범위한 잠재적 문제를 모니터링하는 데 도움이 된다.

### 소뇌

소뇌는 뇌 뒤쪽의 후두엽과 측두엽 아래에 위치하고 있으며, 운동 학습과 협응, 균형감각, 자세 제어에 관여하는 것으로 잘 알려져 있다(Evarts & Thach, 1969). 운동 기능 외에도 정서 처리, 공포 조절, 언어 능력, 인지 능력, 사회적 의도에 대한 이해, 집행기능 등에 소뇌가 관여한다[De Bellis와 Zisk(2014), McCrory 등(2010)에서 논의]. 소뇌는 ADHD, 조현병, 자폐 스펙트럼 장애(ASD), 양극성 장애, 주요우울장애, 불안장애를 포함한 많은 정신과적 질병과 관련이 있다(Phillips et al., 2015; Shevelkin et al., 2014). 학대 관련 문헌에서 나타난 일관된 연구 결과에 따르면 트라우마 경험이 있고 생애 초기 시설 수용되었으며 PTSD 진단을 받은 아동에게서 소뇌 발달 문제, 소뇌 부피 감소, 회백질 감소가 관찰되었다(Bauer et al., 2009; Carrion et al., 2009; De Bellis et al., 2014; De Bellis et al., 2015; Teicher & Samson, 2016).

기능. 소뇌는 다른 뇌 영역과 방대한 네트워크를 형성하고 있기 때문에 광범위하고 다양한 뇌의 기능과 처리 과정에 관여한다. 소뇌는 정서 단서 평가, 정서 학습, 조절, 변조, 지각, 인식 등 정서 처리에도 중요한 역할을 하는 것으로 나타났다(Adamaszek et al., 2016). 또한 언어 처리에도 중요한 역할을 하며 음운 작업 기억, 의미론적 언어 유창성, 언어 작업 기억, 구문 처리, 언어 산출, 운율 작업, 언어 운율, 읽기와 쓰기 언어에 관여한다[언어와 소뇌에 관한 컨센서스 논문[6](2014) 및 Booth 등(2007) 참조]. 소뇌가 관여하는 인지 과정 및 집행기능에는 작업 기억, 의사결정 및 계획 능력이 포함되며 이러한 기능은 전전두엽 피질과의 신경 경로와도 밀접한 관련이 있는 것으로 밝혀졌다(Bauer et al., 2009).

위험요인. 뇌 영역 간의 신경 연결성을 이해하면 뇌의 다양한 영역이 어떻게 함께 작용하여 기능적 결과와 아동의 취약한 영역을 결정하는지 파악하는 데 도움이 된다. 그러한 관점에서 소뇌가 인지, 정서, 집행기능 및 학업 능력에 관여한다는 점을 알고 있어야 임상가는 소뇌와 연관된 주요 영역이 아동의 문제와 어떻게 연관되는지 고려할 수 있다. 예를 들어, 읽기 및 쓰기에 대하여, 측두엽과 전두엽이 주로 이 기능을 담당하고 있으며 소뇌가 이를 중개하는 역할을 한다는 사실과 생애 초기 외상 경험이 이 능력에 문제를 일으킬 수 있다는 점을 이해한다면, 임상가는 이러한 문제가 발생할 가능성을 미리 예상하여 아동에게 필요한 개입을 제공할 수 있다.

### 측두엽

뇌엽의 연결에는 피질과 엽 내부의 깊은 구조가 연결된 엽 내 연결^intra-lobe connection^과 여러 뇌 영역이 연결된 엽 간 연결^inter-lobe connection^이 있다. 편도체는 측두엽에 위치하며 스트레스 반응 체계에 해당하는 해마, 시상하부, 전두엽 피질 등의 다양한 뇌 영역과 연결된다. 대뇌궁상섬유는 측두엽에서 전두엽으로 이어지는 언어 처리 경로다. 전전두엽 피질은 운동, 지각, 변연계 영역을 연결하는 연결망이 분포하여 뇌의 다양한 영역을 중개하는 역할을 한다(Gazzaniga et al., 2014). 이 방대한 네트워크 구조는 뇌의 여러 영역, 구조, 체계 간의 구조화된 소통을 가능하게 한다.

6) consensus paper on language and the cerebellum.

### 측두-두정 영역

상이점에 대한 측두엽의 변이 연구는 복합적으로 이루어졌다. De Bellis 등(2002a, 2002b)은 PTSD 아동 및 청소년이 대조군에 비해 우측 상측두회(STG)의 회백질 부피가 더 크다는 사실을 발견했다. 동반 질환으로는 주요우울장애, 적대적 반항장애, ADHD 등이 있었다. 연구진은 청각적인 외상 자극이 과잉 경계와 행동 조절 불능으로 이어질 수 있다고 이를 해석하였다. Tomoda 등(2011)은 부모의 언어적 학대 경험이 있는 청년의 좌측 상측두회 회백질 부피가 더 크다는 사실을 발견했다. 상측두회 후면부에 병변이 생기면 베르니케 영역이 관여하는 언어 이해 능력의 결함을 초래하며, 측두엽은 생애 초기의 언어 학대에 특히 더 취약할 수 있다. 심각한 수준의 언어폭력 노출은 측두엽을 자극하고 해당 부위의 정상적인 발달을 저해할 수 있다. 영국 런던의 학대받은 아동을 대상으로 한 연구에서 De Brito 등(2013)은 학대받은 이력이 있는 아동의 좌측 측두회 회백질이 감소한 것을 발견했다. Hanson 등(2010)도 신체적 학대를 받은 아동의 좌측 측두엽 하부와 우측 측두엽 중앙의 뇌 용적이 더 작다는 사실을 발견했다. 뇌전도검사 연구에서는 측두엽 간질 환자의 뇌파 결과와 아동기 트라우마 노출로 인한 좌반구 발달이 저하된 사람의 뇌파 결과가 유사한 것으로 나타났다(Teicher, 2000).

Kelly 등(2015)은 학대 경험이 확인된 아동의 경우 좌우 내측두엽 회백질이 현저히 감소했을 뿐 아니라 하두정소엽의 연상회, 안와전두피질(OFC)의 양측 회백질 용적이 상당히 감소한 것을 발견하였다. 연구진은 학대 피해 아동 집단에서 또래 관계 문제와 정서적 반응 문제가 더 많이 나타날 것이라고 지적하였다.

기능. 측두엽은 투입된 감각 정보 통합, 청각 정보 처리, 기억 형성 및 분류, 정서 처리, 시각적 사물 및 얼굴 인식 기능에 관여하고 과거와 현재의 감정과 감각 경험을 통합하여 지속적인 자기감을 유지하는 데 중요한 역할을 한다. 소리, 음향 정보, 말의 음운론적 측면, 지각 및 산출을 처리하는 일차 청각 피질은 언어 이해를 담당하는 베르니케 영역과 마찬가지로 상측두회에 있다(Buchsbaum et al., 2001; Warrier et al., 2009). 상측두회는 편도체 및 전전두엽 피질과 연결되어 사회적 인지에도 관여한다[Hale & Fiorello (2004)에서 논의].

내측두엽^medial temporal lobe^은 해마, 측두엽 심부에 위치한 관련 영역들과 연결되어 의미 처리, 사실 및 사건에 대한 의식적 기억(서술 기억)에 필수적인 구조를 구성한다. 운동 기억처럼 회상보다는 수행에 가까운 비서술적 기억과 달리 서술 기억은 사건, 상황 및 사실을 기억하는 능력이다(자전거 타는 법을 학습하는 것은 운동 기억의 예로, 일단 숙달되면 페달에 발을 올리고 다른 다리로 밀어내는 등의 개별 단계를 의식적으로 기억할 필요가 없다). 내측두엽에 손상이 생기면 단순한 자료를 일시적으로 기억하는 능력(예: 숫자를 나열하는 작업에 필요한 기술)은 유지되지만 심각한 건망증을 보이는 것이 특징이다. 또한 지각 능력, 어휘력, 전반적인 지적 기능은 손상되지 않은 경우가 많다. 심리학자들은 해마 형성에 손상을 입은 H.M. 사례 연구를 통해 이러한 현상을 이해할 수 있었다. 내측두엽의 기능 장애는 학습과 학교 성적에 막대한 영향을 준다. Squire 등(2004)은 학습 시 내측두엽이 작동하지 않으면 기억이 통합되지 않을 것이며, 이후 학습한 것에 대한 기억 인출에도 문제가 생길 것으로 예측하였다. 자서전적 기억과 정보 인출은 중측두회medial temporal gyrus에서 관여하는 것으로 알려져 있다.

하측두엽은 내측두엽 아래에 위치하며, 물체의 모양과 형태에 관한 시각 정보를 후두엽에서 측두엽의 방향으로, 다시 말해 복측으로 전달한다. 복측 경로ventral pathway로 전달되는 시각 정보는 물체의 시각적 특징, 윤곽, 속성과 같은 물리적인 배열을 안정적으로 구성하여 보여준다(Kravitz et al., 2013). 방추형회는 색상 처리, 얼굴 인식, 단어의 시각적 정보 처리와 관련이 있다. 난독증과 같은 단어 찾기 문제와 언어를 알아보는 시각적 능력은 기본적인 언어 기술과 읽기 학습 과정에 영향을 준다. 난독증 환자들은 방추형회가 활성화되지 않고 회백질 밀도가 감소되어 있다(Bonner & Grossman, 2012; Rohrer et al., 2008). 하두정엽의 연상회는 좌반구의 일부 영역과 마찬가지로 시각적 단어 인식에 관여한다(Bonner & Grossman, 2012; Rohrer et al., 2008). Shaywitz 등(2002)은 하두정엽이 철자 및 소리 처리와도 관련이 있다고 제안하였다.

위험요인. 트라우마 노출 아동은 학교에서 학업 및 사회적 문제를 많이 겪게 된다. 학습 및 정보 처리 문제가 더 많이 나타나고, 표준화된 읽기 시험에서 더 낮은 점수를 받으며, 더 낮은 성적을 받고, 유급 가능성이 높고, 특수교육 서비스에 의뢰될 가능성이 더 높다(Crozier et al., 2013). 트라우마로 손상 가능성이 있는 측두-두정 영역은 학습, 기억, 언어, 읽기와 관련이 있을 뿐만 아니라 또래 및 성인과의 상호작용에서 나타나는 사회적 기술 문제와도 연관이 있다. 특히 언어 결핍으로 인한 문제가 발생할 수 있으며, 행동 문제, 사회적 고립, 불안, 공격성, 규칙 위반 행동과 관련이 있다(Maggio et al., 2014).

음성 및 언어 기능은 음성 및 언어 병리학자가 평가하고 치료할 수 있으며, 학교 및 아동 심리학자는 학업 성취에 중요한 언어, 읽기, 쓰기 능력을 평가하는 역할을 맡고 있다. 읽기 및 쓰기 언어와 관련된 영역에서 어떠한 영역이 생애 초기 트라우마의 영향을 받을 수 있는지 이해하면 트라우마 기반 개입의 개념화 단계에서 관련된 결함을 예상하여 반영할 수 있다. 언어, 음운 및 철자 처리(문자-소리 통합), 음운 저장 및 인출, 독해(추론 및 추상), 서면 언어의 단어 대체, 철자 오류(철자 혹은 음성), 단어 해독, 신속한 이름 붙이기, 읽기 자동성, 읽기 유창성, 발음 및 단어 찾기 곤란과 같은 음성 언어에 대한 추가 평가를 통합할 수 있다. 읽기 문제는 유전성이 강하므로 부모의 읽기 문제 병력, 말하기 및 언어 기술 습득, 가정에서의 책과 같은 글에 대한 노출, 읽기에 대한 가족의 태도 등의 정보를 보호자로부터 파악할 필요가 있다. 주의력과 기억력은 읽기에서 중요한 역할을 한다. 아동은 읽고 있는 글에 나오는 단어에 주의를 기울이고 집중력을 유지하고, 글의 중요한 문맥적 단서를 따라가야 한다. 그렇기에 작업 기억 및 기타 유형의 기억력 결핍은 독해력을 저하시킨다. 따라서 트라우마 배경을 가진 아동을 의뢰받은 경우 읽기와 관련된 기억의 구성요소를 측정하는 것이 필요할 수 있다(Ashkenazi et al., 2013; Berninger et al., 2008; Feifer 2010; Fletcher-Janzen, 2017; Gabel et al., 2010; Shaywitz & Shaywitz, 2004, 2008). 아동의 읽기 문제 평가 및 치료에 관한 논의는 Feifer와 Della Toffalo(2007)를 참조하거나, 이 장의 앞부분에서 트라우마에 노출된 청소년에게 나타날 수 있는 기억력 문제에 변연계 기능이 위험요인으로 연관되었다고 설명한 내용을 참조하라.

### 전두엽 영역

많은 연구자가 생애 초기 트라우마에 노출된 아동과 청소년의 관심영역(ROI)으로서 전두엽과 전전두엽 영역에 관심을 가져왔다. Di Brito 등(2013)은 학대를 받은 아동 집단에서 대조군에 비해 내측 안와전두피질의 회백질이 감소한 것으로 나타났다고 보고하였다. De Bellis 등은 일련의 연구에서 PTSD 진단을 받은 아동과 청소년의 전전두엽 피질의 회백질과 백질이 대조군에 비해 더 작고 내측 전전두엽 피질의 신경세포 손실을 나타내는 생물학적 지표가 있다는 사실을 발견했다. 성차 역시 나타났는데, 학대 경험 남아에게서 뇌 용량의 감소를 의미하는 측뇌실의 크기가 더 큰 것으로 나타났다. 따라서 남아는 뇌 발달에 있어 트라우마에 더 취약하다고 볼 수 있다(De Bellis et al., 1999, 2000, 2002a, 2002b). Kelly 등은 학대에 노출된 아동의 대뇌피질의 두께, 표면적, 표면 주름 형성에 이상을 발견했다. 해당 영역으로는 전대상회, 상전두회, 안와전두피질 등이 있었다.

Carrion과 그의 연구진(2010)은 PTSD 증상을 보이는 학대 피해 아동의 왼쪽 복측 전두엽과 좌측 하전두엽의 회백질 부피 감소가 아동이 취침할 때의 타액 코르티솔 수치와 음의 상관관계가 있음을 발견하였다. 또 다른 연구에서는 유사한 임상군에서 대조군에 비해 전두엽 비대칭성이 낮은 것으로 나타났다(Carrion et al., 2001). 일반적으로 우측 전두엽이 좌측보다 큰 것이 정상적이다. 연구진은 전두엽 비대칭성의 약화는 성인기 이후 우울증과 조현병이 발병한 성인에게서 나타나는 현상이며, PTSD 진단을 받은 성인은 외상 자극에 노출되었을 때 인지기능과 관련된 전두엽의 반구 활성화가 다르게 나타난다는 점을 지적하였다. 그 밖에 여러 연구에서 전두엽 내측에 위치한 전대상피질(ACC) 부피와 두께의 감소 그리고 기능 손상이 나타나는 등 정상적인 발달에 문제가 생긴다는 일관된 결과가 나타났다[De Bellis와 Zisk(2014), Teicher와 Samson(2016) 검토].

기능. 전두엽은 뇌의 가장 앞쪽 영역에 위치한다. 전두엽은 기초적인 신경 기능(추체로 운동 기능[pyramidal motor function], 대소변 처리, 후각), 의식적인 안구 운동, 말하기 및 언어 능력, 동기 부여 및 사회적 행동, 집행능력 등 여러 기능적 단위를 매개한다. 좌측 전두엽은 말하기와 언어 능력에 특화되어 있고(브로카 영역이 좌측 전두엽에 위치한다), 우측 전두엽은 사회적 인지와 정서 기능을 주로 담당한다. 뇌 영상 촬영을 활용한 연구에 따르면 자기 성찰, 감정 신호 이해 등 여러 사회적 행동은 좌측에 비해 우측 전두엽 영역이 주로 활성화하는 것으로 나타났다. 연구진은 전두엽 피질을 기능에 따라 분류하거나, 피질하[subcortical] 구조와 전두엽 구조 사이의 연결성에 따라 분류하였다. 종단 뇌 영상 연구에 따르면 전전두엽 피질은 인간의 뇌에서 가장 마지막으로 성숙하는 영역이라고 밝혀졌다. 새로운 세포의 성장, 시냅스 연결, 신경세포의 수초화, 가지치기는 생후 30년까지 계속된다. 우울증, 조현병, 강박장애, 자폐 스펙트럼 장애, ADHD, 양극성 장애는 전두엽과 관련이 있다(Miller, 2007).

전두엽은 세 가지 기분 영역인 전중심 영역[precentral], 전운동 영역[premotor], 전전두엽 영역[prefrontal]으로 구성된다. 전전두엽 피질은 계획, 추론, 문제 해결, 판단, 기억, 동기 부여 및 주의력과 같은 고차원적인 기능에 관여하기 때문에 학교 및 아동 임상심리학자들의 주요 관심 대상이라고 볼 수 있다. 전전두엽 피질은 집행 인지 기능을 담당한다. Stuss(2007)에 따르면 집행 인지 기능이란 고차원적 능력(예: 모니터링, 활성화, 전환, 억제)이며, 하위 기능의 자동화 제어와 방향 설정에 관여한다고 설명하였다. 전전두엽 피질은 안와전두피질, 내측 전두/전대상피질, 배외측 전전두엽 피질(DLPFC)로 나뉜다.

Cummings와 Miller(2007)는 우측 안와전두피질이 사회적으로 적절한 방식을 이해하고 그에 따라 행동하는 것과 같은 사회적 관습을 이해하는 데 관여한다고 하였다. 안와전두피질에 병변이 있는 사람은 대인관계 문제가 나타났다. 이들은 사회적 판단력이 떨어지고 공감 능력이 부족하며 자신의 행동이 다른 사람에게 어떤 영향을 미치는지 이해하지 못했다. 다른 사람의 심리 상태를 추론하는, 심리 추론 능력[theory of mind]은 우측 안와전두피질의 기능이다(Stuss et al., 2001). 그 밖에도 안와전두피질 기능에 문제가 생기면 동기 부족, 무관심, 도취감, 환경 자극에 지나치게 의존하는 모습, 정서 처리 문제, 강화/처벌 우발성의 증가 등이 발생한다(Sarazin et al., 1998; Ogar & Gorno–Tempini, 2007).

내측 전두엽 피질은 보조 운동 피질(SMC)과 전대상피질로 구성된다. 전대상피질은 인지 및 정서적 정보 처리에 관여한다. 또한 동기 부여에도 주요한 역할을 담당한다. 전대상피질에 문제가 발생하면 움직임 감소, 호기심 감소, 스트레스 경험 둔화, 사회적 관심 및 참여 감소와 같은 냉담한 행동 문제가 생길 수 있다(Cummings & Miller, 2007). 전대상피질의 추가 기능으로는 주의력 조절, 반응 억제, 작업 기억 등이 있다. 전대상피질은 오류 감지 및 수정에 관여하며, 스트룹[Stroop] 검사와 같은 경쟁 자극/간섭 과제에 의해 활성화된다. 정동 관련 기능에는 부정적인 감정의 평가와 표현, 정서적 반응 생성 등이 포함된다[Etkin 등(2011)에서 논의]. 전대상피질은 배외측 전전두엽 피질과 광범위하게 연결되어 있다(Kaufer, 2007). 의식적으로 목표를 선택, 계획, 조직, 실행하고 그 효과를 모니터링 및 평가하여 피드백에 따라 반응을 수정하는 능력은 배외측 전전두엽 피질과 관련된 기능이며 이를 집행기술이라고 한다.

**집행기능.** 학대 및 방임, 고아원에서 성장, 태내 알코올 노출, 미숙아로 태어남 등과 관련된 트라우마 경험은 전두엽의 집행기능 결핍과 연관이 있다. 전전두엽 피질, 전대상피질, 선조체, 해마, 그 밖에 스트레스 반응에 관여하는 영역과 관련된 신경 회로와 연결망은 집행기능과 관련된 행동 및 집행기능 처리 과정과 관련되어 있다(하버드대학교 발달 아동 센터, 2011). De Prince 등(2009)은 다양한 가정 내 트라우마에 노출된 다문화 집단 표본에서 작업 기억, 행동 억제, 청각 주의력, 처리 속도 과제 결과가 저조하게 나타난다는 사실을 발견하였다.

Baron(2004)은 집행기능을 "개인이 환경의 자극을 인지하고, 적응적으로 반응하고, 유연하게 방향을 바꾸고, 미래의 목표를 예측하고, 결과를 고려하고, 통합적이거나 상식적인 방식으로 대응할 수 있도록 하는 메타인지 능력이며, 관련된 능력들을 종합적으로 활용하여 목적에 부합하는 목표를 달성하는 것"(p. 135)이라고 정의 내렸다. 전략 선택, 개념 형성, 추론, 유창성, 반응 억제, 만족을 지연시키는 능력, 작업 기억, 행동을 안내하고 통제하기 위한 내면 언어 사용도 집행기술로 간주된다(Barkley, 2012; Baron, 2004; Cummings & Miller 2007; Dawson & Guare, 2010; Miller, 2013). McCloskey와 Wasserman(2012)은 주의집중, 참여, 최적화, 평가/해결, 효율성, 기억력 등 32가지 집행기능을 범주화하여 소개하였다.

**위험요인.** 청소년기 이후에도 전두엽의 발달이 지속된다는 점을 고려하면 트라우마 경험은 전두엽의 구조, 연결성, 기능, 다른 영역과의 연결 회로에 잠재적으로 문제를 발생시킬 수 있다는 사실을 알 수 있다. 전전두엽 피질이 관여하는 집행기능이 저하된 아동은 인지, 학업, 사회적 정서 및 행동 영역과 같은 일상생활 기술에 문제를 보일 수 있다. Dawson과

Guare(2010)는 아동기와 청소년기로 성장하며 발달과업을 적절하게 달성하기 위해서는 집행기술이 필요하다고 설명하였다. 유치원과 초등학교 저학년 아이들은 2~3가지 단계의 지시를 기억하고 수행할 수 있어야 하며, 또래를 때리는 행동과 같이 부적절한 행동을 억제해야 한다. 중학교에 진학하면 학업 과제를 계획하고 정리할 수 있으며 규칙과 사회적 관습을 이해하고 준수할 것이라는 기대치가 생긴다. 고등학생이 되면 교육 이후의 삶에서 성취를 보이고, 자율적인 성인으로 성장할 수 있도록 자기 시간, 작업 성취 결과, 조직화 능력, 자기 점검 및 제어 능력, 사회적으로 적절한 행동 이해, 미래 목표 계획 수립에 대한 요구가 더 커진다. 고등 교육은 아동이 전두엽의 집행기능 기술을 활용하여 의도적이고 의미 있는 방식으로 학업 내용을 숙달하는 것이라고 볼 수 있다.

## 학업적 어려움

### 읽기

자동성은 유창한 읽기 능력의 특징이다. 읽기에 숙련된 사람은 뇌의 후두엽이 활성화되어 있는 반면, 그렇지 않은 사람은 단어를 소리 내어 읽기 때문에(전두엽이 관여) 읽기가 더욱 의식적으로 힘들게 노력해야 하는 활동이 된다. 단어 각각을 해독하는 데 시간과 노력이 더 들기 때문에 독해력이 떨어진다. 이렇게 시간이 지연되는 동안, 특히 작업 기억에 문제가 있는 아동은 단어 간의 의미를 연결 짓지 못하여 글의 전반적인 내용을 잘 이해하지 못한다[Shaywitz(2004), Feifer와 Della Tofallo(2007)에서 논의]. Feifer와 Della Tofallo(2007, p. 124)는 읽기와 관련된 집행능력을 다음과 같이 요약하였다.

계획 – 읽기에 숙련된 사람은 정보를 찾을 때 목적을 명확히 인지한 채로 읽는 활동에 접근함

조직화 기술 – 텍스트 간의 연결성을 짜임새 있게 이해함

작업기억 – 새로 읽은 정보와 연결할 수 있도록 이전에 읽었던 자료에 대한 기억을 일시적으로 보유함

인지적 유연성 – 자료에 집착하지 않음

반응 억제 – 건너뛰지 않고 텍스트에 집중함

개념 형성 – 텍스트에서 의미를 도출함

### 수학

Feifer와 De Fina(2005, p. 78)는 수학 숙달을 위해 수학을 이해하는 능력과 집행기술을 다음과 같이 연결하였다.

지속적인 주의력 – 조작 가능한 단서 감지 능력, 절차적 지식과 관련됨
계획 – 문제에서 필요한 정보를 이해하고 추정하는 데 필요함
조직화 기술 – 문제를 설정하는 데 중요함
자기 점검 – 정답이 옳은지, 풀이 내용을 재확인하는 기술
인출 유창성 – 과거에 학습한 수학적 지식을 인출해 내는 능력

### 쓰기

Feifer(2013)는 쓰기에 있어 가장 많이 요구되는 집행기능 기술은 다음과 같다고 하였다.

지속적인 주의력 – 생각과 아이디어를 추적하는 데 필요함
반응 억제 – 생각을 조직화하는 데 중요함
계획 – 텍스트를 짜임새 있게 연결하는 데 필요함

전두엽은 ADHD와도 관련이 있다. ADHD 아동은 종종 동반 질환으로 운동 문제와 학습장애를 경험하며, 학습장애의 경우 읽기와 쓰기 문제를 가장 흔하게 볼 수 있다(Mayes et al., 2000).

## 사회적 역량, 정서 조절 및 일상생활 활동

집행기능의 결함은 작업 기억 장애, 규칙 준수 행동 결여, 행동 억제 불능, 충동성, 인과관계 이해 어려움, 과거 행동과 현재 상황을 연결하는 문제와 관련이 있다. 집행기능 결함

이 있는 아동은 사회적 고립, 거부, 또래 및 성인과의 대인관계 문제 등의 위험이 더 커진다. 정서 조절 장애와 공감 능력 결여는 이러한 아동이 사회적 환경을 탐색하고 이해하는 데 어려움을 더한다. 집행기능에 문제가 있는 아동의 부모는 아동이 독립적으로 일상생활 활동을 수행하는 데 어려움을 겪는다는 사실을 잘 알고 있다. 집행기능의 문제는 기술이 부족하기보다는 수행의 결함으로 볼 수 있는데 이 아이들은 과제를 수행할 수 있는 지식과 기술을 가지고 있지만 결과물이나 성과는 이에 미치지 못한다. 이들은 종종 시간을 잊어버려 15분으로 예상했던 샤워 시간이 45분으로 길어지거나, 비누칠, 헹구기, 머리 감기와 같은 필수 '샤워 절차'를 완료하지 못하는 경우가 많다. 이러한 아이들의 문제를 확인하기 위해 깨끗한 옷을 개는 것과 같은 간단한 행동 목표를 시켜 보는 방법도 있다.

보호자가 진행 상황을 확인해 보면 집의 다른 공간에서 전혀 다른 활동을 하고 있거나 텔레비전 시청이나 비디오 게임과 같이 더 선호하는 활동에 몰두하고 있는 경우가 종종 있다. 작업 기억 및 기억 인출 문제는 발달 연령에 따라 알아야 하는 일상적인 활동 단계를 잊어버리는 것으로 나타날 수 있다. 특히 집안일, 차 안에 가만히 앉아 있기, 숙제하기, 수업에서 주어진 과제, 학습지에 글쓰기와 같은 지루하고 일상적인 작업에서 문제가 생길 수 있다. 또 다른 문제로는 수행 능력의 비일관성이 나타난다. 이전에 과제와 수행 단계를 이해하고 성공적으로 수행했음에도 불구하고 어느 날은 기대치를 충족하고 다른 날은 그러지 못하는 경우가 생긴다. 이러한 행동으로 인해 교사는 학생이 노력을 기울이지 않거나 규칙을 지키지 않는다고 질책하거나 실망감을 가질 수 있다.

집행기능 문제가 있는 아이들은 수행에 드는 노력을 계획하고 조절하는 데 어려움을 겪는다. 교사는 "어제는 이걸 했는데 오늘은 왜 못하는지 모르겠어. 노력하기 싫은 거야."라고 아이를 비난하고 싶을 것이다. 그러나 저자는 "넌 어제 이 일을 정말 훌륭하게 해냈고, 모든 것을 완벽하게 해냈으니 오늘 어떻게 하면 이 일을 해낼 수 있을지 보자."라고 표현 방식을 재구성하여 제안한다. 성과의 비일관성을 일으키는 노력의 배분 문제는 연비에 비유하여 이해해 볼 수 있다. 갤런당 연비가 비효율적인 자동화를 떠올려 보면 개념화하기가 수월해진다. 엔진 문제로 어느 날은 갤런당 35마일을 주행하고 최고의 성능을 발휘하지만 다음 날은 갤런당 12마일만 주행하고 예상보다 빨리 연료(정신적 에너지와 노력)가 고갈되어 성능이 저하되는 것이다. Barkley(2015)는 ADHD 아동에게 집행기능의 문제가 발생할 수 있으며 성인이 이러한 아동의 문제 행동을 '설계'하기보다 '옆에서 따라가는 목자' 역할을 할 때 더 성공적으로 행동을 수정할 수 있다고 지적하였다. 유아가 성장하고 나서 자기 행동에 대한 성인의 개입을 최소화하고 스스로 자기 행동을 지시하고 유도할 수 있는 능력을 내면화하기 위해서는 초반에 주변 어른들이 전두엽의 역할을 하여 행동을 안내하고, 가르치고, 모델링하고, 지시하는 역할을 수행해야 한다. 집행기능 기술 발달이 지연된 아동은 정상적으로 성장한 또래보다 항상 뒤처질 수 있으며 관련된 영역에서 평생 도움이 필요할 수 있다. 또한 Barkley는 ADHD 아동과 같이 집행기능 기술 발달 문제가 예상되는 아동의 경우 모든 장면에서 일상생활 활동 관련 기술에서 문제가 생길 수 있기 때문에 이들을 평가할 때는 반드시 일상생활 활동 관련 기술을 평가하는 검사를 시행할 것을 권장한다.

임상가는 전두엽 기능과 관련된 운동, 사회성, 정서, 학습, 집행능력, 정신과적 문제를 이해하고 이들이 초기 외상의 영향을 받을 수 있다는 점을 인지하고 있어야 한다. 집행기술 결함이 있는 아동은 사회적 및 정서적 문제, 관계 문제, 일상적인 과업 수행의 어려움, 학업 및 학습장애, 관습적 규범과 규칙 준수의 어려움과 같은 부정적인 결과를 초래하는 위험성이 훨씬 더 높다. 실제 일상생활에서의 기능보다 심리검사에서 더 나은 결과를 보이는 경우가 많기 때문에 집행기술 문제를 평가하는 데 제한이 있을 수 있다. 따라서 표준화된 측정도구를 활용하는 종합적인 심리평가를 실시하면서 아동을 가장 잘 아는 성인을 대상으로 체크리스트와 설문지를 활용한 면담을 함께 진행하는 것도 아동을 이해하는 데 도움이 된다. 아동의 집행기능 능력 평가에 대한 논의는 Baron(2004), McCloskey와 Wasserman(2012), Miller(2013), Flanagan 등(2013)을 참조하라. 집행능력이 결핍된 아동은 학교와 지역사회 환경에서 계획 및 조직기술 향상 집단, 코칭, 기술 습득을 위한 개인 상담과 같은 개입이 유용할 수 있다.

• 제7장 •

# 손상의 영역: 복합 트라우마 및 스트레스의 기능적 영향

– Kirby L. Wycoff –

## 도입

트라우마의 영향을 받은 아동과 청소년에게는 여러 가지 기능적인 손상이 나타날 수 있다. 이 장에서는 이러한 기능적인 영향을 검토하고 학교 및 지역사회 환경에서 트라우마의 영향을 받은 청소년과 작업할 때 평가 프로세스를 어떻게 안내할 수 있는지에 대해 살펴보고자 한다.

트라우마의 영향을 받은 기능 중에서 평가가 중요한 영역은 지적 기능, 언어, 실행 기능, 학습 및 기억력, 사회적 기술, 정서적 분별emotional identification, 관계의 질, 자기 조절, 자아 개념 및 미래 지향성, 우울증, 불안 및 기타 정신과적 증상 등을 포함한다. 이 장에서는 트라우마 관점에서 평가할 수 있는 장애 영역을 간략히 설명하고 이에 대한 이해를 돕고자 한다.

트라우마 관점을 통합한 학교 기반 심리 평가에 관한 주요한 논문에서 Tishelman 등은 이렇게 심각한 문제를 이해하기 위한 전체적인 틀framework이 중요하다고 언급했다. 이 장에서는 궁극적으로 개입 방법을 마련하기 위한 평가 방식의 전체적인 틀을 구축하는 것에 초점을 맞추고자 한다. 학생에게 특정 서비스를 적절하게 제공하기 위해서는 학생의 문제점에 대한 명확한 가설과 개념화가 있어야 한다. 또한 이 평가의 틀은 학교 환경에서 트라우마에 영향을 받은 청소년을 평가할 때 발생할 수 있는 어려움을 포함하고 있으며, 이는 이 절과 그 이후의 장을 통해 구체적으로 설명할 것이다.

아이들은 발달 단계에서 트라우마 노출로 인한 결과를 나타내게 되고, 여기서 우리는 전형적이고 비정형적인 아동 발달에 대해 인식할 수 있다(Tishelman et al., 2010). 이에 대한 요약은 제2부에서 다뤄졌다. 트라우마 노출 당시 아동의 연령에 따라서 발달 궤적이 다르게 나타날 수 있다. 트라우마 사건에 노출된 아동의 장단기적 영향에 대한 경험적이고 신뢰할 수 있는 자료를 제공하는 많은 연구가 존재한다(Holt et al., 2008; Cleaver et al., 1999; Edleson, 1999; Hester et al., 2000; McGee, 2000; Mullender et al., 2002; Saunders, 2003). 어린 나이에 트라우마에 노출되면 자기 조절, 관계, 자아 개념에 영향을 미칠 가능성이 높다. 이러한 아동은 종종 화가 많고, 좌절을 견디는 힘이 약하며, 유치원 등과 같은 취학 전 환경에서 전반적으로 비순응적인 모습을 보이는 것으로 나타났다(Egeland et al., 1983; Ohmi et al., 2002; Vondra et al., 1989, 1990). 또한 위축되거나 과민한 모습, 공격적인 모습을 보이는 경우도 있다(Ohmi et al., 2002).

트라우마에 노출된 개인은 종종 인지 능력에서도 변화를 경험한다. 트라우마의 영향을 받은 미취학 아동은 사고가 더 경직되고 새로운 문제에 유연하게 접근하지 못하며 문제 해결 과제에서 여러 가지 다른 해결책을 시도하는 데 어려움을 겪는다(Egeland et al., 1983). 이러한 초기 장애는 고학년이 될수록 더욱 악화된다. 학교에 다니는 고학년 아동은 부주의, 실행 기능 장애, 추상적 추론 능력의 저하로 어려움을 겪는다. 이들은 추상적으로 사고하고 문제에 대한 다양한 해결책을 구상하는 능력과 문제 해결을 위한 다양한 전략을 구상하는 능력에 장애를 보인다(Beers & De Bellis, 2002).

학교 환경에서의 어려움 외에도 일부 청소년은 학교를 기피할 수도 있다. 성적 학대를 당한 청소년은 행동 및 사회적 문제가 증가하고 학교 관련 과제에서 전반적인 역량이 떨어질 뿐만 아니라 학교를 거부하는 것으로 나타났다(Daignault & Hebert, 2009; Trickett et al., 1994).

학교 기능과 관련하여 앞서 언급한 문제들의 중요성을 고려할 때, 이러한 청소년 중 상당수가 학교 환경에서 큰 어려움을 겪는 것은 당연한 일이다. 이러한 청소년은 학교 내 징계 위반 시스템을 통해 자주 나타나며 특수 교육 서비스에 의뢰되는 경우가 많다(Eckenrode et al., 1993; Shonk & Cicchetti, 2001). 이러한 아동이 성적은 떨어지고 전반적인 학업 실패율이 높으며 시험에서 더 낮은 점수를 받는다는 사실은 놀라운 일이 아니다(Eckenrode et al., 1993; Leiter & Johnson, 1994). 트라우마가 학교와 관련된 기능에 미치는 영향을 더 잘 이해하기 위해서는 더 많은 연구가 진행될 필요가 있다.

Shonk와 Cicchetti(2001)는 트라우마에 노출된 미취학 아동이 도전적인 과제에 대한 끈기가 낮고 심지어 도전적인 과제나 운동을 피한다는 사실을 발견했다(Shonk & Cicchetti, 2001). 트라우마에 영향을 받은 청소년들은 학교생활 전체가 엄청나게 압도적으로 느껴질 수 있다. 학교생활은 좌절을 경험하게 하며 새로운 과제와 학습에 대한 끈기가 필요하기 때문이다. Shonk와 Cicchetti(2001)는 발달에 대한 조직적 관점을 통해서 영유아, 유아, 미취학 아동에게 학대가 미치는 영향을 예측했다. Shonk 등은 학대 아동의 학업 참여와 사회적 역량에 대한 요구가 학교에서 심각한 문제를 일으킬 수 있다고 지적했다(Shonk & Cicchetti, 2001). Shonk와 Cicchetti는 초기 학대와 이후 성공적인 학교생활 사이의 연관성을 매개할 수 있는 개별 아동의 특성을 밝히고자 하였다. 이를 위해 연구진은 학생들의 학업 참여도, 사회적 역량, 자아 회복력, 자기통제력에 대한 교사들의 평가를 조사했다. 즉, 학대받은 청소년에게 불균형적으로 영향을 미칠 수 있는 학업 참여의 다양한 측면을 파악하고자 하였다. 연구 결과, 학대 아동은 학업 참여도가 낮고 학업적, 사회적 관계에 어려움이 있으며, 교사, 학교 기록, 상담심리사의 평가에 의하면 외현화 및 내면화 행동이 높은 것으로 나타났다(Shonk & Cicchetti, 2001).

학대나 방임에 노출된 청소년에 대한 추후 연구에 따르면 개인의 삶의 경험, 학업 이력, 징계 경험 등 다양한 측면이 모두 청소년의 성공적인 학교생활에 부정적인 영향을 미칠 수 있었다. Eckenrode 등은 K-12학년의 학대 아동 420명과 같은 지역사회에서 학대받지 않은 아동 420명을 비교했다. 이 연구팀은 공립학교 시스템에서 이용 가능한 사회 서비스 데이터와 기록을 활용하여 이러한 관계를 조사했다. 그 결과, 학대를 받은 아동이 평가된 모든 지표에서 더 안 좋은 결과를 보인다는 사실을 발견했다. 학대 아동은 표준화된 시험에서 더 안 좋은 성적을 받았고, 학업 성적이 더 낮았으며, 한 학년을 반복할 가능성이 더 높았고 학교에 징계와 정학으로 의뢰될 확률이 더 높은 것으로 나타났다(Eckenrode et al., 1993). 트라우마의 영향을 받은 청소년이 학교생활에서 더 안 좋은 결과를 받는 경향에 대해서는 여러 차례 검증되어 왔다(Skiba et al., 2014). Wycoff 등(2018)은 급식비 감면 여부, 장애 여부, 인종, 정학 및 퇴학과의 관계에 대해 더 자세히 기술하였다.

다른 연구자들은 가정 폭력과 같은 특정 유형의 트라우마 노출이 아동의 발달에 차별적인 영향을 미칠 수 있다고 지적했다. Holt 등(2008)은 가정폭력, 방임, 신체적 학대와 같은 특정 트라우마의 고유한 측면이 다른 트라우마와 다르게 아동에게 영향을 미칠 수 있다고 말했다. 아동 학대와 가정 폭력 노출, 전반적인 부모의 역량은 아동 발달 과정에서 다른 트라우마에 대한 노출을 증가시킬 수 있다(Holt et al., 2008). 선행 연구에 따르면 신체적 학대를 받은 아동은 방치된 아동이나 다른 대조군에 비해 더 공격적이며 교사로부터 더 많은 지도편달을 받는 것으로 나타났다(Hoffman-Plotkin et al., 1984).

수많은 연구에 따르면 노출된 학대, 방임 또는 역경의 유형에 관계없이, 지속적이고 만성적인 어려움에 노출된 아동은 학교에서 어려움을 겪을 가능성이 높다. 트라우마를 경험한 아이들은 학교에서 성공하는 데 필요한 핵심 기능 영역이 그렇지 않은 아이들에 비해 더 손상되어 있다. 이 장에서는 트라우마에 노출된 아동이 겪을 수 있는 다양한 기능적 손상을 알아보고, 학교 및 지역사회 기반 임상가가 이러한 현실에 민감하게 반응할 수 있는 발달 평가 배터리를 사용할 수 있도록 할 것이다.

## 평가의 틀

트라우마에 기반한 평가의 틀을 구축할 때는 아동이 존재하는 생태학적 맥락을 고려하는 것이 중요하다.

Saxe 등(2007)은 다양한 수준의 아동 생태에 개입하는 트라우마 평가 및 치료 모델을 주장했다. 이는 생태학적 개입 모델과 일치하는 접근 방식으로, 그들은 주변 환경에 대한 개입 없이는 아동이 효과적인 변화를 일으킬 수 없다고 주장했다. 이 개념은 트라우마 시스템 치료 접근법(Trauma Systems Therapy Approach)이라고 불리는 용어로 평가와 치료를 모두 통합한다(Saxe et al., 2007). 트라우마 시스템 치료 접근법은 다면적인 이해를 위해 아동을 개인 및 가족, 돌봄, 교육, 지역사회, 문화를 포함하는 더 큰 사회적 맥락에서 고려한다. 우리는 평가(및 개입 접근법)에 직계 보호자뿐만 아니라 가족 및 학교 맥락을 의미하는 돌봄의 "시스템"이 포함되어야 한다는 데 동의한다(Tishelman et al., 2010).

> "트라우마 아동의 성공적인 학교생활을 돕기 위해서는 트라우마가 학교 환경에서 아동의 기능에 영향을 미칠 수 있다는 점을 가정해야 한다. 두 번째 중요한 가정은 트라우마에 대한 개별 아동의 반응은 다양하므로 트라우마의 영향을 받을 수 있는 각 아동의 고유한 능력과 결함을 파악하기 위해 신중한 평가가 필요하다는 것이다. 세 번째 가정은 트라우마를 겪은 후이든 그렇지 않든 아동의 고유한 과거 학습 경험이 현재 학교 환경에서 상호작용하는 방식에 영향을 미친다는 것이다."
>
> (Tishelman et al., 2010, p. 282)

아이들은 학교 환경에서 성공하지 못하는 이유를 설명할 수 있는 나쁜 행동, 불량한 품행, 게으름, 낮은 인지능력, 교육에 대한 충분한 관심 부족 등의 특성을 보일 수 있다. 또한 이러한 청소년은(이 책의 서두에서 Mateo와 Rosyln이 그랬던 것처럼) 주의력결핍 과잉행동장애(ADHD), 품행장애, 적대적 반항장애, 불안장애, 우울장애 등 다양한 정신건강 진단을 받으면서도 종종 트라우마 병력이 전혀 고려되지 않을 수 있다. 개인의 고통의 원인을 이해하기 위해서는 평가 과정(결과물이 아니라 과정)은 물론 평가와 밀접하게 연결된 사례 개념화 및 개입 과정이 필요하다. 한 번의 사건으로 인한 트라우마는 학생의 기능에 변화를 일으키는 것으로 쉽게 인식될 수 있지만, 광범위한 기간에 걸친 만성적인 트라우마는 우리가 치료하는 아동에게서 다른 임상적인 양상을 보인다. Streeck-Fischer와 van der Kolk(2000)가 다음과 같이 언급한 것처럼 말이다.

> 고립된 트라우마 사건은 트라우마를 떠올리게 할 때 개별적인 조건화 행동, 즉 도덕적, 생물학적 반응을 일으키는 경향이 있다. 이와는 대조적으로, 만성적인 아동기 트라우마는 감각, 정서, 인지 정보를 일관된 전체로 통합하는 능력을 방해하고, 이후 발생하는 스트레스에서 일관적이지 않은 반응을 보인다.
>
> (Streeck-Fischer & van Der Kolk, 2000, p. 903)

만성적으로 방치된 아동은 한 번의 구체적인 사건에 노출된 아동과는 다른 스트레스 반응을 보일 가능성이 높다. 그러나 똑같은 기능적인 손상을 경험한다(Tishelman et al., 2010). Hildyard와 Wolfe(2002)는 구체적인 외상 사건이 없는 상태에서 심각한 방임에 노출된 아동은 고립감을 경험하고, 관계 형성의 기회가 줄어들며, 언어 발달과 인지 능력 발달의 기회가 줄어든다고 지적했다. 이들은 세 가지 중요한 발달 시기(유아기/미취학 아동, 학령기 및 청소년기, 청소년기 및 성인기)에 나타나는 여러 가지 중요한 결과와 영향을 받는 주요 발달 과정에 대해 언급했다. Hildyard 등(2002)은 방임 아동이 만성적인 빈곤, 심각한 돌봄의 결핍, 부모의 정신병리, 약물남용, 노숙, 가족 해체, 열악한 산전 및 산후 관리를 경험한다고 지적했다. 이러한 것들은 학교 환경에서 종종 눈에 띄지 않는 비사고성 외상성 스트레스 요인이다.

이 취약한 집단이 필요로 하는 것을 완전히 이해하고 궁극적으로 학교와 생활에서 이들을 돕기 위해서는 모든 형태의 트라우마 경험을 인식하는 것이 중요하다(Tishelman et al., 2010). 이 글에서는 Tishelman과 다른 연구자들(Cole et al., 2005a, 2005b, 2013)과 마찬가지로 학교 환경에서 트라우마에 기반한 유연한 접근 방식이 적절하다고 제안한다.

## 회복탄력성과 회복

트라우마가 청소년에게 미칠 수 있는 모든 해로운 영향을 파악할 때, 그리고 트라우마의 이력과 트라우마 경험뿐만 아니라 현재의 기능 손상을 평가해야 하는 학교 및 지역사회 임상가의 책임을 이야기할 때, 회복탄력성에 주목할 필요가 있다. 트라우마를 경험한 모든 아동이 트라우마 경험의 결과로 기능적 손상을 경험하거나 보이는 것은 아니다. Masten과 Coatsworth(1998)는 "성공적인 아동에 관한 연구"에서 역량과 회복탄력성에 초점을 맞추면 역경을 경험한 아동을 가장 잘 돕고 지원하는 방법에 관한 개선된 관점을 키울 수 있다고 언급했다. 공중보건분야에서는 이를 '긍정적 일탈Positive deviance'의 사례라고 부른다. 트라우마 경험을 성공적으로 극복하고 우리가 예상하는 방식으로 부정적인 영향을 받지 않은 채 긍정적인 방향으로 일탈하는 개인은 표준에서 벗어난 예외적인 경우다. "긍정적 일탈자"는 비슷한 경험을 한 다른 사람들과 달리 성공적으로 적응한 사람을 뜻한다. 이들은 본질적으로 '긍정적 이상값Positive Outliers'에 해당한다. 즉, 사회적 변화에 대한 회복탄력성 기반 접근으로, 동일한 어려움에 직면했음에도 불구하고 동료들보다 더 나은 역량을 발휘하고 성공적인 개인을 뜻한다. Marsh와 Schroeder(2002)는 다음과 같이 언급했다.

> "긍정적 일탈(PD)은 자원이 부족한 많은 지역사회에 나타나는 현상을 가리킨다. 즉, 소수의 개인과 가족이 자신과 자녀가 비슷한 빈곤층 이웃에 비해 더 나은 건강을 유지할 수 있는 흔하지 않은 유익한 생활을 하는 것을 뜻한다."
>
> (Marsh & Schroeder, 2002, p. 1)

어떤 집단에서 어떤 효과가 있었는지를 파악하면 다른 집단에 대한 연령별 해결책과 개입 방안을 마련하는 데 도움이 된다. 그렇다면 지역사회 폭력에 노출된 아동 집단에서 일부 아동은 또래 아동이 겪는 부정적인 결과를 경험하지 않는 이유는 무엇일까? 어떤 추가적인 역량이나 자원(내부 또는 외부)이 이 집단의 회복탄력성을 향상시켰을까? 어린 시절의 역경과 고통을 겪은 긍정적인 일탈자로부터 배울 수 있는 우리의 능력은 회복탄력성의 퍼즐을 풀 추가적인 정보를 얻을 수 있다. 역경에 노출된 개인의 회복탄력성을 고려할 때 발달 궤적의 역할을 강조하는 것이 유용할 수 있다. Masten과 Coatsworth(1998)는 아동은 "발달의 자동 복원적 특성self-righting nature뿐만 아니라 어른의 행동, 아동 자신의 행동, 그 아동이 지닌 자원으로 인하여 수행된 양육 방식, 성공할 수 있는 기회, 그리고 성공의 경험에 의해서도 보호받는다."(p. 216)고 언급했다. 회복탄력성의 역할을 고려함으로써 어린 시절의 부정적 경험은 변화와 정책을 둘러싼 논의를 야기할 수 있다.

Ferguson과 Horwood는 역경을 극복하는 개인의 프로세스를 연구하면 회복탄력성을 이해하는 데 통찰력을 얻을 수 있다고 주장했다. 이들은 회복탄력성과 관련된 두 가지 주요 메커니즘과 이론, 즉 (1) 보호 프로세스와 (2) 보상 프로세스에 주목했다. Ferguson 등은 Rutter(1979, 1990)와 다른 이들의 연구를 바탕으로 이 두 가지 메커니즘을 다음과 같이 정의했다.

1. 보호 프로세스는 위험 변인을 경험한 사람에게는 이점이 있지만, 위험 변인을 경험하지 않은 사람에게는 이점이 없거나 이점이 적은 회복탄력성에 관한 경험 요인이다.
2. 보상 프로세스는 역경에 노출된 사람과 노출되지 않은 사람에게 동등하게 유익한 영향을 미치는 회복탄력성 요인이다(Fergusson & Horwood, 2003, p. 134).

Ferguson과 Horwood의 개념화는 학교와 지역사회 환경에서 트라우마에 기반한 관점을 평가에 활용하려는 우리의 관심과 매우 관련이 깊다. 아동이 자신의 트라우마 이력으로 인해 부정적인 영향을 받을 수 있는 모든 영역을 고려하기 전에 평가 과정에 강점 기반 접근 방식을 취하는 것이 중요하다. 트라우마가 아동의 기능에 어떤 영향을 미치는지 고려하는 동시에, 트라우마 이력에도 불구하고 아동이 어떻게 성공하고 있는지에 대해서도 강조하고자 한다. 강점 기반 평가 접근법을 활용하여 아동의 삶에서 보호 및 보상 요인을 고려하고, 이를 찾아 활용해야 한다. 이러한 접근 방식은 아무리 강조해도 지나치지 않다. 우리가 함께하는 아동과 가족의 삶에 더 밝은 미래에 대한 희망을 심어 주려면 무엇이 잘못되고 있는지를 살펴볼 뿐만 아니라 무엇이 잘되고 있는지도 살펴봐야 한다. 이러한 사고방식은 해결중심과 관련한 문헌에서 강조하는 개입을 바탕으로 한다[학교에서의 해결중심 업무에 대한 보다 강력한 논의는 Murphy, J. J. (2015)를 참조할 수 있다]. Murphy가 언급했듯이, "그래, 이 아이는 힘든 시기를 보냈고 트라우마를 경험했고, 이제 뇌가 다르게 작동하여 학교에서 어려움을 겪을 것이다."라는 생각은 "그래, 이 아이는 고난과 역경을 경험했고, 트라우마에 기반한 관점은 그 역경이 아이의 일상적인 기능에 어떤 영향을 미치는지 더 잘 이해하는 데 도움이 될 거야. 그러나 그 와중에도 이 아이는 성공적이고, 잘 자라고 있으며, 자신의 삶의 주변 환경을 초월했어. 여기서 우리는 아이의 강점을 활용할 수 있어. 일이 '제대로' 진행되고 있는 곳에서 우리는 희망을 심어 주고 아이가 자신의 잠재력을 최대한 발휘할 수 있도록 지원을 제공할 수 있겠다."라고 발전될 수 있다. 트라우마 정보에 기반한 평가에 관한 책을 쓸 때 한 가지 어려운 점은 이러한 개인이 겪고 있는 문제를 지나치게 강조할 수 있다는 것이다. 이 책은 어렵고, 도전적이고, 트라우마틱한 삶의 경험을 겪은 개인을 평가하고 이해하는 데 관련한 책이지만, 그러한 경험들로 그들을 정의해서는 안 된다. 우리의 목표는 이러한 개인을 평가하고 지원해야 하는 중요한 필요성에 주목하되, 이들을 낙인찍고 그들의 삶의 환경에 고정된 사고방식을 적용하는 것이 아니다. Hollander-Goldfein 등(2012)이 주장한 것처럼 말이다.

> 예를 들어, 한때 우리는 아동 트라우마, 전투, 대규모 재난 또는 테러 공격을 견뎌 낸 모든 사람이 행동과 건강 상태에 문제를 가지고 있을 것이라고 가정했고, 이는 트라우마의 영향에 대한 관심을 높이는 데 도움을 주었다. 하지만 동시에 트라우마를 겪은 모든 사람이 제 기능을 하지 못한다는 인상을 심어 주었다. 21세기 후반에 접어든 지금, 긍정 심리학의 선구적인 연구 덕분에 트라우마에 노출된 모든 사람이 트라우마에 빠지는 것은 아니며, 트라우마를 겪은 모든 사람이 영원히 트라우마에 시달리는 것은 아니라는 사실을 알게 되었다.
>
> (Hollander-Goldfein et al., 2012, p. xi)

Hollander-Goldfein은 홀로코스트 생존자에 대한 질적 연구와 세대 간 트라우마의 영향을 더 잘 이해하기 위해 근거 이론 접근법을 사용하여 민족지적 인터뷰를 수행한 '트라우마 초월' 프로젝트에서 트라우마의 영향을 받은 개인은 트라우마에 의해 정의되지 않는다고 밝혀졌다. 관계 위원회의 트라우마 초월 프로젝트(TPP)는 펜실베이니아주 필라델피아에 있는 제퍼슨 의과대학 정신의학과 부부 및 가족 연구과에 소속된 비영리 외래 환자 치료 센터다. 트라우마 초월 프로젝트는 트라우마 정보에 기반한 평가에 관한 이 책의 또 다른 중요한 측면을 보여 준다. 즉, 트라우마로 인해 부정적인 영향을 받은 사람들을 평가하고, 식별하고, 분류하는 것만이 목표가 아니라는 것이다. 오히려 모든 평가의 목표는 개입을 유도하는 것이다. Hollander-Goldfein 등(2012)과 이 책의 저자들은 트라우마에 노출된 사람들의 삶에서 고통의 현실을 인정하고 '파괴적인 사건 이후 회복, 치유, 재건할 수 있는 능력'(Hollander-Goldfein et al., 2012, p. 5)에 초점을 맞춰야 한다고 주장한다. 우리는 평가의 틀assessment framework에서 아동이 어떤 장애를 가지고 있는지를 고려해야 할 뿐만 아니라 아동이 처한 더 큰 맥락의 영향도 고려해야 한다. 시스템적인 사고방식은 개별적인 부분뿐만 아니라 아동의 삶의 전체 맥락을 고려한다. 큰 사회 생태적 요인의 역할을 고려하면 다른 보호요인과 보상 메커니즘을 찾을 수 있다. "이는 환경적 요인이 아동에게 역경의 영향을 완충하거나 반대로 아동의 어려움을 악화시킬 수 있음을 시사한다. 따라서 학대 및 트라우마 아동에 대한 평가와 개입은 아동의 삶에서 주변 환경에 대한 관심을 통합적으로 포함해야 한다."(Tishelman et al., 2010, p. 280)

Cook(2005)이 주장했듯이, 아이들은 시간이 지남에 따라 다른 또는 증가하는 스트레스 요인에 직면하고 발달 과정이 전개됨에 따라 능력의 영역이 바뀔 수 있다. "회복탄력성은 '적응에 대한 심각한 위협에도 불구하고 좋은 결과'를 예측하는 심리적 특성이다."(Masten, 2001, p. 228) 회복탄력적인 자아 개념에는 낙관주의, 개인적 통제력, 긍정적 자기 존중감, 삶이 의미 있다는 느낌 등 긍정적 기능과 관련된 특징이 포함될 가능성이 높다(Hemenover, 2003; Ryff & Singer, 1998). Cook 등은 다음과 같은 특성이 아동의 삶에서 회복탄력성 요인으로 작용할 수 있다고 언급했다.

1. 아동의 가족 또는 지역사회 내에서 정서적으로 지지적이고 유능한 성인과의 긍정적인 애착과 연결(애착)
2. 인지 및 자기 조절 능력의 발달(조절, 인지, 의식 변화, 생물학에 영향을 미침)
3. 자신에 대한 긍정적인 믿음(자아 개념)
4. 자신의 환경에서 효과적으로 행동하려는 동기(행동 통제)(Cook et al., 2005, p. 396)

Zolkoski와 Bullock(2012)은 회복탄력성이 아동의 불리한 경험에 대한 아동의 강점을 맥락화한다고 언급했다. 독자들은 위에 나열된 회복탄력성의 영역 중 상당수가 실제로 이 장에서 다룰 기능 장애의 영역과 일치한다는 점에 주목하는 것이 필요하다. 장애 영역과 강점 영역을 모두 평가할 수 있도록 여러 정보 제공자를 통한 다차원적 평가의 중요성을 여기서 다시 한번 강조한다. (평가 과정은 개입 과정에 중요한 정보를 제공하기 때문에) 평가 과정을 개입의 시작으로 본다면, 아동의 과거, 현재, 미래에 대한 총체적인 이해를 통합하는 종합적인 평가의 틀의 중요성을 알 수 있다.

## 평가 영역 및 핵심 이슈

Tishelman은 평가의 주요 영역과 관련 핵심 문제를 고려하기 위한 한 가지 관점을 제시했다. Cook 등(2005)의 영향을 받은 미국립 아동 트라우마 스트레스 네트워크(NCTSN)는 트라우마로 인해 영향을 받은 기능 영역의 유사하면서도 구분되는 구조를 제시했다. Tishelman

등(2010)과 Cook(2005)의 논문 전문은 트라우마에 기반한 평가 및 평가의 관점에 관심이 있는 사람이라면 반드시 읽어야 할 책이다. Tishelman이 보고한 영역과 핵심 이슈는 다음과 같다.

1. 자기 조절(영역 1)
   - 감정 분별의 결함
   - 위협에 대한 과잉경계
   - 각성 조절 능력 손상
   - 극단적인 기분 상태
   - 해리

2. 신체 기능(영역 2)
   - 신체와의 단절
   - 스트레스의 물리적 보유
   - 신체적 무결성 및 경계
   - 트라우마 관련 신체적 손상

3. 대인관계(영역 3)
   - 자아감
   - 신뢰와 안전
   - 사회적 기술 및 역량

4. 학업(영역 4)
   - 정보 처리
   - 언어 발달
   - 집행기능
   - 세계관 및 개인적 주체성
   - 특정 학습 장애(Tishelman et al., 2010, p. 288)

Cook 등(2005)은 미국 약물남용 및 정신건강 서비스국(SAMHSA)의 지원을 받아 복합 트라우마에 관한 NCTSN 작업 그룹의 복합 트라우마 백서에서 구축한 기능 및 영향 영역에 대한 다른 개념화를 제시했다. 이러한 영역의 원래 표현은 다음과 같다.

1. 애착
2. 생리적인 문제
3. 정서 조절
4. 해리
5. 행동 조절
6. 인지
7. 자아 개념(Cook et al., 2005, p. 392)

이 장의 나머지 부분은 영역별로 구성되며, Cook 등의 연구와 NCTSN의 연구를 모두 통합할 것이다. 장애 영역에 대한 Tishelman의 탁월한 개념화도 이 구성에 포함시킬 것이다.

## 애착과 대인관계

만성적인 트라우마 스트레스에 노출된 개인은 대인관계에 어려움을 겪는 경우가 많다. 이 책의 앞부분에서 언급했듯이 트라우마는 본질적으로 우리가 누구인지, 자신을 어떻게 바라보는지, 관계를 어떻게 구축하는지, 바로 그 핵심에 대한 공격이다. Bloom(1994, 2007, 2008, 2011, 2013)은 트라우마의 핵심은 경계에 대한 침범이라고 지속적으로 밝혀 왔다. 건강하고 적절한 경계는 안전하고 건강한 관계를 발전시키는 데 있어 매우 중요한 요소다. 조기에 복합 트라우마에 노출되어 영향을 받은 개인은 종종 관계의 경계에 어려움을 겪으며 다른 사람을 불신하고 의심하는 경우가 많다. 이들은 타인의 감정을 이해하고 해석하는 데 어려움을 겪고, 타인의 관점을 고려하는 데 어려움을 겪으며, 대인관계에 어려움을 겪는 경우가 많다(Cook et al., 2005). NCTSN은 만성적인 외상성 스트레스에 노출된 개인이 가족, 형제자매, 또래, 성인, 심지어 교사와의 관계에서 어떻게 어려움을 겪는지에 대해 더 자세히 설명한다(Cook et al., 2005). 이러한 사람들은 양육자와 분리되는 데 어려움을 겪을 수 있으며, 양육자에게 집착하거나 양육자를 거부할 수도 있다.

양육자와의 초기 애착 관계는 개인의 삶에서 다른 모든 관계가 형성되는 틀을 제공한다. 이러한 관계의 맥락에서 아이들은 자아감, 타인감, 타인과의 관계에 대한 자아감을 형성한다(Cook et al., 2005). 무엇보다도 아이들은 이러한 돌봄 관계의 맥락에서 고통을 견디는 방법, 타인과 소통하는 방법, 자신의 필요를 충족시키는 방법을 배운다. 이러한 보호자 관계의 맥락에서 트라우마 자체가 발생하면 아동이 안전하다고 느끼고 욕구를 충족시켜야 하는 바로 그 공간이 부정적인 영향을 받게 된다(Fredrich, 2002). 체계적으로 자녀의 필요를 충족시킬 수 없거나, 너무 몰두하거나, 거리를 두거나, 처벌적이거나, 본인이 심리적 어려움을 겪고 있는 부모는 자녀의 필요를 충족시킬 수 없다. 일관되고 안정적으로 반응하지 못하는 부모를 통해 아이들은 세상이 안전한 곳이 아니며 자신의 내부 자원이 충분하지 않다는 것을 배우게 된다(Cook et al., 2005).

이러한 애착 스타일은 개인의 삶에 심각한 문제를 일으킬 수 있다. 어린아이의 경우 이러한 패턴은 불규칙한 행동으로 이어질 수 있으며, 청소년의 경우 경직성과 해리로 나타날 수 있다(Lyons-Ruth & Jacobovitz, 1999). 이러한 개인이 관계에서 경험하는 어려움에는 무력감, 포기, 배신과 같은 주제가 포함될 수 있다(Cook et al., 2005).

> 애착이 심각하게 파괴되면(인간과 동물 모두) 신체적 질병과 심리사회적 기능 손상이 평생 지속될 위험이 커진다. 이러한 위험은 핵심적인 생물심리사회적 역량 손상에 반응하는 다음과 같은 세 가지 경로를 통해 발생한다. 스트레스에 대한 민감성 증가(예: 주의 집중 및 각성 조절의 어려움), 외부의 도움 없이 감정을 조절하지 못함(예: 격렬하거나 마비된 감정에 압도되어 느끼고 행동함), 변화된 도움 구하기 방식(예: 과도한 도움 구하기와 의존 또는 사회적 고립과 참여의 단절).
>
> (Cook et al., 2005, p. 393)

Shonk와 Cicchetti(2001)는 트라우마 청소년이 겪는 어려움의 중요한 측면이 사회적 역량이라고 지적했다. 이들은 관계를 형성하고 개인적, 사회적 목표를 향해 노력하는 것이 중요한 발달 과제라고 지적한다(Shonk & Cicchetti, 2001). 학령기 아동은 타인과의 상호작용과 관계를 통해 타인의 입장을 고려하고 협력하는 법을 배우게 된다(Shantz & Hartup, 1992). 아동의 또래 관계는 학교 관련 어려움, 학교 자퇴, 공격성, 우울증 등 다양한 결과에 대해 알려줄 수 있다(Parker et al., 1995; Rubin et al., 1998).

트라우마와 만성 스트레스가 애착과 관계의 질에 미치는 영향은 상당하다. 때때로 트라우마를 경험한 아이들이 교사 및 기타 돌봄을 제공하는 성인과 관계를 맺는 데 어려움을 겪는 것은 당연한 일이다. 어른들은 이러한 정서적으로 소통하기 어려운 아이들에게 거부감과 혼란을 느낄 수 있다. 또래 관계, 교사와의 관계, 보호자와의 관계, 이러한 관계의 맥락과 세상에서 자기에 대한 전반적인 신념을 평가하는 것은 학교와 지역사회 환경에서 트라우마에 노출된 청소년의 필요를 고려하는 데 있어 매우 중요한 측면이다. 트라우마에 영향을 받은 개인의 경계와 관계 개념에 대해 더 자세히 알아보려면 제3장의 Sandra Bloom 박사의 개념화를 다시 읽어 보기 바란다.

## 사고와 학습

트라우마 노출 경험은 종종 학교에서의 핵심적인 성공 요소인 사고와 학습에 부정적인 영향을 미친다. 학대하거나 방임하는 부모 밑에서 자란 아이들은 학대를 당하지 않은 아이들에 비해 인지 장애가 두드러지게 나타난다. 이러한 차이는 빠르면 유아기 후반부터 나타났다(Egeland et al., 1983). 가난한 환경은 일반적으로 빈곤하고 방임적인 부모와 연관되어 있으며, 이러한 환경에서 자란 유아는 표현 및 수용 언어 지연과 전반적인 IQ 저하를 보인다(Culp et al., 1991).

트라우마에 노출된 어린이는 종종 심각한 학업 문제를 경험하고 사고와 학습 모두에서 어려움을 겪을 수 있다. 예를 들어, 특정 사건의 트라우마로 인해 외상성 뇌 손상이 발생할 수 있지만, 극심한 만성 스트레스로 인해 인지 장애가 발생할 수도 있다(Tishelman et al., 2010). 어린이가 만성적인 외상성 스트레스에 노출되었을 때 발생하는 실제 신경생물학적 변화에 대한 연구가 증가하고 있다. Evans와 Schamberg(2009)는 (만성 스트레스와 관련된 신체적 손상을 나타내는 생물학적 지표인) 알로스타틱 부하allostatic load 지표를 측정할 때 아동기 빈곤이 청년의 작업 기억 능력과 반비례한다는 점에 주목했다. 이들은 이러한 소득과 성취도의 격차에 대해 더 자세히 논의하며, 아동이 빈곤한 환경에서 오래 살수록 나중에 성취 수준이 최악으로 떨어진다고 지적했다(Evans & Schamberg, 2009). 이들은 이러한 관계에서 작용하는 신경인지 메커니즘, 특히 언어 발달, 읽기, 문제 해결에 필요한 작업 기억을 더 잘 이해하고자 했는데, 연구팀은 어린 시절의 빈곤이 젊은 성인의 작업 기억을 손상시킨다는 가설을 세웠다. 구체적으로 아동기 빈곤과 성인 작업 기억 사이에 만성 스트레스에 대한 노출이 매개할 것이라는 가설을 세웠다(즉, 빈곤 → 만성 스트레스 → 작업 기억). 이 두 가설은 모두 참으로 나왔다. 이들은 "어린 시절을 빈곤하게 보낸 비율은 젊은 성인기의 작업 기억과도 유의미한 관련이 있다[$b=-1.01$ ($SE=0.44$); $P<0.02$]. 출생부터 13세까지 빈곤한 환경에서 자란 삶의 비율이 높을수록 17세 성인이 작업 기억에 정확하게 저장할 수 있는 정보를 추적하는 기간이 짧아지는 것으로 나타났다. 평균적으로 중산층 가정에서 자란 성인은 9.44개의 항목을 작

업 기억에 저장할 수 있는 반면, 빈곤 가정에서 자란 성인의 작업 기억력은 8.50개에 불과했다."(Evans & Schamberg, 2009, para. 10)라고 주장했다. 사고와 학습 능력은 만성적인 트라우마와 스트레스에 노출된 결과로 인해 발생하는 뇌의 신경생물학적 변화에 영향을 받는다. 예를 들어, 아동 보호 서비스 시스템에 참여한 아동은 인지 장애를 보이는데, 이는 부분적으로 트라우마 사건에 노출되었기 때문인 것으로 추정된다(Mezzacappa et al., 2001).

트라우마를 경험한 청소년은 정보 처리, (그리고 모두 작업 기억 능력과 관련된) 언어 발달, 실행 기능에 영향을 받는다(Tishelman et al., 2010). 트라우마를 경험한 아동의 경우 기억력 손상과 마찬가지로 순서화, 정보 조직화, 이해력, 인과 관계 추론 등이 모두 손상될 수 있다(Tishelman et al., 2010).

이러한 청소년은 학교 환경에서 이해하고 이해받는 데 어려움을 겪을 수 있다. Tishelman 등은 이러한 장애가 나타날 수 있는 여러 증상에 대해 언급했다.

A. 지시를 따르기 어려움
B. 생산성의 저하(필기, 구두 시험, 숙제, 시험)
C. 이해력 곤란을 포함한 읽기 능력 저하
D. 열악한 구조화 능력 및 학습 기술
E. 청각 처리의 어려움(Tishelman et al., 2010)

Cook 등은 이러한 아동이 주의력 조절에 어려움을 겪을 가능성이 높으며, 집중하고 과제를 완수하는 데 어려움을 겪을 뿐만 아니라 다음에 일어날 일을 계획하고 예측하는 데도 어려움을 겪을 수 있다고 지적한다(Cook et al., 2010). 집행기능도 일반적으로 추상적 추론 능력과 마찬가지로 이러한 집단에서 손상된다. 주의력 관련 장애 진단 역시 이 집단에서 드물지 않다. 여기서는 ADHD의 신경심리학적 토대와 사고 및 학습과의 명확한 연관성을 설명하지만, 다음 계속되는 장에서 트라우마와 파괴적 행동 장애의 연관성에 대해 자세히 살펴보겠다. DePrince 등(2009)은 인종적으로 다양한 지역사회 표본(n=110, 평균 연령=10.39)의 아동 집단에서 가족 트라우마, 비가족적 트라우마, 트라우마가 없는 경우의 영향을 조사했다. 가족 트라우마에는 성적 또는 신체적 피해와 가정 폭력 목격이 포함되었다(DePrince et al., 2009). 이 연구팀은 기억력, 행동 억제, 처리 속도, 청각 주의력, 간섭 통제력 등이 포함된 평가 배터리를 사용하여 이 세 그룹을 조사했다(DePrince et al., 2009). 그 결과, 가족 트라우마가 없거나 외상을 경험하지 않은 아이들에 비해 가족 트라우마에 노출된 아이들은 작업 기억, 억제, 청각 주의력, 처리 속도 등 실행 기능 측정 항목에서 더 낮은 점수를 받았다. 사회경제적 지위(SES) 및 외상성 뇌손상(TBI) 가능성뿐만 아니라 불안 및 분리와 같은 다른 증상을 고려한 결과, 트라우마 노출은 기본적인 (즉, 감정의 내용이 없는) 실행 기능의 감소에 기여했다(중간 효과 크기). 이 연구의 현실적 함의와 관련하여 연구진은 집행기능(EF) 문제는 "학대 아동 중에서 또래에 비해 또래 관계, 학업, 심리, 행동 문제의 위험에 처하게 될 가능성이 높은 아동을 구별할 수 있게 해 줄 것이다. 최근 불안 및 기분 장애 치료 문헌에서 집행기능(EF)을 효과적으로 높이는 것처럼 보이는 개입 전략이 등장했다. 향후 연구에서 아동 트라우마 경험과 집행기능(EF) 사이의 관계가 계속 명시됨에 따라 이러한 혁신적인 치료법은 집행기능 결손을 해결하는 중요한 실천 의미를 가질 수 있다(Freyd, 2007)."고 밝혔다. 또 다른 연구(*N*=29)에서도 외상 후 스트레스 장애(PTSD) 진단을 받은 학대 아동은 지속적인 시각적 주의력을 포함한 여러 실행 기능 과제에서 학대받지 않은 또래보다 더 낮은 수행 능력을 보였다(Beers & De Bellis, 2002).

인지, 기억, 실행 기능, 주의력 조절 및 전반적인 학습 장애는 학령기 아동의 학업 성취도에 직접적인 영향을 미친다. 이러한 아동은 특수 교육 집단에서 식별되는 경우가 많으며 이러한 서비스를 위해 더 자주 의뢰된다. 복합적인 트라우마는 종종 표준화된 학업 평가에서 성적과 성적을 떨어뜨리는 결과를 초래한다(Cook et al., 2005). Delaney-Black 등(2002)은 폭력 노출, IQ, 읽기 결손 사이의 연관성을 조사하기 위해 299명의 초등학교 1학년 학생과 보호자를 평가했다. 이 연구팀은 표준화된 평가 척도에서 폭력 노출과 트라우마 고통 사이의 연관성을 조사하는 동시에 세대, 보호자 IQ, 가정 환경, SES, 부모의 약물남용이라는 혼입 변인을 통제했다. 연구진은 폭력 노출이 실제로 학생의 IQ($p$=0.01) 및 읽기 능력($p$=0.045)과 관련 있다는 것을 발견했다. 저자들은 "폭력 노출 및 트라우마 고통을 모두 90번째 백분위수 이상으로 경험한 아동은 IQ가 7.5점(*SD*, 0.5) 감소하고 읽기 성취도가 9.8점(*SD*, 0.66) 감소할 것으로 예상된다."고 보고했다(Delaney-Black et al., 2002, p. 280). 이 저자들은 본질적으로 도시에 위치한 초등학교 1학년 학생들의 트라우마 고통이 IQ 및 읽기 성취도의 현저한 감소와 관련이 있다는 것을 발견했다(Delaney-Black et al., 2002). 만성 트라우마에 노출된 아동은 학교에서의 성공에 필요한 핵심 역량에 어려움이 있는 것으로 밝혀졌다. 평가에서 이러한 장애 영역을 파악하면 의사결정 및 개입 과정을 안내하는 데 도움이 된다. 사고와 학습에 직접적인 영향을 주는 발달 중인 뇌에 역경과 트라우마가 미치는 신경심리학적 영향 외에도, 트라우마가 전반적인 학업 참여에 미치는 영향도 명백한 사실로 드러났다.

Shonk와 Cicchetti는 학교에서의 성공에 있어 내재적 동기의 필요성에 주목하며, 이러한 유형의 참여는 자기 주도성, 과제 지속성, 자기 주도적 행동 관리로 특징된다는 점에 주목한다(Shonk & Cicchetti, 2001). 이러한 내적 동기와 외적 동기의 차이는 학교에서의 전반적인 성공을 고려할 때 매우 중요한 문제이며, 종종 성적, 시험 점수, 특수 서비스 의뢰, 잠재적 중퇴 위험 등을 통해 추후 학업 성취도를 예측할 수 있다(Shonk & Cicchetti, 2001). "본질적으로 학교에 몰입하는 아이들은 학습 기회에 대한 노출이 증가되는 반면, 외부적으로 규제를 받는 아이들은 다른 사람의 지시에 의존하고, 보상(예: 성적, 승인)을 얻거나 처벌을 피하기 위해 행동하며 학업에서 이탈할 수 있다(Shonk & Cicchetti, 2001, p. 4)." 최적의 학업 참여 수준은 학교와 삶에서의 성공을 위해 매우 중요하다. Shonk와 Cicchetti는 사회경제적으로 취약한 청소년 229명(대응 표본, 이 중 146명이 학대 이력이 있음)을 대상으로 한 연구에서 학대가 아동의 행동과 학업적 성공 모두에 부정적인 영향을 미치는 것으로 예측되었다고 지적한다. 학업 성취도, 사회적 역량, 자아 탄력성 및 통제력의 손상이 그 이유 중 하나였다(Shonk & Cicchetti, 2001). 이 저자들은 학대 유아, 미취학 아동, 학령기 아동은 과도한 집착과 의존성을 보이고, 환경에 대한 탐색력이 떨어지며, 과제 습득에 있어 자율성이 떨어지고, 일반적으로 사회적 상황에 대한 경계심과 불확실성을 보인다고 언급한다(Shonk & Cicchetti, 2001; Aber & Allen 1987; Erickson & Hawes, 1989). 만성 트라우마에 노출되면 사고와 학습에 심각한 문제가 발생할 수 있음은 분명하다. 학교 심리학자들이 종합 평가 도구 상자에 이미 가진 모든 도구를 활용하면 이 영역은 쉽게 다룰 수 있는 영역이다. 우리는 인지 및 학업성취 평가를 위하여 일치-불일치 모델(C-DM)의 평가 방법을 사용하는 Hale, Wycoff와 Fiorello의 연구와 더불어 Hale과 Fiorello의 연구를 추천한다.

## 신체 건강: 뇌와 신체

화가 나고 스트레스를 받은 뇌는 제대로 생각하거나 행동할 수 없다. 뇌의 역할은 무엇보다도 우리를 살아 있게 하는 것이다. 뇌의 목표는 적절한 수준의 산소, 이상적인 체온 및 기본 기능 유지와 같은 항상성을 유지하는 것이다. 이러한 모든 다른 요소들이 한 개인에게 '항상성 균형'이라는 이름으로 함께 모여 있다. 즉, 이러한 다양한 기능이 모두 최적의 작동 수준으로 유지되는 것이다. 그러나 스트레스 요인(항상성 균형을 무너뜨리는 요인)이 발생하면 신체는 이러한 균형을 회복하기 위해 열심히 노력하며, 이러한 반응을 스트레스 반응이라고 한다(Sapolsky, 1998).

항상성이 위협을 받으면 시상, 시상하부, 편도체, 해마 등을 포함하는 변연계(신체의 경보

시스템)가 고도의 경계 태세에 돌입한다. 알람이 울리고, 불빛이 깜박이고, 위험 신호가 나타난다고 생각하면 된다. 이를 흔히 투쟁-도피 또는 동결 반응the fight-flight or freeze response이라고 한다. 이런 일이 발생하면 중추신경계가 고도로 작동하여 내분비계의 마개가 열리고 코르티솔과 아드레날린과 같은 강력한 생화학 물질이 몸에 넘쳐 나게 된다(Sapolsky, 1998). 스트레스에 대한 신체와 뇌의 반응에 관하여 가장 강력하고 쉬운 책 중 하나는 신경내분비학자이자 스탠포드 생물학 교수인 Robert Sapolsky 박사가 쓴 『왜 얼룩말은 궤양이 안 생길까(Why zebra's Don't get Ulcers)』이다. 우리는 독자들이 이 책을 찾아보기를 강력하게 권장한다.

Evans와 다른 연구자들(Cook et al., 2005; Tishelman et al., 2010; DePrince et al., 2009; Tarullo & Gunnar, 2006; Ishikawa & Nakamura, 2003)은 만성적인 트라우마 스트레스와 역경에 노출된 개인은 뇌와 신체 자체가 실제로 변화할 수 있다고 한다. Tishelman 등(2010)은 신체가 트라우마 반응에 관여할 수 있는 네 가지 방법 (1) 신체와의 단절, (2) 스트레스의 물리적 보유, (3) 신체적 무결성 및 경계, (4) 트라우마 관련 신체적 영향을 언급한다. 특히 트라우마 스트레스가 만성적이고 어린 나이에 시작되는 경우, 이러한 사람들의 뇌 구조가 변화한다는 사실은 이미 여러 문헌을 통해 잘 알려져 있다. 빈곤과 만성 트라우마 스트레스 사이의 생물학적 메커니즘 또는 신경학적 연관성을 이해하는 것은 최근까지 이 연구에서 누락된 측면이다(Evans & Schamberg, 2009). 트라우마에 노출된 아동은 감정을 관리하고 스트레스에 반응하는 뇌의 기능이 발달하지 못할 위험이 있다(Cook et al., 2005).

트라우마에 노출되지 않은 아이들은 시간이 지남에 따라 내적 환경과 외적 환경에 주의를 기울이고, 종합하고 통합하고 의미를 부여하는 방법을 배운다. 트라우마에 노출된 사람들의 경우처럼 어떤 자극에 대해 즉각적이고 반사적으로 반응하는 것이 아니라, 이러한 방식으로 주의를 기울인다. 최적의 기능을 발휘할 때, 내적 및 외적 환경을 지향하고 이에 대응하는 이러한 능력은 우반구 우세(느낌과 감각)에서 좌반구 의존(언어, 추상적 추론 및 장거리 계획)으로 점진적으로 전환되고 두 반구(뇌량)에 걸친 신경 통신의 통합을 통해 발생하는 것으로 여겨진다(Cook et al., 2005, p. 393; De Bellis et al., 2002a, 2002b, 2002c; Kagan, 2003). 생물학 및 신경심리적 기능에 대한 전체 입문서는 이 책의 범위를 훨씬 벗어나지만, 트라우마의 영향은 정신과 신체 모두에서 느껴진다는 것을 인식하는 것이 중요하다.

이전 장에서 언급했듯이, 트라우마를 경험한 개인의 작업 기억은 종종 손상되며, 이는 잠재적으로 전전두엽 피질, 해마 및 편도체 관련성을 나타낼 수 있다(LeDoux, 2003; Lupien et al., 2007; Smith et al., 1998). 재향 군인을 대상으로 트라우마 사건과 중립적 사건을 기억하는 동안 국소 대뇌 혈류를 평가한 연구에서 Shin 등(2006)은 "연구 결과는 PTSD에서 내측 전전두엽 피질과 편도체 기능 사이의 상호 관계를 시사한다."고 언급했다(Shin et al., 2006, p. 168). 정서적 반응에서 편도체의 역할은 트라우마를 경험한 개인에게 합리적인 고려사항이 된다(Woon & Hedges, 2008).

변연계의 필수 구성요소이자 기억과 감정에 관여하는 해마도 트라우마의 영향을 받는다. 흥미로운 사실은 학대 관련 PTSD를 앓는 아동의 해마 부피는 정상이지만, 학대 이력이 있는 PTSD를 앓는 성인의 해마 부피는 그렇지 않다는 점이다. 이는 아마도 어린 시절의 초기 외상 노출 동안에는 해마 용적이 유지되지만, 이러한 노출이 성인이 되어서도 지속되면서 누적된 영향이 나중에 해마 용적에 영향을 미친다는 것을 시사하는 것 같다(Woon & Hedges, 2008).

개인이 만성적인 생리적 스트레스에 노출되면 해마와 전전두엽 피질 모두 영향을 받는다(Lupien et al., 1997, 1998, 2007, 2009). Evans는 "만성적으로 높은 생리적 스트레스는 빈곤이 어떻게 뇌에 침투하여 결국 성취를 방해할 수 있는지에 대한 그럴 듯한 모델"이라고 말한다(Evans & Schamberg, 2009, p. 6545).

우리는 뇌와 신체가 불가분의 관계에 있다는 것을 알고 있다. 뇌가 트라우마에 의해 영향을 받고 이러한 사람들에게 종종 심각한 신경심리학적 결함이 있다는 것이 점점 더 분명해지고 있지만, 신체도 만성 스트레스의 영향을 크게 받는다.

Evans와 Schamberg(2009)는 만성적인 생리적 스트레스의 척도로 알로스타틱 부하, 즉 신항상성 부하allostatic load의 개념에 대해 주목한다. 신항상성 부하를 사용하는 이 모델은 신체가 압박을 받을 때 발생하는 일련의 생리적인 조절 곤란을 강조하면서 스트레스-질병 연구에 기여한다(Juster et al., 2010). 신항상성 부하는 신경내분비 기능, 면역 기능, 대사 기능, 심혈관 기능을 포함하며 스트레스로 인해 신체에 누적된 손상을 설명하는 데 도움이 된다(Evans & Schamberg, 2009; Juster et al., 2010). 이러한 손상은 반복해서 울리는 알람처럼 생리적 시스템의 만성적인 동요로 인한 결과다(Karlamangla et al., 2002; McEwen 2000, 2002, 1998; Seeman et al., 1997, 2001a, 2001b, 2004). Sapolsky(1998)가 주목하였듯이, 우리 신체는 항상성 균형을 유지하기 위해 끊임없이 노력하고 있다. Juster 등(2010)은 이를 확장하여 신항상성allostasis과 항상성homeostasis의 차이에 주목한다. 신항상성은 환경의 변동과 요구에 최적으로 대응할 수 있는 유기체의 능력을 일컫는다(Sterling, 2004; Juster et al., 2010). "신항상성은 정적인 생물학적 설정점(set points)보다는 동적인 생물학적 설정점을 강조하고, 피드백 조절에서 뇌의 역할을 고려하며, 건강을 상황에 대한 신체 전체의 적응으로 본다는 점에서 항상성과 다르다."(Juster et al., 2010, para. 3) 신항상성 이론은 신체가 외부 자극과 환경 요인에 능동적으로 작동한다는 아이디어를 기반으로 한다(Evans & Schamberg, 2009). 이러한 신체적인 알람이 몇 번이고 반복해서 울리면 신체의 손상이 증가하고 알람 시스템의 효율성이 떨어진다. Evans는 다음과 같이 말한다.

> 신체가 다양한 활성화된 신체 반응 시스템(예: 신경계, 내분비계, 심혈관계)에 과도하게 노출되면, 환경적인 요구에 효율적으로 대응하는 능력이 떨어지게 된다. 환경적인 스트레스에 더 오래, 더 자주 노출되면, 신체의 손상은 가속화된다. 만성적이고 강렬한 환경적 스트레스에서 신체는 환경적 요구에 대응하기 위하여 여러 생리적 시스템을 동원하게 만들지만, 활동 수준을 더 높인다. 반대로, 환경적인 요구가 낮을 때는 신항상성 부하 부담이 높은 사람은 만성적 요구를 대처하도록 동원된 여러 생리적 자원을 효율적으로 활용하지 못하게 된다.
>
> (Evans & Schamberg, 2009, para. 5)

McEwen과 Saplosky(1995)는 카테콜아민과 글루코코르티코이드가 모두 스트레스 반응에 관여하며, 스트레스 요인에 장기간 노출될 때 신경세포 사멸(특히 해마)과 인지 장애를 일으킬 수 있다고 했다. 이들은 카테콜아민이 감정적으로 가득 찬 기억에 영향을 미칠 수 있다고 했다(McEwen & Saplosky, 1995).

스트레스가 신체와 뇌에 미치는 영향에 대해 이야기할 때, 시상하부-뇌하수체-부신(HPA) 축도 언급될 만한 가치가 있다. McEwen(2004)은 시상하부-뇌하수체-부신(HPA) 축이 스트레스에 직면했을 때 신체가 건강과 안정성을 유지하도록 돕는 신경내분비 스트레스 반응 중 하나라고 보고했다. 시상하부-뇌하수체-부신(HPA) 축의 조절 장애는 생애 초기 만성적인 스트레스과 역경을 경험한 어린이에게서 드물지 않게 나타난다(Tarullo & Gunnar, 2006).

> "인간의 어린 시절 트라우마는 신경 내분비 스트레스 반응의 민감화, 글루코코르티코이드 저항성, 중추 코르티코트로핀 방출 인자(CRF) 활성 증가, 면역 활성화, 해마 부피 감소와 관련이 있으며, 이는 우울증의 여러 신경 내분비적 특징과 밀접하게 연관되어 있다. 생애 초기 스트레스에 따른 이차적인 신경내분비 변화는 스트레스에 대한 반응으로 우울증이 발생할 위험을 반영할 가능성이 높으며, 이는 정서, 신경 내분비 및 자율 신경의 조절과 관련된 신경회로가 위기에 적절히 대응하지 못하는 데 기인할 수 있다."
>
> (Heim et al., 2008, p. 693)

스트레스와 역경이 신체와 뇌에 미치는 생물학적-논리적-생리학적 영향에 관한 문헌에는 풍부한 정보가 있다. 심층적인 논의는 이 책의 범위를 벗어나지만, 이 책의 독자들이 이러한 개념에 대한 이해를 넓힐 것을 적극적으로 권장한다. 트라우마와 역경을 경험한 청소년 및 가족과 함께하는 학교 및 지역사회 기반 임상가에게 가장 중요한 것은 이러한 스트레스들이 신체와 뇌 모두에 절대적인 영향을 미친다는 것이다. 치료적 개입을 이끄는 철저한 평가는 궁극적으로 이들의 고통을 완화하는 데 도움이 될 것이다.

## 행동 통제 및 자기 조절

지난 장에서 배운 바와 같이 트라우마와 역경은 신체와 뇌 모두에 중대한 영향을 미친다. 또한 자신의 행동을 관리하고 조절하는 개인의 능력에도 상당한 부정적인 영향을 미친다. 만성적인 역경과 스트레스에 노출된 개인의 경우, 정보를 분석하고 인지적, 정서적으로 조직화된 방식으로 환경에 대응하는 능력이 심각하게 손상되며 종종 심각한 행동 조절 장애를 초래한다(Cook et al., 2005). 이러한 조절 장애는 학교 환경의 여러 가지 문제 행동에서 볼 수 있으며, 대부분 학습 과정과 의미 있는 관계를 구축하고 유지하는 개인의 능력을 크게 방해한다. 주의력 관련 장애, 적대적 반항 장애, 품행 장애 등 다양한 외현화 장애의 특징을 보이는 경우도 드물지 않으며, 이러한 장애는 교실 환경에서 관리하기 어려운 행동으로 악명이 높다. 추가적인 어려움으로는 판단력 결함, 타인을 조종하려는 행동, 계획 및 조직화의 부족, 목표 지향적 행동의 손상이 나타날 수 있다(Cook et al., 2005). 트라우마를 겪은 청소년의 삶에서 자주 나타나는 혼란형 애착으로 인한 결과는 이러한 모든 어려움에 기여한다. "아동, 청소년, 성인의 경우 혼란형 애착은 그 자체로 생존-기반 행동이며 이는 경직되고 극단적이며 해리적인 특징을 띤다. 해리성 애착 행동은 무력감(예: 유기, 배신, 실패, 낙담) 또는 강압적 통제(예: 비난, 거부, 침입, 적대감)를 주제로 한다."(Cook et al., 2005, p. 390)

이러한 아동은 이들이 지닌 경직성과 융통성 문제(과잉 통제) 그리고 공격성과 기타 외현화 행동(과소 통제)에서 알 수 있듯이 과잉 및 과소 통제 행동 모두에서 어려움을 겪는다. Crittenden과 DiLalla(1988)는 이러한 아동이 대처 전략 중 하나인 강박적 순응(과잉 통제)으로 어려움을 겪을 수 있으며, 이는 유아기부터 나타날 수 있다고 지적한다. Cook 등(2005)은 이러한 과잉 및 과소 통제 행동이 실제 외상 사건과 관련이 있을 수 있으며, 공격성, 자해, 성적인 행동과 같은 재연 요소를 포함할 수 있다고 확장한다(Cook et al., 2005). 트라우마 아동은 자기-자극, 신체적 접촉 회피 또는 경계 침범, 약물 사용 및/또는 규칙 위반 등 기타 위험한 행동도 할 수 있다(Tishelman et al., 2010). 특히 어린 나이에 뇌의 대처 시스템이 활성화되면 조절 시스템이 영향을 받는다. 전반적인 각성을 조절하는 개인의 능력에 심각한 장애가 있는 경우가 많으며, 이는 결국 학교 환경에서 문제 행동을 유발할 수 있다. 행동 통제 및 자기 조절의 신경학적 토대에 대한 보다 자세한 내용은 이전 장에서 확인할 수 있다. 모든 학교 또는 지역사회 기반 평가에서 이러한 유형의 행동이 조기 트라우마 노출과 관련이 있을 수 있다는 점을 고려하는 것이 중요하다.

## 감정 조절 및 자기 조절

다른 글에서도 언급했듯이, 만성적인 역경과 스트레스를 경험한 사람들은 여러 가지 복잡한 변화로 인하여 어려움을 겪는데, 그중 하나가 바로 감정 조절이다. 정서를 식별하고 조절하는 것은 감정을 관리하고 표현하는 데 있어 핵심적인 측면이다. 트라우마를 경험한 사람들은 종종 감정 조절에 영향을 받으며, 학교, 가정, 직장, 지역사회 환경에서 심각한 문제를 경험할 수 있다. 감정 조절 곤란은 생애 초기의 만성 대인관계 트라우마와 관련된 복잡한 증상 중에 하나라고 여겨진다(Ehring & Quack, 2010). 감정 조절은 건강한 돌봄의 맥락에서 발달한다는 것이 문헌을 통해 강력히 입증된 바가 있다(Calkins & Hill, 2007; Cole et al., 1994). "한편, 양육자 자신의 감정 조절 행동은 자라나는 아동에게 있어서 감정 상태를 다루는 방법에 대한 모델 역할을 한다. 또한 양육자는 아동이 자신의 감정을 이해하고 감정에 이름을 붙이고 궁극적으로 목표를 달성하는 방식으로 감정을 조절하도록 알려 준다(Ehring & Quack, 2010, p. 588)." 이 장의 앞부분인 애착과 대인관계 단락에서 언급했듯이, 선행 연구에 따르면 열악하거나 무질서하거나 병적인 애착은 열악한 감정 조절 능력과 관련이 있다(Cloitre et al., 2008). 이는 트라우마가 세대 간에 전수되는 데 있어서 대인관계 맥락이 매우 중요하다는 것을 의미한다. 트라우마가 소위 안전과 돌봄을 예측할 수 있는 성인과의 관계에서 발생하면 그 부정적인 영향이 상당하다. Ehring 등은 그들의 연구 가설이 생애 초기 만성적인 대인관계 트라우마가 적응적 감정 조절의 발달을 방해할 수 있으며, 특히 가해자가 돌봄 역할을 하는 사람이었을 경우, 적응적 감정 조절의 발달이 방해받는다는 이론에 근거하고 있다고 하였다(Ehring & Quack, 2010). 이들은 대인관계 트라우마가 조기에 발생하면 감정 조절 능력에 더 심각한 손상을 초래할 수 있다고 의심했다. Ehring이 사용한 감정 조절의 개념화는 Gratz와 Roemer(2004)의 모델을 기반으로 한다. Gratz와 Roemer는 경계선 성격장애의 정서 조절 곤란에 대한 Linehan(1993)의 연구가 그들이 개념화한 것의 일부라고 이야기한다(Linehan, 1993). Linehan은 고의적인 자해가 일부 개인에게는 감정 조절 기능을 할 수 있는 방법 중 하나라고 지적한다(Linehan, 1993). Gratz와 Roemer는 자기 자신뿐만 아니라 심지어는 타인에 대한 폭력(예: 친밀한 파트너 폭력)과 공격성 또한 감정 조절을 돕는 기능이 있을 것이라고 한다(Jakupcak et al., 2002; Buchsbaum et al., 2001). Gratz와 Roemer는 정서적 각성의 감소, 부정적 정서의 통제, 정서적 경험의 표현을 정서 조절의 주요 기능으로 지적하면서 자기 조절의 개념적 모델과 관련 측정 도구를 개발했다. 적응적 감정 조절은 개인이 자신의 감정 경험을 모니터링하고 평가할 뿐만 아니라 그 정서 표현을 수정해야 하기 때문에 자기 인식의 핵심적인 측면을 포함한다. 자신의 감정 경험을 식별하고 경험하는 능력은 건강한 기능의 핵심 요소다. 자신의 내적 경험과 원치 않는 생각과 감정을 피하려는 노력, 생리적 각성 증가를 관리하는 데 어려움을 겪는 것은 실제로 많은 심리적 장애의 주요 특징이며, 만성적인 고통과 스트레스를 경험한 사람들에게도 나타날 수 있다(Hayes et al., 1996). 정서 조절에 대한 통합적 개념화에는 네 가지 주요 차원이 포함된다.

1. 자신의 감정에 대한 인식과 이해
2. 부정적인 감정 수용
3. 목표 지향적 행동을 성공적으로 수행하고 부정적인 감정을 경험할 때 충동적인 행동을 제어할 수 있는 능력
4. 감정 조절을 위해 상황에 맞는 전략을 사용할 수 있는 능력(Gratz & Roemer, 2004, p. 2)

Ehring 등은 616명의 트라우마 생존자들을 통하여 트라우마 유형과 PTSD 증상의 심각도가 감정 조절 곤란에 미치는 영향을 더 잘 이해하고자 했다. Ehring 등은 문헌에 나타난 세 가지 일반적인 증거를 기반으로 가설을 세웠다. 첫 번째는 초기에 대인관계 트라우마에 노출된 아동이 그렇지 않은 아동보다 자신의 감정 상태를 식별하고 감정을 명명화하는 데 어려움을 겪는 '무감각증'의 정도가 더 높다는 보고에 근거한다(Cloitre et al., 1997; McLean et al., 2006; Zlotnick et al., 1996). 두 번째 증거들은 부정적이고 불쾌하거나 불편한 감정을 받아들이는 개인의 능력과 관련이 있다. 연구에 따르면 트라우마를 경험하지 않은 사람에 비해 생애 초기 대인관계 트라우마를 경험한 사람은 부정적인 감정에 대한 내성이 낮고 정서 조절이 어려우며, 부정적인 감정에 대한 두려움이 더 높은 것으로 나타났다(Briere et al., 2007; Ehring & Quack, 2010; Tull et al., 2007). 또한 생애 초기 대인관계 트라우마에 노출된 개인은 이러한 감정을 더 많이 회피하며, 이는 부정적 생각과 감정을 겪는 것을 저항하는 모

습과 이들을 회피하려는 많은 노력과도 관련이 있다(Batten et al., 2001; Marx & Sloan, 2002). 대인관계 트라우마를 일찍 경험한 사람들은 두려움과 분노는 물론 자기 파괴적 행동과 성적 행동을 포함한 충동을 관리하는 데도 어려움을 겪는다(Pelcovitz et al., 1997; van der Kolk et al., 1996). 여기에 언급된 모든 연구는 후향적 연구 설계retrospective study design를 기반으로 한다. Ehring과 Quack(2010)은 개인이 직면한 트라우마 사건과 감정 조절 문제의 시간성을 조사하기 위한 전향적 연구를 설계했다. 즉, 트라우마 경험이 감정 조절 문제에 선행했는지 여부와 그 방법을 명확히 하고자 했다(Ehring & Quack, 2010).

트라우마 생존자에 대한 이 전향적 연구에서 연구팀은 생애 초기 대인관계 트라우마 생존자(14세 이전에 신체적 또는 성적 학대로 정의됨)와 생애 초기 이후 트라우마 또는 비 대인관계 트라우마 생존자 비교했다(Ehring & Quack, 2010). 그들은 생애 초기 대인관계 트라우마가 더 심각한 정서 조절 곤란을 유발할 것이라는 그들의 연구 가설을 명확히 하고자 했다. Ehring과 Quack(2010)의 가설은 다음과 같다.

1. 감정 조절의 어려움은 PTSD 증상 수준과 상당한 관련이 있을 것이다.
2. 생애 초기 만성 대인관계 트라우마를 겪은 생존자는 생애 초기 이후 경험한 트라우마 생존자, 생애 초기 단일/반복적 트라우마 혹은 대인관계 트라우마가 아닌 트라우마 생존자들보다 더 높은 수준의 정서 조절의 어려움을 겪을 것이다.
3. 다양한 유형의 트라우마 생존자가 경험하는 정서 조절 어려움의 차이는 PTSD 증상을 통제할 때에도 여전히 유의미할 것이다(Ehring & Quack, 2010, p. 590).

연구자들은 정서 조절의 어려움 척도(DERS; Gratz & Roemer, 2004)와 PTSD 경험과 그로 인한 증상들을 측정하고 다음과 같은 결과를 보고했다.

연구 가설에 따라 PTSD 증상의 심각성은 정서 조절의 어려움을 평가하는 모든 변수와 유의미하게 연관되었다. 또한 생애 초기 만성적 대인관계 트라우마 생존자들은 단일 사건 및/또는 생애 초기 이후 트라우마 생존자들보다 이러한 측정 항목에서 더 높은 점수를 보였다. 그러나 PTSD 증상의 심각도를 통제했을 때 집단 간 차이는 9개 변수 중 2개 변수에서만 유의미하였다. 가장 강력한 차이는 '정서인식 명확성lact of clarity of emotions' 변수에서 발견되었다(Ehring & Quack, 2010, p. 587).

이 연구팀은 모든 감정 조절 변수와 트라우마 증상의 심각도 사이에 유의미한 연관성이 있음을 발견했다(Ehring & Quack, 2010). 생애 초기 만성 대인관계 트라우마를 겪은 집단은 트라우마를 겪지 않은 대조 집단과 생애 초기 이후 트라우마를 겪은 집단과 비교하였을 때 감정 조절에 더 큰 어려움을 겪는 것으로 나타났다. 이는 대인관계 트라우마가 생애 초기에 발생하면 나중에 감정 조절에 어려움을 겪을 위험이 더 높다는 것을 시사한다. 또한 이 연구자들은 외상 후 스트레스 장애의 수준이 다음과 상관관계가 있다고 보고했다.

a. 정서 인식 명확성 및 알아차림 수준이 감소한다.
b. 부정적인 감정의 수용 수준이 낮고, 경험적 회피 수준이 높으며, 감정 억제 수준이 높다.
c. 괴로울 때 목표 지향적 행동에 참여하기 어렵고, 충동 조절 곤란 점수가 높다.
d. 정서적 재평가 수준이 낮은 등 기능적인 정서 조절 전략이 손상되었다(Ehring & Quack, 2010, para. 31).

여기서 문제는 (특히 어린 나이에) 만성적인 트라우마를 경험한 사람들의 사례와 마찬가지로, 정서 식별과 정서 표현이 치료적 개입에 필요한 바로 그 도구 중 하나라는 것이다. 성공적인 트라우마 극복을 위해서는 적응적인 정서 조절이 필요하며, 트라우마를 경험한 사람들의 이러한 손상에 관한 증거 기반 개입 및 치료가 필요하다는 것을 말해 준다. 감정 조절과 자기 조절은 트라우마를 경험한 개인을 평가할 때 중요한 사안이다. 이러한 문제에 대한 인식은 치료적 개입 과정에 직접적인 정보를 제공하며 치료적 개입 과정을 주도할 수 있고, 만성적인 역경을 경험한 아동을 위해서도 핵심적으로 고려할 사항이다.

## 자아 개념 및 미래 지향성

이 장에서 논의한 여러 가지 기능적 문제를 고려할 때, 트라우마 청소년이 자아 개념, 자신에 대한 믿음, 전반적인 미래 지향성에 어려움을 겪는 것은 놀라운 일이 아니다. 트라우마 경험은 자신에 대한 개인의 견해와 세상에서 자신의 역할에 대한 손상과 장애를 초래할 수 있다는 사실이 여기와 다른 곳에서 문서화되어 있다. McAdams(1996)는 "우리가 누구였는지, 현재 누구인지, 그리고 어떤 사람이 되고자 하는지를 반영하고 연결하는 일관된 삶의 내러티브를 구성하는 것이 심리적으로 중요하다."고 말했다(McAdams, 1996; Hemenover, 2003). Horowitz(1986)는 트라우마 사건이 자신에 대한 관점과 인생 내러티브에 대한 일관성 없는 정보를 제공하거나 방해하는 경우가 많다고 설명한다. 이러한 개인은 자신에 대한 생각을 자신에게 일어난 일이나 경험한 일과 통합하는 데 어려움을 겪는다.

자아 개념이란 정확히 무엇이며 어떻게 발달할까? 자아 개념과 자아 인식에는 자기수용, 자기 자신에 대한 긍정적인 견해, 주체성, 숙달 등이 포함된다. 또한 트라우마를 경험한 개인에게서 종종 손상되는 스트레스를 처리하고 관리할 수 있는 자아에 대한 인식도 포함된다. 여기에는 삶의 목적에 대한 인식도 포함되며, 삶에 의미, 가치, 미래에 대한 목표가 있다는 믿음도 포함된다(Hemenover, 2003). 자기수용은 모든 개인이 좋은 측면과 나쁜 측면을 모두 가지고 있다고 이해한다는 자기 자신에 대한 긍정적인 견해를 유지하는 능력과 관련 있다(Hemenover, 2003).

미래 지향성은 위험한 행동에 대한 잠재적 보호 요인으로 밝혀져 왔다. 미래 지향성은 인지적 측면과 정서적인 측면을 모두 포함하는 다차원적 구조로 구성되어 있다(Cabrera, 2009; Nurmi, 1989; Seginer, 2008; Trommsdorff et al, 1978). 일반적으로 이 구조는 미래에 대한 개인의 태도 및 판단과도 관련이 있다(Cabrera, 2009; Trommsdorff et al., 1978).

위탁보호 청소년은 일반 청소년에 비해 정신건강 서비스를 받을 가능성이 10배 더 높으며, 학대를 경험한 위탁보호 청소년은 학대를 경험하지 않은 청소년에 비해 정신건강 서비스를 받을 가능성이 23배 더 높다(Shin, 2005). 일반 인구의 10%만이 특수 교육 서비스를 이용하지만, 위탁보호 청소년의 25~52%는 학습 장애와 심각한 정서 장애로 인해 특수 교육 서비스를 받는 것으로 추정된다(Zetlin & Weinberg, 2004; Cabrera, 2009, p. 272).

343명의 위탁 양육 청소년을 대상으로 한 연구에서는 미래 지향성, 정신건강, 트라우마 병력 및 노출, HIV 위험 행동과 관련된 연관성에 관한 인터뷰를 실시했다(Cabrera, 2009). 아동기 트라우마 설문지(CTQ)를 사용하여 평생 트라우마 이력 자료를 수집했다. 미래 지향성을 측정하기 위해 인생 지향성 검사(LOT-R; Scheier et al., 1994)와 하임버그 미래 시간 관점 척도(FTPI; Heimberg, 1968)를 사용했다. 이 연구의 결과는 주목할 만한데, 인종, 성별, 연령에 따른 차이는 발견되지 않았지만 전반적으로는 유의미한 결과가 나왔다. "미래 지향성은 정신건강, 트라우마, HIV 관련 지식, 태도, 행동 의도, 성관계 파트너 수와 유의미한 관련이 있었다. 또한 위험한 행동에 대한 외현화 행동 및 태도는 각각 미래 지향성과 성관계 파트너 수 사이의 관계를 부분적으로 매개했다."(Cabrera, 2009, p. 271)

미래 지향성 또는 미래 목표의 개발은 심리적 건강을 예측한다(Hemenover, 2003; Stein et al., 1997). 세상에 대한 자신의 견해를 포함하는 자아감[Sense of Self]은 종종 심리적 건강과 관련 있고, 손상된 경우에는 심리적 고통과도 관련이 있다. 앞서 언급한 바와 같이, 트라우마로 인한 미래 지향성과 자아감 손상은 종종 생애 초기의 체계적이지 못하고, 혼란스럽고, 열악한 애착 관계에서 비롯한다. Cook 등(2005)은 아동의 자아감 및 자아 개념에 직접적인 영향을 주는 보호자의 반응에는 세 가지 주요 요소가 있다고 말한다. 여기에는 다음이 포함된다. "자녀의 경험을 믿고 타당화하는 것, 자녀의 정서를 견디는 것, 보호자 자신의 정서를 관리하는 것. 보호자가 아동의 경험을 부정하면 아동은 트라우마가 발생하지 않은 것처럼 행동하도록 강요받는다. 또한 아동은 주 양육자를 신뢰할 수 없으며 역경에 대처하기 위한 언어 사용법을 배우지 못한다."(Cook et al., 2005, p. 395)

자기 인식 및 심리적 고통에 관한 트라우마 경험 개방의 역할을 검정하는 연구(n=50)에서 트라우마 참가자들이 검사 전과 검사 후 모두 긍정적인 자아 인식이 증가하고 고통은 감소한 것으로 나타났다(Hemenover, 2003). 18개월, 24개월, 30개월 영아를 대상으로 한 또 다른 연구에서 Schneider-Rosen과 Cicchetti(1991)는 학대 아동이 타인과 구별되는 자신에 대한 인식, 거울을 이용한 시각적 자기 인식, 자신에 대한 감정을 어느 정도 발달시켰는지를 평가했다. 생후 18개월부터 학대받은 아동은 트라우마를 입지 않은 대조군보다 거울 자기 인식에 대해 중립적이거나 부정적인 반응을 보일 가능성이 더 높았다. 이 장의 앞부분에서 건강한 애착과 관련하여 논의한 바와 같이, 생애 초기에 안정적이고 긍정적인 보살핌은 강한 자아감의 발달과 자신을 가치 있고 유능한 존재로 여기는 데 도움이 된다(Cook et al., 2005). 회복탄력성, 학대, 부모의 지지에 대한 연구(n=61)에 따르면 아동의 자아 개념은 모든 트라우마 증상(성적 문제 제외)과 관련이 있으며 트라우마 증상과 관련하여 상당한 수준의 차이를 설명하는 것으로 나타났다(Reyes et al., 2008). 또한 성적 트라우마와 관련하여 가해 기간이 길수록 아동의 자아 개념이 더 부정적이라는 사실을 발견했다.

트라우마에 노출된 개인이 여러 기능 영역에서 어려움을 겪는다는 것은 분명한 사실이지만, 그중에서도 가장 큰 문제는 지나친 수치심과 낮은 자아 개념이다. 자신이 충분히 훌륭하지 않거나 가치가 없다는 근본적인 믿음은 다른 어떤 트라우마 관련 결과보다 더 치명적일 수 있다. 상상할 수 있듯이, 이는 학교와 사회 환경에서 성공할 수 있는 아동의 능력에 큰 타격을 줄 수 있으므로 모든 평가와 후속 지원 계획의 중심이 되어야 한다.

## 해리

해리 및 의식의 변화는 트라우마에 노출된 개인이 종종 기능 장애와 손상을 경험하는 영역 중 하나다. Putnam은 만성적인 학대에 노출된 아동이 자아에 대한 인식을 방해하는 세 가지 특정 해리성 변화를 보이는 경향이 있다고 보고했다(Putnam, 1997).

1. 행동의 자동화(즉, 판단, 계획 및 조직화, 목표 지향적 행동의 결함)
2. 고통스러운 기억과 감정을 구분하기
3. 감정 및 자아에 대한 인식에서 벗어나기

Felitti와 Anda가 처음 성적 학대 생존자들을 치료할 때 주목했듯이, 이러한 행동(그리고 해리 현상)의 기원은 한때는 적응적 행동이었다. 한때는 트라우마를 경험하는 개인을 보호하는 기능을 수행했다. Putnam(1997)은 이러한 해리가 "정체성의 통합과 메타인지 통합 기능의 성숙과 같은 기본적인 발달 과정의 실패로 이해된다."고 언급했다(Putnam, 1997, p. 2). 기억과 생존의 교차점은 여기서 관련이 있다. 트라우마에 노출된 청소년에게 종종 해리와 관련된 기억의 공백과 기억에서 눈에 띄는 정보 누락은 드물지 않다. 이러한 해리 현상은 하루 종일 간헐적으로 발생할 수 있으며, 청소년이 학교 수업을 통해 전달되는 내용을 습득하는 데 눈에 띄는 공백이 생길 수 있다. 이는 명백한 이유로 트라우마에 영향을 받은 개인의 학습 과정에 혼란을 야기할 수 있다.

## 요약

이 장에서는 트라우마와 역경에 노출된 청소년의 회복탄력성을 기반으로 할 수 있는 주요 기능 영역을 강조했다. 학교 기반 심리 평가에서 트라우마에 기반한 관점을 사용하려면 여러 가지 중요한 사항을 고려해야 한다. 학교 환경에서 트라우마 정보에 기반한 관점을 활용하기 위해 탄탄한 논의를 제공하는 Tishelman 등(2010) 및 Cook 등(2005)의 연구를 읽어 보기 바란다. 여기에서는 만성적이고 유해한 스트레스와 트라우마에 노출된 청소년을 위한 학교 및 지역사회 기반 트라우마 정보 기반 평가에서 고려해야 할 몇 가지 사항을 제안한다.

Tishelman 등(2010)과 다른 사람들[트라우마 아동은 어떻게 배우는가(HTCL), Cole et al., 2005a, 2005b]은 조직 전체에 걸친 트라우마 역량을 강조하고 모든 아이의 결과를 향상시킬 수 있는 학교 전체 시스템 차원의 접근 방식이 필요하다고 제안했다. 매사추세츠주의 안전하고 지지적인 학교 위원회(MA)에서 활용하는 유연한 틀(The Flexible Framework)(이는 트라우마 정책에서 근무하는 Susan Cole과 다른 사람들의 작업과 그 결과물인 "트라우마 아동의 학습 돕기" 연구다)은 학교 전체에서 트라우마에 기반한 관점을 추구하는 데 있어서 중요한 수단 중 하나다. Tishelman의 작업은 '트라우마 아동은 어떻게 배우는가'에 제시된 연구를 바탕으로 학교 환경에서 트라우마 정보에 기반한 평가에 대한 중요한 고려사항을 제시한다.

학교 기반 임상 현장에서 아동의 임상적인 모습과 관련된 기능에서 만성 트라우마 스트레스와 역경의 역할을 고려하는 것은 필수적인 과정이어야 한다. 여기에는 감별과 진단이 매우 중요하며, 외상성 노출과 만성 역경이 아동의 증상에 영향을 미칠 수 있지만 항상 그런 것은 아니라는 점을 고려해야 한다(Tishelman et al., 2010). 트라우마는 어려움을 겪고 있는 청소년과 관련될 수도 있지만, 그렇지 않을 수도 있다. Tishelman 등은 "'트라우마 렌즈'를 착용하면 트라우마를 가설로 고려할 수 있지만, 아동의 증상에 대한 다른 중요한 원인을 가리는 데 사용하거나 다른 요인이 더 두드러질 때 트라우마를 설명 변수로 지나치게 강조해서는 안 된다."(Tishelman et al., 2010, p. 282)고 말한다. 우리는 앞으로 9장에서 선별 검사, 공식적인 개별 평가, 가족적 맥락 평가 등 다양한 수준의 평가를 논의할 것이다. 여기에는 학교 환경에서 트라우마 정보에 기반한 평가를 실시할 때 고려해야 할 윤리적 고려사항과 도전 과제에 대한 논의가 포함될 것이다.

제3부

# 트라우마 기반 평가 프레임워크

• 제8장 •

# 학교 및 지역사회에서 트라우마 스크리닝 시 고려사항

– Kirby L. Wycoff –

트라우마 관련 스크리닝 검사는 도움이 필요한 아동을 식별할 수 있는 방법 중 하나다. 그러나 학교 장면에서 트라우마 관련 스크리닝 검사를 사용할 때는 보다 신중하게 고려할 필요가 있다. 지역사회 보건 및 공중보건 환경 관련 종사자들은 보편적인 스크리닝 검사를 통해 가장 도움이 필요한 구성원을 평가하고 식별할 수 있다. 미국 질병통제예방센터(Centers for Disease Control and Prevention)는 전국의 도시 및 마을을 구성하는 전체 인구의 건강 및 위험 관련 특성을 평가하기 위해 각 주와 협력하고 있다. 청소년 행동 감시 평가 시스템(YBFRSS)은 전반적인 인구구성원의 건강과 웰빙을 평가하는 데 사용되는 도구 중 하나이다. 흥미롭게도 미국의 39개 주에서만 연례적으로 ACE 모듈을 사용하고 있다. Wycoff 등(2018)은 현재 주 단위의 데이터 세트를 더 잘 통합하고 해석하기 위해 초등 및 중등 교육부, 공중보건부, 아동 및 청소년 서비스부와 파트너십을 구축하고 있다. 이 학제 간 연구의 목표는 지역사회 내의 취약한 구성원을 보다 정확하게 식별하고 지원하며 개입 프로그래밍을 추진하는 것이다.

신중한 고려를 통해 트라우마 관련 스크리닝 검사를 대응 시스템 내에 배치할 경우, 스크리닝 검사는 학교 맥락뿐만 아니라 지역사회 보건과 공중보건 모두에서 중요한 역할을 할 수 있다(Rossen & Cowan, 2013). 그러나 스크리닝 검사를 통해 얻은 데이터에 적절하게 대응할 수 있는 시스템의 능력을 고려하는 것이 중요하다. 또한 데이터 수집에는 위험과 이점이 존재한다. 따라서 데이터 수집 시 트라우마를 경험한 청소년들의 트라우마 경험을 활성화시킬 수 있는 위험과 데이터 수집의 이점을 비교하여 평가하여야 한다. 일부 시스템의 경우 스크리닝은 득보다 실이 더 많을 수 있다. 학교에서 트라우마 스크리닝 검사가 이루어진 것이 비교적 최근이라는 점에 유의할 필요가 있다. 학생들의 필요에 잘 대응할 수 있는 시스템의 경우 스크리닝 검사는 매우 유용할 수 있다. 학교 내부 및 외부의 스크리닝 시도는 서비스가 필요한 사람들에게 적절한 자원을 연계하고 개입하려는 의도로 시행되어야 한다. Eklund와 Rossen(2016)은 청소년 법무부 및 비행예방국과 국립 정신건강센터의 보조금을 지원받아 『학교에서의 트라우마 스크리닝 검사를 위한 지침: 아동 보호 국가 정책 계획의 산물(Guidance for Trauma Screening in Schools: A Product of the Defending Childhood State Policy Initiative)』을 출판하였다. Eklund와 Rossen은 학교에서 트라우마를 스크리닝하고 평가하기 위해 사용할 수 있는 도구의 수가 증가하고 있음에도 불구하고 학교 장면에서 이러한 스크리닝 검사를 다루는 연구에는 지원이 부족한 점을 지적하고 있다. 이 장에서는 학교 장면에서의 트라우마 노출과 영향에 대한 스크리닝 검사 사용의 실제 및 고려사항에 대해 알아보고자 한다.

## 도입

어려움을 겪고 있는 사람들의 문제와 필요를 조기에 파악하면 그들에게 보다 긍정적인 결과를 가져올 수 있다는 명백한 증거가 문헌에 나와 있다. 이러한 문헌은 학교 장면에서 보편적인 스크리닝 절차와 관련된 많은 교육 정책 및 입법을 이끌어 왔다(IDA 2004; New Freedom Commission on Mental Health 2003; Eklund & Rossen, 2016). 교육계에서 중재반응 모델(Response to Intervention: RTI)의 흐름이 부상함에 따라 1단계 개입 및 보편적 스크리닝이 점점 더 널리 보급되고 있다. 예방과학과 공중보건 분야에서 차용한 이 아이디어는 전체 인구(예: 학교 또는 학군 내의 모든 아이)에 개입 또는 평가(스크리닝)를 제공한다는 개념으로, 결과적으로 모든 인구에 대한 평가를 통해 의미 있는 이득을 얻을 수 있다는 믿음에서 비롯되었다. 즉, 모든 인구를 조사하면 그중 누가 더 전문적이고 집중적인 지원과 서비스를 필요로 하는지 타겟팅 하는 데 도움이 된다. 궁극적으로 보편적 평가 프로그램인 1단계 개입은 모집단에 속한 모든 구성원을 평가하고자 한다.

보편적인 스크리닝은 미래에 문제가 발생할 위험이 있는 지역사회 구성원을 식별하는 데 도움이 되는 예방적이고 적극적인 접근 방식이다(Eklund & Rossen, 2016; Eklund & Dowdy, 2014; Jenkins et al., 2007). 이렇게 간단하고 효율적인 방법으로 수집된 정보는 분석과 해석을 통해 어떤 구성원이 더 높은 수준의 서비스나 지원이 필요한지 확인하고 결정하는 데 사용된다(Eklund & Rossen, 2016).

2014년 3월, 미국 보건복지부는 『출생부터 5세까지: 잘 자라는 모습을 지켜봐 주세요! 어린이용 스크리닝 조치 개론서(Birth to 5: Watch me Thrive! A Compendium of Screening Measures for Young Children)』라는 제목의 간행물을 출간했다. 본 간행물에서는 전체 인구를 대상으로 하는 일반적인 스크리닝 검사에 사용할 수 있는 여러 구체적 조치와 더불어, 전체 인구 중 위험에 처한 구성원을 식별하기 위해 스크리닝 접근법을 활용하는 기술적인 측면을 강조하였다.

스크리닝 검사를 받는 아동의 연령과 문화, 언어에 적합하며 임상적으로 타당하고 신뢰할 만한 스크리닝 도구를 사용하여 검사를 수행하는 것은 매우 중요하다(Shepard et al., 1998). 스크리닝을 주도하고 그 결과를 해석하는 임상가의 기술적인 부분 또한 매우 중요하다. Moodi 등은 스크리닝 검사의 목적은 짧은 시간 동안 추가적인 지원의 필요 여부를 평가하는 것이라고 언급하였다. 스크리닝 검사는 아동의 현재 기능과 행동, 사회적, 신체적, 교육적 또는 정신건강 상태에 대한 짧은 정보를 제공한다. 검사 결과는 추가적인 평가 또는 개입 의뢰의 필요 여부와 시기를 결정하는 데 사용된다(Florida Partnership for School Readiness, 2004). Moodi 등은 임상가 등이 스크리닝을 할 때 염두에 두어야 할 고려사항을 다음과 같이 제시하였다.

- 스크리닝은 짧은 시간(30분 또는 그보다 짧게) 동안 실시하도록 설계되었다.
- 스크리닝은 현재 기능 수준 전체를 측정할 수 없다.
- 스크리닝은 위험 또는 잠재적 위험을 식별하도록 설계되었다.
- 스크리닝은 잠재적 우려나 위험의 가능성을 나타낸다.
- 스크리닝 후에는 일어날 수 있는 위험신호의 타당성이나 부당성을 확인하기 위한 추가적인 후속 조치와 종합적인 평가가 이루어져야 한다.

Moodi 등은 스크리닝 과정과 종합적이고 전반적인 평가 과정 사이에는 큰 차이가 존재한다는 점을 지적한다. "평가란 아동의 기능에 대한 질문에 답하기 위해 정보를 관찰, 수집, 기록 및 해석하는 지속적인 과정을 의미한다."(Moodi et al., 2014, p. 3) 그들은 스크리닝 검사와 종합적인 검사의 차이점에 대해 다음과 같이 제시하였다.

- 평가는 아동의 현재 문제에 대한 가설 테스트, 식별 및 개입의 목적을 포함하여 다양한 목적으로 사용될 수 있다. 그러나 스크리닝은 현재 기능을 모니터링하거나 위험에 처

한 사람을 식별하는 데만 사용된다.

- 평가는 시간의 흐름에 따른 아동의 수행을 확인하고자 한다. 그러나 스크리닝은 특정 시점에 집중한다.
- 평가는 일반적으로 여러 영역에 걸쳐 여러 출처에서 정보를 수집하는 보다 정교한 과정이다. 그러나 스크리닝은 일반적으로 아동, 부모, 교사 또는 의료제공자로부터 직접적이고 간략하게 조사한다.

학교 장면과 마찬가지로, 스크리닝은 보통 전반적이고 종합적인 평가 과정의 전 단계다. 즉, 스크리닝 검사를 통해 학생이나 가족이 추가적인 지원이 필요한 것으로 선별되면 이는 개입팀에 몇 가지 추가 조치가 필요하다는 것을 의미한다. 개인에게 현재 어려움을 겪고 있는가를 물어볼 때 가장 중요한 측면 중 하나는 그중 하나의 대답이라도 '예'에 해당할 때 지원할 무언가를 확보하는 것이다. 이는 학교 및 기타 환경에서의 스크리닝 검사에 있어 매우 중요한 측면이다. 또한 도움이 필요한 사람들을 지원하기 위한 대응체계 없이 스크리닝 검사를 제공하는 것은 문제가 있으며 잠재적으로 비윤리적이라 할 수 있다.

Eklund 등과 다른 연구자들(Jenkins et al., 2007; Eklund & Rossen, 2016)은 데이터가 아동과 가족이 필요한 지원을 연계하는 데 도움이 될 때, 스크리닝과 같이 간단하고 효율적인 조치가 개인의 요구를 만족시킬 수 있는 종합적이고 실용적인 접근의 일부가 될 수 있다고 언급하였다. 학교는 어린이와 가족을 가장 가까이에 관찰할 수 있으며 많은 청소년을 접할 수 있는 환경이기 때문에 스크리닝 도구가 특히 유용할 수 있다. 이는 지역사회 기반 치료를 이용할 때 존재하는 수많은 어려움에 비추어 볼 때 특히 그러하다(Eklund, 2014; Levitt et al., 2007; Glover & Albers, 2007). 아동 지원에 관한 메커니즘으로서 보편적 조기 스크리닝 검사의 유용성에 대한 분명한 증거가 존재함에도 불구하고 실제로는 8개 학교 중 1개 학교만이 이러한 방법을 선택하고 있다(Bruhn et al., 2014). Eklund와 Dowdy는 교직원에게 알려지지 않았을 수 있는 위험에 처한 학생을 식별하는 데 스크리닝을 사용하는 것이 도움이 됨을 언급하고 있다. 그러나 스크리닝을 보편화하는 데는 여러 가지 어려움이 존재한다. Chafouleas 등(2010)과 Eklund와 Rossen(2016)은 이러한 어려움에는 학교의 제한된 시간과 자원, 윤리적 고려 및 동의에 대한 고려, 보편적인 스크리닝 절차 등에 대한 전반적인 인식의 부족 등이 포함될 수 있다고 언급하였다. 이러한 어려움과 트라우마 관련 스크리닝 검사의 전반적인 사용에 대해 이 장에서 논의될 것이다. 여러 주제 중에서도 스크리닝 도구 선택 시 윤리적, 발달적, 기술적 고려사항을 다루고자 한다.

## 학교에서의 트라우마 스크리닝 시 고려사항

Eklund와 Rossen(2016)은 학교 장면에서 보편적인 트라우마 스크리닝을 구현하는 것과 관련된 여러 가지 고려사항에 주목한다. 학교는 트라우마 스크리닝 프로토콜을 개발하여 구현하기 전에 다음에 제시된 영역을 고려해야 한다. Eklund와 Rossen은 다음과 같이 언급하였다.

- 측정할 사항 확인(내면화 문제, 트라우마 증상, 역경의 원인 또는 스트레스)
- 사용할 스크리닝 도구 선별
- 스크리닝 도구 구매에 대한 비용 검토
- 데이터 측정 및 관리, 조사 결과 분석 및 해석, 개입 및 연계에 필요한 인력과 시간, 교육 및 노력 계산
- 측정을 실시할 대상 확인(교사, 부모, 학생 등)
- 청소년, 부모 및 교직원이 스크리닝 도구의 목적과 사용법을 알고 있는지 확인(예: 사전 동의)
- 스크리닝 실시 횟수와 시기 결정(예: 가을, 봄)(Eklund & Rossen, 2016, p. 4)

트라우마에 대한 노출 증가가 장단기 학업 및 건강 관련 문제를 예측한다는 것은 잘 알려진 사실이다. 따라서 노출 가능성에 대한 조기 스크리닝이 후에 문제가 발생할 위험이 있는 아이들과 가족에게 도움이 될 것이라고 가정하는 것은 상당히 현실적인 부분이다(Alisic et al., 2011; Eklund, 2016). 이와 같은 개인을 스크리닝하는 데 도움이 되는 메커니즘을 마련하는 것은 학교와 지역사회가 가장 도움이 필요한 사람들에게 개입할 수 있도록 도울 수 있는 합리적인 해결책이다. 도구의 선택, 정보 제공자 선택, 사전 동의, 평가를 수행하는 데 필요한 시간과 자원 등의 문제는 모두 트라우마 스크리닝 프로토콜을 개발할 때 고려해야 할 중요한 영역이다.

## 비밀보호

이 책은 학교 및 임상 기반의 정신건강 전문가 모두의 이해를 돕고자 하지만, 트라우마 기

반 평가와 관련하여서는 두 영역에 명백한 차이가 존재한다. 학교 장면에서의 가장 주요한 고려사항 중 하나는 민감 정보와 공개에 대한 관리다. 일반적으로 지역사회 기반의 정신건강 세팅에서는 부모가 평가를 위해 자녀를 데려오거나 데려오도록 지시받은 경우가 많다. 그러나 학교 장면에서는 부모나 보호자가 전문가가 자녀를 평가하고 진단하거나 서비스를 제공하는 것에 대해 무관심할 수 있다. 이는 아동보호 서비스 또는 법적 개입을 초래할 수 있는 정보를 아동이 공개하는 것에 대한 우려 때문일 수도 있다.

학교 교직원은 가정 폭력을 목격하고 있거나 성적 또는 신체적 학대를 당하고 있는 것으로 의심되는 아동에 대해 염려할 수 있으나 이러한 정보를 확인하기는 어렵다. 아동은 여러 가지 이유로 학대 사실을 공개하는 것을 피하거나 미루는 경우가 있으며, 부모 또한 여러 가지 이유로 학교의 교직원과 이러한 정보를 공개적으로 공유하는 것을 거부할 수 있다(Tishelman et al., 2010). 트라우마 이력이 의심되는 경우, 학교 교직원이 평가를 위해 그들의 부모나 보호자들에게 충분한 정보를 제공하여 동의를 받고 그들과 협력하여 아동을 돕는 것은 매우 복잡하고 어려운 일이다. 여기에는 학대 사실이 공개될 경우 발생할 수 있는 일들에 대해 부모에게 충분히 알리는 것이 포함된다. 또한 학대와 관련하여 아동보호 서비스에 의무적으로 신고해야 한다. 학대 사실이 공개되는 경우, 학교의 심리전문가, 상담사 등 학교 기반 정신건강 전문가가 해당 정보를 관리하고 공유(꼭 알아야 하는 사람에게만 알려 주는 방식으로, 상황에 따라 다르게 표현되고 해석될 수 있음)하는 방법은 매우 중요하다.

Tishelman 등(2010)은 학교가 민감한 정보를 신중하게 취급하기 위한 일관된 정책을 항상 갖고 있는 것은 아니라는 점을 지적한다. 아동의 개인정보가 공개될 때 해당 정보가 아동이나 가족에게 당혹감이나 수치심을 줄 수 있는 방식으로 유포될 수 있으며, 학교의 교직원들이 아동과 그 가족들에게 부정적인 인식이나 반응을 보이게 될 경우들이 있다. 비록 그 정보가 학교나 교사 등 책임을 질 수 있는 전문가들에게 전달되는 것이 자녀에게 더 유익하다 할지라도 정보가 공개되고 공유되는 방법에 대한 명확한 이해가 없다면 부모는 정보를 제공하는 것에 있어 더욱 조심스러울 것이다. 트라우마와 관련된 정보가 매우 조심스럽고 합리적인 방법으로 비밀 유지가 된다는 확신이 없다면 아동과 가족은 아동이 정보 공개로 인해 낙인찍히지 않거나 더 이상 가족 문제(예: 아동보호 기관의 관여, 잠재적인 형사절차 및 이민 절차 등에 대한 우려)를 유발하지 않을 것이라고 확신할 수 없다.

정보가 어떻게 사용될 것인가에 대한 이해가 부족할 때 부모들은 학교와 정보를 공유하는 것에 대해 고민할 것이다(Tishelman et al., 2010). 학교나 지역사회에서 스크리닝 검사의 절차를 고려하는 임상가들은 부모와의 협력을 위해 정보가 어떻게 처리되고 사용되는지에 대해 충분히 이해시켜야 한다.

## 사전 동의 및 가족의 권리

비밀보호와 관련된 주제에서 사전 동의 및 부모의 권리는 중요한 문제다. 트라우마 경험에 대해 질문할 때, 부모는 자신의 권리를 충분히 이해하고 무엇에 대해 동의하는지 이해해야 한다. 앞서 언급한 바와 같이 부모에게 동의를 거부할 수 있는 권리가 있음을 알리고, 동의하는 경우 정보가 어떻게 사용되는지를 이해시키는 작업이 필요하다.

초등학생(n=402)을 대상으로 한 스크리닝 검사를 받은 아동의 34%(n=138)가 하나 이상의 트라우마 사건을 경험하였으며, 하나의 트라우마 사건을 경험한 아동의 75.4%는 중등도 이상의 높은 수준의 외상 후 스트레스 장애를 경험한 것으로 나타났다(Gonzalez et al., 2016). 그러나 더 큰 우려 사항은 스크리닝 검사에 참여하도록 요청받은 학생 중 절반 미만의 부모가 자녀가 스크리닝 검사에 참여하는 데 동의했다는 사실이다. 자녀가 트라우마에 노출되었을 수 있음을 알고도 부모가 자녀의 스크리닝 검사를 미동의한 경우 선택의 편향이 우려된다. 해당 연구의 저자들은 다음의 내용을 지적하였다. "총 1,050개의 부모 동의서가 배포되었는데 789개(73%)가 반환되었고 417개(53%)가 아동 선별에 동의했다. 이 중 402명의 아동이 트라우마 사건에 대한 노출 스크리닝 검사를 마쳤다. 부모는 스크리닝에 대한 서면 동의를 하였으나 설명한 스크리닝 절차에는 참여하지 않았다."(Gonzalez et al., 2016, para. 10) 이로 인해 Gonzalez 등이 발견한 결과가 인구 전체의 트라우마 노출 범위를 과소평가한 것은 아닌지에 대한 의문이 제기될 수 있다.

연구 및 임상에서 사용하는 두 가지의 다른 동의 방법이 있다. 하나는 '능동적' 동의이고 하나는 '수동적' 동의다. **능동적 동의**는 자녀의 참여 가능 여부가 구체적으로 명시된 문서에 부모가 서명하는 것을 의미한다. **수동적 동의**는 부모가 자녀의 불참을 특별히 요청하지 않는 한 암묵적으로 동의한 것으로 간주하는 관행을 의미한다. 즉, 동의서를 아예 회신하지 않은 부모는 자녀의 참여에 동의하는 것으로 간주하는 것이다. 수동적 동의는 부모가 자녀의 참여에 대해 "아니요"라고 작성하여 양식을 반송하도록 요구하며, 능동적 동의는 자녀의 참여에 "예"라고 답하여 양식을 반송하도록 요구한다. 수동적 동의의 사용은 특히 문맹률이 높고 비영어권 가족이 많은 학교에서 논란이 되고 있다(Eklund & Rossen, 2016). 이러한 우려에도 불구하고 Ellickson과 Hawes(1989)는 추가적인 비밀보호 장치가 마련된다면 수동적 동의가 능동적 동의의 실용적 대안이 될 수 있다는 점을 지적한다. 능동적 동의와 수동적 동의 사용의 차이는 트라우마와 같이 민감한 주제에 대한 보편적 스크리닝 문제를 고려할 때 특히 두드러진다. 수동적 동의가 더 높은 응답률과 더 많은 피험자를 확보할 수 있지만(Blodgett, 2012; Eklund & Rossen, 2016) 트라우마 노출 및 영향과 관련된 스크리닝 검사를 실시할 때는 능동적 동의를 사용할 것을 제안한다.

이에 더하여 Blodgett(2012)은 능동적 동의 절차만으로는 부모의 완전한 이해를 보장하기에 충분하지 않다고 덧붙였다. 그는 포괄적인 사전 동의 과정에는 부모와 보호자가 참여의 잠재적인 이점과 위험을 완전히 이해할 수 있도록 하고 일반적으로 그들의 민감하고 개인적인 가족의 정보가 전문적이고 신중하게 처리될 것이라고 믿을 수 있도록 하는 것이 포함된다고 하였다(Blodgett, 2012). 워싱턴주에서 수행하고 있는 트라우마 기반 작업에 대한 논의에서 Blodgett는 연구팀이 RTI 모델과 유사한 일반적인 3단계 공중보건 모델을 사용하고 있다는 점을 언급하였다. 이 모델에서 시스템 프레임워크에 내장되어 있는 여러 개입은 트라우마 기반 교실, 증거 기반의 사회 정서적 학습 실천, 트라우마 이력과 관련하여 행동적·학업적으로 어려움을 겪고 있는 어린이를 위한 트라우마 기반 의사결정, 가장 도움이 필요한 구성원에 대하여 트라우마 중심 개입을 사용한 간단한 소그룹 및 개별 임상 서비스 제공(Blodgett, 2012)을 포함한다. 이 방식은 학교 기반 서비스 제공과 공중보건 서비스 제공자를 통합하고 연결한다. 그는 이러한 대규모의 주 전체적 시행에서 트라우마에 노출된 개인에 대한 트라우마의 영향력을 감소시키는 것과 동시에 모든 아동의 사회-정서적 발달을 촉진하는 것에 동등하게 중점을 두고 있다고 말한다. 이것은 트라우마 기반 학교가 트라우마에 노출된 아동뿐만 아니라 모든 아동에게 유익할 수 있다는 개념과 일치한다(Cole et al., 2013).

Blodgett은 워싱턴주의 이러한 노력이 미국 법무부와 빌앤멜린다게이츠재단(Bill and Melinda Gates Foundation)의 자금지원을 통해 이루어지고 있음을 밝혔다. 빌앤멜린다게이츠재단은 학교의 트라우마 스크리닝 및 평가 프로세스 구성요소에 직접 자금을 지원하는 미국 아동 가족 관리국 및 워싱턴주 보건부와 협력하고 있다. 이것은 여러 부문과 분야에 걸쳐 추구할 수 있는 협업 기회를 보여 주기 때문에 중요한 고려사항이다. 다른 연구에서도 지역 교육부가 보건부, 주 교육위원회, 사회복지부, 아동청소년부와 같은 다른 서비스 조직과 협력할 의향과 능력이 있을 때 지역사회에서 가장 취약한 구성원을 지원하는 데 더 집중적이고 협력적인 관심을 기울일 수 있다고 주장한 바 있다(Wycoff et al., 2018).

Blodgett은 주 전체를 대상으로 하는 정책 계획을 통해 배운 가장 중요한 교훈은, 학교 환경에서 트라우마 노출 및 역경에 대한 스크리닝 및 평가를 실시할 때는 그러한 수행을 채택하는 시스템의 의도와 맥락 모두에 의미가 있어야 한다는 점이라고 말한다(Blodgett, 2012). 그는 다음과 같이 언급하였다.

> 결과적으로 얻게 된 지식이 의미 있는 방식으로 실무에 대한 개선을 이끌어 내지 못한다면 역경에 대한 사실은 도움이 되는 정보가 아니다. 결과적으로 스크리닝 및 평가는 조직 변화와 실무 변화에 대한 더 넓은 논의의 도구다. 리더십과 직원 참여, 조직 개발 및 의사결정, 반대하는 사람들과 함께 일하는 것, 파트너십 등의 '소프트 스킬'은 이러한 노력의 성공에 필수적이다. 이 점은 실행 과학의 권고 사항 및 혁신 확산의 실천적 교훈과 완전히 일치한다.
>
> (Blodgett, 2012, p. 2-3)

워싱턴주의 경험에서 주는 교훈은 전반적으로 '아동기 부정적 경험(ACE)에 얼마나 노출되었는지(ACE Dose Exposure)'를 확인하는 것이 스크리닝 과정에서 묻는 특정 질문보다 더 중요하다는 것을 나타낸다. 명확하게 질문하는 것은 중요하지만, 초기 데이터에 따르면 핵심 영역에서의 누적된 노출은 매우 강력하므로 가장 위험에 처한 사람들을 스크리닝하려고 할 때 특정 트라우마의 세부 사항에 초점을 맞출 필요가 없을 수 있다(Blodgett, 2012).

Blodgett(2012)은 트라우마 스크리닝에서 고려하는 데 유용한 ACE 노출의 핵심 영역은 여러 가지가 있다고 언급하였다. 여기에는 양육자와의 관계 단절(이혼, 사망 및 질병으로 인해), 양육자의 역량 감소(행동건강 문제, 아동 학대, 정신질환 및 약물남용으로 인해), 가족 및 지역사회의 폭력과 안전(노숙자, 기본적인 물질적 필요가 충족되는지 여부)을 포함한다. Blodgett(2012) 및 기타 연구자들(Eklund & Rossen, 2016)과 마찬가지로, 동의는 단순히 부모로부터 받아야 하는 최종 결과물이 아니라고 우리는 주장한다. 오히려 양육자가 우리의 파트너가 되는 하나의 과정이다. 즉, "사전 동의가 핵심 개발 과제로 다루어져야 하며 부모가 일부 질문에 긍정적으로 대답할 경우 그 의미를 완전히 이해해야 한다. 더 상세한 질문으로 인한 위험 증가는 우리가 알아야 할 필요성에 의해 정당화되어야 한다. 우리의 초기 경험에 따르면 공식적인 치료 및 연구 환경 밖에서는 위험의 정당성을 방어하기가 어렵다."(Blodgett, 2012, p. 3) 자녀에게 이러한 질문을 하기 위한 동의를 요청할 때 부모에게 명확하게 설명하는 것은 매우 중요하며, 이는 이후 섹션에서 스크리닝을 통해 수집한 정보를 처리하는 방법을 고려할 때 추가로 논의할 것이다.

Blodgett가 제안한 것처럼(초기 Head Start 연구 결과 참조), 실무자는 트라우마 경험을 촉발할 수 있는 질문들을 피하면서도 ACE 노출 정도를 확인할 수 있으며, 이는 개인이 미래에 겪을 수 있는 어려움을 더 잘 이해하는 데 도움이 될 수 있다(Blodgett, 2012). 우리는 다음 섹션에서 안전 및 후속 조치에 관해 '숙지해야 할 사항'에 대해 알아보고자 한다.

## 안전 및 후속 조치

역경과 트라우마에 대한 개인의 노출에 관해 체계적으로 질문할 때마다 우려되는 답변을 얻을 가능성이 높다. 특히 미성년자에게 역경 노출에 대해 질문할 때 고려해야 할 실질적인 안전 및 윤리적 문제가 있다(Blodgett, 2012). 더 이상 역경 노출과 관련된 위협적이거나 위험한 환경에 있지 않을 수 있는 성인과 달리 청소년의 경우 항상 그런 것이 아닐 수 있다. 미성년자에게 이러한 질문을 할 경우 위험이 더 높아진다. 가장 중요한 위험 중 하나는 아동학대에 대한 의무적인 보고의 필요성이며, 미성년자에게 트라우마 노출 가능성에 대해 보다 직접적인 질문을 할 경우 보고해야 할 필요가 증가할 수 있다(Blodgett, 2012). 고려해야 할 추가적인 위험은 부모와 임상가 사이의 전문적 관계에 대한 잠재적인 손상이다(Blodgett, 2012). 이는 서비스에 대한 사회적 계약이 아직 비밀보호나 신고 의무와 같은 문제를 다루지 않은 비치료 전문가 관계(예: 교사-부모 관계)에 ACE 관련 및 트라우마 질문을 도입하는 것을 고려할 때 특히 두드러진다(Blodgett, 2012).

Blodgett은 학교 기반 임상가가 선별 과정을 안내하는 데 도움이 될 수 있는 '알아야 할 필요성/공유 동의' 의사결정 트리를 제안한다. Blodgett은 워싱턴의 Head Start 프로그램의 연구를 언급하면서 이미 서비스에 참여하고 있는 가족과 고객의 경우 자세한 아동 학대 및 위험 프로파일이 수집되었다고 밝혔다. 그러나 전체 인구 집단에 대한 보다 일반적인 스크리닝을 위해, 질문은 서비스 수혜 자격으로 이어지는 정보(보다 일반적인 질문)에 중점을 두었고 후속 조치가 필요한 특정 정보는 포함하지 않았다(Blodgett, 2012). 그는 "어떤 정보를, 언제, 어떤 목적으로 제공할 것인지에 대한 의사결정 트리가 효과적인 ACE와 트라우마 선별 및 평가 관행을 구축하는 가장 건설적인 방법"이라고 말한다(Blodgett, 2012, p. 4). 이는 또한 스크리닝 및 평가 데이터를 실행 계획 및 개입에 연결하는 것이 필수적임을 강조한다. 학교는 전반적인 위험을 줄이면서도 학군의 요구 사항을 알기 위해 수집하는 정보, 해당 정보가 사용되는 시기 및 방법과 관련된 선별 프로세스 및 의사결정 트리를 개발하는 과정에 투자할 수 있다.

## 자발적 참여

이 장의 앞부분에서 언급했듯이 시스템 전반에 걸친 트라우마 및 역경 스크리닝 과정을 구축할 때 윤리적 측면을 고려한 의사결정이 이루어져야 한다. Blodgett(2012)은 트라우마 이력과 현재 영향을 구체적으로 탐색할 때 자발적으로 이루어지는 보편적 검사가 가장 적절하다고 지적한다. 아동의 트라우마 이력에 대해 질문하면 부모나 보호자의 트라우마 이력도 드러날 수 있다. 이는 일부 양육자가 검사 참여를 꺼리는 이유 중 하나일 수 있다. 특히 해당 정보가 어떻게 사용되는지 완전히 이해하지 못하는 경우 더욱 그렇다. 워싱턴주의 Head Start 프로그램에서 ACE 검사를 실시한 결과, 부모의 ACE 이력이 증가할수록 자녀의 ACE 노출도 증가하는 것으로 나타났다. "5개 이상의 ACE를 가진 부모의 경우 자녀의 69%가 2개 이상의 ACE를 갖고 있으며 40%의 자녀가 4개 이상의 ACE를 가지고 있다."(Blodgett, 2014, p. 10)

그럼에도 불구하고 부모가 실제 ACE 스크리닝의 근거를 완전히 이해하고 참여에 대한 선택권이 있다고 느끼면 기꺼이 참여할 의향이 있는 것으로 보인다. Head Start 프로그램의 자발적인 '보편적' 스크리닝 검사에서 양육자의 75% 이상이 참여 의사를 표시했다(Blodgett, 2012). 그는 ACE 점수 자체는 괴로운 것이 아닐 수 있지만 이에 응답하고 해당 정보를 공개하는 행위(일부에게는 이것이 트라우마 이력에 대해 처음이자 유일한 공개 또는 인정일 수 있음)는 상당히 괴로운 경험일 수 있다고 지적한다. ACE 노출이 높은 자녀 모두에게 지원을 제공하는 것은 물론, 높은 노출 점수를 표시한 부모를 필요한 자원에 연계하는 것도 중요하다. 부모에게 이 정보가 어떻게 사용될 것인지에 대해 알려 줄 때 부모와 자녀를 의미 있는 지원과 연결하는 데 도움이 될 수 있다는 점을 알려 주면 부모가 이 정보를 공개해도 충분히 편안하다고 느낄 수 있다. 그러나 모든 서비스 관계에는 여전히 두려움과 불확실성이 있을 수 있으며, 특히 정보가 어떻게 사용될 것인지와 관련하여 이 정보를 공유하는 것에 대한 엄청난 수치심과 낙인이 있을 수 있다는 점도 간과할 수 없다(Blodgett, 2012).

친밀한 파트너의 폭력과 옹호에 관한 문헌도 자발적 공개 문제에 대한 통찰을 제공한다. 어떤 종류의 트라우마로 인해 개인의 통제권에 대한 잠재적 위협을 경험한 사람에게는 통제권을 돌려주는 것이 필수적이다. Blodgett이 지적했듯이, "아동을 보호해야 하는 의무가 요구되지 않는 한 트라우마에 노출된 사람으로부터 통제권과 선택권을 빼앗아서는 안 된다. 우리는 역경에 대해 논의하는 행위를 권한 부여 과정으로 간주하고 이에 따라 우리가 어떻게 행동해야 하는지 전문적인 결정을 내려야 한다."(Blodgett, 2012, p. 4) Blodgett은 이러한 정보와 아동 및 가족과의 관계를 개선하고 구축하려는 전반적인 목표를 고려할 때, 스크리닝 검사를 포함한 모든 수준의 치료에 자발적으로 참여하는 것이 가장 트라우마에 민감한 접근 방식이라고 지적한다(Blodgett, 2012). 우리 저자들은 이 평가 과정에 동의한다.

## 타당성과 실용성

학교 기반 스크리닝 검사를 개발할 때 고려해야 할 실제적인 실행 계획상의 이슈가 많다. 앞서 언급했듯이 선별 데이터를 실제 개입과 트라우마 노출에 동의한 사람들에 대한 적절한 후속 조치에 연계하는 것의 중요성은 아무리 강조해도 지나치지 않다. 즉, 윤리적인 트라우마 스크리닝 검사에 필요한 인력 및 시간적 요건도 고려해야 한다.

학교 기반 스크리닝 검사는 검사를 수행하는 데 제한된 자금 및 인력뿐만 아니라 위험에 처한 청소년이 식별된 후의 후속 조치에 대한 우려 등 실질적인 어려움이 있을 수 있다(Levitt et al., 2007). 어떤 사람들은 전면적이고 강력한 검사에 참여하는 것이 실제로 조직의 핵심 임무를 구현하는 데 필요한 서비스를 방해하거나 자원의 손실을 가져올 수 있다고 우려할 수 있다(Blodgett, 2012).

> 타당성과 지속 가능성을 염두에 두고, 심리측정적 특성은 물론 저렴한 비용, 관리 및 채점 용이성을 고려하여 평가 방법을 선택했다. 아동의 발달 수준에 적합하도록 평가 절차에 여러 가지 조정이 이루어졌다.
>
> (Gonzalez et al., 2016, para. 12)

트라우마나 역경 이력이 없는 학생의 경우 참여 시간은 5~10분, 이력이 있는 학생의 경우 최대 15~25분까지 다양할 수 있다(Eklund & Rossen, 2016; Gonzalez et al., 2016). 이는 다중 트라우마에 노출되었거나 트라우마 스트레스 영향이 크다고 답한 부모 및 자녀와의 개인 전화 통화 및 개별 회의를 통한 후속 조치에 필요한 시간은 제외한 것이다.

Blodgett은 다음과 같이 말했다. "성인에게 적합한 세부적인 질문을 하면 아동 학대 보고 의무가 증가하게 될 것이다. 보다 직접적인 질문을 할 때 의무적인 보고가 이루어질 수 있는 사안이 자주 발생한다. 이러한 어려움 속에서 몇 가지 교훈이 나타나는 것으로 보인다. 교직원 참여, 승인 및 교육은 스크리닝 도입에 있어 매우 중요한 사항이라는 것. 잠재적으로 실행 가능한 정보와 관련된 직접적인 질문이 포함됨에 따라 교직원의 참여가 더욱 중요해진다."(Blodgett, 2012, p. 3) 학교는 적절하고 윤리적인 내용을 포함하는 종합적인 심사 프로토콜을 개발하고 구현하는 데 필요한 시간 투자를 고려해야 한다. 이를 통해 높은 수준의 역경과 트라우마 노출을 나타내는 사람들을 지원할 수 있다. 검사 프로토콜을 구축하는 과정에 교직원과 교사를 참여시키고 스크리닝 검사에 내포된 의도를 전체 학교 커뮤니티에 알리는 것이 절대적으로 중요하다.

## 발달 적합성

학교나 지역사회 세팅에서 시행되는 기타 사회적, 정서적, 행동적 또는 학문적 문제에 대한 스크리닝 검사와 마찬가지로, 트라우마 및 역경 노출에 대한 스크리닝 검사에서는 대상자와 정보 제공자의 발달 수준과 지식수준을 모두 고려해야 한다. Eklund와 Rossen(2016)은 트라우마와 관련된 많은 보편적인 검사[Gonazlez et al. (2016), Woodbridge et al. (2015) 참조]가 평가 척도나 개별 인터뷰를 사용한다는 것을 언급한다. 또 다른 연구자들(Blodgett, 2012)은 관찰하거나 지켜보는 방식의 스크리닝 검사를 사용하여 교사를 정보제공자로 활용했지만, 교사가 트라우마와 역경에 대한 검사를 어느 정도 편안하게 느끼는지 또는 심지어 트라우마 증상과 역경에 대한 일반적인 지식을 가지고 있는지를 고려하는 것이 중요하다(Eklund & Rossen, 2016). 학생이 직접 보고한 데이터나 학부모가 보고한 데이터를 사용할 때는 읽기 수준과 언어를 고려하는 것이 중요하다.

Woodbridge 등(2015)은 적극적인 동의 절차를 사용하여 영어, 스페인어, 중국어로 된 정보 전단지와 동의서를 중학생들의 집으로 보냈다. 이 연구 대상에는 북부 캘리포니아의 다양한 학군에서 4년 동안(2011~2015), 6학년 학생 4,076명(전체 학군 25,033명 중)이 포함되었다. 이 양식을 통해 자녀의 트라우마 노출 및 트라우마 관련 스트레스를 평가하는 간단한 스크리닝 과정에 관한 정보가 부모에게 제공되었다. 참가자의 발달 및 언어 수준에 대한 고려와 방법론적 취약성을 해결하기 위해 연구팀은 개학 후 첫 2개월 이내에 그룹별 진행을 통해 스크리닝 검사를 실시했다. 이는 일반적으로 교실에서 진행되었으며 학생들이 검사를 완료하는 데 약 15분이 걸렸다(Woodbridge et al., 2015). 연구 진행자는 화면이 송출되는 동안 참가자들에게 모든 지침을 소리 내어 읽어 주었고 트라우마 노출 및 고통 수준을 평가하는 방법에 대한 예시가 제공되었다(Woodbridge et al., 2015). 부모의 동의를 받은 학생들만 참여할 수 있었음에도 불구하고 연구팀은 참여 학생들에게 언제든지 참여를 거부하고 검사를 중단할 수 있음을 안내했다. 또한 부모가 검사 결과에 대한 일반적인 정보는 얻을 수 있지만 검사를 통해 공개된 내용에 대한 구체적인 세부 정보는 얻을 수 없다는 정보를 추가로 전달하였다(Woodbridge et al., 2015).

트라우마 스크리닝 절차의 안전 및 후속 조치에 관해 이전 섹션에서 언급한 바와 같이, 본 연구에서 연구팀은 캘리포니아주에서 의무적으로 보고해야 하는 모든 법적, 윤리적 요구 사항을 준수했다. 스크리닝 검사 관리자가 교실에 참석하여 소그룹 환경에서 설문조사 절차에 대해 구두로 지침을 제공하면서 검사 중에 도움이 필요한 모든 학생에게 일대일 지원과 지도를 제공할 수 있도록 하였다. 소그룹, 교실 기반 관리가 완료되면 모든 설문지는 수동 채점 절차에 따라 채점되었다. 이 팀은 검사 과정의 일반적인 결과를 집으로 보내는 것 외에도 가장 도움이 필요한 학생들에 대한 후속 조치 및 지원의 필요성을 구체적으로 다루었다(Woodbridge et al., 2015). 이 연구자들은 결과를 논의하고 가족을 학교 및 지역사회의 자원과 연결하기 위해 스크리닝 검사에서 높은 ACE 점수를 받은 학생의 부모 모두에게 개인적으로 전화하여 후속 조치 및 지원에 관한 사항을 안내했다(Woodbridge et al., 2015).

Gonzalez 등(2016)은 어린 아동을 대상으로 트라우마 노출 및 영향을 검사하는 것이 추가적인 어려움을 초래할 수 있다고 지적했다. 자기보고식 측정은 이 주제에 대한 데이터를 효율적으로 수집할 수 있지만 어린 아동을 스크리닝하는 것에 있어서는 발달 및 방법론적으로 어려움이 존재한다. 주관성, 낮은 신뢰도, 낮은 타당성 등은 주로 인지 발달 및 읽기 능력과 관련되므로 어린 아동이 자가 보고를 사용할 때 나타날 수 있는 문제점이다(Gonzalez et al., 2016). 어린 아동들을 위한 평가 방법(놀이 치료, 놀이 내러티브 등)이 사용될 수 있지만, 이러한 도구 중 다수는 대규모 검사보다는 일대일 또는 소규모 그룹 임상 작업에 더 적합하다(Gonazlez et al., 2016; Luby et al., 2007). 그럼에도 불구하고 어린 아동을 위한 평가 도구의 신뢰성과 타당성이 향상되었다는 증거가 늘어나고 있다(Luby et al., 2007; Gonzalez et al., 2016). 또한 학교에서 가장 어린 아동들 중 일부의 제한된 읽기 능력을 해결하기 위해 Woodbridge 등이 노인 집단에서 사용한 방법과 마찬가지로 구두를 통해 실시하는 것과 같은 대체적인 방법이 유용할 수 있다.

발달, 언어 및 읽기 능력을 고려하여 행정적인 절차를 조정하는 것 외에도 심사 자체의 내용 영역도 고려해야 할 부분일 수 있다. Blodgett(2012)은 ACE에 노출된 어린이에게 매우 독특한 추가적인 발달 문제를 지적했다. 그중 두 가지 예는 노숙 문제와 잠재적인 노숙 위험에 대한 것으로, 이는 최초의 ACE 연구에서는 고려되지 않은 것이었다. 그는 학령기 인구의 기본 자원 평가(의복, 주거, 위생, 음식)의 측면들을 통합하면 아동의 삶에 누적되는 스트레스 요인을 더 잘 이해하고 해결하는 데 도움이 된다고 제안한다(Blodgett, 2012).

학교 기반 임상가가 학생의 트라우마 이력 및 위험의 성격과 심각도에 대한 정확한 정보를 수집하려면 발달에 대해 고려하여 적합한 수정이 필요할 수 있다(Eklund & Rossen, 2016). 트라우마 관련 검사자는 중요한 결정을 내릴 수 있는 잠재력을 갖고 있다. 정보는 정확하게 수집되어야 하며, 가장 높은 윤리적·법적 기준을 고려하여 수집되는 것이 중요하다.

## 도구 선택

트라우마 기반 평가에서는 강한 심리측정적 특성(예: 타당도 및 신뢰도)을 가진 척도를 사용하는 것이 매우 중요하다. 즉, 다양한 연령, 성별, 문화권에서 표준화된 척도를 트라우마 기반 스크리닝 검사에 사용하는 것이 가장 적합하다. 신뢰도와 타당도는 스크리닝 과정이나 전체적이고 종합적인 평가에 적절한 도구를 선택할 때 중요한 요소다. 이 부분에 대해 자세히 설명하지는 않겠지만, 이에 대해 알 필요가 있다. 심리측정학적으로 타당한 증거 기반 측정 도구 선택에 대한 보다 상세한 논의를 보려면 Hunsley와 Mash(2007)의 전체 논문을 참조하는 것이 좋다.

스크리닝 과정에 통합할 수 있는 어떤 특정 도구라도 그것의 신뢰도 및 타당도 프로파일을 알면 적절한 도구를 선택할 수 있다. 측정 도구는 심리측정학적으로 타당해야 하며 인구 집단과 관심 주제에 적합해야 한다. 측정 도구가 유용하기 위해서는 시간이 지나도 도구를 신뢰할 수 있는 신뢰도가 필요하지만 타당도 역시 중요하다. 선택한 측정 도구가 심리측정학적으로 타당하지 않을 경우 해당 측정 도구로 측정한 데이터는 사실상 유용하지 못하다.

**신뢰도(Reliability)**: 이는 특정 측정 도구의 점수 또는 결과가 시간이 지나고 사용자 및 측정 세팅이 바뀌어도 일관되게 유지되는 정도를 나타낸다(Moodi et al., 2014). 신뢰도란 어떤 기기나 도구가 시간이 지나고 여러 임상가에 걸쳐 안정적이고 일관된 결과를 산출하는 정도를 의미한다. 한 사람이 여러 번 검사를 받고도(예: 시점1에서 검사를 받고 1년 후인 시점2에서 다시 검사를 받는 경우) 그 결과가 같다면 그 검사는 신뢰도가 높은 것으로 간주할 수 있다. 신뢰도에는 다양한 유형이 있다.

• 검사-재검사 신뢰도
• 평정자 간 신뢰도
• 내적 일관성 신뢰도

타당도(Validity): 측정 도구에서 산출된 데이터가 측정하려는 내용을 얼마나 잘 담아내는지를 나타낸다. 즉, 도구가 측정하고자 하는 것을 측정하는가에 대한 것이다.

• 안면타당도
• 구성타당도
• 준거타당도

> 신뢰도는 필수적이지만 그것만으로는 충분하지 않다. 검사의 신뢰도를 확보하기 위해서는 타당도도 확보되어야 한다. 예를 들어, 체중계가 5파운드 덜 측정되도록 세팅되어 있다면 매일 5파운드가 빠진 체중으로 측정될 것이다. 체중계는 매일 동일한 체중을 일관되게 보고하므로 신뢰도는 높지만, 실제 체중은 5파운드가 추가되어야 하므로 타당하지 않다. 따라서 이 체중계는 체중을 정확하게 측정하는 데 타당한 측정 방법이 아니다.
>
> (Phelan & Wren, 2005, para. 12)

측정 도구가 유용하려면 높은 타당도와 신뢰도를 갖춰야 하며 측정 도구가 사용되는 세팅에 의미가 있어야 한다. Hunsley 등(2003)은 측정 도구가 심리측정학적으로 타당도를 갖추기 위해서는 표준화되어야 하며, 관련 집단에 대해 규범화되고, 적절한 신뢰도와 타당도를 가져야 한다고 지적했다. 그렇다면 적절한 것은 어떻게 정의할 수 있을까? 해당 측정 도구가 특정 상황에서 어떻게 사용되는지에 비추어 심리측정학적 특성을 고려하는 것이 중요할 것이다(Hunsley et al., 2007; Streiner & Norman, 2003). 따라서 이것이 '올바른' 도구인지의 문제보다는, 현재 작업에 적합한 도구인지, 즉 우리가 필요로 하는 작업을 수행할 수 있는 도구인지에 대한 문제가 될 것이다. Hunsley와 Mash(2007)는 특정 목적을 위한 측정 도구를 선택할 때 고려해야 할 9가지 범주에 초점을 둔 임상 도구 평가 시스템을 개발했다. 이 9가지 범주에는 '규준, 내적 일관성, 평가자 간 신뢰도, 검사-재검사 신뢰도, 내용 타당도, 구성 타당도, 타당도 일반화, 치료 변화에 대한 민감도 및 임상적 유용성'이 포함된다(Hunsley & Mash, 2007, p. 39). 저자들은 특정 목적, 목표 또는 임상적 필요의 맥락에서 측정 도구의 유용성에 대한 결정을 내리는 것이 절대적으로 중요하다는 점을 지적한다. Hunsley와 Mash가 개발한 평가 범주는 '적용 불가'부터 '허용 가능' '양호' '우수'까지의 범위를 가진다(Hunsley & Mash, 2007, p. 39). 그들의 목표는 실무자가 임상적 유용성을 가지고 사용할 만큼 심리측정학적으로 '충분히 좋은' 강도가 얼마인지 설정할 수 있도록 돕는 것이었다. 예를 들어, 내적 일관성 신뢰도와 관련하여 0.70~0.79는 허용 가능, 0.80~0.89는 양호, 0.90 이상은 우수하다고 언급했다(Hunsley & Mash, 2007). 이와 같은 가이드라인은 실무자가 현재 당면한 작업에 가장 적합한 도구를 선택하는 데 도움이 될 수 있다.

## 스크리닝 프로토콜 샘플

Gonzalez 등은 동의 및 스크리닝 절차에서 유용할 수 있는 고려사항에 대해 많은 세부 정보를 제공했다. 연구 목적은 실제 임상 목적과 다를 수 있지만, 여기에서 사용된 방법은 여러분의 환경에서 스크리닝 절차를 개발하는 데 있어 부분적으로 도움이 될 수 있다. 저자들은 학부모 동의서가 학년 첫 주인 9월에 집으로 발송되었으며, 학부모를 위한 모든 기타 자료와 함께 발송되었다는 점에 주목했다. 해당 자료는 학부모를 대상으로 한 다른 중요한 학교의 정보와 함께 정기적으로 매주 같은 날 가정으로 발송되는 폴더에 담겨 각 학생들을 통해 집으로 보내졌다. 즉, 동의서와 자료는 부모가 중요하게 생각하는 다른 정보들을 찾을 수 있는 장소와 시간에 함께 제공되어 쉽게 노출될 수 있게 하였다. 각 동의서에는 부모가 동의 여부에 대해 '예' 또는 '아니요'를 체크할 수 있는 공간과 부모 서명란을 포함하였다. 학교 관련 자료와 함께 동의서가 반환되지 않을 경우, 다음 2주 이내에 알림 및 추가 사본이 집으로 발송되었다. 교사들은 부모와 상호작용할 기회가 있는 경우(학생을 학교에 데려다주거나 데려갈 때 등) 모든 부모에게 구두로 이를 상기시켜 달라는 지시를 받았다. 이러한 절차 외에도 인센티브 구조가 마련되었다. 교사들은 회수율이 가장 높은(부모의 동의 여부와 관계없이 동의서의 반환을 의미함) 학급에 피자 파티를 제공할 것이라는 안내를 받았다(Gonzalez et al., 2016).

워싱턴 주립대학교의 Blodgett 등(2012, 2016)은 워싱턴주 스포캔의 초등학생을 대상으로 ACE 스크리닝 절차를 활용했다. 참가자들은 초등학교 교직원으로, K-6학년을 포함하여 공립학교에 재학 중인 학생들에 대해 보고하였다. 전체 대상자는 학교에 등록된 2,101명의 아동이었으며, 그중 50%가 교직원 검토를 위해 무작위로 선택되었다. 이 중 1급 신고자 교육을 받은 교사는 총 179명이다. 스포캔 지역에서는 ACE 스크리닝 절차를 위해 다음을 활용하였다.

> 교사와 학교 관리자가 학업, 건강 및 부작용 노출과 관련하여 알려진 우려 사항에 대한 보고서를 작성한 학교 기록 또는 사실적인 전문 지식을 반영하는 데이터를 사용한 관찰자 보고 방식이다. 학부모의 정보 공개는 사실적인 진술로 간주되었다. 참여한 학교에서는 재학생의 50%를 무작위로 선정하여 교직원의 검토를 받았다. 연구팀은 공통 보고 양식과 변인을 정의하여 교직원에게 알려진 사실만을 보고하고 의견이나 의혹을 보고하지 않도록 교육했다. 보고는 예/아니요 응답으로 이루어졌다. 학생에 관한 어떠한 식별 정보도 수집하지 않았다. 학생 설명 정보에는 학년, 성별, 인종, 급식비 지원 자격(빈곤 지표), 특수 교육 등록 여부가 포함되었다.
>
> (Blodgett, 2012, p. 6)

연구팀은 스크리닝을 할 때 학생이 하나 이상의 핵심 과목에서 학년별 요구 사항의 수준을 충족하지 못하고 있다는 사실, 출석에 문제가 있어 학습에 방해가 된다는 사실, 마지막으로 학교에서의 행동이 학업 진도에 방해가 된다는 사실 등 여러 가지 학업적 문제를 고려했다(Blodgett, 2012). 이러한 학습 문제 외에도 건강 문제 또한 고려하였다. 여기에는 '발작 장애, 발화/언어 장애, 자폐 스펙트럼 장애, 천식, 당뇨병, 비만, 음식 알레르기, 심각한 치아 문제 또는 교직원이 확인한 기타 만성 건강 상태와 학생이 보고한 건강 패턴'(Blodgett, 2012, p. 6)이 포함되었다. 연구팀은 Anda와 Felitti의 본 척도를 바탕으로 ACE 척도를 모델링했다. ACE 점수는 10가지 트라우마 관련 문제에 대해 평생 및 지난 1년간의 노출을 기준으로 계산되었다. 지역사회 폭력, 신체적 장애, 노숙 등의 범주가 추가되었으며, 매우 구체적인 아동 학대 관련 질문은 아동보호서비스(CPS)에 대한 일반적인 질문으로 대체되었다. 최종 ACE 목록은 다음을 포함한다.

> 평생 및 지난 12개월 동안 아동보호서비스(CPS)에 의뢰 또는 배정, 노숙 또는 매우 잦은 이동(맥키니-벤토법 적용 대상), 부모의 이혼 또는 별거, 주 양육자의 사망, 다음을 포함하는 평생 및 지난 12개월 동안의 가족 구성원 트라우마 사건: CPS 의뢰 또는 배정, 노숙 또는 매우 잦은 이동, 부모의 이혼 또는 별거, 주 양육자 및 가족 구성원의 사망.
>
> (Blodgett et al., 2014, p. 6)

이 프로토콜을 통해 연구팀은 아동이나 가족을 직접 조사하지 않고도 본질적으로 공중보건 감시 데이터를 수집할 수 있었다. 이 방법을 통해 학군 내 위험 요인을 전반적으로 파악하고 더 높은 수준의 서비스를 의뢰해야 할 아동을 식별할 수 있었다. 조사 결과, 교직원들은 평생 한 번 이상 트라우마 사건에 노출된 학생의 45%를 파악했으며, 학생 인구의 12%는 세 번 이상 트라우마 사건을 경험한 것으로 나타났다. 여기서 사용된 방법론적 접근 방식은 학교 환경에서 구현하기 쉽다는 점에 유의해야 한다.

## 트라우마 스크리닝 시 주의사항

Eklund와 Rossen(2016)은 학교에서 트라우마 스크리닝 프로토콜을 개발할 때 주의해야 할 점을 여러 가지 지적한다. 학교에서 이러한 스크리닝 검사가 유용할 수 있지만 또 한편으로는 이러한 스크리닝 검사가 아동과 그 가족에게 불필요한 낙인을 찍을 수 있다고 경고한다. 학교에 모든 학생에 대한 안전과 지원이라는 문화가 형성되어 있지 않고 스크리닝 검사 자체에만 초점을 두면 학교 전체의 문화적 변화의 필요성을 인식하지 못한 채 2단계 및 3단계 개입에만 집중할 수 있음을 지적한다. 따라서 공개적으로 사용 가능한 데이터베이스를 활용하고 교육구 전체의 위험에 대한 일반적인 이해를 바탕으로 워싱턴주의 Blodgett이 사용한 것과 같이 관찰자 보고 방식을 고려하는 것이 유용할 수 있다. Wycoff 등(2018)은 공개적으로 이용 가능한 데이터베이스(교육, 공중보건 등)를 활용하면 지역사회 전체의 ACE 노출에 대한 전반적인 평가가 가능하며, 때로는 이해관계자를 활용하여 학교 전체에 트라우마에 민감한 접근법이 필요한 이유에 대한 이해와 근거를 개선하는 데 도움이 될 수 있다고 언급했다. Cole 등(2013)은 다음과 같이 지적하였다.

> 전 직원 대상 프레젠테이션을 진행하면, 트라우마 감수성을 키우기 위해 트라우마 경험을 한 모든 아동을 선별하고 식별해야 한다고 생각하는 것을 흔히 볼 수 있다. 사실 이는 권장되지 않으며 상당히 해로울 수 있다. 이러한 접근 방식은 일부 아동에게 낙인을 찍을 뿐만 아니라, 트라우마 감수성이 학교 전체에 안전한 환경을 조성하는 것이 아닌 특정 아동에게만 개입을 적용하는 것이라는 생각을 강화시킬 수 있다.
>
> (Cole et al., 2013, p. 54)

트라우마에 노출된 청소년을 위한 학교 기반 스크리닝 검사 모델에 대한 이해를 돕기 위해 모범사례를 명확히 하는 것이 필요하며 이를 위해 추가적인 연구와 논문이 필요하다.

이 장 전체에서 언급했듯이, 정보 제공자의 주관성을 고려하여 트라우마 노출 및 영향을 정확히 측정할 수 있고, 신뢰할 수 있고 타당하며 발달에 적합한 측정 도구를 선정하는 것이 중요하다. 또한, 정보 제공자의 역할을 고려할 때 부모와 자녀가 트라우마 사건과 트라우마에 대해 보고하는 것에 대해 동의를 얻지 못할 가능성도 있다(Eklund & Rossen, 2016; Shemesh et al., 2005; Stover et al., 2010). 마지막으로 다른 부분에서도 언급했듯이 스크리닝 검사 결과와 개입을 연계시키는 연결고리가 가장 중요하다. 미국 인구의 전반적인 트라우마 노출에 대한 문헌 연구는 이미 충분히 이루어져 있기 때문에 일부 학교에서는 이와 관련한 구체적인 질문을 하지 않기로 결정한 경우가 많지만, 한편으로는 이들이 그에 대해 대답할 준비가 되어 있지 않은 이유 때문이기도 하다(Eklund & Rossen, 2016).

> 실용적이고 정확한 스크리닝 도구는 교직원들의 적절한 동의와 헌신을 바탕으로 적절하게 배치될 때 학교에서 청소년을 위한 자원을 어디에 더 집중해야 할지 더 잘 알려 줄 수 있다. 트라우마 스크리닝 검사 데이터를 사용하여 조사 결과를 바탕으로 학교가 교육, 전문성 개발 및 서비스를 할당하는 방법을 고려할 때도 마찬가지다.
>
> (Eklund & Rossen, 2016, p. 8)

트라우마 관련 스크리닝 검사 프로토콜도 마찬가지다. 앞서 언급한 모든 사례는 학교 전체의 트라우마 스크리닝 프로토콜의 개발과 실행을 고려할 때 깊은 주의가 필요하다는 것을 나타낸다. 스크리닝 검사를 통해 얻은 데이터에는 이점이 있지만 일부의 경우 이점이 위험성을 능가하지 못할 수도 있다.

## 트라우마 스크리닝 도구

학교의 전반적인 트라우마 관련 위험을 평가하고 해당 데이터를 사용하여 개입을 추진하기 위해 스크리닝을 시행하기로 결정한 학교의 경우 적절한 도구를 선택하는 것이 중요하다. 이러한 측정 도구 중 일부는 연구에서 사용되었고 또 다른 일부는 임상 장면에서 사용되었으나 학교의 전체적인 접근을 고려할 때 모두 적절할 것으로 보인다. 이러한 측정 도구

중 몇 가지를 요약하면 다음과 같다. 이 목록은 완전하고 절대적인 것은 아니며 학교마다 개별적인 필요에 따라 다른 도구를 선택할 수 있음을 유의하여야 한다.

### 아동기 트라우마 질문지(Childhood Trauma Questionnaire: CTR)

이 평가 도구는 자기보고식으로 어린 시절의 정서적, 신체적, 성적 학대를 측정한다. 또한 정서적 및 신체적 방임도 측정한다. 이 측정 도구는 28개의 문항으로 구성되어 있으며 12세 이상의 청소년들에게 적합하다. 이 도구의 내적 일관성 신뢰도는 0.81~0.95이고 검사-재검사 신뢰도는 0.79~0.86이다. 타당도 계수는 0.50~0.75로 보고되었다(Bernstein & Fink, 1998; Berstein et al., 2003; Berstein et al., 1997; Eklund et al., 2016).

### 아동용 외상성 사건 스크리닝 인벤토리 - 단축형(Traumatic Events Screening Inventory For Children – Brief Form: TESI-C-BRIEF)

이 평가 도구는 6~18세 아동 및 청소년의 트라우마 사건에 대한 직접 노출 또는 목격에 대한 경험을 조사한다. 총 21개 문항으로 구성되어 있으며 구조화된 인터뷰를 통해 진행된다. 이 도구의 내적 일관성 신뢰도는 0.80이고 평가자 간 신뢰도는 0.73~1.00이다(Davis et al., 2000; Eklund et al., 2016; Ford et al., 2002; Ford et al., 2008; Ribbe, 1996).

### 외상성 사건 스크리닝 인벤토리 – 아동보고식 개정판(Traumatic Events Screening Inventory – Child Report Form – Revised: TESI-CRF-R)

TESI-CRF-R은 TESI-C 인터뷰를 수정한 것이다. 이 평가 도구는 6~18세 아동 및 청소년의 트라우마 사건 발생 여부를 조사하는 간단한 자기보고식 측정 도구다. 입원, 지역사회 폭력, 가정 폭력, 신체적 폭력, 자연재해 및 사고에 대한 평가가 포함된다. 이 도구는 아동 및 청소년이 목격자이거나 직접적인 피해자인 사건을 모두 평가한다. 이 척도에 대한 신뢰도 및 타당도는 아직 보고되지 않았지만, 사용하는 것이 허용 가능한 범위 내에 있다. 수렴 타당도가 0.42~0.91인 TESI-Parent 양식도 존재한다(Ippen et al., 2002; Ribbe, 1996; Eklund et al., 2016).

### 트라우마 증상 체크리스트 – 아동용 버전 – 외상 후 스트레스 하위척도(Trauma Symptom Checklist-Child Version-Post-Traumatic Stress Sub Scale: TSCC-PTS)

이 평가 도구는 8세에서 16세 사이의 아동 및 청소년을 대상으로 일반적인 트라우마 스트레스 증상과 트라우마가 심리적 증상에 미치는 영향을 평가하는 자기보고식 측정 도구다. PTS는 10가지 문항으로 구성된 외상 후 스트레스 하위척도를 통해 어려움에 처한 학생을 파악할 수 있는 기회를 제공한다. 확장형 척도는 54개 문항으로 구성되어 있다. TSCC는 여러 언어로 제공되며, 트라우마 이력이 없는 인종적, 경제적으로 다양한 아동 3,000명 이상의 대규모 표본을 대상으로 표준화되었다. 내적 일관성 신뢰도는 0.82에서 0.93 사이로 보고되었다(Briere, 1996; Briere et al., 2001; Sadowski & Fridrich, 2000). 또한 3세 이상 12세 이하의 아동 및 청소년을 위한 트라우마 증상 체크리스트(TSCYC)도 존재한다.

### UCLA PTSD 반응 인덱스 – 청소년 버전(UCLA PTSD Reaction Index – Adolescent Version: RI-R)

이 평가 도구는 UCLA 반응 인덱스(Pynoos et al., 1998)의 개정판이다. 이 도구는 지난 한 달 동안 발생한 외상 후 스트레스 증상과 정신장애 진단 및 통계 편람과 관련된 증상에 대한 아동의 경험을 평가한다. 이 도구는 자기보고식 측정 또는 인터뷰 형식으로 사용할 수 있으며, 총 48개 문항으로 구성되어 있다. 6세 이상 18세 이하의 아동 및 청소년을 대상으로 사용할 수 있다. 증상은 0점(전혀 없음)에서 4점(거의 항상 있음)까지의 5점 리커트 척도로 평가한다. 이 도구는 여러 언어로 제공되며, 다음과 같은 질문들을 포함한다. "나는 원하지 않는데도 기분 나쁜 생각이나, 사진, 소리가 떠오른다." "나는 위험하거나 두려운 것을 조심한다."(Rodriguez et al., 1999; Roussos et al., 2005; Steinberg et al., 2004; Steinberg et al., 2013)

### 지역사회 폭력 노출 설문지(Community Violence Exposure Survey: CVES)

이 평가 도구는 지역사회 폭력 노출을 측정하는 자기보고식 측정 도구다. 이 측정 도구는 지역사회 내에서 폭력적이거나 위험한 사건에 노출되었는지를 평가한다. 여기에는 폭력적인 사건에 직접 노출되거나 목격한 경험이 포함될 수 있다. 이러한 폭력적인 사건에는 살인, 흉기를 통한 위협, 총격, 구타, 자살 시도 또는 자살로 인한 사망 등이 포함될 수 있다(Richters & Saltzman, 1990; Richters & Martinez, 1993; Lorion & Saltzman, 1993).

### 강점 및 어려움 질문지(Strengths And Difficulties Questionnaire: SDQ)

이 평가 도구는 보호자 보고, 교사 보고, 청소년 보고 등 여러 버전이 있다. 3세 이상 18세 미만 아동 및 청소년의 회복탄력성, 대처 능력, 강점을 평가하는 척도다. 완료하는 데 약 5분이 소요된다. 이 도구는 40개 이상의 언어로 번역되어 있으며, 5개의 하위척도로 구성되어 긍정적인 특성과 부정적인 특성을 측정하고 평가한다. 이 척도는 다음을 포함한다. (1) 정서적 증상, (2) 행동 문제, (3) 과잉행동/부주의, (4) 또래 문제, (5) 친사회적 행동. 이 측정 도구는 2001년에 실시된 미 전국건강조사에 포함되기도 하였다. 교사 보고의 경우 내적 일관성 신뢰도는 최소=0.70, 최대=0.88, 평균=0.81, 검사-재검사 신뢰도는 최소=0.62, 최대=0.82, 평균=0.74이다. NCTSN은 이 두 가지 모두 수용 가능한 것으로 평가했다. 그러나 평가자 간 신뢰도는 의심스러운 수준으로 평가했다(평가자 간 신뢰도 최소=0.25, 최대=0.48, 평균=0.37)(Goodman, 1997).

## 결론

특정 조직 내 하위 집단 또는 전체 집단에 대한 스크리닝 검사는 가장 도움이 필요한 집단 구성원의 우선순위를 정하고 분류하는 데 유용한 수단으로 활용될 수 있다. 트라우마 사건 및 그 영향과 관련하여 학교 환경에서 고려해야 할 여러 가지 중요한 사항이 있다. 비밀보호, 사전 동의, 부모의 참여, 후속 프로토콜과 같은 문제는 가족과의 신뢰 구축 및 유용하고 유효한 정보를 수집하는 데 필수적이다. 스크리닝 검사 과정에서 얻을 수 있는 유용한 정보가 있을 수 있지만, 일부 학교의 경우 잠재적 이익이 잠재적 위험보다 크지 않을 수 있다. 이 외에도 어떤 이들은(Cole et al., 2013) 검사 절차가 아동과 그 가족에게 불필요한 낙인을 찍지 않도록 주의하고, 평가와 진단에만 집중하면서 학교 차원의 접근 필요성을 의도치 않게 무시하지 않도록 주의해야 한다고 경고한다. 트라우마 및 트라우마 사건의 영향을 받은 학생의 필요에 대응하기 위한 가장 중요한 목표는 학교 차원의 접근 방식과 가장 취약한 지역사회 구성원을 더 잘 이해하고 대응할 수 있도록 학교 내 전반적인 문화를 변화시키는 것이다. Eklund와 Rossen(2016)은 학교에서의 트라우마 스크리닝에 대해 다음과 같이 요약하였다.

- 트라우마 사건 노출에 대한 스크리닝 검사는 학교 내 학생들의 스트레스 또는 트라우마에 대한 잠재적 위험을 파악하는 데 유용한 도구가 될 수 있다.
- 스크리닝 검사를 할 때는 항상 부모의 적극적인 사전 동의를 얻어야 한다.
- 학생에게 실시하는 스크리닝 검사 도구는 다른 정보 제공자(예: 교사 또는 부모)보다 더 정확할 수 있으나, 발달에 적합한 수준으로 제공되어야 한다.
- 스크리닝 검사 결과는 학교 차원에서 트라우마를 지원할 필요의 심각성 또는 정도를 파

악하고 트라우마를 지원하기 위한 자원을 안내하는 데 도움이 될 수 있다.

- 학교는 트라우마 스크리닝 검사를 실시하기 전에 트라우마가 확인된 경우 이를 해결하기 위한 기존 자원과 프로세스를 고려해야 한다.
- 지원은 트라우마에 기반한 접근 방식과 필요에 따라 보다 표적화되고 집중적인 개입을 시행하는 다중계층 지원 시스템(MTSS) 프레임워크를 통해 제공되어야 한다.
- 개별 서비스는 스크리닝 과정을 통해서만 결정되어서는 안 되며, 후속 평가와 개별화된 지원 필요성의 결정이 중요하다(Eklund & Rossen, 2016, p. 10).

우리 저자들은 일부 학군의 경우 트라우마 관련 스크리닝 검사가 적절할 것이라는 Eklund와 Rossen의 의견에 동의한다. 주요 이해관계자가 지역사회 전체 및 학군 전체 ACE 설문조사를 통해 해당 인구에 대해 더 잘 이해하고 있는 경우, 학군에서 트라우마 기반 학교의 개발을 고려해야 하는 이유에 대한 근거를 구축하는 데 사용할 수 있다. 그러나 이러한 정보에 접근하는 방법에 대한 우리의 첫 번째 선택은 개별 학생과 가족에 대한 직접적 평가가 아닌(잠재적 고통을 줄 수 있으므로), 관찰식 보고 및 접근 방식을 이용하는 것이다. 우리는 트라우마에 초점을 맞춘 스크리닝 검사가 아동과 가족에게 낙인을 찍을 수 있고 학교 전체 문화 변화의 필요성을 강조하지 않을 수 있다는 Cole 등(2013)의 우려를 인정한다. 트라우마 및 트라우마 사건 관련 스크리닝 검사를 교육구의 스크리닝 검사 과정에 통합하는 경우, Eklund와 Rossen의 지침을 고려할 것을 제안한다.

• 제9장 •

# 개인 및 가족 평가 도구

– Kirby L. Wycoff –

## 도입

미국립 아동 트라우마 스트레스 네트워크(National Child Traumatic Stress Network: NCTSN)는 이 책의 제1부에서 강조했던 자원 중 하나다. NCTSN은 임상가, 의료진, 교육자, 지역사회 실무자 및 기타 청소년 지원 기관의 관계자들이 트라우마를 겪은 아동의 필요를 더 잘 이해할 수 있도록 돕는 데 앞장서고 있다. NCTSN은 트라우마에 대한 노출과 트라우마가 청소년에게 미치는 영향에 대한 강력하고 포괄적인 평가 지침을 제공한다. 이러한 평가 프레임워크는 PTSD 진단의 존재 여부뿐만 아니라(DSM 및 트라우마에 대한 논란은 제2부 참조) 청소년이 만성적이고 복합적인 외상 경험과 스트레스에 의해 얼마나 영향을 받을 수 있는지를 고려하며, 이는 평가 시점에서의 기능 장애와 직접적인 관련이 있다. 여기에 제시된 평가 프레임워크는 NCTSN을 비롯한 여러 연구자의 연구(Cole et al., 2017; Tishelman et al., 2010) 및 이 책의 공저자들의 임상 경험을 기반으로 한다. 무엇보다도 중요한 것은 평가 프로세스를 결과물이 아닌 프로세스 자체로 보는 것이다.

평가는 수집된 정보와 데이터를 보고하는 단순한 문서나 결과물이 아니다. 오히려 임상가, 내담자, 내담자 가족, 관련 전문가들 그리고 해당 개인에 대한 권리를 가지는 모든 개인 간에 이루어지는 상호작용적이고 협력적인 과정을 반영한다. 즉, 다중 정보제공자 접근 방식이 필요하다. 관심 대상 아동의 주변에 맥락으로서 존재하는 개인들 역시 중요하기 때문이다. 사실 평가 과정은 개입 및 치료 과정의 시작일 뿐이다. 평가는 서비스의 개입과 제공으로 이어지므로, 본질적으로 평가는 개입 과정의 첫 단계다. 여기에는 아동이 경험할 수 있는 문제가 무엇이고 그 이유는 무엇인지에 대한 개념화 및 가설검정의 강력한 사례가 포함된다. 강점과 약점 프로파일 및 일치/불일치 모델링을 포함하는 RTI 접근법에 따라(Hale et al., 2011), 가장 높은 수준의 지원에 도달하는 아동 및 보편적 또는 2단계 개입에 반응하지 않는 아동은 그들의 욕구를 확인하기 위한 개별화된 평가가 필요할 것이다.

## 가설검정 및 과학적 방법

간단히 말해서 평가에서 가설검정은 한 개인이 왜 어려움을 겪고 있는지에 대한 아이디어나 가설을 가지는 것을 의미한다. 추정컨대, 이러한 지식은 초기의 의뢰 문제를 기반으로 구축되며, 서비스를 위해 청소년을 데려오거나 평가를 요청한 개인에 의해 추진된다. 이 가설들은 말 그대로 가설이다. 즉, 진리나 이미 알려진 실체가 아니라 가능성이다. 가설검정 모델은 과학에 근거한 것으로 실제로 우리가 평가 과정에 가져와야 할 과학적 조사inquiry이며 렌즈다. 가설검정은 연구를 수행하여 질문에 대한 답을 구하는 것이다. 다시 말하면, 데이터를 수집하고 초기의 가설이 참인지 아닌지를 판단하는 것이다. 가설검정 모델은 과학적 방법에서 비롯된 것으로 다음과 같이 개념화할 수 있다.

1. 질문하기
2. 배경 조사하기
3. 가설 설정하기
4. 실험을 통해 검증하기
5. 데이터 분석 및 결론 도출하기
    - 결과가 가설과 일치할 경우 → 계속하기
    - 결과가 가설과 일치하지 않을 경우 → 3단계로 돌아가기 → 데이터를 활용하여 대립 가설을 고려하고, 더 많은 데이터를 수집하고, 실험을 다시 실시하기
6. 결과 논의하기

보다 주기적이고 반복적인 과정으로서의 또 다른 방법은 다음에서 확인할 수 있다.

1. 관찰하기(주어진 세팅에서 해당 아동에 대해 알 수 있는 것은 무엇인가?)
2. 질문 수립하기(이 아동에게 문제가 발생하는 이유가 무엇이라고 생각하는가?)
3. 가설 수립하기(일반적으로 이 문제로 어려움을 겪는 아동에 대해 내가 알고 있는 것은 무엇인

가? 나의 관찰 결과가 이 아동에 대해 말해 주는 것은 무엇인가? 나의 전문 지식과 선행된 관찰을 바탕으로 할 때, 이 아동의 현재 어려움에 대한 합리적인 가설은 무엇인가?)

4. 검증할 수 있는 예측 개발하기(내 가설이 맞는다면, 데이터는 이러한 추세를 나타낼 것이다)
5. 예측 검증을 위한 데이터 수집하기(평가 배터리 구축하기. 어디서 어떻게 자료를 수집할 것인가? 다양한 정보원, 다양한 기능 영역. 철저하고 의도적으로 평가 배터리 제작하기 – 가설을 검증하기 위해서 나는 무엇을 알아야 하고 어떤 도구가 필요한가?)
6. 가설을 구체화, 변경, 확장 또는 기각하기(데이터가 나의 초기 가설을 지지하는가, 지지하지 못하는가? 지지하지 않는 경우, 가설을 기각, 확장 또는 변경하고, 검증할 수 있는 예측을 개발하고 이러한 예측을 검증하기 위한 데이터를 수집하는 단계로 돌아가기)
7. 결과 논의하기(내담자를 포함한 이해 관계자와 협력하여 결과를 논의하고, 특히 내담자가 성공적으로 필요한 지원 및 서비스를 받을 수 있도록 보장하기 위해 현재 취할 수 있는 조치가 무엇인지 논의하기)[1)]

트라우마 기반 평가의 프레임워크를 모색할 때는, 평가 프로세스 전반에 대한 이해가 전제되어야 한다. 과학적 방법과 가설검정 프로세스는 다양한 맥락에서 특정 개인의 문제를 더 잘 이해할 수 있도록 강력한 조사 기반을 제공한다.

## 평가 프레임워크

아동의 현재 문제 및 장애의 유발 요인으로 트라우마의 잠재적 영향(명백한 것이 아닌, '잠재적' 영향)을 고려하는 평가 프레임워크의 필요성은 아무리 강조해도 지나치지 않다. 의뢰 문제가 트라우마와 아무런 관련이 없는 (것처럼 보이는) 경우에도, 트라우마 역량을 갖춘 전문가는 이러한 가능성을 가설검정 접근법에 포함할 것이다. 예를 들어, 교사의 의뢰 보고서가 단순히 주의력 결핍 증상처럼 보이더라도, 코너스의 평가 척도 및 기타 관련 척도로 ADHD의 존재 여부만 평가하는 것은 관찰된 조절 곤란이 초기 부정적 경험의 영향으로 인해 발생했을 가능성을 탐색할 기회를 놓치는 것이다. 이 책 전체에서 언급했듯이, 복합 외상은 여러 기능 영역과 발달 궤적 전반에 걸쳐 중대한 영향을 미칠 수 있다. 따라서 포괄적

1) https://en.wikipedia.org/wiki/Scientific_method

인 접근법은 트라우마에 대한 노출 및 영향이 아동의 임상적 증상과 연관되어 있을 가능성을 포함해야 한다. 이때, 트라우마 병력이나 노출 경험이 있는 모든 아동이 PTSD의 진단 기준을 충족하거나 장애가 있는 것은 아니라는 점에 유의하는 것이 중요하다. 이러한 이유로 의뢰 문제에 들어맞으면서도 가설검정 모델을 반영하며, 근본적인 원인의 일부로서 외상의 가능성(및 다른 여러 가지 가능성)을 통합하는 평가 배터리를 갖추는 것이 중요하다. 이 책의 앞부분에 있는 Rosalyn과 Mateo처럼, 우리에게 의뢰되는 아동들은 트라우마 병력이 있을 수 있으며, 대개는 그들이 의뢰되었을 때 이미 여러 가지 다른 진단을 받은 경우가 많다는 점에 유의하는 것이 중요하다. 이들은 트라우마가 실제로 더 큰 역할을 할 수 있다는 사실을 고려하지 않고, 특정 문제를 해결하는 데 초점을 맞춘 여러 가지 다른 치료법(치료, 약물 등)을 이미 시도했을 수 있다.

NCTSN는 트라우마 기반 평가를 수행하는 과정의 여러 주요 단계에 대해 언급한다. NCTSN은 복합 외상에 대한 평가가 정의상 복잡하다는 것을 적절히 지적한다. 이를 위해서는 임상가가 트라우마 사건에 대한 노출 이력뿐만 아니라 잠재적인 현재 손상 및 기능에 미치는 영향을 모두 평가해야 한다. 평가 배터리 및 프로세스의 구축에 있어 트라우마의 영향에 대해 매우 구체적인 질문을 하는 것이 필수적이다.

다음은 복합 외상에 대한 종합적인 평가를 수행하기 위한 몇 가지 주요 단계다.

1. 광범위한 트라우마 사건에 대해 평가하라. 사건이 언제 발생했는지 파악하여 발달 단계와 연결할 수 있도록 한다.
2. 광범위한 증상(PTSD뿐만 아니라), 위험 행동, 기능적 손상 및 발달장애에 대해 평가하라.
3. 다양한 기법(임상 면담, 표준화된 측정, 행동 관찰)을 사용하여 정보를 수집하라.
4. 다양한 관점(아동, 보호자, 교사, 기타 정보제공자 등)으로부터 정보를 수집하라.
5. 각각의 트라우마 사건들이 어떻게 발달과업에 영향을 미치고 향후 발달을 저해하였는지 이해하고자 노력하라(참고: 아동이 어린 시절에 경험했을 수 있는 광범위하고 만성적인 트라우마 사건의 수를 고려할 때 이 작업은 어려울 수 있음).
6. 트라우마 사건들을 증상이나 회피 행동을 유발할 수 있는 트라우마 상기 요인과 연결시켜라. 트라우마를 상기시키는 것들은 아동의 외현기억과 신체적, 정서적 무의식 모두에 기억될 수 있다는 것을 유념하라[2].

2) National Child Traumatic Stress Network, 2017, para. 9, http://www.nctsn.org/trauma-types/complex-trauma/assessment#q2

의뢰 문제에 아동의 현재 기능에 영향을 미치는 요인 중 하나로 트라우마나 역경이 포함되지 않더라도, 트라우마 역량을 갖춘 전문가는 이러한 관점(및 가능성)을 가설 수립 및 검증에 반드시 포함한다는 점을 유의하라.

## 평가 가이드라인

트라우마와 역경에 노출되었을 수 있는 아동 및 가족을 평가할 때 최우선으로 중요한 것은 안전이다. 평가 과정의 맥락에서 신체적, 심리적 안전감을 형성하기 위해서는 평가를 수행할 안전한 장소를 조성하고 평가 대상인 개인과 치료적 동맹을 맺는 것이 중요하다[3]. 이를 위해 부모와 자녀는 평가 과정이 어떻게 진행되는지, 데이터가 어떻게 수집되는지, 정보가 어떻게 사용되는지 이해해야 한다.

트라우마 기반 스크리닝에 대한 이전 장에서 언급했듯이, 아동과 가족이 비밀보장의 조건과 한계를 완전히 이해했는지 확인하는 것은 매우 중요하다. 평가에 참여하는 사람들은 임상가가 어떤 조건에서 비밀을 보호하지 않고 이전에 보고되지 않은 방임 및 학대 정보를 적절한 아동 보호 서비스 기관에 보고해야 하는지 이해할 필요가 있다. 임상가는 아동 및 가족과 치료적 관계를 구축해야 하지만, 트라우마 노출에 대한 모든 실제적인 논의는 비공개로 진행되어야 한다. 이는 아동을 보호하기 위한 것으로, 특히 부모나 가해자(알려졌거나 알려지지 않은) 또는 비공개에 대한 이해관계가 있을 수 있는 누군가가 있는 상황에서 이러한 정보에 대한 질문을 받지 않도록 하기 위한 것이다[4].

평가의 맥락에서 안전감을 형성하는 것 외에도, 가능한 한 가장 강력한 데이터 표본을 수집하기 위해 여러 명의 정보제공자와 다양한 도구/기법 및 접근법을 사용하는 것이 중요하다. 아동이 관심 대상일 경우 아동이 정보제공자가 되어야 한다. 그러나 해당 아동과 상호작용하는 다른 사람들 또한 평가 과정과 관련이 있다. 여기에는 부모, 보호자, 아동을 돌보는 친척, 양부모, 교사 그리고 사례 담당자 및 관련 의료 전문가와 같이 아동의 생활에 개입하고 있는 기타 관련 전문가가 포함된다[5].

---

3) National Child Traumatic Stress Network, 2017, para. 2, http://www.nctsn.org/traumatypes/complex-trauma/assessment#q2
4) National Child Traumatic Stress Network, para. 2, http://www.nctsn.org/trauma-types/complex-trauma/assessment#q2
5) National Child Traumatic Stress Network, 2017, para. 3, http://www.nctsn.org/trauma-types/complex-trauma/assessment#q2

의뢰 문제, 평가의 맥락 및 목적에 따라 구체적인 평가 도구는 달라질 수 있다. 다양한 유형의 평가 기법과 도구를 조합하여 사용할 때 아동의 어려움에 대하여 가장 강력하고 총체적으로 이해할 수 있다. 아동과 보호자 또는 아동의 병력을 알고 있는 다른 사람을 대상으로 임상 면접을 하는 것과 더불어, 자연스러운 환경에서 아동의 행동 및 기능을 관찰하는 것도 적절할 수 있다. 제7장에서 검토했던 기능 영역을 참고하면 적절한 도구, 척도 및 기법을 선택하는 데 도움이 될 것이다. 나아가, 평가자는 아동의 회복탄력성 및 보호 요인으로 작용하는 강점 영역을 알기 위해 강점 기반의 자원 중심적 접근을 취하는 것이 중요하다. 또한 평가하고자 하는 집단과 일치하는 집단에서 검증된, 강한 심리측정적 특성을 가진 표준화 평가 도구를 선택해야 한다[6]. 측정도구 선택 및 평가 접근법에 대한 추가 논의는 Briere와 Spinazzola(2005), Habib과 Labruna(2011, 2012), Mash와 Barkley(2009), Nader(2007a, 2007b)를 참조하라.

계속해서 언급했듯이, 아동, 가족 및 지원팀과의 협력과 치료적 동맹은 트라우마 기반 평가의 실제에 있어 매우 중요한 측면이다. 이러한 유형의 평가가 필요한 이유는 도움이 필요한 아동에게 적절하고 필요한 지원과 서비스를 직접 연결하기 위함이라는 점을 이 책 전반에 걸쳐 언급했다. 평가는 후속 서비스로 직접 연결되므로 취약한 상태에 있는 아동과 그 가족이 필요한 도움을 얻을 수 있도록 힘을 실어 주기 위해 충분히 이루어져야 한다. 평가 과정에서 트라우마 기반의 관점을 사용하면 아동이 속한 가족과 맥락에 대한 정보를 수집하는 것이 포함되는 경우가 많으므로 이는 특히 적절하고 필요하다. 특정 정보를 수집하는 이유와 수집된 정보가 어떻게 사용되는지 평가 과정의 시작과 진행 과정에서 부모에게 설명하는 것은 조력 관계에서 치료적 동맹, 안전 그리고 신뢰를 구축하는 핵심 요소다. 평가를 완료할 때(그리고 평가 과정 중 적정한 경우)에는 양육자, 가족 및 법적 보호자에게 평가 진행 상황을 계속 알려야 한다. 평가가 완료되면 수집된 데이터의 결과와 의미를 충분히 이해하기 위해 이를 명확히 하는 시간을 어른들과 가져야 한다. 이것은 아동이 누구이고 왜, 어떻게 어려움을 겪고 있는지에 대한 이해를 돕기 위해 다양한 이해관계자(알 필요가 있는 위치에 있고 법적 보호자가 정보 공유에 동의한 자)와의 다수의 회의를 의미할 수 있다. 이러한 이해관계자 투입 방법은 또한 아동 및 가족과의 관계를 구축하여 치료 계획 및 후속 서비스 이용에 대한 정보를 주는 데 활용할 수 있다. 가족 및 다학제적 팀과 협력하여 결과를 통합하고 치료 및 지원을 받기 위한 '다음 단계'를 탐색한다. 마지막으로, 평가는 본질적으로 시간

6) National Child Traumatic Stress Network, para. 5,
http://www.nctsn.org/trauma-types/complex-trauma/assessment#q2

의 스냅샷이라는 것을 항상 기억하는 것이 중요하다. 트라우마에 노출된 사람들의 경우 임상적 양상이 종종 변화한다. 아동이 새로운 발달 단계나 스트레스 요인을 경험하고 생활의 다른 변수가 변화함에 따라 평가 결과와 데이터도 달라질 수 있다. 또한 관계, 안전 및 치료적 동맹이 구축됨에 따라, 트라우마에 노출된 아동은 시간이 지나면서 트라우마 경험을 점진적으로 공개할 가능성이 높다[7].

## 개인 평가 도구

트라우마 기반 평가 배터리에서 사용할 수 있는 평가 도구는 여러 가지가 있다. 다음 목록에는 사용할 수 있는 여러 도구가 나와 있지만 모든 도구를 포함하고 있지는 않다. 도구들은 알파벳 순으로 나열되었으며, 가능한 경우 모든 심리측정적 특성을 보고했다. 미국립 아동 트라우마 스트레스 네트워크는 전체 평가 도구 라이브러리를 가지고 있으며, 다음 링크[8]에서 이용할 수 있다. 다음의 측정 도구 목록에는 각 도구의 심리측정적 특성이 나와 있다(가능한 경우). Hodges 등은 복합 외상의 평가 및 사용할 수 있는 다양한 도구에 대한 종합적인 문헌 고찰 또한 제공한다. 우리는 독자들이 이 자료 전체를 읽어 볼 것을 권장한다.

- 청소년 및 가족과 작업하는 모든 임상가는 여러 기능 영역을 측정하는 종합적인 도구를 적어도 하나는 가지고 있어야 한다는 것이 NCTSN의 지적이며, 우리도 이에 동의한다. 아동·청소년 욕구 및 강점 – 트라우마 설문지(CANS)가 그러한 도구 중 하나다. CANS는 트라우마 경험, 트라우마 스트레스, 전반적인 정신건강 문제 및 우려, 다양한 종류의 위험 행동, 일상 기능, 아동 및 보호자의 욕구와 강점에 관련된 정보를 수집하는 종합적인 평가 도구다(The National Child Traffic Stress Network, 2017, para. 6). 이어서 CANS 및 기타 여러 도구에 대해 더 자세히 논의할 것이다.

7) National Child Traumatic Stress Network, para. 5, http://www.nctsn.org/trauma-types/complex-trauma/assessment#q2
8) http://www.nctsn.org/trauma-types/complex-trauma/standardized-measures-assess-complex-trauma

### 극단적 스트레스 장애를 위한 구조화된 면담(Structured Interview for Disorders of Extreme Stress: SIDES)

이 평가 도구는 복합 외상과 관련된 모든 핵심 영역을 검사한다. 여기에는 정서 조절 장애, 신체화, 주의력, 자기 인식, 대인관계, 의미 체계 등이 포함된다. 45개 문항으로 구성된 이 평가 도구는 임상가용 면담지이며 17세 이상의 청소년 및 초기 성인을 평가하는 데 적합하다. 자기보고식 버전(SIDES-SR)도 있다. 두 척도 모두 완료하는 데 일반적으로 45분에서 1시간 30분 정도 소요된다. 이 척도는 복합 외상 또는 DESNOS(달리 명시되지 않은 극단적 스트레스 장애)의 존재를 명확히 하는 데 도움이 된다(Pelcovitz et al., 1997).

### 극단적 스트레스 장애를 위한 구조화된 면담-청소년 버전(Structured Interview for Disorders of Extreme Stress-Adolescent Version: SIDES-A)

이 평가 도구는 위에서 언급한 도구와 동일한 영역을 평가하지만 12~18세 청소년에게 사용할 수 있다. 이 도구는 자기보고식이 아니며, 임상가 기반의 면담 형식으로만 사용된다(Habib & Labruna, 2011, 2012).

### 아동 청소년 욕구 및 강점-트라우마 종합(Child and Adolescent Needs and Strengths-Trauma Comprehensive: CANS Trauma)

이 평가 도구는 트라우마 노출과 관련된 기능의 핵심 영역을 검사한다. 이 도구로 평가하는 영역에는 애착, 정서 조절, 행동 통제, 해리, 생리적 현상, 트라우마 노출, 보호자 기능 및 전반적인 강점이 포함된다. 임상가가 사용하는 이 평가 도구는 3~18세 아동·청소년에게 적합하다. NCTSN은 이 도구의 구성타당도를 평가한 결과, 신뢰도가 수용 가능한 수준으로 평가되었다고 언급했다(평가자 간 신뢰도 최솟값=0.77, 최댓값=0.85, 평균=0.81). 이 도구는 무료로 사용할 수 있다(Kisiel et al., 2009a, 2009b, 2010).

### UCLA PTSD 반응 인덱스(UCLA PTSD Reaction Index)

이 평가 도구는 보호자 및 자기 보고 형식을 모두 포함하며 트라우마 노출, 병력 및 PTSD 증상을 검사한다. 이 도구는 2~9세, 1~17세 사이의 아동에게 적합하다. 47~48개 문항으로 구성되어 있으며 완료하는 데 약 20분이 소요된다. 영어와 13개 다른 언어로 제공된다. 예시 문항은 다음과 같다. "나는 원하지 않는데도 기분 나쁜 생각이나, 사진, 소리가 떠오른다."(침투 척도) "나는 친구와 함께 있고 싶지 않고 혼자 있고 싶다."(회피/무감각 척도)(Pynoos et al., 1998; Steinberg et al., 2013; Steinberg et al., 2004)

### 데브뢰 유아 평가 임상 양식(The Devereux Early Childhood Assessment Clinical Form: DECA-C)

이 평가 도구는 2~5세 아동의 애착, 행동 통제, 정서 조절, 인지, 주도성, 우울, 공격성 등을 평가하는 보호자 면담지다. 62개 문항으로 구성되며 소요 시간은 15~20분 정도다(LeBuffe & Naglieri, 2003).

### 청소년 결과 설문지(The Youth Outcome Questionnaire: YOQ-2.01)

이 평가 도구는 4~17세 아동·청소년의 대인관계적 근심, 신체적 문제, 대인관계, 사회적 문제, 행동 통제 등을 평가하는 보호자 보고용 도구다. 64개 문항으로 구성되며 완료하는 데 약 10분이 소요된다(Burlingame et al., 2004; Lambert et al., 1996).

### 청소년 결과 설문지-자기보고식(The Youth Outcome Questionnaire: YOQ-2.0 SR)

이 평가 도구는 12~18세 청소년의 대인관계적 근심, 신체적 문제, 대인관계, 사회적 문제, 행동 통제 등을 측정하는 자기보고식 도구다(Wells et al., 1996).

### 아동 감정표현불능증 척도(Children's Alexithymia Measures: CAM)

이 평가 도구는 5~17세 아동·청소년의 정서 조절을 평가하는 관찰자 보고용 도구다. 감정표현불능증[Alexithymia]은 감정을 인식하고 표현하는 데 어려움을 겪는 정서 표현 및 인지 장애로 설명할 수 있다. 14개 문항으로 구성되어 있으며 완료하는 데 약 10~15분이 소요된다. 이 도구의 내적 신뢰도는 0.92이다(Way et al., 2010).

### 정서 조절 곤란 척도(Difficulties in Emotional Regulation Scale: DERS)

이 평가 도구는 18~60세 개인의 정서 조절을 평가하는 자기보고식 척도다. 이 척도는 다음과 같은 6가지 하위척도를 포함한다. (1) 정서적 반응의 불수용, (2) 목표지향적 행동의 어려움, (3) 충동 조절의 어려움, (4) 정서적 인식의 부족, (5) 정서 조절 전략의 제한, (6) 정서적 명확성의 부족. 총 36개 문항으로 구성되어 있으며 완료하는 데 약 8분이 소요된다. NCTSN은 이 도구의 구성 타당도를 평가한 결과 신뢰도가 수용 가능한 수준으로 평가되었다고 밝혔다(검사-재검사 최솟값=0.57, 최댓값=0.89, 평균=0.74, 내적 일관성 최솟값=0.84, 최댓값=0.93, 평균=0.86). 이 도구는 무료로 사용 가능하다(Gratz & Roemer, 2004).

### 청소년용 정서 강도 및 반응성 척도(Affect Intensity and Reactivity Measure for Youth: AIR-Y)

이 평가 도구는 10~17세 청소년의 정서 조절 및 기분 등급을 평가하는 자기보고식 도구다. 이 도구는 27개 문항으로 구성되어 있으며 완료하는 데 약 10분이 소요된다(Jones et al., 2009).

### 조절 곤란 인벤토리 단축형(Abbreviated Dysregulation Inventory: ADI)

이 평가 도구는 12~18세 청소년의 정서 조절, 인지, 행동 통제 등을 평가하는 자기보고식 척도다. 이 도구는 30개 문항으로 구성되어 있으며 완료하는 데 약 15~30분이 소요된다(Mezzich et al., 1997; da Motta et al., 2016).

### 아동 해리 체크리스트(Child Dissociative Checklist: CDC)

이 평가 도구는 5~12세 아동·청소년의 해리 증상을 평가하는 보호자 보고용 척도다. 이 도구는 20개 문항으로 구성되어 있으며 완료하는 데 약 5분이 소요된다. 이 도구는 해당 아동이 트라우마와 고통스러운 경험을 기억하거나 부인하는 정도 및 해리 증상이 나타날 수 있는 정도에 대해 질문한다. 이 도구는 무료로 사용할 수 있다(Putnam et al., 1990).

### 동물 관련 경험에 대한 보트 인벤토리(Boat Inventory on Animal-Related Experience)

이 도구는 아동과 가정 내 다양한 동물과의 관계에 대해 구체적으로 질문한다. 이 도구는 아동 학대, 배우자 학대, 노인 학대, 동물 학대 사이의 연관성을 인정하는 이론적 모델을 기반으로 만들어졌다. 이 도구는 가족 내 일반적인 위험과 폭력 패턴을 파악하기 위한 선별 도구로 사용할 수 있다. 동물과의 관계는 물론 가정 내에서 동물이 어느 정도 상처를 받았는지에 대해 질문한다. 예를 들어, 강압 및 통제와 관련하여 "때때로 사람들은 어린이나 어른에게 동물에게 나쁜 짓을 하도록 강요하거나, 동물을 해치겠다는 위협(예: 말하면 너의 개를 죽일 거야)으로 사람들을 통제하려고 한다." 등으로 질문할 수 있다(Boat, 1994).

### 청소년 해리 경험 척도(Adolescent Dissociative Experiences Scale: A-DES)

이 평가 도구는 11~18세 청소년의 해리 증상을 평가하는 자기보고식 척도다. 이 도구는 30개 문항으로 구성되어 있으며 완료하는 데 약 15~30분이 소요된다. 이 도구는 평가를 마친 청소년이 트라우마와 고통스러운 경험을 기억하는 정도 및 해리 증상이 나타날 수 있는 정도에 대해 질문한다. 이 도구는 무료로 사용할 수 있다(Armstrong et al., 1997).

### 아동 지각 변화 척도(Children's Perceptual Alterations Scale: CPAS)

이 평가 도구는 8~12세 아동·청소년의 해리를 평가하는 자기보고식 척도다. 이 도구는 28개 문항으로 구성되어 있으며 완료하는 데 약 15~30분이 소요된다. 이 평가 도구는 청소년이 트라우마와 고통스러운 경험에 의해 어느 정도 영향을 받는지, 해리 증상이 어느 정도 나타나는지에 대해 질문한다. 이 도구는 무료로 이용할 수 있다(Evers-Szostak & Sanders, 1992; Ohan et al., 2002).

### 해리성 특징 프로파일(Dissociative Features Profile: DFP)

이 평가 도구는 5~17세 아동·청소년의 해리 증상을 평가하는 임상가 보고용 척도다. 이 도구는 28개 문항으로 구성되어 있으며 완료하는 데 약 15~30분이 소요된다(Silberg, 2008).

### 아동 해리 경험 척도 및 외상 후 증상 인벤토리(Children's Dissociative Experiences Scale & Post-traumatic Symptom Inventory: CDES & PTSI)

이 평가 도구는 6~12세 아동·청소년의 해리를 평가하는 자기보고식 척도다. 이 도구는 37개 문항으로 구성되어 있으며 완료하는 데 약 30분이 소요된다. 이 도구는 특히 발달 단계를 고려하여 어린 연령대에서 쉽게 사용할 수 있도록 고안되었다. 이 도구는 리커트 척도로 표시되는 서술 평정 척도를 사용한다. 이 척도는 두 가지 시나리오로 고정되어 있다. 예를 들어, 맨 왼쪽에는 "앨리스는 때때로 자신에게 일어난 중요한 일(예: 학교 첫날이나 생일 파티)을 기억하지 못한다."라는 설명이 있고, 맨 오른쪽에는 "루스는 자신에게 일어난 중요한 일(예: 학교 첫날이나 생일 파티)을 기억한다."라는 설명이 있다. 리커트 척도 답변 선택 항목(왼쪽에서 오른쪽으로)은 다음과 같다. "나는 앨리스와 많이 닮았다, 나는 앨리스와 조금 닮았다, 나는 루스와 조금 닮았다, 나는 루스와 많이 닮았다." 이 도구는 무료로 사용할 수 있다(Cloitre et al., 2009; Stolbach, 1997).

### 아동 귀인 및 인식 척도(Children's Attributions and Perceptions Scale: CAPS)

이 평가 도구는 7~17세 아동·청소년의 트라우마 관련 인지를 평가하는 임상가 면접용 척도다. 이 도구는 18개 문항으로 구성되어 있으며 완료하는 데 약 5~10분이 소요된다. 이 도구는 4개의 하위척도(또래와 다른 느낌, 부정적인 사건에 대한 개인적 귀인, 지각된 신뢰도, 대인관계 신뢰)로 구성되어 있다(Mannarino et al., 1994).

### 아동 희망 척도(Children's Hope Scale)

이 평가 도구는 8~19세 아동·청소년의 트라우마 관련 인지를 평가하는 자기보고식 척도다. 이 도구는 6개 문항으로 구성되어 있으며 완료하는 데 약 5분이 소요된다. 이 평가 도구는 강점 기반의 관점으로 "전혀 그렇지 않다."에서 "항상 그렇다."까지 6점 리커트 척도로 평가되는 질문을 한다. 예시 문항으로는 "나는 또래 아이들만큼 잘하고 있다." "나는 문제가 생기면 여러 가지 해결 방법을 생각해 낼 수 있다." 등이 있다. NCTSN은 이 도구의 구성타당도를 평가한 결과, 신뢰도가 수용 가능한 수준(검사-재검사 최솟값=0.73, 최댓값=0.73, 평균=0.73, 내적 일관성 최솟값=0.72, 최댓값=0.86, 평균=0.77)으로 평가되었다고 밝혔다. 이 도구는 무료로 사용할 수 있다(Synder et al., 1997).

### 아동 성적 행동 인벤토리(Child Sexual Behavior Inventory: CSBI)

이 평가 도구는 2~12세 아동·청소년의 성적 트라우마 관련 행동을 평가하는 보호자 보고용 척도다. 이 도구는 38개 문항으로 구성되어 있으며 완료하는 데 약 10~15분이 소요된다. 이 목록에는 (1) 경계 문제, (2) 노출증, (3) 성 역할 행동, (4) 자기 자극, (5) 성적 불안, (6) 성적 흥미, (7) 성적 침입, (8) 성 지식, (9) 관음증적 행동 등 9가지 영역이 포함되어 있다. 이 도구는 여러 언어로 제공된다. NCTSN은 이 도구의 구성타당도를 평가한 결과 신뢰도가 수용 가능한 수준(검사-재검사 평균=0.91, 내적 일관성 최솟값=0.92 최댓값=0.93, 평균=0.92, 평정자 간 일치도 최솟값=0.43, 최댓값=0.79, 평균=55)으로 평가되었다고 밝혔다(Friedrich, 1997).

### 피어스-해리스 아동 자아 개념 척도 2판(Piers-Harris Children's Self-Concept Scale, 2nd ed.: Piers-Harris-2)

이 평가 도구는 7~18세 아동·청소년의 자아 개념과 자기 인식을 평가하는 자기보고식 척도다. 이 도구는 60개의 문항으로 구성되어 있으며 완료하는 데 약 10~15분이 소요된다.

주요 평가 영역은 인기도, 외모 및 특성, 불안으로부터의 자유, 지적 능력 및 학업 상태, 행동 적응, 행복감 및 만족도다(Piers & Harris, 1969; Piers et al., 2002).

#### 청소년 피해 질문지(Juvenile Victimization Questionnaire: JVQ)

이 평가 도구는 보호자 보고식 또는 청소년 보고식으로 사용할 수 있는 척도로, 7~9세(보호자 보고), 10~17세(자기 보고) 아동·청소년의 트라우마 노출 및 병력을 평가한다. 이 도구는 34개 문항으로 구성되어 있으며 완료하는 데 약 10~20분이 소요된다. 이 도구에는 청소년이 경험할 수 있는 피해와 관련된 다섯 가지 주요 영역(일반 범죄, 학대, 또래 및 형제자매 피해, 성적 피해, 폭력 목격 및 기타 폭력 노출)이 포함되어 있다. 예시 문항은 다음과 같다. (인생의 어느 때라도) "누군가 당신이 들고 있거나 입고 있는 것을 빼앗아 간 적이 있습니까?" "누군가 당신을 해치겠다고 위협했고, 정말로 그럴 것 같았던 적이 있습니까?" "주변 어른들이 당신을 비난하거나, 못된 말을 하거나, 당신을 원하지 않는다고 해서 무섭거나 기분이 나빴던 적이 있습니까?" 이 도구는 스크리닝 버전과 전체 평가 버전을 모두 제공한다(Hamby et al., 2004; Finkehor et al., 2005, 2011).

#### 유아 PTSD 체크리스트(Young Child PTSD Checklist)

이 평가 도구는 1~6세 유아의 트라우마 노출 및 병력, PTSD 관련 증상 및 장애 등을 평가하는 보호자 보고식 척도다. 이 도구는 42개 문항으로 구성되어 있으며 완료하는 데 약 20~30분이 소요된다. 이 도구는 보호자에게 다음과 같은 질문을 한다. "아이가 인형이나 장난감을 가지고 놀면서 트라우마를 재연합니까? 트라우마와 똑같이 보이는 장면이 있습니까? 아니면 혼자서 또는 다른 아이들과 함께 연기를 합니까?" "트라우마 이후 아이가 얼어붙는 듯한 증상을 보인 적이 있습니까? 아이를 깨우려고 시도했지만 아이가 반응하지 않았습니까?" 이 도구는 무료로 사용할 수 있다(Scheeringa, 2010; Dehon & Scheeringa, 2005).

#### 스트레스 사건 차원 평정 척도(Dimensions of Stressful Events Rating Scale: DOSE)

이 평가 도구는 6~18세 아동·청소년의 트라우마 노출 및 병력을 평가하는 임상가 보고식 척도다(Fletcher, 1994). 이 도구는 50개 문항으로 구성되어 있으며 완료하는 데 약 30분이 소요된다.

DSM-IV에서 외상 후 스트레스 장애의 진단기준 A에 해당하는 '고강도 스트레스 요인에 대한 노출'을 평가하기 위해 고안된 다른 도구와 달리, 스트레스 사건 차원 척도(DOSE)는 스트레스 요인의 다양한 유형을 평가하는 것이 아닌, 고강도 스트레스 요인 사건의 구체적인 특성을 평가하며, 문헌에 따르면 이는 스트레스 사건에 대한 외상 후 반응의 가능성을 높이는 것으로 나타났다.

(Spilsbury et al., 2008, para. 1)

### 임상가용 아동·청소년 PTSD 척도(Clinician Administered PTSD Scale for Children and Adolescents: CAPS-CA)

이 평가 도구는 임상가용 면담지로, 8~15세 아동·청소년의 PTSD 증상을 평가한다. 이 도구는 33개 문항으로 구성되어 있으며 완료하는 데 약 50분이 소요된다. 이 도구는 PTSD 증상의 빈도와 강도뿐만 아니라 이러한 증상이 아동의 전반적인 기능과 고통에 미치는 영향을 모두 평가한다. 평가되는 PTSD 증상은 다음과 같다. 재경험, 회피 및 무감각, 과각성, 청소년이 그 사건을 자신의 잘못이라고 생각하는 정도와 그렇지 않다고 생각하는 정도. NCTSN은 이 도구의 내용 타당도를 평가한 결과 신뢰도가 수용 가능한 수준(내적 일관성 최솟값=0.75, 최댓값=0.81, 평균=0.78, 평정자 간 일치도 최솟값=0.80 최댓값=0.80, 평균=0.80)으로 평가되었다고 언급했다(Nader et al., 1996).

### 아동·청소년 진단적 면담(Diagnostic Interview for Children and Adolescents: DICA)

이 평가 도구는 임상가용 반구조화된 면담지로, 6~17세 아동·청소년의 PTSD 증상을 평가한다. PTSD 모듈은 17개 문항으로 구성되어 있으며, 완료하는 데 약 10~16분이 소요된다. 이 도구는 해리, 재경험, 회피 및 각성을 평가한다. 예시 문항으로는 "충격적인 사건이 발생했을 때 정신이 혼미해지거나 멍한 느낌이 들었습니까?" "충격적인 사건을 떠올리게 하는 무언가를 보고 정말 기분이 나빠진 적이 있습니까?" 등이 있다. NCTSN은 이 도구의 내용 타당도를 평가한 결과 신뢰도가 수용 가능한 수준(내적 일관성 최솟값=0.76, 최댓값=0.93, 평균=0.85)으로 평가되었다고 언급했다(Reich et al., 2000).

### 대처 반응 인벤토리-청소년(Coping Responses Inventory-Youth: CRI-Y)

이 평가 도구는 12~18세 청소년의 회복탄력성, 대처 능력, 강점을 평가하는 자기보고식 척도다. 이 도구를 완료하는 데 약 10~15분이 소요된다(Moos, 1990). Zanini 등(2010)은 문화적으로 다양한 집단을 대상으로 이 도구를 평가한 결과, "청소년들의 자기보고는 남학생 및 여학생의 회피 차원과 정신병리적 증상 간에 유의미한 양의 상관관계를 보였으며, 데이터는 대처 이론, 평가 및 문화적 영향과 관련하여 논의되었다."고 언급하였다(Zanini et al., 2010, para. 1).

### 아동 대처 전략 체크리스트(Children's Coping Strategies Checklist: CCSC)

이 평가 도구는 12~18세 청소년의 회복탄력성, 대처 능력, 강점을 평가하는 자기보고식 척도다. 도구를 완료하는 데 약 10~15분이 소요된다. 이 도구는 능동성, 주의산만, 회피성, 지지 추구를 포함하는 대처 기질의 4요인 모델을 기반으로 한다(Ayers & Sandler, 1999, 2000).

### 아동 폭력 노출 척도-미취학 아동 버전(The Violence Exposure Scale for Children-Preschool Version: VEX-PV)

이 평가 도구는 4~10세 아동의 폭력 노출을 평가하기 위해 면담 형식으로 실시되는 자기보고식 인벤토리다. 이 도구는 25개 문항으로 구성되어 있으며, 면접자가 이 도구를 사용하려면 적절한 수준의 교육이 필요하다. 이 도구는 영어, 히브리어, 스페인어로 제공된다(Stover & Berkowtiz, 2005). 질문은 아동이 노출된 폭력과 관련된 문제에 초점을 맞춘다. '크리스'라는 캐릭터의 이야기(그림 포함)가 있으며 남성용과 여성용 버전이 모두 있다. 아동은 캐릭터에게 일어난 일이 자신에게도 일어날 수 있는 일인지 질문을 받는다. 아동은 자신의 반응을 나타내는 시각적 온도계를 가리키며 응답한다. 세 가지 타당도 문항도 포함되어 있다. 내적 일관성 신뢰도는 경미한 폭력의 경우 0.80, 심각한 폭력의 경우 0.86으로 보고되었다(Fox & Leavitt, 1995; Stover & Berkowtis, 2005).

### 아동 폭력 노출 척도-부모 보고용 개정판(The Violence Exposure Scale for Children-Revised Parent Report: VEX-RPR)

이 평가 도구는 아동 보고용 버전과 유사하다. 보호자는 자녀의 폭력 노출에 대한 정보를 제공한다. 대상은 취학 전 아동의 부모 또는 보호자다(Fox & Leavitt, 1995).

### 피해 이력 양식(History of Victimization Form: HVF)

이 평가 도구는 8~16세 아동·청소년을 대상으로 혹사[maltreatment] 및 학대[abuse]와 가정 폭력 사건을 평가하는 자기보고식 도구다. 이 양식은 정보 수집 도구로서 임상 및 기관 기록 검토를 통해 작성할 수도 있다(Wolfe et al., 1987).

### 영유아 및 미취학 아동 진단 평가(Diagnostic Infant and Preschool Assessment: DIPA)

이 평가 도구는 0~6세 유아에 대하여 DSM의 일반적인 정신병리를 평가하는 보호자 보고식 척도다(Scheeringa & Haslett 2010). Scheeringa 등(2010)은 다음과 같이 보고하였다.

> 검사-재검사 급내상관의 중앙값은 0.69, 평균은 0.61, 값의 범위는 0.24~0.87이었다. 검사-재검사 카파의 중앙값은 0.53, 평균 0.52, 값의 범위는 0.38~0.66이었다. 예비 데이터는 DIPA가 매우 어린 아동을 대상으로 한 연구 및 임상 작업에서 신뢰할 수 있고 유효한 증상 측정 도구임을 뒷받침한다. 이 척도는 DSM-IV 증후군과 경험적으로 검증된 발달 수준별 변형을 모두 포괄하는 유연한 도구로서 어린 아동 평가에 대한 신뢰도를 높이고, 증상의 적용 범위를 보장하며, 치료에 대한 접근성을 개선하는 데 도움이 될 수 있다.
>
> (Scheeringa et al., 2010, para. 1)

### 앤지/앤디 만화 트라우마 척도(Angie/Andy Cartoon Trauma Scale: ACTS)

이 평가 도구는 6~12세 청소년의 PTSD, 폭력, 학대를 평가하는 자가보고식 척도다. 이 도구는 가족 트라우마가 있는 아동 208명을 대상으로 한 심리측정적 특성 검사에서 높은 내적 일관성을 입증했다(내적 일관성=0.70~0.95). 앤지/앤디는 트라우마의 행동 증상에 초점을 맞춘 성인용 척도인 SIDES의 아동용 버전이다. 각 문항은 발달 수준에 적합한 만화로 번역되었으며 평정 척도가 함께 제공된다. 평가 영역은 다음과 같다. (1) 정동 및 충동 조절 장애, (2) 주의력 및 의식, (3) 자기 지각, (4) 타인과의 관계, (5) 신체화, (6) 의미 체계(Praver et al., 2000).

## 가족 및 보호자 시스템 도구

다른 글에서도 언급했듯이, 관심 대상 아동뿐만 아니라 그 아동이 처한 상황을 평가하는 것의 중요성은 아무리 강조해도 지나치지 않다. 즉, 가족 구성원 및 보호자와 협력 관계를 구축하고 그들의 강점과 스트레스 요인을 이해하기 위해 협력하는 것이 매우 중요하다. 다음의 척도들은 가족 시스템을 더 잘 평가하는 데 사용할 수 있는 몇 가지 도구를 반영한다. 이것은 완벽한 목록이 아님을 참고하라. 가족을 참여시키는 것은 우리가 하는 일의 중요한 부분이며 평가 과정에서 필수적인 요소다. 가족, 특히 어려움에 처한 가족이 자신의 이야기를 듣고, 이해하고, 지원받는다고 느끼는 정도는 결과의 성공과 실패를 가를 수 있다. 여기에는 가족 및 체계 평가 도구가 나열되어 있으며, 독자들이 이러한 도구들을 트라우마 기반 종합 평가에 포함할 것을 강력히 권장한다. 가족 시스템을 평가할 때는 자원에 대한 접근성, 자급자족, 가족 기능, 보호자 복지, 양육 행동, 도전적 행동의 관리, 자녀와 보호자 관계 등 여러 영역을 고려해야 한다. 다양한 가족 관련 결과 척도에 대한 탄탄한 리뷰를 제공하는 오리건주립대학교의 가족 정책 프로그램(1998)(특히 제3장: 강하고 양육하는 가족)에 대해 검토할 것을 권장한다.

**가족 평가 척도 Ⅲ(Family Assessment Measure-Ⅲ: FAM-Ⅲ)(Skinner et al., 1995)**

가족 내 역기능적 관계의 질과 가족의 전반적인 건강 상태를 조사한다. 질문에는 가족 내 처벌 사용, 가족 내 소속감, 가족 내 문제 해결 방식 등이 포함된다.

**양육 가족 자원 체크리스트(Nurturing Family Resource Checklist)(Oregon State University, Family Policy Program, 1997)**

이 도구는 다섯 가지 영역에서 가족 자원의 적절성을 평가한다. 기본 자원, 건강 및 의료 서비스, 양육 및 가족 관계, 사회적 지원, 자녀 교육이 여기에 포함된다.

**부모-자녀 관계 인벤토리(Parent-Child Relationship Inventory)(Gerard, 1994)**

이 자기보고식 양육 기술 및 태도 척도는 애착과 관계의 영역을 평가한다. 평가 영역은 다음의 7가지 영역이다. (1) 부모 지원, (2) 양육 만족도, (3) 참여, (4) 의사소통, (5) 한계 설정, (6) 자율성, (7) 역할 지향성.

**가족 적응성 및 응집력 척도(Family Adaptability and Cohesion Scale)(Olson et al., 1985)**

가족 체계의 적응성, 유연성 및 응집력을 평가한다. 가족 기능의 네 가지 극단적 유형인 경직성, 혼란성, 분리성, 결속성을 고려한다(Marsac & Alderfer, 2010; Olson et al., 1985; Wu, 2017).

**아동 복지 트라우마 의뢰 도구(Child Welfare Trauma Referral Tool)(Taylor et al., 2006)**

이 도구는 아동 복지 종사자가 가족을 지원 및 서비스에 의뢰할 때 트라우마 기반 결정을 내릴 수 있도록 도와준다. 이 도구는 기록 검토와 주요 정보제공자와의 인터뷰를 통해 완성된다. 평가 영역은 다음과 같다. (1) 트라우마 노출/회상, (2) 트라우마 스트레스, (3) 외현화

증상, (4) 관계 및 애착

**아동용 애착 설문지(Attachment Questionnaire for Children: AQC)(Muris et al., 2001)**

아동의 애착 유형을 평가하는 단일 문항 자기보고식 척도다. 아동에게 세 가지 시나리오가 주어지고 어떤 시나리오가 자신의 경험을 가장 잘 반영하는지 선택한다. 애착 유형은 안정형, 회피형, 양가형이다.

**부모 및 또래 애착 인벤토리(Inventory of Parent and Peer Attachment: IPPA)(Armsden, 1986)**

이 자기보고식 도구는 청소년에게 사용되며 부모 및 또래와의 애착의 질과 애착 대상에 대한 감정의 특성을 살펴본다.

**가족 환경 척도(Family Environment Scale: FES)(Moos & Moos, 1994)**

이 평가 도구는 청소년 및 보호자 자기보고를 통해 작성할 수 있다. 이 도구는 전반적인 보호자 및 가족 기능과 트라우마에 대한 반응을 평가한다. 세 가지 하위척도에는 가족 관계, 개인 성장, 시스템 유지 및 변화가 포함된다.

**양육 스트레스 인덱스-단축형(Parenting Stress Index-Short Form: PSI-SF)(Abidin, 1995)**

이 보호자 보고용 도구는 부모의 스트레스 요인과 전반적인 보호자 기능을 평가한다. 또한 가족 기능과 트라우마에 대한 반응도 평가한다. 이것은 양육 스트레스 인덱스의 간략한 버전이다(Abidin, 1995). 이 도구는 다음의 영역을 평가한다. (1) 부모의 고통, (2) 부모-자녀의 역기능적 상호작용, (3) 어려운 자녀.

**부모 정서 반응 설문지(Parent Emotional Reaction Questionnaire: PERQ)(Cohen et al., 2004)**

이 보호자 보고용 척도는 보호자 기능과 가족 기능을 평가한다. 이 도구는 자녀의 성적 학대에 대한 부모의 정서적 반응을 평가한다. 이 도구는 부모에게 두려움, 슬픔, 죄책감, 분노, 당혹감, 수치심 및 기타 사로잡혀 있는 감정의 빈도를 기록하도록 요청한다.

제4부

# 트라우마 기반 개입의 프레임워크

• 제10장 •

# 트라우마 기반 개입의 역량 및 구성요소

– Kirby L. Wycoff –

## 도입

다른 곳에서도 언급했듯이, 평가 과정은 개입 과정의 필수적인 측면이다. 치료법 선택은 대부분 정확하고 적절한 평가를 통해 이루어지며, 이는 사례 개념화와 다양한 개입 기법 및 도구의 선택으로 이어진다. 특정 개입을 선택할 때는 여러 사항을 고려해야 한다. 특히, 평가는 '개인의 치료적 욕구와 관련하여 무엇을 알려 주는가?' '평가 과정이 개인의 욕구를 파악하고 치료 목표를 명확히 하는 데 어떻게 도움이 되는가?'와 같은 질문이 필요하다. 현재 대상 집단과 그들이 가질 수 있는 사회적, 정서적, 행동적, 심리적, 교육적 또는 기타 요구사항에 대한 명확한 이해는 치료 방법을 분명하게 선택할 수 있도록 도와준다(Maher, 2012). 평가 과정은 본질적으로 일종의 욕구 평가를 반영한다. '개인이 치료 목표를 달성하기 위해 무엇이 필요한가?'와 같은 질문을 염두에 두고 적절하게 준비한 훈련된 임상가는 특정 개인에게 가장 적합한 개입 기법, 도구 및 치료에 대해 정보에 입각한 결정을 내릴 수 있다.

내담자에게 적절한 치료적 개입을 찾는 것은 어떤 대상을 치료하든지 중요한 부분이며, 특히 트라우마에 노출된 청소년의 욕구를 충족하는 데 중요하다. 특정 내담자의 실제 욕구를 고려하지 않고 기성 프로그램을 그대로 가져다 쓰면 내담자가 실제로 필요로 하는 것이 무엇인지에 대한 통찰력과 명확성이 떨어진다. 다른 곳에서도 언급했듯이 트라우마에 시달리는 청소년과 그 가족은 그들을 치료하는 의료진만큼이나 다양하고 광범위하다. 미국립 아동 트라우마 스트레스 네트워크(The National Child Traumatic Stress Network: NCTSN)는 특정 개인 또는 집단에 대한 특정 치료 모델의 적합성을 평가하기 위한 여러 가지 고려사항을 제시하였다. 트라우마에 노출된 개인을 위한 효과적인 치료적 개입에 대한 보다 확실한 이해를 위해 본 웹사이트를 방문하길 바란다(http://www.nctsn.org/resources/ topics/

treatments-that-work-work/promising-practices). 개입 및 치료와 관련하여 NCTSN은 치료 지침의 개발이 'NCTSN 트라우마 기반 개입: 임상 및 연구 근거와 문화 특수적 정보(NCTSN Trauma-Informed Interventions: Clinical and Research Evidence and Culture-Specific Information)' 프로젝트와 사우스캐롤라이나 의과대학의 국립 범죄 피해자 연구 및 치료 센터(the National Crime Victims Research and Treatment Center) 간의 협력으로 이뤄졌음을 언급했다. 이 강력한 프로젝트는 트라우마에 노출된 개인을 위해 고려할 수 있는 여러 개입의 가상 라이브러리를 구축하고 있으며, 특히 다양한 내담자의 요구에 중점을 두고 있다(NCTSN, 2017).

어떤 개입을 선택할지 고려할 때는 여러 가지 요소를 신경 써야 한다. 여기에는 개인이 필요로 하는 지원의 유형과 수준, 그리고 다양한 맥락에서 특정 집단에 대한 적합성 등이 포함된다(NCTSN 2017). 어떤 맥락에서 한 개인에게 효과가 있는 것이 다른 맥락에 있는 또 다른 개인에게는 효과가 없을 수도 있다. NCTSN은 임상가가 개인이 어떤 종류의 트라우마에 노출되었는지, 그 개인(또는 집단)에게 어떤 유형의 손실이 문제가 될 수 있는지, 그리고 개인이 겪고 있는 기능 손상을 고려해야 한다고 지적했다(NCTSN, 2017). 철저한 욕구 평가는 임상가가 트라우마에 노출된 개인에게 가장 적절한 개입과 치료 접근법을 선택할 수 있도록 안내한다.

서비스 대상자의 욕구, 가치관, 이용 가능한 자원, 인구통계학적 특성 및 알려진 선호도는 필요한 치료 개입 유형에 영향을 미친다. 고려해야 할 요소는 다음과 같다.

- 내담자와 주변 커뮤니티의 현지 문화 및 가치관
- 연령, 인지 및 사회적 영역을 포함한 발달 요인
- 사회경제적 요인
- 도움을 요청하는 데 대한 물리적 및 기타 장애 요인
- 치료적으로 활용할 수 있는 개인/가족/지역사회의 강점 기반 자원의 가용성
- 서비스가 제공되는 환경(학교, 주거지, 병원, 가정)(NCTSN, 2017, para. 8)

'아동 신체 및 성적 학대: 치료 지침(Child Physical and Sexual Abuse: Guidelines for Treatment)' 프로젝트는 미국 법무부의 법률 프로그램(Office of Justice Programs) 범죄 피해자 사무국(Office of Victims of Crime)의 보조금(1999-VF-GX-K010)을 통해 지원되었다. 여기서 Saunders 등은 신체적, 성적 학대에 노출된 청소년을 중심으로 트라우마에 노출된 청

소년과 함께 작업할 때 다양한 치료법의 선택을 고려할 수 있는 여러 지침을 개발했다.

Saunders 등은 트라우마의 영향을 받은 아동 및 가족과 함께 일하는 모든 서비스 전문가를 위한 표준화된 가이드 라인을 구축하는 것이 매우 중요하다고 언급했다. 정신건강 전문가, 피해자 옹호자, 가정/소년법원 판사, 검사, 형사법원 판사, 아동 보호 서비스 담당자, 그리고 이 집단과 교류하는 기타 모든 실무자(학교 기반 전문가 포함)는 트라우마의 영향뿐만 아니라 이러한 가족에게 가장 적절한 개입을 선택하는 방법을 명확히 이해해야 한다. Saunders 등은 '이론적으로 타당하고, 경험적으로 뒷받침되며, 임상적으로 수용되는 정신건강 치료 절차의 채택과 적용'을 통해 트라우마에 영향을 받은 청소년과 가족에 대한 기준을 높이는 것이 필수적이라고 지적했다(Saunders et al., 2003, p. 6). 우리가 여기서 추구하는 바와 같이, Saunders 등은 이 집단과 함께 일하는 데 사용할 수 있는 치료 방식에 대한 임상가의 인식을 높이고 임상가가 적절한 개입을 선택할 때 이러한 지침을 고려하도록 장려하고자 했다. 이를 위해서는 특정 치료 모델의 잠재적 이점과 잠재적 위험을 모두 이해하는 것이 필수적이다.

이 장에서는 모든 치료 옵션을 제시하는 것이 아니며, 이러한 치료 접근법들이 올바른 임상적 판단이나 임상적 혁신을 대체할 수 있다는 것을 암시하지도 않는다(Saunders et al., 2003). 다만, Saunders 등은 치료가 필요한 내담자에게 올바른 치료를 제공하는 데는 여러 단계의 프로세스가 필요하다고 언급하고 있다. 무엇보다도 프로젝트 팀은 트라우마에 노출된 사람들에게 가장 효과적인 치료법을 결정하는 데 도움이 될 수 있는 탄탄한 연구의 중요성에 주목했다. 치료 접근법을 개발한 후에는 이론적으로 타당하고 경험적으로 뒷받침되는 모델을 보급하기 위해 해당 분야가 노력해야 한다고 언급했다. 그 후에는 트라우마에 노출된 청소년과 가족에게 이러한 치료 방식을 구현하고 사용하는 방법에 대해 일선 서비스 제공자를 교육하는 데 집중해야 한다. "임상 과학은 좋은 치료법을 개발하고 테스트하는 데 훌륭한 역할을 할 수 있다. 안타깝게도 일선 실무자들이 이를 알지 못하고 좋은 치료법을 사용하도록 훈련받지 못한다면, 아동 피해자들은 혜택을 받지 못할 것이다."(Saunders et al., 2003, p. 7) 마지막으로, 프로젝트 팀(저자들의 지원을 받은)이 지적한 바와 같이, 올바른 치료법을 개발하여 임상가에게 보급하는 것 외에도, 서비스 제공자는 이론적으로 타당하고 경험적으로 입증된 치료 모델을 실제로 구현하기 위한 선택을 해야 한다. 이 책은 트라우마에 노출된 청소년과 가족에 대한 가장 관련성 높은 정보를 일선 실무자에게 전달하기 위해 기획되었다.

## 임상 역량

트라우마에 노출되어 영향을 받은 청소년 및 가족과 함께 일하는 것은 임상 전문 분야다. 다양한 윤리 강령에 명시된 바와 같이, 서비스 제공자가 유능하게 자신의 업무 범위 내에서 일하기 위해서는 이 집단과 함께 일하는 데 필요한 전문 교육과 감독을 받아야 한다. 이 책은 일선의 서비스 제공자가 트라우마에 노출된 청소년과 가족에 대한 영향과 욕구에 대한 지식, 기술, 능력을 향상시킬 수 있는 자료 중 하나다. 제공자가 학교 및 지역사회 환경에서 트라우마에 노출된 청소년 및 가족과 함께 일하는 데 필요한 기술과 지식을 습득하려면 고려해야 할 몇 가지 전제 조건이 있다. 먼저, 제공자는 정신 및 행동 건강에 어려움이 있는 내담자와 직접 협력하는 데 필요한 최소한의 기본 임상 교육을 제공하는 해당 분야의 공인 대학원을 졸업해야 한다. 또한 제공자는 해당 진료 분야의 교육 기준에 부합하는 실습 또는 인턴십을 포함한 슈퍼비전 교육에 참여하고 성공적으로 완료해야 한다. 이에 더하여 제공자가 기본적인 임상 역량을 갖추고, 진료 분야에 해당하는 모든 면허 및 인증 평가와 절차(국가 및 주 수준)를 완료했음을 증명하는 것이 좋다. 마지막으로, 가장 중요한 것은 트라우마에 노출된 개인과 함께 일하기 시작하는 제공자는 특히 트라우마에 노출되어 영향을 받은 청소년 및 가족과 일해 온 경험이 많은 전문가에게 정기적으로 슈퍼비전을 받는 데 높은 가치를 두어야 한다는 것이다. 이 책의 마지막 장에서 언급하겠지만, 이러한 집단과 함께 일하는 것은 서비스 제공자에게 도전이 될 수 있으므로 적절한 슈퍼비전 모델을 마련하는 것이 필수적이다. 이는 최고의 연습이 될 뿐만 아니라, 새롭게 떠오르는 기술에 대한 지속적인 슈퍼비전은 서비스 제공자의 여러 윤리 강령에도 부합하는 것이다.

트라우마에 영향을 받은 청소년과 가족에게 평가 및 개입 서비스를 제공하는 데 관심이 있는 임상가는 사례 개념화 틀에 대한 강력하고 견고한 기반을 갖춰야 한다. 즉, 서비스 제공자는 평가와 개입이 모두 사례 개념화 과정의 일부라는 점을 이해하고 인식해야 한다. 평가(가설 검정 모델 사용)는 함께 일하고 있는 내담자에 대한 이해를 높이고, 이는 사례 개념화 또는 내담자의 최근 어려움을 이해하는 방법을 알려 준다. 이를 바탕으로 치료 계획이 수립되고, 치료 계획에 명시된 특정 목표를 달성하기 위해 적절하고 관련성 있는 개입을 선택한다. 그런 다음 개입을 실행하고 개입의 결과와 목표를 지속적이고 규칙적인 방식으로 계속 모니터링한다. 이 과정은 반복적이고 순환적이며, 정기적으로 수집된 데이터는 임상가가 개입이 효과가 있는지 아닌지를 파악하는 데 도움이 될 것이다. 데이터가 긍정적인 성장과 목표 달성을 나타내지 않는다면 임상가는 평가와 사례 개념화를 다시 검토하여 내담자의 요구를 더 잘 이해하고, 특정 치료가 효과가 없는 이유를 가설로 세워 그에 따라 조정한다. 사례 개념화는 평가와 개입이 모두 중요한 역할을 하는 과정이며, 임상가가 치료 목표와 개입을 계획하기 위해 특정 이론적 틀의 맥락에서 내담자의 현재 문제를 이해하는 데 도움이 된다(Division of Clinical Psychology, 2011; Wycoff, 2013). 이 과정은 특정 이론 또는 통합적 이론에 비추어 내담자의 증상과 현재의 어려움 또는 손상을 설명하고 이해하는 데 도움이 된다(Division of Clinical Psychology, 2011; Wycoff, 2013). 이러한 사례 개념화는 목표와 개입 전략의 개발, 그리고 궁극적으로 가장 적절한 개입 또는 치료의 선택과 직접적으로 연결된다. 사례 개념화 과정은 주어진 환경에서 내담자와 함께 나아갈 수 있는 최선의 방법을 파악하는 데 도움이 된다. 사례 개념화 과정에는 크게 세 가지 단계가 있으며, 트라우마에 노출된 청소년에 대한 평가 및 개입 선택과 특히 관련이 있다. 여기에는 다음이 포함된다.

1. 내담자의 현재 호소문제(내담자가 내방한 계기는 무엇인가, 내담자가 현재 직면한 어려움이나 호소문제는 무엇인가?)
2. 명시된 문제를 설명할 수 있는 가설(내담자가 어떻게 그리고 왜 이러한 어려움을 겪게 되었다고 생각하는가? 문제가 무엇에서 비롯되었다고 생각하는가? 내담자의 강점은 무엇이며, 과거에는 어떻게 대처했는가? 여기서 트라우마에 기반한 관점에서 내담자의 필요와 어려움을 파악하는 것이 중요하다.)
3. 목표 설정 및 개입(치료 또는 개입에 대한 내담자의 목표는 무엇인가? 경험적으로 뒷받침되고 내담자의 요구를 충족하는 개입을 어떻게 선택할 것인가?)

이와 같은 내담자를 평가하고 개입하는 과정을 이해하는 것은 트라우마에 노출된 청소년 및 가족과 함께 일하는 데 관심이 있는 제공자에게 기본적이고 필수적인 기술이다. 트라우마 기반 업무를 구축하는 과정으로서 이 틀을 이해하는 것은 매우 중요하다.

미국립 아동 트라우마 스트레스 네트워크(National Child Traumatic Stress Network: NCTSN)는 '효과적인 트라우마 기반 개입을 실행하기 위한 필수 임상 역량(Prerequisite Clinical Competencies for Implementing Effective, Trauma-Informed Intervention)'에서 트라우마 기반 또는 집중 임상 개입을 실행하기 위한 전제 조건으로 여러 가지 특정 역량을 언급했다. NCTSN은 또한 서비스 제공자가 트라우마 관련 개입에 대한 교육을 받기 전에 핵심 임상 역량을 확보하는 것이 매우 중요하며, 서비스 제공자가 내담자와 함께 일하기 시작한 후에는 이러한 서비스 및 개입의 실행을 지속적으로 모니터링하고 감독하는 것이 중요하다고 언급했다.

NCTSN은 다음과 같이 핵심 임상 역량을 제안하였다. 이 내용의 전문을 확인하려면 다음 링크[1)]를 참조하라.

1. 기본 평가: 관련 임상 정보를 효과적으로 수집하여 치료 작업을 통해 해결해야 할 문제를 평가한다.
2. 위험 평가: 개인이 자신 또는 타인을 해칠 가능성과 타인에 의해 해를 입을 가능성을 효과적으로 평가한다. 청소년의 안전을 보장할 수 있는 보호자의 능력을 평가에 포함해야 한다.
3. 사례 개념화: 평가 정보를 효과적으로 통합하여 대상자의 어려움에 대한 이해와 가설을 설정한다. 사례 개념화 및 가설 설정에 모든 사회문화적 요소를 포함한다.
4. 치료 계획: 사례 개념화 정보를 효과적으로 사용하여 목표한 임상 목표에 가장 효과적인 개입과 치료를 선택한다.
5. 치료 관계: 목표한 임상 목표를 달성하기 위해 내담자 및 내담자의 가족과 효과적으로 치료 동맹을 구축한다.
6. 치료 작업: 목표한 임상 목표를 달성하기 위해 선택한 개입을 효과적으로 실행한다.
7. 치료 효과 모니터링: 정기적으로 진행 상황과 치료 결과를 효과적으로 모니터링하고 필요에 따라 치료를 조정한다(NCTSN Position Statement, Prerequisite Clinical Competencies for Implementing Effective, Trauma-Informed Interventions, 2015).

앞의 NCTSN이 제시한 지침과 저자들이 사례 개념화 기술에 중점을 둔 지침을 활용하여, 관련 임상가는 트라우마에 영향을 받은 청소년과 가족에게 양질의 평가 및 치료 서비스를 제공하는 데 필요한 기본 역량을 갖출 수 있다.

## 근거 기반 실천

트라우마의 영향을 받은 청소년과 가족에게 적합한 치료 프로그램과 개입의 효과성을 평

1) http://nctsn.org/sites/default/files/assets/pdfs/nctsn_position_statement_on_clinical_competency.pdf

가한 여러 자료와 데이터베이스가 있다. 법률 프로그램 범죄 피해자 사무국의 '아동 신체 및 성적 학대: 치료를 위한 지침(Child Physical and Sexual Abuse: Guidelines for Treatment)' 프로젝트, 미국립 아동 트라우마 스트레스 네트워크(National Child Traumatic Stress Network), 약물남용 및 정신건강 서비스국(Substance Abuse and Mental Health Services Administrations: SAMHSA)의 근거 기반 프로그램 및 실천 국가 등록부(National Registry of Evidence-Based Programs and Practices: NREPP), 캘리포니아 근거 기반 아동 복지 정보센터(California Evidence-Based Clearinghouse for Child Welfare: CEBC) 등이 포함되며, 이외의 자료 또한 활용할 수 있다. 모든 링크와 자료는 이 책의 부록에서 확인할 수 있다.

Saunders 등(2003)(Child Physical and Sexual Abuse Guidelines for Treatment: OVC)은 임상 과학이 개입 및 치료법 개발을 주도하는 과정에 주목했다. 연구팀은 혁신적인 치료법이 개발되고 초기에는 관련 임상 환경에서 신중하게 사용된다는 점을 발견했다. 이러한 임상 환경에서 나온 결과와 일화적인 피드백은 추가적인 치료법 개발을 촉진한다. 그 다음 보강 및 개선된 치료법은 실제 내담자를 대상으로 임상(및 종종 임상 연구) 환경에서 다시 한번(종종 여러 번) 테스트 된다. 개입이 어떻게 이루어졌는지, 확인된 이점이 있었는지, 참여자가 이러한 치료에 어떻게 반응했는지에 대한 정성적 데이터가 수집되는 경우가 많다. 일련의 사례 연구를 통해 특정 치료 방법이 더 광범위한 맥락에서 유용할 수 있다고 판단되면, 해당 치료법은 보다 엄격한 과학적 조사와 테스트를 거친다. 이러한 임상시험은 종종 무작위 대조군 임상시험(RCT)으로, 매개변수와 변수를 면밀히 모니터링하고 목표 집단을 대상으로 치료를 시행한다(Saunders et al., 2003). 이러한 임상시험은 주로 학술 및 연구 환경에서 수행된다(Saunders et al., 2003). 엄격하게 통제된 과학적 환경에서 효과가 입증된 후에는 실제 일선의 실무자와 함께 현장 테스트를 위해 치료법을 다시 현장에 투입하는 경우가 많다. 즉, 실제 조건에서 실제 내담자와 함께 치료가 원하는 결과 또는 상태를 도출하는 정도를 평가하기 위한 것이다(Saunders et al., 2003). 치료법이 현장에서 효과가 있다고 판명되면 일반적으로 더 널리 현장에 보급한다. 다음 절에서는 치료가 '근거 기반'이 되는 과정에 대해 설명하겠다(Saunders et al., 2003).

이상적인 임상 과학 프로세스[Ideal Clinical Science Process]는 새로운 치료법이 더 많은 임상 집단에 효과적이라고 판단될 수 있는 이상적인 개발 과정을 보여 주었다. 안타깝게도 저자들은 새로운 치료법을 개발할 때 이 프로세스를 항상 따르는 것은 아니라고 지적했다(Saunders et al,, 2003). 보편적인 임상 과학 프로세스[Common Clinical Science Process]는 보통 임상 환경에서 치료 접근법이 개발되지만, 안타깝게도 효과를 확인하기 위한 엄격한 평가가 수행되기 전에 전파되는 경우가 많다는 것을 보여 준다. 특정 접근법이 특정 임상 집단에 유용하다는 것을 발견한 개별 임상가 또는 임상가 그룹(및/또는 연구자)에 의해 전파되는 경우가 많다(Saunders et al., 2003). Saunders 등은 정확한 효과성 연구가 실제로는 다소 드물지만, 트라우마에 노출된 청소년 분야에서 우리는 효능과 효과를 입증하기 위해 더 많은 노력을 기울이고 있다고 밝혔다.

모든 트라우마 치료법을 평가하는 것은 이 연구의 범위를 벗어나는 것이지만, 독자들이 Saunders 등의 연구 전체를 읽고 잠재적 치료 모델을 평가할 때 이러한 기준을 고려할 것을 권장한다. 다양한 개입에서 경험적으로 입증된 수준을 분류하기 위해 다음과 같은 분류 체계를 사용했다.

치료 프로토콜 분류 체계

1 = 잘 입증되었고 효과적인 치료법

2 = 입증되었고 효과가 있을 가능성이 있는 치료법

3 = 입증되었고 수용 가능한 치료

4 = 유망하고 수용 가능한 치료법

5 = 혁신적이거나 새로운 치료법

6 = 우려가 되는 치료법(Saunders et al., 2003, p. ii)

이 등급표는 임상가의 의사결정 과정을 돕는 데 유용할 수 있다. 아래에서 임상가가 경험적으로 뒷받침되는 치료 및 개입의 사용에 대한 결정을 내리는 데 도움이 될 수 있는 또 다른 등급 척도를 추가할 예정이다.

근거 기반 실천은 1990년대 초 의료 분야에서 나온 문헌에서 처음 발견되었다. '근거 기반 의학'이라는 용어는 '개별 환자 치료에 대한 결정을 내릴 때 현재의 가장 좋은 증거를 양심적이고 명시적이며 신중하게 사용하는 것'으로 정의되었다(Sackett et al., 1996, p. 71). 근거 기반 실천은 높은 수준의 엄격한 임상 연구를 사용하여 임상적 의사 결정을 돕는 동시에 내담자의 요구와 가치를 고려하려는 움직임을 반영하는 것으로 알려져 있다(Masic et al., 2008). 본질적으로, 근거 기반 의학은 다른 산업과 분야로 확산되어 현재 근거 기반 실천으로 불리며, 특정 치료가 실제로 효과가 있는지 여부를 이해하는 데 있어 우리의 기준을 높였다. "근거에 기반한 의학의 실천은 자신의 환자를 돌보는 데 있어 일평생의, 자기 주도적인, 문제 중심의 학습 과정으로, 진단, 예후, 치료 및 기타 임상 및 건강 관리 관련 임상적으로 중요 정보에 대한 필요성을 느끼게 한다."(Masic et al., 2008, p. 219) 이러한 사고방식은 보건 및 공중보건 분야에서 책임성을 높이고 효과에 대한 근거를 개선하고자 하는 움직임을 반영한다. 과학과 기술이 급속도로 발전하는 시대에 임상가는 자신의 치료 선택을 지속적으로 평가해야 한다. 여기에는 임상가의 임상 전문 지식, 환자의 가치와 욕구, 선택한 개입 또는 치료에 대한 최선의 과학적 근거가 통합된다. 다른 곳에서 강조한 바와 같이, 포괄적 평가에서는 가설 검증과 문제 해결이 중요하다. "근거 기반 의학의 수정 및 개선된 정의는 임상 문제 해결을 위한 시스템적 접근 방식으로, 이는 최상의 연구 증거를 임상 전문 지식 및 환자의 가치와 통합할 수 있게 하였다."(Masic et al., 2008, para. 3) 근거 기반 실천 모델은 여러 전문 기관의 윤리 기준과 지침에 통합되었으며, 여러 분야에서 채택되었다(CEBC, Understanding Evidence Based Practice, 2017). 이 장(그리고 책 전체!)은 임상 경험과 전문성을 대체하기 위한 것이 아니라 일선 임상가의 의사결정과 문제 해결을 개선할 수 있는 외부의 근거 중심 지침으로 임상적 통찰력을 보완하기 위한 것이다.

CEBC와 NREPP는 또한 광범위한 아동 및 청소년 정신건강 문제와 관련하여 경험적으로 뒷받침되는 개입을 위한 데이터베이스를 구축하기 위해 폭넓은 작업을 수행해 왔다. CEBC는 캘리포니아 사회복지부의 아동 학대 예방 사무국[California Department of Social Services' (CDSS) Office of Child Abuse Prevention]을 통해 자금을 지원받았다. CEBC 웹사이트[2]를 독자들이 방문하기를 권한다. 여기에서 CEBC의 사명은 '아동 복지 시스템과 관련된 아동과 가족을 위한 근거 기반 실천의 효과적인 실행을 발전시키는 것'(CEBC, 2007, p. 1)이다. CEBC는 근거 기반 실천(Institute of Medicine에서 정의한)에는 (1) 최고의 연구 증거, (2) 최고의 임상 경험, (3) 환자 가치와의 일치성, 이 세 가지 변수의 조합이 포함된다고 보고한다(Institute of Medicine, 2001).

CEBC는 최종 사용자(아동 및 가족 서비스 기관의 임상가 및 기타 관계자)가 특정 개입 또는 치료에 대한 연구 근거의 질을 쉽게 이해할 수 있도록 돕고자 한다(Institute of Medicine, 2001). 이들이 사용하는 측정 기준은 연구 근거를 '동료 심사 저널에 게재된 결과에 대한 연구'로 정의한다(CEBC, 2017). 또한 연속 척도를 사용하여 특정 프로그램에 대한 연구 증거의 전반적인 질을 기록하였다. 이는 '잘 입증되었음'에서 '우려됨'에 이르는 5점 척도다. 이 척도는 특정 치료, 개입 또는 프로그램에 대한 과학적 근거의 다양한 수준을 나타낸다(CEBC, 2017).

2) http:// www.cebc4cw.org

다음의 링크[3]에서 CEBC 평가 척도 문서를 확인하고 다운로드할 것을 권장한다. 어떤 개입 방법이 평가받기 위해서는 다음과 같은 전제 조건들이 포함되어야 한다. (1) 개입 방법을 명시한 매뉴얼 또는 프로토콜이 있을 것, (2) CEBC 관심 주제의 요건을 충족할 것(즉, 위험에 처한 청소년 및 가족 관련), (3) 연구 결과는 학술지에 게재될 것, (4) 측정 결과는 타당하고 신뢰할 수 있으며 정확하게 진행될 것 (CEBC 과학적 평가 척도 개요 2017, p. 1). 다음에 임상가들에게 유용한 지표가 될 수 있는 척도 범주를 간략하게 요약했다.

1. 연구 결과로 충분히 입증됨
   - 최소 2개의 엄격한 무작위대조시험(randomized controlled trials: RCT)
   - 대조군보다 훨씬 나은 효과
   - 최소 1년 동안 지속된 결과
2. 연구 결과를 기반으로 함
   - 최소 1개의 무작위대조시험(RCT)
   - 대조군보다 훨씬 나은 효과
   - 최소 6개월 동안 지속된 결과
3. 기대되는 연구 결과가 나타남
   - 특정 유형의 대조군(플라시보, 대기자 명단, 비치료)을 사용한 최소 1개의 연구
   - 대조군보다 더 나은 효과
   - 3점 이상으로 평가된 다른 도구와 유사한 수준의 연구
4. 연구 결과가 효과를 입증하지 못함
   - 2개 이상의 무작위대조시험에서 개선 효과를 입증하지 못함
   - 종합적인 연구 결과가 개입 효과를 입증하지 못함
5. 우려되는 연구 결과가 나타남
   - 종합적인 연구 결과가 내담자에게 부정적인 영향을 시사함
   - 치료로 인한 피해 가능성을 시사하는 사례 연구 데이터
   - 내담자에 대한 위험을 시사하는 경험적 근거
6. NR – CEBC 평가 척도로 평가할 수 없음
   - 발표된 결과 자료, 학술지 발간물, 대조군 모두 없음(CEBC, 2016)[4]

3) http://www.cebc4cw.org/files/OverviewOfTheCEBCScientificRatingScale.pdf
4) http://www.cebc4cw.org/files/OverviewOfTheCEBCScientificRatingScale.pdf

또한 일선 의료진이 트라우마를 겪은 개인의 개입 및 치료법을 선택할 때 유용한 틀이 될 수 있는 지침을 제안한다. 근거 기반 실천의 다른 자료는 SAMHSA의 근거 기반 프로그램 및 실천 국가 등록부의 관련 사이트[5]에서 찾을 수 있다.

NREPP의 주요 목표는 정보를 공유하고 연구를 현장에서 적용 가능할 수 있도록 전환하는 것이다. NREPP는 현장의 임상가, 의료진, 대중이 임상 집단에 사용할 수 있는 근거 기반 개입에 대해 배울 수 있도록 개발된 검색 가능한 온라인 저장소를 제공한다(NREPP, 2017).

NREPP는 특정 개입이나 프로그램을 지지하는 것이 아니라 검토 및 평가를 거친 프로그램을 게시한다(NREPP, 2017). 연구자 또는 프로그램 개발자가 자신의 개입 방법과 프로토콜을 제출하여 심사받고 NREPP 저장소에 등록될 수 있도록 연중 여러 차례 공식 제출 기간이 있다. 심사 위원에게 제출하기 위한 최소 요건은 다음과 같다.

1. 프로그램/개입은 정신건강, 물질 사용 또는 행동건강과 관련된 결과를 목표로 해야 한다.
2. 프로그램/개입은 적어도 하나의 실험 또는 준실험 설계를 사용한 연구로 평가되어야 한다.
3. 프로그램/개입은 치료군 및 대조군 결과에 대한 데이터를 수집해야 한다.
4. 프로그램/개입은 1995년 이후에 학술지 또는 출판물에 게재되었어야 한다(NREPP, 2017, para. 2).

NREPP는 승인된 제출물을 검토하고 연구의 방법론적 엄격성과 개입의 영향력에 따라 등급을 부여한다.

평가는 전문 교육을 받은 두 명의 개입 평가자가 표준화된 평가 방법론을 사용하여 진행한다. 여기에는 효과 크기의 신뢰구간에 의해 결정되는 효과 정도뿐만 아니라 프로그램의 엄격성 및 정확성과 관련된 근거 점수를 도출하는 것이 포함된다(NREPP, 2017). 효과 크기는 다음과 같이 해석된다.

1. 정적인: 신뢰구간이 완전히 정적인 범위 내에 있음(0.10 초과)
2. 정적일 가능성이 있는: 신뢰구간이 정적인 범위(0.10 초과)와 중요하지 않은 범위(−0.25~0.10) 모두에 걸쳐 있음

5) http://nrepp.samhsa.gov/landing.aspx

3. 중요하지 않은: 신뢰구간이 완전히 중요하지 않은 범위(−0.25~0.10) 내에 있거나 부적인 범위와 정적인 범위에 걸쳐 있음(−0.25~0.10 초과)
4. 부적일 가능성이 있는: 신뢰구간이 부적인 범위(−0.25 미만)와 중요하지 않은 범위(−0.25~0.10) 모두에 걸쳐 있음
5. 부적인: 신뢰구간이 완전히 부적인 범위 내에 있음(−0.25 미만)[6)]

이처럼 근거 점수와 효과 등급을 종합하여 개입을 7가지 근거 등급(A등급~G등급) 중 하나로 분류한다. A등급은 '신뢰구간이 완전히 정적인 범위 내에 있는 최고 수준의 근거'를 의미하며, G등급은 '연구의 한계로 인해 결과에 대해 추가 보고할 것이 없음'을 의미한다(NREPP, 2017, para. 18). 평가 절차에 대한 자세한 설명은 아래의 사이트[7)]에서 확인할 수 있다. 그 후, 결과 점수(근거 등급에서 산출된)와 개념적 체계 등급(프로그램에 목표, 활동, 변화 이론이 포함되는 정도에 따라 산출된)을 사용하여 전체 결과 등급을 도출한다(NREPP, 2017). 색상으로 구분된 시스템을 사용하여 각 개입 또는 프로그램은 전체 결과 근거 등급으로 평가된다. 이러한 등급은 다음과 같이 나뉘어 있다.

1. 효과적(녹색 체크 표시). 평가 근거는 매우 엄격한 방법론을 따랐으며, 단기 효과는 긍정적이다. 더 구체적으로는 치료군에 단기 효과가 나타났고 효과 크기는 상당하다.
2. 유망함(노란색 체크 표시). 평가 근거는 충분히 엄격한 방법론을 따랐으며, 단기 효과는 긍정적일 가능성이 높다. 더 구체적으로는 치료군에 단기 효과가 나타났고 효과 크기는 상당한 편이다.
3. 비효과적(빨간색 × 표시). 평가 근거는 충분히 엄격한 방법론을 따랐지만, 단기 효과는 거의 또는 전혀 없다. 더 구체적으로는 치료군에 단기 효과가 나타나지 않았고 효과 크기도 의미가 없는 수준이다. 때때로 부정적인 단기 효과가 있다는 증거도 있다. 이 경우 단기 효과는 치료군에 해로운 영향을 미치며 효과 크기는 상당하다.
4. 미확정(검은색 물음표). 프로그램은 두 가지 이유로 명확하지 않은 것으로 분류된다. 첫째, 프로그램 효과가 있다고 평가하기엔 방법론적 엄격성이 부족하다. 둘째, 단기 효과 크기를 계산할 수 없다[8)].

---

6) NREPP, 2017, para. 16.
7) http://nrepp.samhsa.gov/review_process.aspx
8) NREPP, 2017, 20p, http://nrepp.samhsa.gov/review_process.aspx에서 검색

## 트라우마 중점 개입의 핵심 구성요소

트라우마를 겪은 청소년과 가족을 위한 치료 및 개입 전반은 다른 여러 치료 모델과 이론에 관한 문헌을 기반으로 한다. 미국 법무부 및 보건복지부(폭력을 경험한 아동을 위한 근거 기반 실천: 연방 데이터베이스의 선택)에서는 폭력을 경험한 아동을 치료할 때 근거 기반 실천에서 공통적으로 나타나는 여러 특성에 대해 언급했다. 이러한 서비스와 프로그램의 주요 특징에는 서비스 타깃 집단, 서비스 제공 방식과 서비스 길이, 기간, 강도 같은 것들이 포함된다. 다음은 폭력을 경험한 청소년을 대상으로 하는 성공적인 근거 기반 프로그램의 공통적인 특징과 장애물을 정리한 것이다.

폭력을 경험한 청소년을 위해 성공적으로 시행된 EBP(근거 기반 프로그램)의 공통적인 특징[9]:

1. 가정 및 센터 기반 접근 방식 혼합
2. 다각적 치료 접근법
3. 부모-자녀 이중 접근법
4. 부모 교육 및 심리교육 서비스
5. 발달 및 문화적으로 적절한 서비스

폭력을 경험한 청소년을 위한 EBP(근거 기반 프로그램) 실행의 공통적인 장애물[10]:

1. 참여자 감소 및 정체
2. 의무 보고
3. 부모의 동기 및 기대치
4. 실제 증거 부족

또한 미국립 아동 트라우마 스트레스 네트워크(NCTSN)는 트라우마 기반의 개입 및 치료의 핵심 구성요소 또는 특징을 담은 일련의 지침을 제공한다. 이러한 지침은 주로 다른 치료 모델의 영향을 받았지만, 트라우마를 경험한 청소년 및 가족을 치료할 때 특히 중요하고 관련성이 높다. 많은 트라우마 기반의 개입 및 치료 모델에는 유사한 기초 기법이 포함되어

9) 미국 법무부 및 보건복지부, 폭력을 경험한 아동을 위한 근거 기반 실천, 2011, p. 1.
10) 미국 법무부 및 보건복지부, 폭력을 경험한 아동을 위한 근거 기반 실천, 2011, p. 1.

있다. 내담자의 필요, 목표, 가치와 특정 치료의 실증적 자료를 평가하는 것은 임상가가 내담자에게 가장 적합한 개입을 선택하는 데 도움이 된다.

## 심리교육

심리교육은 많은 트라우마 중심 개입의 핵심 구성요소 중 하나다. 치료 전략으로서의 심리교육은 원래 조현병 진단을 받은 가족 구성원을 대상으로 사용되었다(Goldstein & Miklowtiz, 1995). 심리교육은 특정 진단 또는 임상 문제(이 경우 트라우마)와 그 과정, 원인, 예후 및 치료 접근법에 대한 정보를 제공하기 위해 고안된 프로그램으로 청소년 및 가족과 함께 작업할 때 치료적으로 사용된다(Goldstein & Miklowitz, 1995). 트라우마를 경험한 청소년 및 가족을 치료할 때, 심리교육은 트라우마, 트라우마의 영향, 외상 후 스트레스 반응 및 대처 방법 강화에 중점을 둔다(NCTSN, 2017).

## 정서 식별 및 조절

정서 식별, 표현, 조절 방법은 트라우마에 중점을 둔 많은 개입과 치료의 또 다른 핵심 요소다. 정서를 식별하고, 표현하고, 조절하는 방법을 가르치는 것은 트라우마를 경험한 청소년과 가족의 대처 능력을 키우는 데 핵심적인 요소다. "개인의 자율 각성 수준, 주관적 감정 상태 및 인지는 특정 사회적 맥락에서 개인의 표현 방식과 행동을 선택하는 데 잠재적인 영향을 미친다."(Mahady-Wilton et al., 2000, p. 227) 최근 몇 년간 우리는 정서 표현을 역동적이고 진화하는 시스템으로 이해하게 되었는데, 이는 다른 주요 심리적 요인과 관련이 있고 쉽게 변화할 수 있다는 것을 의미한다. 이는 주로 자동적이고 신체적인 신경학적 과정과 관련이 있으며, 자신의 정서 경험에 대한 인식과 표현 방식을 포함한다(Mahady Wilton et al., 2000). "표현 방식은 개인의 정서 상태를 다른 사람에게 알리는 개별적인 표정, 비언어적 행동 및 명백한 행동 반응을 말한다. 표현 방식의 예로는 미소, 울음, 공격성 등이 있다. 주관적 정서 경험은 개인적인 정서 상태로, 일반적으로 '감정'(예: 분노, 기쁨, 놀라움, 괴로움 등)으로 개념화되고 지칭된다."(Mahady Wilton et al., 2000, p. 227) 자신의 정서를 관리하는 것은 건강한 관계를 맺고 일상생활과 직장, 학교 및 기타 사회적 경험에서 잘 생활하는 데 매우 중요하다. 건강하고 적응적인 정서 조절 기술은 대인관계 경험의 기초가 된다(Mahady Wilton, 2000). 적응적인 심리적 기능을 위한 정서 조절 과정의 중요성을 강조해야 한다. 본질적으로 정서 조절은 '혼란스러운 사건과 상황을 마주할 때 과업 지향적 행동을 촉진하고, 실패, 상실 또는 트라우마로 인한 부정적인 감정 스트레스를 피하거나 약화시키는' 기능을 한다(Cicchetti et al., 1995, p. 8). 이는 트라우마에 중점을 둔 많은 개입 및 치료 접근법의 핵심 구성요소다.

## 트라우마 내러티브

트라우마를 겪은 개인을 위한 치료의 또 다른 측면은 트라우마 내러티브에 있다. 트라우마 재발화하기(re-telling) 또는 내러티브는 다양한 트라우마 임상 치료에서 사용되어 왔다(Cohen et al., 2016). 여기에는 성적 학대를 경험한 아동[11], 지역사회 기반 폭력[12], 가정 폭력(Cohen et al., 2011), 자연재해(Jaycox et al., 2010), 단일 트라우마 사건(March et al., 1998), 복합 외상(Murray et al., 2015; O'Callaghan et al., 2013)이 포함된다.

정의에 따르면 트라우마는 우리의 뇌와 신체가 기억과 정서를 통해 이야기의 다양한 측면을 간직하고 있는 혼란스러운 사건이다. 트라우마를 경험한 후에는 몸과 마음의 기억, 감정, 생각, 느낌 등이 모두 분리되어 혼란스러워질 수 있다. 실제 일어난 일의 순서는 트라우마 사건 당시의 방어적 해리 상태의 영향을 받는 경우가 많다. 안전하고 지지적인 환경(주로 치료 환경)에서 트라우마 사건과 서사를 재발화 및 재구성하면 트라우마를 더 쉽게 처리할 수 있고, 생존자가 치유하고 이해할 수 있도록 트라우마 경험을 재구성하는 데 도움이 될 수 있다. 또한 행동적 관점에서 볼 때, 트라우마 내러티브를 재발화하면 (적절한 대처 기술이 갖춰진 후) 트라우마와 트라우마 당시 경험했던 생리적 공포의 연결고리를 끊어 낼 수 있다. Cohen 등(2016)은 "트라우마 내러티브를 만드는 목표 중 하나는 공포, 두려움, 극심한 무력감, 회피, 화, 불안, 수치심, 분노와 같은 압도적인 부정적 감정으로부터 트라우마 사건에 대한 생각과 기억을 분리하는 것"이라고 말했다(Cohen et al., 2016, p. 172). 트라우마

11) Deblinger & Heflin, 1996; Cohen & Mannarino, 1993, 1996b, 1997, 1998, 2000; Cohen et al., 2004, 2005, 2006; Deblinger et al., 2005; Pollio & Deblinger, 2017; Runyon et al., https://tfcbt.org/wp-content/uploads/2018/05/FosterCareManual-FINAL.pdf

12) Pynoos & Nadar, 1988; Nader et al., 1999; Nader, 2003, 2007a, 2007b, 2008; Saltzman et al., 2001.

내러티브는 시간이 지남에 따라 아동이 트라우마 사건을 재발화하는 불편함을 다룰 수 있는 능력을 점진적으로 키워 준다. 트라우마 기억과 생리적 공포가 분리되는 메커니즘 중 하나는 체계적이고 점진적인 둔감화를 통해서다. 그러나 이것만으로는 충분하지 않다. 노출 기법은 원래 트라우마에 대해 반복적으로 쓰고, 말하고, 자세히 설명함으로써 아동이 트라우마 기억에 둔감해진다고 개념화되었지만[13], 이후 이 기술은 발전해 왔다. 다른 연구자들(Pennebaker, 1996, 2000)에 따르면 트라우마 내러티브만으로는 증상을 완화하는 데 충분하지 않으며, 적절한 대처 방법, 스트레스 관리, 인지 처리와 같은 다른 기법과 병행해야 한다. 트라우마 치료의 다른 요소(예: 인지 처리) 없이 둔감화만으로는 아동에게 상당한 고통과 잠재적 해를 끼칠 수 있다. "현재 트라우마 내러티브에 대한 개념화는 아동이 트라우마를 떠올리는 것에 둔감해지고 회피와 각성 반응을 줄이는 것 외에도 이 과정을 통해 아동이 트라우마 경험을 자신의 삶 전체에 통합할 수 있도록 돕는 것이다. 이러한 방식으로 트라우마는 아동의 삶의 경험과 자기 개념의 절대적인 요소가 아니라 한 부분일 뿐이다. 이를 위해서는 메타인지 능력, 즉 자신의 사고와 경험에 대해 생각하고 평가하는 능력이 필요하다."(Cohen et al., 2016, p. 173)

트라우마 재처리 및 내러티브는 종종 서사를 재발화함으로써 어떤 유형(tangible)의 결과물을 만든다. 여기에는 책, 시, 그림이 포함될 수 있다. 또한 표현 예술과 움직임(expressive art and movement)도 포함될 수 있다. 내러티브의 '산물'이 내담자에게 유용할 수 있지만, 가장 영향력이 있는 것은 아동과 상담사가 내러티브를 재발화하고 함께 구성하는 것이다(Cohen et al., 2016). 트라우마 내러티브를 위한 입문용 스크립트 예시는 여기에서 확인할 수 있다.

> 고통스러운 일에 대해 이야기하는 것은 매우 힘들고 종종 아이들과 부모님들은 이것을 피하려고 노력하죠. 실제로 "잠자고 있는 개는 가만히 내버려 둬(let sleeping dogs lie)"와 같은 말을 하며 슬픈 일을 떠올리는 것이 과연 좋은 것인지 궁금해하기도 해요. 저희는 아이들과 부모님들에게 만약 그런 기억을 잊을 수 있었다면 아이들이 아무런 문제도 겪지 않았을 것이고, 애초에 상담을 받으러 오지도 않았을 것이라고 얘기해요. 길에서 자전거를 타다가 넘어져 무릎이 까졌을 때 먼지와 세균이 상처에 들어가는 것과 마찬가지예요. 이 상처를 어떻게 할지에는 두 가지 선택지가 있어요. 씻어 내거나 약을 바르지 않고 그냥 내버려 두면서 저절로 낫

13) Deblinger et al., 1990; Cohen et al., 2004, 2005, 2006, 2011, 2016; Deblinger et al., 2005; Pollio & Deblinger, 2017.

기를 기다릴 수 있죠. 때로는 그렇게 해도 괜찮아요. 하지만 병에 걸릴 때도 있죠. 그럴 때는 보통 내버려 둔다고 해서 낫지 않고 점점 더 나빠져요. 다른 방법은 상처 부위를 아주 조심스럽게 씻어서 먼지와 세균을 모두 없애는 거예요. 처음에는 따갑고 아프겠지만, 통증은 사라지고 병에 걸리지도 않고 빨리 아물 수 있어요. 결국, 일단 병에 걸렸다면 점점 더 나빠지도록 내버려 두는 것보다는 깨끗이 씻어 내는 것이 훨씬 덜 아프다는 뜻이에요. 트라우마 내러티브를 만들거나 무슨 일이 있었는지 이야기하는 건 상처를 닦아 내는 것과 같아요. 처음에는 조금 아플 수 있지만, 시간이 지날수록 점점 덜 아프고 나을 수 있어요. 상처를 닦을 때 너무 세게 문지르거나 빨리 문지르면 조심스럽게 문지르는 것보다 훨씬 더 아픈 것처럼요. 저희는 조금이라도 덜 아프도록 적절한 속도로 이야기할 거예요. 너무 빠르다고 생각되면 언제든지 알려 주세요. 천천히 할게요.

(Cohen et al., 2016, pp. 175-176)

트라우마 내러티브 또는 재발화가 모든 트라우마 치료에 필수적인 요소는 아니지만, 내담자의 변화에 유효한 영향을 미치는 것으로 검증된 요소다.

## 동기 강화 상담

동기 강화 상담(MI)은 트라우마를 겪은 청소년 및 가족을 치료할 때 특히 적합한 치료 전략이다. 이 모델은 주로 내담자의 참여를 유도하고, 치료 과정에 대한 양가감정을 다루며, 내담자의 양가적인 상태를 감소시키는 방식에 기반을 두고 있다(Rollnick et al., 2008). 이 기법과 모델은 본질적으로 내담자가 치료에 참여하도록 동기를 부여하는 인간-중심 접근법이다. 이 모델은 공감 표현하기, 논쟁 피하기, 저항과 함께 구르기, 자기 효능감 지지하기라는 네 가지 핵심 원칙을 기반으로 한다(Miller & Rollnick, 2012). 동기 강화 상담은 물질 남용 관련 분야에서 일반적으로 사용되며, 의료 환경에 따라 내담자와 협력하여 건강과 관련된 행동 변화를 이끌어 내는 데 도움을 준다. 이 모델의 중심 기법은 트라우마를 겪은 청소년 및 가족을 치료하고, 특히 내담자의 참여를 유도할 때 매우 유용할 수 있다(NCTSN, 2017). 또한 임상가가 서비스를 가로막는 잠재적 장애물을 해결하고 탐색하며 내담자가 적절한 치료를 받을 수 있도록 돕는다.

## 위기 선별 및 분류

위기 선별 및 분류는 이 집단을 개입하고 치료하는 데 핵심적인 두 가지 추가 요소다. 이를 통해 가장 높은 수준의 위험에 처한 내담자를 찾아내 필요한 서비스에 연계할 수 있다(NCTSN, 2017; Yang et al., 2010). 예를 들어, 향후 폭력 위험에 처한 사람들을 평가하는 것은 개인의 안전을 보장하는 한 가지 방법이다(Yang et al., 2010). 이러한 위기 평가 및 분류에는 한 개인이 다른 사람에게 위험하지 않은지 확인하는 것뿐만 아니라 자기 스스로에게 위험하지 않은지, 안전한 가정 환경에 있는지 확인하는 것도 포함된다. 위기 평가 및 분류를 통해 임상가는 필요에 따라 위기 상황에 즉각적으로 대응할 수 있다(Grisso et al., 2005).

임상가가 치료 및 개입과 관련하여 어떤 선택을 하든 유용한 핵심 필수 요소에는 여러 가지가 있다. 여기에서는 심리교육, 정서 및 정동 인식과 조절, 트라우마 내러티브, 동기 강화 상담의 측면과 위기 평가의 중요성에 대해 언급했다. 또한 효과적인 트라우마 치료를 위한 핵심 요소에 부모와의 협력, 안전과 안정감 확립, 문화적 감수성을 추가할 예정이다. 이러한 핵심 요소 중 몇 가지를 고려하면서 구체적인 트라우마 치료법과 그에 가장 적합한 대상에 대해 논의하고자 한다.

• 제11장 •

# 트라우마 기반의 개입 및 치료

– Kirby L. Wycoff –

## 도입

이전 장에서 언급했듯이 트라우마 치료에 필수적인 핵심 요소는 여러 가지가 있다. 이제 구체적인 트라우마 치료와 개입, 그리고 이러한 치료가 가장 적합할 수 있는 대상에 대해 알아보겠다.

이러한 치료 개입 및 프로그램은 미국립 아동 트라우마 스트레스 네트워크(NCTSN), SAMHSA의 근거 기반 프로그램 및 실천 국가 등록부(NREPP), 캘리포니아 근거 기반 아동 복지 정보 센터(CEBC)를 통해 생산 및 제공되는 관련 문헌 자료와 데이터베이스를 기반으로 한다. 치료법에 대한 가장 정확한 설명을 보고자 한다면 이러한 자료들을 직접 찾아보기를 적극 권장한다. NCTSN 데이터베이스는 트라우마 관련 치료를 주로 다루고, CEBC는 아동 복지와 관련된 근거 기반 치료 및 개입을 다루며, NREPP는 모든 정신건강, 행동건강 및 물질 남용 문제에 대해 훨씬 더 광범위하게 다루고 있다. 또한 CEBC는 일반적인 치료 및 개입 범주를 설명하여 내담자의 필요에 맞는 개입을 명확하게 파악할 수 있도록 한다. 이번 장에서 다뤄지는 개입에 대해 검토하고 분류한 아래의 웹사이트를 방문해 보기 바란다.

- http://www.cebc4cw.org
- http://www.nctsn.org/resources/topics/treatments-that-work/promisingpractices#q3
- http://nrepp.samhsa.gov/AdvancedSearch.aspx

## 영유아 및 아동

예방 및 조기 개입을 위한 공중보건 서비스 제공 모델과 프로그램을 고려할 때, 영유아 및 아동은 적절한 개입 대상이다. 문헌에 따르면 아동 학대 위험 요인은 다양하며, 여기에는 종종 부모의 스트레스 요인, 자원 부족, 정신적 또는 신체적 질병이 포함된다. 양육자의 어린 나이와 반사회적 태도는 신체적, 성적 학대 및 방임 발생의 전조였다(Brown et al., 1998). 위험 요인이 0에서 4개 이상으로 증가하면 아동 학대 또는 방임의 가능성은 3%에서 24%로 급증했다(Brown et al., 1998). Dukewich 등(1996)은 사회적 지지, 양육자의 심리적 적응, 양육에 대한 준비성, 아동 기질, 공격적 대처에 대한 물리적, 심리적 성향(스트레스에 대한 인식 및 처벌 전략에 대한 동의) 등을 포함한 청소년기 양육자의 위험 요인과 향후 아동 학대 간 연관성을 연구했다. 아동 발달에 대한 지식과 태도를 포함해서 양육을 위해 필요한 것들에 대한 준비는 청소년기 초산모의 향후 아동 학대를 예측하는 가장 강력한 단일 변수로 입증되었다(Dukewich et al., 1996). 이 관계는 아동의 기질과 모의 처벌적 양육 성향에 의해 영향을 받았다(Dukewich et al., 1996). 취약한 부모-자녀 관계는 향후 방임이나 학대, 아동의 트라우마 노출에 대한 잠재적 위험을 고려할 때 명백히 잠재적 개입이 필요한 영역이다. 이러한 이유로 영유아 및 아동을 위한 개입에는 종종 부모 또는 가족 구성원이 포함된다. 아래의 개입은 부모-자녀 관계를 대상으로 하며, 준비나 자원이 부족한 부모에 대한 지원을 강화하고, 향후 트라우마에 노출될 가능성을 줄이기 위해 노력한다. 이 목록이 모든 내용을 다루고 있지는 않지만, 조기 개입을 고려할 때 참고할 잠재적 방안에 대한 이해를 높이는 데 도움이 될 것이다.

영유아 및 아동의 애착 손상에 중점을 둔 개입은 종종 가장 어린 내담자의 트라우마 노출을 고려할 때 흔히 주목하는 영역이다. CEBC는 애착 개입이 반응성 애착 장애(RAD) 또는 탈억제성 사회적 유대감 장애(DSED) 등 애착 관계에 심각한 손상이 있거나 진단을 받은 이들을 위한 개입에 중점을 둔다고 설명했다[1]. 이러한 진단에는 종종 애착 관계의 심각한 문제가 포함되며, 일반적으로 5세 이전에 현저하게 손상되고 부적절한 사회적 관계가 있는 경우에 입증될 수 있다(Hornor, 2008). 이의 특징에는 무분별한 친근감(모든 성인에게 애착을 보이고 낯선 사람에게 지나치게 친숙함), 양육자가 주는 위안을 회피, 양육자에게 매우 억제된 행동, 양육자에게 양가적이고 모순된 행동, 건강한 관계 형성에 겪는 상당한 어려움 등이 있

1) CEBC, 2017, http://www.cebc4cw.org/topic/attachment-interventions-child-adolescent

다(Hornor, 2008). 이러한 문제와 손상은 억제된 행동과 억제되지 않은 행동 모두에서 나타날 수 있으며, 보통 돌봄을 제공하지 않고 아동의 욕구를 지속적으로 무시한 직접적인 결과다(WHO, 2004). 일반적으로 RAD 진단을 받기 위해서는 '총체적인 병원성 돌봄gross pathogenic care'이 입증되어야 한다(Roberds & Davis, 2011). DSM-5에서 반응성 애착 장애(RAD) - 무차별 유형(Indiscriminate Type)은 탈억제성 사회적 유대감 장애(DSED)로 재분류되었다는 점에 유의해야 한다[2]. 이 책에서 다루는 범위를 벗어난 이 재분류에 대해서는 다소 논란의 여지가 있다. 이 주제에 대한 보다 본격적인 논의를 위해서는 Lyons-Ruth 등(2015) 및 Zeanah 등(2016)을 참조하기 바란다.

또한 CEBC는 애착 관련 진단 및 개입에 대한 논란을 강조하며, 이러한 개입 중 일부가 과거의 모범 사례와 일치하지 않는다는 점을 강조한다.

> 2000년대 초반에 껴안기 치료(holding therapy), 환생(rebirthing) 기법 등의 애착 치료법을 사용한 아동이 여러 명 사망한 이후, 주 의회에서 특정 치료법을 금지하고 규탄했다. 또한 미국아동청소년정신의학회(AACAP), 미국아동학대전문학회(APSAC), 미국정신의학회, 미국심리학회 등의 전문 기관에서는 이러한 치료법에 대한 경고문을 발표했다.
>
> (CEBC, 2017, para. 4[3])

미국아동학대전문학회(APSAC) 및 미국아동청소년정신의학회(AACAP) 개념에 기반하여, CEBC는 신체적 지배와 강요를 포함하는 개입에 반대한다. 신체적 강요, 심리적 또는 신체적으로 강제된 포옹, 신체적 구속, 신체적 지배, 카타르시스 유발, 분노 표출, 연령 퇴행, 굴욕, 음식과 물 섭취 제한 또는 강제, 장기간의 사회적 고립, 아동에 대한 과도한 통제 및 지배를 가정하는 치료 기법 또는 애착 양육 기법은 위험하고 효과가 검증되지 않았기 때문에 금지되어 있으며 사용해서는 안 된다(Chaffin et al., 2006, p. 86). Boris와 Zeanah(2005)는 이러한 방법이 경험적 근거가 없으며, 심각한 사망 및 상해와 관련이 있다고 지적했다. 이러한 저자들의 입장은 AACAP, APSAC 및 CEBC와 일치한다.

이 엄중한 주의 사항에도 불구하고, 부모-자녀 관계의 질을 개선하고 향후 학대 가능성을 잠재적으로 줄이는 데 적합하고 임상적으로 관련이 있는 치료 및 개입이 있다. 이러한 치료법 중 일부가 아래에 나와 있다. 이 목록이 전부는 아니며, 트라우마를 겪은 영유아를

---

2) 정신 장애 진단 및 통계 편람(5판, DSM-5); 미국정신의학회, 2013; Lyons-Ruth et al., 2015.

3) http://www.cebc4cw.org/topic/attachmentinterventions-child-adolescent에서 검색

가장 잘 치료하는 방법을 다룬 책 한 권을 쓸 수도 있지만(실제로 그렇게 했다!), 이 주제를 더 자세하게 논의하기 위해서는 다음 자료를 참고할 것을 권한다(Osofsky et al., 2017).

## 트라우마를 겪은 영유아 및 아동 치료: 건강한 발달을 촉진시키는 개입

### 애착 및 생체 행동 따라잡기(Attachment and Biobehavioral Catch-Up: ABC) (NREPP 과학적 등급=녹색)

이것은 6~24개월 사이의 아동을 대상으로 하는 부모 훈련 개입이다. 이 개입은 학대 또는 기타 양육 문제에 노출된 아동의 필요를 충족시키는 것을 목적으로 혼란 애착의 증상을 중점적으로 다룬다. 영유아를 위한 이 개입의 치료 목표는 긍정적인 행동을 증가시키고 부정적인 행동을 감소시킴으로써 부모-자녀 관계를 개선하는 것이다(Bernard et al., 2012; Dozier et al., 2009; Osofsky et al., 2017). 이 모델에는 심리생물학적 조절뿐만 아니라 양육 능력 및 동기 향상 등의 여러 가지 개입 목표가 포함된다. 또한 상당히 많은 부모 코칭과 훈련도 포함된다. 여기에는 비디오 녹화 세션과 코치에 의한 실시간 피드백이 통합되어 있다. 이 개입은 인지적 기능, 문제적 행동, 장애 및 증상, 일반적 정신건강 장애 및 시스템에 대해 NREPP에서 녹색 등급을 받았다. 가족 응집력, 양육 방식, 자기 개념 및 신체적 건강 상태에 대해서는 노란색으로 평가되었다. 이 개입 모델의 책임 연구자는 델라웨어 대학교의 Mary Dozier 박사이며, 자세한 내용은 다음의 사이트[4]를 방문할 것을 권한다(Bernard et al., 2014; Bernard et al., 2012; Bick & Dozier, 2013; Dozier et al., 2009; Lewis-Morrarty et al., 2012; Lind et al., 2014).

### 모든 아기는 운다(All Babies Cry: ABC) (NREPP 과학적 등급=노란색)

ABC는 생후 1년 내 아동 학대 발생률 감소에 중점을 둔 1차 예방 및 교육 프로그램으로, 특히 학대성 두부 외상(흔들린 아이 증후군으로 불린다.)을 예방하는 것을 목표로 한다. 이 프로그램은 영아의 부모를 대상으로 하며, 영아의 울음소리를 이해하고 대처하는 부모의 능력을 향상시키는 강점 기반 프로그램이다. 영아의 까탈스러운 행동과 울음은 일반적으로 학대의 전조 증상이며, 이 개입은 초보 부모들이 아기의 울음을 더 자연스럽게 받아들일 수 있도록 돕는다. 저자들은 이 프로그램이 학대와 방임의 가능성을 줄이는 다섯 가지 회복탄

---

4) www.infantcaregiverproject.com

력성 요소를 촉진하고 발전시킨다고 주장한다. 그 요소에는 (1) 부모의 회복탄력성, (2) 사회적 관계, (3) 양육 및 아동 발달에 대한 지식, (4) 도움이 필요할 때 받을 수 있는 구체적인 지원사항, (5) 아동의 사회적, 정서적 역량이 있다. 이 프로그램은 신생아와 아동이 아직 병원에 입원해 있을 때 제공되는 매우 초기 개입 방법이다. 1차 예방 및 정신건강 증진 개입은 출산 기간 동안 대상자에게 자료와 정보를 제공하는 교육 프로그램으로, 여기에는 교육용 비디오 및 기타 다중매체 자료가 포함된다. 예방 프로그램의 책임 연구자이자 담당자는 Lisa McElaney이고, 자세한 내용은 다음 사이트[5]를 참고할 수 있다(Morrill et al., 2015).

### 애착, 자기 조절 및 역량(Attachment, Self-Regulation and Competence: ARC): 복합 외상 청소년 개입을 위한 포괄적 체계(2012)

ARC 모델은 아동이 세상에서 안정감과 자아를 발달시키는 주요 수단인 애착 시스템을 기반으로 한다. 개입 대상은 복합 외상을 경험한 2세에서 21세 사이의 청소년과 그 가족이며, 양육자 관계는 개입이 이루어지는 기반이 된다. ARC 체계는 복합 외상을 경험한 아동과 청소년을 치료하기 위한 유동적 구성요소 기반 개입이다(Blaustein & Kinniburgh, 2010; Kinniburgh et al., 2006, 2017). 이 개입은 복합 외상에 영향을 미치는 세 가지 주요 영역을 다룬다. 여기에는 애착, 자기 조절, 발달 역량이 포함된다. 이러한 핵심 영역 내에는 10가지 구체적인 개입 목표가 있으며, 그중 일부는 양육자의 정서 관리, 조율, 정서 표현 및 조절을 포함한다. 이는 탄탄한 경험적 근거를 바탕으로 한 개입법이며, 여러 NCTSN 사이트에서 사용되었다. 이는 입원 및 외래 프로그램, 거주형 프로그램, 학교, 조기 개입 프로그램, 청소년 사법 제도 등 다양한 유형의 청소년 지원 기관에서 시행되고 있는 유연하고 적응적인 모델이다. 이 모델의 책임 연구자이자 담당자는 매사추세츠주 브루클린에 있는 법무자원연구소(Justice Resource Institute) 내 트라우마 센터의 Margaret Blaustein 박사다[6](Blaustein & Kinniburgh, 2010; Kinniburgh et al., 2006, 2017; Arvidson et al., 2011).

### 성적 학대를 당한 미취학 아동을 위한 인지행동치료(Cognitive-Behavioral Therapy for Sexually Abused Preschool Children: CBT-SAP)

Cohen과 Mannarino(1996a, 1996b, 1996c)는 성적으로 학대받는 아동(2~7세)을 대상으로 12주 동안 인지행동치료(CBT)를 받은 집단과 비지시적 지지 치료(nondirective supportive

5) www.allbabiescry.com
6) www.traumacenter.org

therapy)를 받은 집단을 비교했다. 각 세션은 90분 동안 진행되었으며 치료사와 아동 간 45분, 치료사와 보호자 간 45분으로 구성되었다. 이 개입에는 가해자에 대한 양가감정, 부적절한 성적 행동, 안전 확립에 대한 필요성 등 성적 학대를 당한 아동에게 나타날 수 있는 몇 가지 문제를 해결하기 위한 전략이 포함되었다(Cohen & Mannarino, 1993, 1996b, 1997, 1998, 2000; Cohen et al., 2004, 2005, 2006). 이 개입은 색칠 공부, 인형 등 발달에 맞는 도구를 사용했으며, 성적 학대에 대한 아동의 생각 및 트라우마와 관련된 두려움 및 불안을 다루었다(Silveman et al., 2008). 사용된 개입 기법에는 생각 멈추기와 점진적 근육 이완이 포함되었다. 부모를 위한 세션에는 심리교육, 트라우마 사건에 대한 인지 재구성, 부적절한 성적 행동과 같은 아동의 부적절한 행동에 대한 관리가 포함되었다. CBT-SAP는 비지시적 지지 치료를 받은 대조군에 비해 더 큰 개선 효과를 보여 주었다. 대조군은 나중에 CBT-SAP에 참여했으며, 그 결과 트라우마 관련 증상이 개선된 것으로 나타났다(Cohen & Mannarino, 1997; Cohen & Mannarino, 1998). 주목할 점은 이 연구 및 개입 프로그램이 Cohen과 Mannarino의 초기 연구를 기반으로 하며, 이후 다양한 연령대의 내담자에게 사용할 수 있는 트라우마 중심 인지행동모델로 크게 발전해 왔다는 것이다[7].

**부모-자녀 관계 치료(Child-Parent Relationship Therapy: CPRT) (CEBC 과학적 등급 3=기대되는 연구 결과)**

행동, 정서, 사회적 관계, 애착에 문제가 있는 3~8세 아동의 부모를 위한 놀이 기반 개입이다. 아동 중심 놀이 치료(Child-Centered Play therapy) 모델에 기반을 두고 있으며, 애착 원리와 대인관계 신경생물학에 중점을 둔다. 또한 양육 기술 습득과 더 깊은 정서적 조율을 통해 부모-자녀 간 애착 관계를 향상시키는 것을 목표로 한다. 이 프로그램은 10주 동안 소그룹 형식으로 진행되며, 가정에서 부모-자녀 간 놀이 상호작용을 비디오로 녹화한 세션이 포함된다. 저자들은 아동의 안전하고 수용되는 환경을 만드는 데 중점을 두면서, 이 개입의 핵심인 네 가지 '함께하기(be-with)' 태도에 주목했다. 이 태도에는 '여기 있어(I am here), 네 말을 듣고 있어(I hear you), 이해해(I understand), 관심을 갖고 있어(I care)'가 있다. 이 모델의 개발자이자 담당자는 노스 텍사스 대학교 놀이치료센터[8]의 Sue Bratton 박사(LPC, RPT-S)다(Bratton et al., 2006; Bratton et al., 2015; Landreth & Bratton, 2006).

---

7) https://tfcbt.musc.edu

8) http://cpt.unt.edu

**아동-부모 심리치료(Child-Parent Psychotherapy: CPP) (CEBC 과학적 등급 2=연구 결과를 기반으로 함)**

CPP는 대인관계 및 가정 폭력을 경험한 아동을 위한 이원 애착 기반 개입(dyadic attachment-based intervention)이다. 이 개입은 트라우마를 경험한 출생부터 5세 사이의 아동과 양육자를 대상으로 한다. CPP는 양육자의 관계가 아동과 양육자 사이의 관계에 어떤 영향을 미치는지 더 깊이 이해하고자 한다. 이 모델의 이론적 토대는 애착 이론과 정신역동, 발달 트라우마, 인지행동 이론을 기반으로 한다. 또한 사회경제적 지위, 이민자 신분, 문화와 같은 맥락적 요인도 고려된다. 치료 과정에서는 임상가의 도움을 받아 트라우마 경험에 대한 아동과 보호자 간 공동 서사[joint narrative]를 함께 만들어 나가며, 안전, 정서 조절, 부모의 반응, 관계적 상호작용 문제가 모두 다뤄진다. 치료 기간은 매주 1시간에서 1시간 반 동안 진행되는 세션으로 1년을 권장한다[9].

**부모-자녀 상호작용 치료(Parent-Child Interaction Therapy: PCIT) (CEBC 과학적 등급 1=연구 결과로 충분히 입증됨)**

PCIT는 2세에서 7세 사이의 부모와 자녀를 위한 체계적 개입법이다. NCTSN은 2세에서 12세 사이의 아동에게 이 치료법을 권장한다. 이 개입은 특히 파괴적 행동 문제, 공격성 및 반항성 장애, 부모-자녀 관계 문제가 있는 아동을 대상으로 한다. 원래 PCIT 모델(Eyberg, 1995)은 동물을 잔인하게 다루거나, 불을 지르거나, 물건을 훔치거나, 거짓말을 하는 등의 심각한 행동 문제뿐만 아니라 다양한 내재화 및 외현화 행동을 보이는 아동을 위해 개발되었다(Osofsky et al., 2017). 치료 기간은 주로 부모와 자녀의 목표 달성 정도에 따라 달라지며, 엄격한 시간 제한보다는 숙련 정도에 기반한다. 또한 이 모델은 가족 붕괴로 인해 발생하는 아동-양육자 관계 어려움에도 사용되었다(McNeil et al., 1991a, 1991b; Hembree-Kigin & McNeil, 2013; Schuhmann et al., 1998).

초기 개입법은 탄탄한 경험적 근거를 기반으로 하고, 높은 타당성과 치료 후 성과를 보였으며(Eyberg et al., 1995, 2001; Schuhmann et al., 1998), 이후 이 모델은 트라우마를 경험한 청소년 및 가족을 치료하는 데도 적용되었다(Osofsky et al., 2017; Timmer et al., 2005; Schuhmann et al., 1998). 주목할 점은 신체적으로 학대하는 부모에게 실제로 효과가 있는

9) Lieberman et al., 2005a, 2005b; Cicchetti et al., 2006, 2009; Liberman et al., 2005a, 2005b, 2005c, 2006; Toth et al., 2002; Chandra Ghosh Ippen 박사(http://www.cebc4cw.org/program/child-parent-psychotherapy/detailed 및 http://www.nctsn.org/sites/default/files/assets/pdfs/cpp_general.pdf).

몇 안 되는 개입법 중 하나라는 점이다(McNeil et al., 1991a, 1991b; Hembree-Kigin & McNeil, 2013; Schuhmann et al., 1998).

PCIT의 목표는 아동-양육자 관계 개선, 파괴적이고 반항적인 아동 행동 감소, 긍정적 훈육 방법 사용 및 전반적인 양육 스트레스 감소를 포함한 양육 기술 향상이다(McNeil et al., 1991a, 1991b; Hembree-Kigin & McNeil, 2013; Schuhmann et al., 1998). 이 개입은 여러 치료 단계를 거치는 구조화된 개입으로, 부모/양육자 및 아동과의 코칭 세션에 중점을 둔다. 그 과정에서 부모는 귀에 송신기 장치를 달고, 코치/임상가는 양방향 거울(two-way mirror)을 통해 부모의 상호작용을 지도한다(Osofsky et al., 2017; Timmer et al., 2005; Schuhmann et al. 1998). Chaffin 등(2006)은 신체적으로 학대하는 부모를 무작위로 배정하여 PCIT를 실시한 결과, 대조군에 있는 부모의 49%가 거의 2년 반 후에 신고할 만한 신체적 학대 사건이 있었던 것에 비해 PCIT를 받은 부모는 19%에 불과했다는 사실을 밝혀냈다.

PCIT가 트라우마를 경험한 청소년과 가족에게 미치는 영향을 고려해 보면, 구조적이고 가족적인 문제뿐만 아니라 가족 구성원의 역할이 부모-자녀 간의 부정적인 상호작용을 유지하는 데 기여하는 방식을 고려하는 것이 중요하다. "아동 학대나 가정 폭력과 같은 공격성은 가족의 역할과 상호작용 패턴을 변화시킨다. 폭력적인 가정에서 자란 아동의 파괴적인 행동은 실제로 부모 자신의 트라우마를 상기시키고 트라우마 증상을 유발할 수 있다. 예를 들어, 아이가 소리를 지르고 때리는 행동은 엄마의 거리두기[withdrawal]를 촉발시킬 수 있으며, 이는 의도치 않게 아이의 행동을 강화할 수 있다.

반대로 동일한 행동(예: 소리 지르기, 때리기)이 엄마의 공격적인 반응을 이끌어 내어 반복적인 신체적 학대를 초래할 수 있다."(McNeil & Hembree-Kigin, 2010, p. 260; McNeil et al., 1991a, 1991b; Hembree-Kigin & McNeil, 2013; Schuhmann et al., 1998) 이 모델에서는 앞에서 언급한 직접적인 기술을 가르치는 것 외에도 양육자에게 다음과 같은 아동 주도적인(child-directed) 놀이 치료 기술을 가르친다. 자부심(PRIDE): 칭찬하기(**P**raise), 반영하기(**R**eflection), 모방하기(**I**mitation), 묘사하기(**D**escription) 및 열정적인 반응 보이기(**E**nthusiasm)(Osofsky et la., 2017). 이 모델은 더 친밀하고 건강한 양육자-아동 관계를 만들기 위해 아동의 친사회적 기술을 향상시키고, 양육자의 양육 방식을 개선하며, 두 사람 모두에게 안전하고 따뜻하고 안정감 있는 환경을 조성하므로 트라우마를 경험한 청소년과 가족에게 적절하다. 이 모델의 창시자는 Sheile Eyberg이며, 이 프로그램의 담당자는 신시내티 아동병원 트라우마 치료 훈련 센터의 Erica Pearl 박사(Psy.D)와 Erna Olafson 박사(Ph.D)[10]다.

10) www.ohiocando4kids.org, http://www.cincinnatichildrens.org/TTTC

앞에서 언급한 개입 및 치료법 외에도 영유아 집단에게 유용한 여러 가지 개입법이 있다. 이들은 탄탄한 경험적 근거를 기반으로 하며 광범위하게 사용되고 있다. 트라우마를 겪은 영유아 및 아동을 치료할 때 사용할 수 있는 치료법에 대해서 더 자세하게 알고 싶다면 다음 자료를 참고할 것을 권한다.

- 캘리포니아 근거 기반 아동 복지 정보 센터(The California Evidence-Based Clearinghouse for Child Welfare)
- 미국립 아동 트라우마 스트레스 네트워크(The National Child Traumatic Stress Network)
- SAMHSA의 근거 기반 프로그램 및 실천 국가 등록부(SAMHSA's National Registry of Evidence-Based Programs and Practices)

## 초등학생

트라우마를 경험한 초등학생에게 적절한 치료법은 여러 가지가 있다. 이전에도 언급했듯이 이 목록은 모든 것을 포괄하지 않으며, 더 많은 개입법에 대해 알고 싶다면 앞에 언급된 자료를 검토할 것을 권한다. 이전 절에서 언급된 영유아 및 아동 대상의 여러 개입은 초등학생에게도 적용될 수 있다(예: CPRT, ARC 모델, PCIT)[11].

### 바운스백(Bounce Back) (NREPP 과학적 등급=녹색)

바운스백은 트라우마를 경험한 청소년을 위한 학교 기반 인지행동 프로그램인 CBITS(학교 환경에서의 트라우마 인지행동 개입)를 각색한 것이다. 이 모델의 바운스백 버전은 유치원부터 초등학교 5학년까지의 어린이를 대상으로 한다. CBITS는 5학년에서 12학년까지의 청소년을 대상으로 한다. 바운스백을 설계한 개발팀은 이미 트라우마 치료로서 탄탄한 경험적 근거를 가진 두 가지 개입을 통합하려는 의도가 있었다고 언급했다(Langley et al., 2015). 여기에는 CBITS(Jaycox et al., 2002, 2009, 2010)와 TF-CBT(트라우마 중심 인지행동치료; Cohen et al., 2005, 2006, 2011, 2016)가 포함된다. Langley 등은 바운스백 치료 접근법을 개발하는 과정에서 국가 트라우마 전문가들의 자문을 구했으며, 이 피드백을 바탕으로 몇 가

11) 각각 부모-자녀 관계 치료(Child-Parent Relationship Therapy: CPRT), 애착, 자기 조절 및 역량(Attachment, Self-Regulation and Competence: ARC), 부모-자녀 상호작용 치료(Parent-Child Interaction Therapy: PCIT)다.

지 구체적인 목표를 세웠다. 여기에는 참여 아동의 수를 최대화하기 위한 그룹 형식, 보편적인 선별검사 실시, 부모 참여 및 심리교육 요청(필수 사항은 아님), 그룹 형식의 심리교육에 집중하면서 트라우마 내러티브에 대한 개별 세션을 사용하는 것 등이 포함되었다(Langley et al., 2015). 따라서 바운스백은 트라우마를 경험한 어린 아동을 치료할 때 일반적으로 사용된다는 점에서 CBITS와 유사하고, 트라우마 내러티브 과정에서 부모의 참여도를 높인다는 점에서 TF-CBT와 유사한 모델을 따른다(Langley et al., 2015). 바운스백의 개발 목표는 두 가지 성공적인 치료법(예: CBITS의 청소년 그룹 중심 치료, TF-CBT의 부모 참여 측면)을 기반으로, 심리교육, 이완 훈련, 인지적 대처, 회피 자극 노출 등 트라우마 치료에 효과적인 것으로 알려진 모든 측면을 포함하는 것이다(Langley et al., 2015). 이 프로그램에는 총 10회의 그룹 세션과 2~3회의 개별 세션, 1~3회의 부모 또는 양육자 세션이 포함된다. 각 그룹 세션은 50~60분, 각 개별 세션은 30~50분 정도 소요되며, 학교 수업 시간에 맞춰 진행된다. 10회의 그룹 세션에는 트라우마 반응 정상화, 감정 식별, 생리적 각성, 이완 훈련, 인지 재구성, 정서 조절 및 대처 등의 주제와 내용이 포함된다(Langley et al., 2015).

> 개입이 지연된 아동과 비교했을 때, 바운스백을 받은 아동은 3개월의 개입기간 동안 부모와 아동이 보고한 외상 후 스트레스와 아동이 보고한 불안 증상이 즉시 크게 개선된 것으로 나타났다. 개입을 받은 후, 지연 개입 그룹은 부모와 아동이 보고한 외상 후 스트레스, 우울증, 불안 증상이 유의미하게 개선된 것으로 나타났다. 즉각적인 치료 그룹은 3개월의 추적 관찰 기간(6개월 평가) 동안 모든 영역의 증상이 유지되거나 지속적으로 개선된 것으로 나타났다.
>
> (Langley et al., 2015, p. 853)

이 프로그램은 학령기 집단의 트라우마 관련 고통을 줄이는 데도 효과가 있는 것으로 나타났으며, 평균 효과 크기는 0.83이었다(95%의 신뢰구간: 0.49~1.17). 책임 연구자는 Audra Langley 박사(UCLA 가족을 위한 유대 프로그램의 전무이사)이며, 프로그램 담당자는 Lisa Jaycox 박사다. 자세한 내용은 다음의 사이트[12]에서 확인할 수 있다.

12) www.cbitsprogram.org 및 www.bouncebackprogram.org

### 트라우마 중심 인지행동치료(Trauma-Focused Cognitive Behavioral Therapy: TF-CBT) (NREPP 과학적 등급=녹색)

TF-CBT는 3~18세 청소년의 트라우마 고통을 치료하기 위한 개별적이고 심리사회적인 개입이다. 광범위한 트라우마 경험에 주목하며 학대를 하지 않는 부모나 양육자와의 세션을 포함한다(Cohen et al., 2004, 2005, 2006, 2011, 2016). 이 개입은 정서 조절, 사고와 행동의 관계, 트라우마 처리와 관련된 기술 습득을 포함하면서, 안전성을 구축하고 양육 기술을 향상시킨다(Cohen et al., 2004, 2005, 2006, 2011, 2016; O'Callaghan et al., 2013; Jensen et al., 2013; Cohen et al., 2011). 이 모델은 내담자의 나이와 필요에 따라 아동 전용 개입뿐만 아니라 양육자 및 부모를 포함한 개입 등 다양하게 적용되었다(Silverman et al., 2008). 일반적으로 주 1회 50~90분 동안 12~18회기에 걸쳐 진행되며, 여러 무작위대조시험(RCT)을 거쳐 치료 효과와 타당성이 보장되는 탄탄한 경험적 근거를 가진 치료 중 하나다. 이 모델은 미국과 전 세계적으로 광범위하게 연구되었다. 저소득 국가에서는 비전문 지역사회 상담사를 양성하는 견습생 모델에 근거하여 일반인 상담사[lay counselors]를 훈련하고, 이들이 TF-CBT를 실시하여 아프리카의 트라우마 피해 아동(대부분 성매매에서 구조된 아동)의 증상이 크게 개선된 것으로 나타났다(Murray et al., 2013).

이 모델은 치료적 동맹에 중점을 두고, 트라우마를 경험한 아동의 부모(가해자가 아닌)와 협력적인 관계를 구축하는 것을 중시한다. 이 접근법은 인지 치료, 행동 치료, 가족 치료를 기반으로 한다(Cohen et al., 2004, 2005, 2006, 2011, 2016). 치료의 핵심 목표는 트라우마 경험으로 인한 부정적인 정서 및 행동 손상을 줄이고, 트라우마 경험에 대한 부적응적인 신념을 교정하며, 가해자가 아닌 부모를 지원하는 것이다(Cohen et al., 2004, 2005, 2006, 2011, 2016; O'Callaghan et al., 2013; Jensen et al., 2013; Cohen et al., 2011). 치료는 일반적으로 12~16회기에 걸쳐 진행되지만, 복합 외상을 입은 청소년의 경우 최대 25회기에 걸쳐 진행되기도 한다. TF-CBT의 특정 구성요소는 약자 "PRACTICE"를 사용하여 강조된다. 여기에는 심리교육 및 양육 기술(Psychoeducation and Parenting Skills), 이완 기술(Relaxation Skills), 정서 표현 및 조절 기술(Affective Expression and Modulation Skills), 인지적 대처 및 처리 기술(Cognitive Coping and Processing Skills), 트라우마 나레이션 및 처리(Trauma narration and processing), 트라우마를 상기시키는 것에 대한 생체 반응 통제(In-vivo mastery of trauma reminders), 아동-부모 합동 세션(Conjoint child-parent sessions), 안전 및 미래 재피해 방지 강화(Enhancing safety and future revictimization)가 포함된다(Cohen et al., 2004, 2005, 2006, 2011, 2016; O'Callaghan et al., 2013; Jensen et al., 2013; Cohen et al., 2011). 관심이 있는 임상가를 위해 무료 온라인 교육이 제공되

며, 책임 연구자는 정신건강의학과 교수인 Judith Cohen 박사(M.D.)[13]다.

**믿을 수 없는 시간(The Incredible Years: IY) (CEBC 과학적 등급 1=연구 결과로 충분히 입증됨)**

IY는 부모, 아동, 교사에게 맞춤형 개입과 심리교육을 제공하는 다층적 개입 프로그램이다. 3세에서 8세 사이 아동의 부모와 교사를 대상으로 하지만, 출생부터 9개월 사이의 아이를 둔 부모용 프로그램인 IY Well-Babies 등 다른 연령대를 대상으로 한 다양한 커리큘럼도 포함되어 있다. 이 프로그램의 전반적인 목표는 아동의 사회적, 정서적, 행동적 역량을 높이고, 행동 및 정서적 문제를 줄이는 것이다. 이 프로그램은 4세에서 8세 사이의 아동을 대상으로 한다. 처음에는 트라우마 치료를 위한 것이 아니었지만, 고위험군 및 아동 복지 시스템과 관련된 대상에게 적합하도록 변형되었다(Webster-Stratton & Reid, 2010). 이 프로그램의 목표는 아동-성인 관계(교사-학생 및 부모-자녀) 개선, 긍정적 관계 및 애착 형성, 부모 역할 개선 및 적극적인 학급 관리, 아동의 전반적인 사회적 능력 및 정서 조절력 향상 등이다.

이 프로그램은 대상에 따라 1~2시간의 개별 세션(자녀 및 부모 대상)과 교실 기반 세션(매주 2~3회씩 60회) 등 다양한 형식으로 진행될 수 있다. IY 프로그램은 예방 과학 프레임워크와 발달 및 인지적 사회 학습 이론에 기반을 두고 있으며, 친사회적 행동 발달에 대한 조기 개입이 청소년에게 효과적일 수 있음을 시사한다(Webster-Stratton & Reid, 2010). 이 프로그램은 행동 문제를 줄이고 긍정적인 사회성 발달을 촉진하기 위한 그룹 기반 양육 프로그램으로 1980년대에 처음 도입되었으며(Webster-Stratton), 이후 부모, 교사, 아동의 요구에 맞게 수정되어 왔다.

이 프로그램은 여러 국가에서 시행되었으며 다양한 언어로 번역되었다. 이 프로그램은 공중보건 모델을 활용한 1차 예방 프로그램이나 추가 지원이 필요한 가족을 위한 전문 개입 프로그램 등으로 유연하게 사용할 수 있다. 이 프로그램의 세 가지 버전은 모두 소년사법 및 비행예방국(Office for Juvenile Justice and Delinquency Prevention: OJJDP)의 승인을 받았다(Webster-Stratton & Reid, 2010). IY 양육 시리즈는 긍정적이고 발달에 적합한 행동 관리와 양육 방식에 중점을 두고 아동 학대 가정 및 아동 복지 시스템 대상자들에게 사용되어 왔다. IY 프로그램은 여러 번의 개정을 거쳤으며, 그중 일부는 아동 복지 대상자에게 특히 적합하다. 여기에는 다음 사항들이 포함된다[14].

---

13) https://tfcbt.org

14) Webster-Stratton & Reid, 2010, p. 27.

1. 부모가 정상적인 아동 발달에 대해 학습하여 적절한 발달 기대치를 갖도록 한다.
2. 부모는 학업, 끈기, 사회성, 정서 코칭에 대한 교육을 받아 자녀의 자기 조절력과 사회성을 키우고, 부모–자녀 관계를 형성하며, 애착 문제를 줄일 수 있도록 돕는다.
3. 부모는 예측 가능한 루틴 및 일정과 지속적인 모니터링 체계를 만드는 데 도움을 받는다.
4. 부모는 자녀에게 문제 해결 기술을 가르치는 방법을 배운다.
5. 가정 내 안전 확보 및 모니터링 전략을 구축한다.

육아 시리즈는 연령대별로 세분화되어 있으며, 영아, 유아, 미취학 아동 및 기타 자녀를 둔 부모를 위한 다양한 커리큘럼이 있다. 다시 말하자면 IY 프로그램은 트라우마를 경험한 청소년 및 가족을 위해 특별히 개발된 것은 아니나, 고통을 겪는 가족의 부정적인 영향과 결과를 해결하고 예방하는 데 도움이 되는 근거 기반 프로그램이다. 이 모델의 개발자는 Carolyn Webster–Stratton이며, 담당자는 Megan Pahl[15]이다.

이 장의 다음 절에서는 중학생을 대상으로 한 트라우마 기반의 개입 및 치료법을 다룬다. 이 절에서 언급된 일부 개입은 중학생에게도 적용할 수 있다.

## 중학생

앞에서 언급된 프로그램들(일부는 중학교 연령대의 아동과 겹칠 수 있음) 외에도 중학생을 대상으로 고려할 수 있는 개입 방법들이 있다. 초등학생들에게 적합한 일부 방법들, 예를 들어 트라우마 중심 인지행동치료(TF–CBT)와 같은 것들은 중학생 집단에도 적합할 수 있다. 다시 한번 강조하지만, 트라우마에 영향을 받은 영유아 및 아동을 치료하는 데 사용할 수 있는 치료법에 대해 더 자세하게 알고 싶다면 다음 자료를 참고할 것을 권한다.

- 캘리포니아 근거 기반 아동 복지 정보 센터(The California Evidence–Based Clearinghouse for Child Welfare)
- 미국립 아동 트라우마 스트레스 네트워크(The National Child Traumatic Stress Network)
- SAMHSA의 근거 기반 프로그램 및 실천 국가 등록부(SAMHSA's National Registry of Evidence–Based Programs and Practices)

15) www.incredibleyears.com 및 http://www.cebc4cw.org/program/the-incredible-years

이렇게 공개적으로 이용 가능한 데이터베이스 이외의 자료들도 독자들이 검토할 것을 권장한다(Silverman et al., 2008).

### 학교 환경에서의 트라우마 인지행동 개입(Cognitive-Behavioral Intervention for Trauma in Schools: CBITS) (NREPP 과학적 등급=녹색)

CBITS는 트라우마를 겪은 청소년을 위한 학교 기반 인지행동 개입 프로그램이다. CBITS는 5~12학년 청소년을 대상으로 한다(바운스백은 유치원~5학년 대상). 이 프로그램은 트라우마를 경험한 청소년의 증상 완화를 목적으로 하며, 인지행동치료 기법에 중점을 두고 있다. 앞서 언급했듯이 CBITS는 학교 환경을 염두에 두고 개발되었으며, 이러한 환경에서 실행되도록 고안되었다. 이 프로그램은 그룹 형식으로 진행되며, 각각의 새로운 기술은 교훈적인 심리교육과 나이에 맞는 게임을 통해 습득되고, 학생과 임상가가 공동으로 개발한 '숙제'를 통해서 세션 전반에 걸쳐 적용된다(Kataoka et al., 2011; Stein et al., 2003). CBITS는 일반적으로 6~8명의 청소년 그룹을 대상으로 10회기에 걸쳐 진행되며, 1~3회의 개별 세션(트라우마 내러티브를 위해)도 포함된다(Jaycox et al., 2010). 다음과 같이 TF-CBT와 CBITS를 비교한 내용도 있다. "CBITS와 TF-CBT 모두 심리교육, 이완 기술, 정서 조절 기술, 인지적 대처 기술, 트라우마 내러티브, 트라우마를 상기시키는 것에 대한 생체 반응 통제, 안전 강화 등의 인지행동 기술을 포함한다. 그러나 이 두 모델 간에는 상당한 차이점도 있다. TF-CBT는 부모와 자녀가 함께하는 공동 세션으로 진행되는 반면, CBITS는 자녀만 참여하는 그룹 형식으로 진행된다. TF-CBT는 치료사가 각 아동에 맞게 개입을 조정할 수 있기 때문에 다발성 외상multiple trauma 내러티브를 개발하고 회피 증상을 해결하는 데 최적일 수 있으며, CBITS는 일부 실행 장애물과 편견을 극복하여 수용 및 실현 가능한 접근 방식을 제공할 수 있다."(Jaycox et al., 2010, 20항) CBITS에는 여러 가지 핵심 인지행동 기법이 포함되어 있다. 트라우마를 겪는 라틴계 이민 아동을 치료하는 데 사용된 예시 자료(기본적으로 8개의 세션으로 구성되며, 여기에서는 필요에 따라 추가할 수 있는 개별 세션 1개를 포함하였음)는 다음에서 확인할 수 있다.

1. 세션 1(그룹 형식): 집단 구성원, 비밀 유지 및 진행 절차 소개. 이야기를 활용한 치료 설명, 참여 이유(트라우마 유형) 나누기
2. 세션 2(그룹 형식): 트라우마에 대한 일반적인 반응 교육; 불안을 극복하기 위한 이완 훈련
3. 세션 3(그룹 형식): 감정에 대한 생각 나누기(인지 치료 소개); 두려움 온도계, 생각과 감

정 사이의 결합; 부적응적인 부정적인 생각을 극복하는 방법 소개

4. 세션 4(그룹 형식): 회피와 대처 다루기(실제적 노출법 소개); 두려움의 위계 구조 구성
5. 세션 5(개인 형식): 트라우마 사건에 대한 심상적 노출법(*필요시 개별 세션 추가)
6. 세션 6(그룹 형식): 사회적 문제 해결(멈추고, 생각하고, 목표 나누기)
7. 세션 7(그룹 형식): 그림 그리기/글쓰기를 통한 트라우마 기억 노출
8. 세션 8(그룹 형식): Hembree-Kigin 글쓰기를 통한 트라우마 기억 노출
9. 세션 9(그룹 형식): 재발 방지 및 마무리(Kataoka et al., 2011, p. 312)

CBITS는 인종적, 문화적, 민족적으로 다양한 학생들에게 널리 사용되었다. 현재 로스앤젤레스 통합 학군의 학생들에게 사용되고 있으며, 스페인어와 영어로 된 학부모용 자료가 제공된다. 다음으로 제시하는 개입(SSET)은 교사와 기타 교직원이 진행할 수 있는 비임상 버전의 CBITS이다. CBITS 모델에 대한 더 자세한 내용은 담당자[16]에게 문의하거나 관련 사이트[17]를 참조할 것을 권한다.

### 트라우마를 경험한 학생 지원(Supports for Students Exposed to Trauma: SSET) (NREPP 과학적 등급=노란색)

SSET는 교사와 같은 비임상 학교 교직원이 진행할 수 있는 CBITS의 비임상 버전이다. 이는 트라우마를 경험한 청소년을 지원하고 이들의 기능을 개선하기 위한 학교 기반의 그룹 개입이다. SSET의 목표는 CBITS와 매우 유사한데, 트라우마 경험과 관련된 불안, 고립, 학교 관련 행동 문제를 줄이고 기술을 습득하는 것이다. 여기에는 심리교육, 인지적 대처, 트라우마 유발 요인에 대한 점진적인 생체 반응 통제 및 사회적 문제 해결이 포함된다(Jaycox et al., 2009). "두 프로그램의 주요 차이점은 형식(SSET는 CBITS 세션 형식을 수업 계획 형식으로 전환함)에 있다. SSET에서 개별 브레이크아웃(break-out) 세션과 부모 세션을 없애고, CBITS에서 실시하는 트라우마에 대한 심상적 노출을 SSET에서 교육과정에 맞는 형식으로 변경한 것이다."(Jaycox et al., 2009, 6항) 로스앤젤레스 통합 학군에서 시범적으로 시행한 결과에 따르면 SSET 개입에 참여한 학생들의 증상이 어느 정도 감소한 것으로 나타났으며, 이 모델을 트라우마를 경험한 청소년을 위한 학교 기반 개입으로 고려해 볼 수 있다(Jaycox et

16) LAUSD 커뮤니티 실천 사이트의 Marleen Wong(marleen.wong@lausd.net), RAND 회사의 Lisa Jaycox(jaycox@rand.org) 또는 Bradley Stein(stein@rand.org), UCLA의 Sheryl Kataoka(skataoka@ucla.edu)
17) www.cbitsprogram.org

al., 2009). CBITS 모델에 대한 더 자세한 내용은 담당자[18)]에게 문의하거나 관련 사이트[19)]를 참조할 수 있다.

### 대처 능력 프로그램(Coping Power Program: CP) (CEBC 과학적 등급 1=연구 결과로 충분히 입증됨)

이번 장에 소개된 몇 가지 프로그램(믿을 수 없는 시간, IY)과 마찬가지로 CP는 주로 예방에 중점을 두며, 고위험군으로 확인된 사람들에게도 사용할 수 있다. 이 프로그램은 트라우마 자체에 중점을 두지는 않지만, 트라우마를 경험한 집단에서 흔히 볼 수 있는 사회적 문제 및 기타 파괴적인 행동을 다루기 위한 것이다. CP는 8세에서 14세 사이의 청소년을 대상으로 하며, 그들의 공격성이나 기타 파괴적인 행동이 건강한 기능에 영향을 미치고 나중에는 비행이나 위험한 행동으로 이어질 수 있는 경우에 사용된다. "맥락적 사회인지 모델은 공격적인 아동이 사회적 상황을 왜곡해서 인지하고, 사회적 문제 해결 능력에 결함이 있으며, 부모의 양육 행동에도 결함이 있다고 가정한다."(Lochman & Wells, 2002, p. 945) 이 프로그램은 아동기 공격성이 나중에 비행, 행동 문제 등 전반적으로 좋지 않은 결과를 초래할 수 있는 위험 요소라는 전제를 바탕으로 한다(Lochman & Wells, 2002; Hishaw et al., Lashey, & Hart, 1993; Loeber, 1990). 공격적인 아동은 나중에 대인관계 갈등, 범죄 행동, 학교 부적응의 위험이 높다. 이 프로그램은 Novaco(1978)의 성인 분노 모델에 기초하여 아동의 분노 각성 모델을 개념화했다. 이는 아동이 과업 수행의 좌절이나 대인관계 갈등을 경험하고 특정 인식(또는 오해)을 갖는 순차적 인지 처리 과정에 중점을 둔다(Lochman & Wells, 2002). 분노를 유발하는 것은 사건 그 자체가 아니라 좌절감이나 어려운 사건/과제에 대한 아동의 인지적 처리다.

"공격적인 아동은 사회적 상황에서 인지적 왜곡을 보이는데, 이는 들어오는 사회적 정보를 처리하는 데 어려움을 겪고 사회적 사건과 타인의 의도를 부정확하게 해석하기 때문이다. 또한 그들은 문제 해결 단계에서도 인지적 결함이 있어 인식된 문제에 대해 부적응적인 해결책을 제시하고, 공격적 및 비공격적 해결책의 유용성에 대해 일반적이지 않은 기대를 갖고 있다."(Lochman & Wells, 2002, p. 947) 적대적 귀인 편향은 한 개인이 실제로는 중립적인 사회적 정보를 적대적인 것으로 선택적 해석하는 개념을 말하며, 일반적으로 공격적인 사람에게서 더 높게 나타난다(Gouze, 1987; Milich & Dodge, 1984). 이러한 사람들은 적대감을 과도하게 유추하고, 다른 사람들이 자신에게 적대적이고 공격적이며 도발적인 방식

---

18) LAUSD 커뮤니티 실천 사이트의 Marleen Wong(marleen.wong@lausd.net), RAND 회사의 Lisa Jaycox(jaycox@rand.org) 또는 Bradley Stein(stein@rand.org), UCLA의 Sheryl Kataoka(skataoka@ucla.edu)

19) www.cbitsprogram.org

으로 행동하고 있다고 가정한다(Katsurada & Sugawara, 1998; Lochman & Dodge, 1994). 또한 학대 경험이 있는 개인은 두려움과 슬픔을 인식하는 데 뛰어난 예측력을 가지고 있다는 사실이 문헌을 통해 입증되었다(Leist & Dadds, 2009). "감정 처리의 어려움은 초기 학대의 결과로, 이에 따라 학대가 이후 행동에 영향을 미치는 메커니즘으로서 연구되어 왔다."(Leist & Dadds, 2009, p. 240)

일반적으로 아동은 성장하면서 건강하고 반응적인 아동-양육자 관계를 통해 감정을 인식하고 조절하는 방법을 배운다. 또한 가장 핵심적인 정서적 단서에 집중하는 방법도 배운다(Pollack et al., 2001). 그러나 아동-양육자 관계에서 학대가 일어나 양육자의 정서적 반응을 예측할 수 없을 경우, 특정 정서적 단서가 위협의 지표가 된다(Pollack et al., 2001). 이러한 문헌 결과를 바탕으로 사회인지 처리 모델에 기반한 1차 예방 프로그램은 트라우마를 경험한 집단에 매우 적합할 수 있으며, 사회적 상호작용을 해석하고 다루는 아동의 능력을 향상시키고 공격적인 행동을 줄일 수 있다. 학교 기반 개입으로 개발된 이 1차 예방 프로그램은 친사회적 기술과 행동의 증진을 목표로 한다(Lochman & Wells, 2002; Lochman & Wells, 2004). 여기에는 자기 조절 능력, 사회적 역량, 긍정적인 양육 참여 및 관심이 포함된다. 이 모델은 구조화된 인지행동 그룹과 부모 교육을 통합하였으며, 일반적으로 34회의 그룹 세션(주기적인 개별 세션 포함)과 부모 교육 요소로 구성되고(Wells et al., 2008), 15~18개월에 걸쳐 진행된다. 이 프로그램 담당자는 앨라배마 대학교의 Nicole Powell 박사이며, 더 자세한 내용은 http://www.copingpower.com에서 확인할 수 있다.

### 실제 삶의 영웅들(Real Life Heroes: RLH) (NREPP 과학적 등급=등급 없음)

RLH 모델은 청소년의 외상 후 스트레스 장애(PTSD)를 치료하는 인지행동 이론을 기반으로 한다. 이 모델은 원래 6세에서 12세 사이의 복합 외상을 경험한 아동이나 사회적, 정서적 또는 인지적 기능에 지연이 있는 고학년 학생을 대상으로 아동 및 가족 지원 기관에서 사용하기 위해 개발되었다. "활동 기반 워크북과 매뉴얼은 실무자가 안전, 트라우마의 영향에 대한 이해, 애착, 정서 조절, 대처 기술 및 트라우마 재처리를 더 잘 다룰 수 있도록 도움을 준다."(Kagan et al., 2008, p. 5) 이 모델은 학대, 방임, 가정 폭력 및 기타 외상 경험 후 애착 관계를 개선하고 조절 장애를 줄이는 데 중점을 둔다(Kagan et al., 2008). 이 프로그램은 주 1회 60~90분씩 6~18개월에 걸쳐 진행되며, 총 36~108시간의 개입이 이루어진다. 치료 기간은 개별 아동의 필요와 치료에 함께하는 비가해자 양육자의 참여 정도에 따라 크게 달라진다. 이 모델은 내담자와 양육자 모두와 함께할 수 있는 심리교육 정보뿐만 아니라 인생 스토리북, 매뉴얼, 창의적 예술 활동을 실무자에게 제공한다. 이 모델은 CBT 이론과 비언어적 창의 예술, 내러티브 개입, 점진적 노출을 기반으로 하며, 희망을 되찾고 트라우마 기억을 처리하는 데 도움을 준다(Kagan et al., 2008). 인생 스토리북은 영웅의 상징성을 중점에 두고, 단계적이고 매뉴얼화된 접근 방식을 제공함으로써 내담자의 참여를 유도하고 안전, 안정감, 기술, 애착, 희망을 재건한다(Kagan et al., 2008). 또한 양육자와의 상호작용은 양육자와의 신뢰, 정서적 조율을 촉진하기 위한 것이다. RLH는 트라우마 치료의 세 가지 핵심 측면인 (1) 정서적 조절, (2) 애착, (3) 삶의 이야기 통합을 포함한다(Richardson et al., 2011; Kagan, 2009). 이 프로그램에는 안전 계획, 트라우마에 대한 심리교육, 정서 조절 및 식별 능력, 문제 해결 및 인지 구조 재구조화가 포함된다(Richardson et al., 2011; Kagan, 2009). RLH 프로그램 담당자는 파슨스 아동 및 가족 센터의 Richard Kagan 박사이며, 더 자세한 정보는 여기[20]에서 확인할 수 있다.

## 고등학생

앞에 언급된 프로그램 외에도 고등학생을 대상으로 고려할 수 있는 개입 방법은 다음과 같다. 트라우마 중심 CBT(TF-CBT) 및 CBITS를 포함하여 중학생에게 적합한 일부 프로그램은 고등학생 집단에도 적합할 수 있다. 다시 한번 말하자면, 트라우마에 영향을 받은 영유아 및 아동을 치료하는 데 사용할 수 있는 치료법에 대해 더 자세하게 알고 싶다면 다음 자료를 참고할 것을 권한다.

- 캘리포니아 근거 기반 아동 복지 정보 센터(The California Evidence-Based Clearinghouse for Child Welfare)
- 미국립 아동 트라우마 스트레스 네트워크(The National Child Traumatic Stress Network)
- SAMHSA의 근거 기반 프로그램 및 실천 국가 등록부(SAMHSA's National Registry of Evidence-Based Programs and Practices)

20) www.reallifeheroes.net 및 http://www.nctsn.org/sites/default/files/assets/ppt/rlh_general%20022213.pdf

**청소년을 위한 안전성 추구(Seeking Safety for Adolescents, 약물남용 및 트라우마 치료) (CEBC 과학적 등급 3=기대되는 연구 결과가 나타남)**

이 개입은 트라우마나 물질 남용 경험이 있는 12세에서 17세 사이의 청소년을 대상으로 한다. 이 모델은 일부 사람들에게 PTSD(외상 후 스트레스 장애)와 SUD(물질 사용 장애)가 밀접하게 연관되어 있으며, 성인의 경우 이 두 장애가 이중 진단되는 것이 흔하다는 전제에 기반을 두고 있다. 청소년의 경우 PTSD와 SUD의 이중 진단은 덜 빈번하며, 이 두 장애를 함께 치료하는 것은 드문 편이다(Najavits et al., 2006). 미국에서 PTSD(외상 후 스트레스 장애)를 겪는 남성 중 52%는 알코올 사용 장애를, 35%는 약물 사용 장애를 겪는다. 여성의 경우 그 비율은 각각 28%와 27%이다(Kesslet et al., 1995; Najavits, 2007). 안전성 추구(Seeking Safety: SS)는 긍정적인 결과를 보인 성인 대상의 구조화된 치료 프로그램이다(Najavits, 2007). 이후 SS 개입은 청소년에 맞게 수정되었으며, 유의미한 예비 데이터 결과가 나타났다. 초기 SS 모델에는 행동, 인지, 대인관계의 세 가지 주요 기능 영역을 다루는 25개 주제의 치료 매뉴얼이 포함되어 있다. 이 세 가지 핵심 기능 영역에는 SUD(물질 사용 장애)와 PTSD(외상 후 스트레스 장애)에 자주 영향을 받는 특정 기술들이 포함되어 있다. 여기에는 도움을 요청하고 관계에서 경계를 설정하는 것 등이 포함된다.

원래의 SS 개입은 치료 과정을 안내하는 다섯 가지 원칙을 기반으로 한다. 그 원칙은 '(1) 안전을 최우선으로 할 것, (2) 두 장애(PTSD와 SUD)를 통합적으로 치료할 것, (3) 이상적인 모습에 집중할 것, (4) 네 가지 내용 영역(인지, 행동, 대인관계, 사례 관리)을 다룰 것, (5) 상담사의 경험에 관심을 둘 것'(Najavits, 2007, p. 454)이다. 그런 다음 내담자의 나이와 부모 상담 가능성(청소년이 동의하는 경우)을 고려하여 언어와 진행 방식을 조정하는 등 청소년의 발달적 요구를 충족하도록 SS 모델을 수정했다. 청소년을 위한 SS 모델에는 학생의 회복을 돕기 위해 세션 사이에 할 일 한 가지를 약속하는 숙제가 포함되어 있다.

이 개입은 매우 유연하게 실시된다. 세션은 주 1회 한 시간 혹은 주 2회 한 시간 동안 진행될 수 있다. 주 1회 모델의 경우 치료 기간은 약 6개월이며, 주 2회 모델에서는 치료 기간이 3개월로 단축된다. 이 프로그램은 학교, 외래 병동, 거주 시설, 병원, 지역사회 기관 등 내담자의 요구와 내담자가 처한 상황에 맞게 수정할 수 있다. 이중 진단을 받은 여성 청소년을 대상으로 한 SS 모델과 일반적 치료(Treatment as usual: TAU)를 비교한 무작위대조시험(RCT)에서 SS는 치료 후 물질 사용, 몇몇 트라우마 관련 증상, SUD 및 PTSD에 대한 인식을 포함한 여러 매개변수에서 중간 이상의 효과 크기로 TAU보다 우수한 성과를 보였다(Najavits, 2007). 이 모델은 트라우마에 영향을 받고 이중 진단을 받은 청소년의 요구를 충족할 수 있는 개입 방법 중 하나일 수 있다. 이 SS 모델의 담당자는 하버드 의대 정신건강의학과 부교수이자 치료 혁신 책임자인 Lisa M. Najavits 박사이며, 더 자세한 정보는 다음 사이트[21]에서 찾을 수 있다.

### 트라우마 정서 조절: 교육 및 치료를 위한 가이드(Trauma Affect Regulation: Guide for Education and Treatment: TARGET) (NREPP 과학적 등급=녹색)

TARGET는 성인, 청소년 및 가족을 위한 감정 조절, 교육 및 심리 치료 개입이다. 이 치료는 외상성 스트레스 증상뿐만 아니라 중독과 같이 자주 동반되는 진단, 정서, 기타 트라우마 관련 문제에 중점을 둔다. TARGET 모델은 PTSD 증상(생리적 각성 및 정서 조절 장애 포함)이 실제 위험에 대한 생물학적 적응이라는 전제하에 성인 대상으로 개발되었다(Ford et al., 2011). 이러한 방식으로 TARGET은 한때 개인이 생존하기 위해 필요했던 트라우마 반응을 정상화하고자 한다. 이 프로그램은 더 적응적인 감정 반응을 회복하기 위한 것이다. "감정 조절을 회복하려면 '자유(FREEDOM)'라는 약어로 요약되는 일곱 가지 실제적 단계 또는 기술이 필요한데, 이는 다음과 같다. 한 번에 한 가지 생각에 집중하기(**F**ocusing), 정서 반응의 현재 촉발 요인 인식하기(**R**ecognizing), 조절되지 않는 감정(반응적 감정)과 적응적인 감정(주된 감정) 구분하기(**E**motions), 평가하기(**E**valuations), 목표 정의하기(goal **D**efinitions), 행동 선택하기(behavioral **O**ptions), 강렬한 감정에서 회복하는 데 책임감을 가지는 것이 자신의 개인적인 안녕뿐만 아니라 주요 관계(예: 부모)와 사회에 긍정적인 기여를 하는 데(**M**aking a positive contribution) 중요하다는 자기 진술하기."(Ford et al., 2011, p. 566)

이 개입은 내담자가 정서를 식별하고 표현하며, 대인관계를 맺는 적응력을 회복하도록 지원한다. 이 프로그램은 매뉴얼화되었고, 4회기의 짧은 버전과 10~14회기로 확장된 긴 버전이 있다. 무작위 임상 시험에서 13세에서 17세 사이의 여성 비행 청소년 59명을 대상으로 관계적 지지 치료(평소와 같이 강화된 치료, ETAU)와 TARGET을 비교했다. 모든 여성 참가자는 외상 후 스트레스 장애(PTSD)의 전체 또는 부분 기준을 충족했다. "두 치료법 모두 불안, 분노, 우울, 외상 후 인지에서 중소규모의 효과를 보였다. 치료와 시간의 상호작용 요인은 TARGET을 받은 집단에서 PTSD(침습적 재경험 및 회피)와 불안 증상, 외상 후 인지, 정서 조절에 중소규모의 효과를 보였고, ETAU를 받은 집단에서 희망과 분노의 변화에 중소 규모의 효과를 보였다. 이 결과는 여성 비행 청소년의 PTSD에 잠재적으로 효과적인 치료법으로서

21) www.seekingsafety.org 및 http://www.cebc4cw.org/program/seeking-safety-foradolescents/detailed

TARGET의 효과를 보여 주었다."(Ford et al., 2012a, 2012b, p. 27) Ford 등(2011)은 대기자 통제군waitlist control에 비해 TARGET을 받은 참여자의 불안이 현저히 감소하고, 피해 관련 PTSD를 가진 어머니의 대처 기술 사용이 증가했음을 보여 주었다(Ford et al., 2011). 또한 PTSD 증상 심각성이 감소하고, 자신에 대한 외상 후 신념도 개선되었다(Ford et al., 2011). 이 개입에 대한 담당자는 코네티컷 대학교의 정신의학 및 법학 교수인 Julian Ford 박사이며, 자세한 내용은 다음의 사이트[22]에서 확인할 수 있다.

## 가족

다른 곳에서도 언급했듯이, 가족 체계는 트라우마에 시달리는 청소년의 필요를 이해하고 치료하는 데 중요한 역할을 한다. 여기에 제시된 여러 가지 개입 방법은 트라우마를 겪은 청소년의 치료에 양육자나 부모의 참여가 필요하다는 것을 말해 준다. 가능하면 트라우마를 겪은 청소년을 치료할 때 임상가가 양육자, 부모, 가족과 협력할 것을 권장한다. 만성적이고 복합적인 외상 스트레스의 체계적 특성과 세대 간 트라우마의 잠재성을 고려할 때, 가족 체계를 쉽게 무시할 수 없다. 어떤 개입 방법을 선택하든, 가족 체계는 가족 전체의 스트레스 요인을 줄이는 데 중요한 역할을 하며, 트라우마 관련 개입을 성공적으로 수행하기 위한 중요한 요소다. 세대 간 가족과 가족 체계가 만성적인 외상 스트레스에 미치는 영향에 대해 더 자세히 알아보려면 Mark Wolynn의 책 『당신으로부터 시작되지 않았다(It Didn't Start with You)』를 읽어 보시기 바란다. 앞에 언급된 것 외에도 다음의 개입 방법이 트라우마에 시달리는 가족과 협력하는 데 도움이 될 수 있다. 이러한 개입 중 일부는 트라우마에만 중점을 둔 것은 아니지만, 대인관계 어려움, 관계적 고통, 경직된 부모-자녀 관계, 물질 사용, 청소년 사법 문제 등 트라우마로 인해 발생할 수 있는 여러 가지 부정적인 결과에 주목하고 있다. 이어서 나열된 여러 가지 프로그램은 아동 학대 위험성을 높이는 가족 스트레스 요인을 줄이기 위한 개입 프로그램으로 사용될 수도 있다. 다음 치료 및 예방 프로그램은 공공 데이터베이스에 문서화되어 있으며, 특정 아동 또는 가족의 필요에 맞는 추가 개입을 위해서는 다음의 자료를 찾아보기 바란다.

22) www.advancedtrauma.com 및 http://nrepp.samhsa.gov/ProgramProfile.aspx?id=1222

1. 캘리포니아 근거 기반 아동 복지 정보 센터(The California Evidence-Based Clearinghouse for Child Welfare)
2. 미국립 아동 트라우마 스트레스 네트워크(The National Child Traumatic Stress Network)
3. SAMHSA의 근거 기반 프로그램 및 실천 국가 등록부(SAMHSA's National Registry of Evidence-Based Programs and Practices)

### 가족 시스템 요소를 포함하는 개입 및 치료

- 아동 및 가족 외상성 스트레스 개입(Child and Family Traumatic Stress Intervention: CFTSI)
- 다차원 가족 치료(Multidimensional Family Therapy: MDFT)
- 소년범을 위한 다중 체계 치료(Multisystemic Therapy for Juvenile Offenders: MST)
- 성행동 문제가 있는 청소년을 위한 다중 체계 치료(Multisystemic Therapy for Youth with Problem Sexual Behaviors: MST-PSB)
- 보호자 양육 프로그램(Nurturing Parenting Programs: NPP)
- 가족기능 강화 프로그램(Strengthening Families Program: SFP)
- 아동 복지를 위한 안전돌봄 가정 방문 서비스(SafeCare Home Visiting for Child Well-Being)
- 모든 아이를 위한 안전한 환경(Safe Environment for Every Kid: SEEK)
- 안전한 어린이 양육을 위한 ACT 프로그램(ACT Raising Safe Kids Program)
- 키즈 클럽 및 모 역량 강화(Kids Club & Moms Empowerment)
- 트리플 P-긍정적 양육 프로그램 시스템(Triple P-Positive Parenting Program System: 시스템 트리플 P)
- 안전한 환경-가정 방문 4(Circle of Security-Home Visiting-4: COS-HV4)

제5부

# 트라우마 기반 평가와 개입의 윤리적 고려사항

• 제12장 •

# 윤리적 고려사항

– Kirby L. Wycoff –

## 대리외상, 공감피로 그리고 이차적 외상스트레스

청소년과 가족을 위한 트라우마 기반 서비스에 관한 어떤 책도 윤리적 고려, 대리외상(vicarious trauma: VT), 공감피로(compassion fatigue: CF) 및 소진 관리(burnout management)에 대한 논의 없이는 완성될 수 없다. 지역사회에서 가장 취약한 구성원들과 함께 일할 때, 임상가 및 기타 일선 서비스 제공자들은 심각한 소진과 대리외상을 경험할 위험이 높다. 이러한 문제에 주의를 기울이고 탄탄한 자기돌봄을 해야 하는 것은 단순히 염원의 문제가 아니라 윤리적 의무의 문제다. 돌봄에는 대가$^{cost}$가 따른다(Figley, 2002). 정신건강서비스 제공자 및 일선 대응자로서 우리는 자신을 관리해야 하며 돌봄의 대가로 인한 부정적 영향을 스스로 모니터링해야 한다. 조력자로서의 역할 속에서 우리는 소진, 공감피로, 대리외상에 취약하다.

Charles Figley는 「Compassion Fatigue: Psychotherapists' Chronic Lack of Self-Care(공감피로: 심리치료자들의 만성적 자기돌봄 부족)」에서 공감피로에 대해 고통받는 사람들에 대한 돌봄, 공감, 정서적 투자의 대가에 초점을 맞춘 돌봄제공자 소진의 한 유형이라고 말한다(Figley, 2002). 조력전문가들은 공감피로에 취약하다. 그러나 내담자가 방임, 학대, 기타 힘들고 충격적인 경험을 가지고 올 때 우리는 더 높은 위험에 처한다. Figley는 "연민과 공감을 나타내는 행위 자체가 대부분의 상황에서 대가를 치른다. 고통받는 이들의 관점에서 세상을 바라보려는 노력으로 인해 우리는 고통받는다."라고 언급했다(Figley, 2002, p. 1434).

많은 경우, 애초에 타인을 돕는 일에 대한 관심과 공감 및 연민을 발휘할 수 있는 능력이 우리를 조력전문가의 길로 이끌었다. 우리를 이 분야로 이끈 바로 그 이유 때문에 우리가 공감피로를 경험할 때 객관성과 전문적 관점을 유지하기 어려울 수 있다. 외상 후 스트레스 장애(post-traumatic stress disorder: PTSD)는 개인이 직접 외상을 겪거나, 외상에 대한 간접적 설명을 들으며 외상을 경험한 사람들의 고통을 겪음으로써 간접적으로 외상을 입을 가능성을 모두 고려한다(Figley, 2002). 여러 면에서, 이차적 외상스트레스(secondary traumatic stress: STS)는 외상 후 스트레스 장애와 관련이 있다. 이차적 외상스트레스는 '중요한 타인이 겪은 충격적 사건에 대해 알게 된 후 발생하는 자연스러운 결과 행동 및 정서, 즉 트라우마를 겪거나 고통받는 사람을 돕거나 돕고 싶어 하는 데서 발생하는 스트레스'다(Figley, 1995, p. 3; 2007; Figley et al., 2011). 대리외상, 공감피로, 이차적 외상스트레스는 종종 같은 의미로 사용되는 용어로, 모두 타인의 경험을 통해 외상적 사건에 노출되는 것과 관련 있다. 이러한 구성요소는 특히 트라우마를 겪은 내담자들과 작업하는 역할에서 고려할 수 있다. 반면, 소진은 조력전문직이나 서비스 환경에서 발생할 수 있는 보다 일반적인 현상이다(Newell & MacNeil, 2010). 공감피로, 대리외상, 이차적 외상스트레스는 특정 고객과의 작업을 통해 트라우마에 특히 노출된 전문가에 해당될 수 있다. 이와 달리, 소진은 '정서적으로 힘든 상황에 장기간 관여함으로써 발생하는 신체적, 정서적, 정신적 탈진 상태'를 의미한다(Pines & Aronson, 1988, p. 9). Figley(2002)는 공감피로가 종종 내담자에 대한 절망감을 수반하지만 일단 전문가가 위험에 처해 있음을 인식하면 충분히 치료할 수 있다고 언급한다. 그러나 그는 소진으로 인해 조력전문가들이 커리어를 바꾸거나 업무를 줄여야 할 수도 있다고 말한다(Figley, 2002). 소진은 '정서적 고갈, 비인간화, 개인적 성취도 감소의 증후군'으로도 설명된다(Maslach, 1982, p. 3). 공감피로, 이차적 외상스트레스, 대리외상으로 인해 현장을 떠나는 것을 고려할 정도로 문제가 심각해지기 전에 임상가들을 돕고자 이 장을 작성했다. 이러한 문제는 조력전문가의 이직에 가장 크게 기여하는 요인이며, 특히 트라우마를 겪은 고객들과 작업하는 경우 더욱 그러하다.

"공감피로는 트라우마를 겪은 환자와 관련된 충격적 사건의 재경험, 트라우마를 연상시키는 것들에 대한 회피 및 무감각, 지속적 각성(예: 불안)으로 인한 긴장과 몰두의 상태로 정의된다. 그것은 타인의 고통을 증언하는 기능이다."(Figley, 2002, p. 1435) 이차적 외상스트레스와 대리외상은 종종 PTSD에서 볼 수 있는 동일한 증상을 많이 포함하고 있으며, 침습적 사고, 회피, 심지어 생리적 각성도 포함한다(Figley, 1995, 2007; Figley et al., 2011; McCann & Pearlman, 1990, Bride, 2007, Bride, 2007, Haley, 1974). 우리는 만성적 외상스트레스를 경험하며 아동기 부정적 경험(adverse childhood experiences: ACE)을 가진 청소년 및 가족들과 작업한다. 그러므로 공감피로, 대리외상, 이차적 외상스트레스에 대한 우리의 취약성을 인식하는 것이 절대적으로 필요하다(Bride, 2007).

## 이차적 외상스트레스와 공감피로의 만연함

초보 임상가와 노련한 전문가 모두에게 중요한 것은, 고위험 내담자와 작업하는 이들에게 이차적 외상스트레스와 공감피로가 매우 흔하다는 것이다. 사회에서 가장 취약한 구성원과 최전선에서 일하는 우리에게, 그들이 겪는 트라우마의 심리적 영향이 당사자들을 넘어 우리에게도 깊이 미친다는 사실이 점점 더 분명해지고 있다(Bride 2007). Meldrum 등(2002)의 연구에 따르면 트라우마에 시달리는 내담자와 함께 일하는 전문가의 27%가 그 일로 극심한 고통을 경험한다. 연구 당시 총 54.8%의 참가자가 고통을 겪고 있다고 보고했으며, 35.1%는 정서적으로 매우 또는 극도로 고갈된 상태라고 보고했다(Meldrum et al., 2002). 미국 남부에서 석사급 사회복지사 282명을 무작위로 선정해 조사한 결과, 응답자의 40.5%는 의도하지 않게 트라우마를 겪은 내담자와의 작업에 대해 생각했다고 밝혔다(Bride 2007). 표본의 19.1%는 생리적 고통을 경험했고, 12.4%는 그들의 일을 연상시키는 것들에 대한 반응으로 생리적 반응을 경험했다(Bride, 2007). 거의 모든 전문가(97.8%)는 내담자들에게 실제 트라우마 경험이 있고 그들과의 전문적 작업은 주로 그 트라우마에 초점을 맞추어졌다고 답했다. 사회복지사들이 내담자와의 작업을 통해 충격적인 내용에 많이 노출됨을 감안할 때, 지난 한 주에만 70.2%가 이차적 외상스트레스를 한 번 이상 경험했다는 것은 놀랍지 않다(Bride, 2007).

오클라호마시 폭탄 테러 피해자에게 위기 상담 서비스를 제공한 재난 정신건강(disaster mental health: DMH) 근로자들의 장기적 정신건강 평가 연구에서도 이차적 외상스트레스가 존재하는 것으로 나타났다(Wee & Myers, 2002). 재난 정신건강 종사자의 상당수(73.5%)가 연민 피로의 위험에 어느 정도 노출되어 있는 것으로 밝혀졌다. 심리치료를 위한 공감피로 자가검사(Compassion Fatigue Self-Test for Psychotherapy, Figley, 1995, 2007; Figley, 1995, 2007; Figley et al., 2011)로 측정한 결과 응답자의 23.5%가 중간 위험, 29.4%가 고위험, 20.6%가 매우 고위험으로 평가되었다(Wee & Myers, 2002). 전반적으로, 이 점수는 전체 재난 정신건강 종사자들이 공감피로와 소진 모두에 대해 일정 수준의 위험에 처해 있음을 나타냈다(Wee & Myers, 2002).

캘리포니아의 3개 종합병원에서 외상성 사건에 노출된 환자들을 자주 접하는 응급 간호사 67명 중 54%가 각성 증상과 과민반응을 보고했다. 이어서 이들 중 52%는 회피 증상을,

46%는 환자에 대한 침습적 사고를 보고했다(Dominguez-Gomez & Rutledge, 2009). 정신건강 전문가는 아니지만 응급실 간호사들도 심각한 트라우마를 경험한 환자들과 최전선에서 함께하고 있다. 정신건강 전문가는 내담자의 트라우마에 대해 듣는 반면, 간호사는 내담자의 트라우마를 직접 본다. 대리외상, 이차적 외상스트레스, 공감피로의 학제 간 특성을 고려하면 많은 것을 배울 수 있다. 남부 캘리포니아의 한 의료 시스템에서 실시한 탐색적 비교 연구를 통해 6개월 이상 응급실 근무 경력이 있는 간호사들을 대상으로 이차적 외상스트레스를 평가했다(Dominguez-Gomez & Rutledge, 2009). 이차적 외상스트레스 척도(STS Scale)를 사용해 침습, 회피, 각성을 평가하였는데, 이는 PTSD의 DSM 진단에 해당하기 때문이다(Bride, 2007). 참가자의 총 46%(이 중 78%는 여성)가 의도하지 않았는데도 환자에 대해 생각한다고 답했으며, 이들 중 27%는 환자와의 작업을 상기하는 것이 자신을 속상하게 만든다고 답했다(Dominguez-Gomez & Rutledge, 2009). 흥미롭게도 표본에 포함된 간호사 대부분(92%)은 업무 관련 스트레스에 대해 도움과 지원을 구한 적이 없다고 답했지만, 52%는 스트레스 관리 및 자기돌봄을 하고 있다고 답했다. 표본의 총 33%가 이차적 외상스트레스 진단 기준을 충족했으며, 대부분 환자 회피, 수면 장애, 과민성, 침습적 사고, 활동 수준 감소, 정서적 무감각 등의 증상을 보고했다(Dominguez-Gomez & Rutledge, 2009). 일선 서비스 제공자가 도움을 요청하는 과정을 정상화하는 문제는 앞으로 우리가 해야 할 노력 중 하나다.

### 교육훈련에 대한 필요

이차적 외상스트레스 경험과 도움요청 과정을 모두 정상화할 방법을 생각할 때, 교육훈련 및 전문성 개발에 대한 필요를 고려하는 것이 중요하다. 조력전문가군에 속해 취약한 이들과 일함으로써 겪는 정서적 위험을 이해한다는 것이 전문 훈련 프로그램에서 항상 체계적으로 다루어지지는 않았다(Cunningham, 2004; Courtois, 2002; Shackelford, 2006). 정신건강 서비스 제공자에게 이론과 치료 기법만큼이나 중요한 교육 문제로서 이러한 주제를 다루는 것의 중요성은 아무리 강조해도 지나치지 않다. 하지만 이러한 문제는 전문성 개발과 관련된 다른 주제에 대한 기존 강의에 포함되는 경우가 너무 많아서 커리큘럼에서 제대로 다루어지지 않고 있다. Lerias와 Byre(2003)는 이 정보를 커리큘럼에 통합하는 것이 가장 모범적이며, 이는 정신건강 분야 종사자들에게 필요하지만 종종 간과되는 일선 예방 전략이라고 말한다. 초기 정신건강 수련생에게 가르치는 핵심 기술 중 하나는 내담자와 치료적 동맹을 구축하는 것의 중요성에 관한 것이다. 내가 지도하는 대학원생들은 동맹에 대해 논의하고, 관계를 구축하고, 내담자와 연결되고, 우리가 돕는 사람들과 효과적이고 협력적인 관계를 구축하는 데 상당한 시간을 보낸다. Figley(2002)는 공감과 정서적 에너지가 누군가를 돕는 역할에 종종 큰 부분을 차지하며, 치료적 동맹과 공감적 반응이 효과적인 서비스 전달을 위한 핵심 기술이라고 말한다. 하지만 연민과 공감과 같이 내담자와의 관계를 구축하는 데 도움이 되는 요소에는 대가가 따른다고 경고한다. Figley는 공감피로의 구조를 이해하는 데 기초가 되는 관련 변수에 주목한다. 우리는 독자들이 이 연구 전체를 읽어 보기를 권하지만 여기서는 간단히 소개하고자 한다.

- 공감 능력(Empathic ability)
- 공감적 관심(Empathic concern)
- 내담자와의 접촉(Exposure to client)
- 공감적 반응(Empathic response)
- 공감 스트레스(Compassion stress)
- 성취감(Sense of achievement)
- 이탈(Disengagement)
- 장기적 노출(Prolonged exposure)
- 트라우마 기억(Traumatic recollections)
- 삶의 혼란(Life disruption)

이러한 변인들을 이해하고 그것이 정신건강 임상가들이 트라우마 내담자들을 다루는 능력에 어떻게 기여하는지에 비추어 볼 때 우리는 공감피로를 관리하고 완화하기 위해 더 효과적으로 노력할 수 있다. Figley(1995, 2007; Figley et al., 2011)는 공감피로를 유발하는 요인에는 여러 가지가 있음을 상기시킨다. 여기에는 전반적으로 빈약하거나 존재하지 않는 자기돌봄, 임상가 자신의 미해결된 트라우마, 업무 관련 스트레스 요인을 다루지 못하거나 꺼리는 것, 전문적 업무에서 파생되는 전반적 만족도 부족 등이 포함된다(Figley, 1995, 2007; Figley et al., 2011).

공감피로에 대한 심리교육, 충격적인 내용에 대한 둔감화, 취약성에 대한 자기평가, 능동적이고 정기적인 자기돌봄 계획 및 참여는 모두 공감피로, 이차적 외상스트레스, 대리외상의 영향을 완화하는 데 유용하다. 다음 절에서는 자기평가, 자기돌봄 계획 그리고 이러한 문제의 전반적인 완화에 대해 자세히 살펴볼 것이다.

## 자기돌봄 계획 및 소진 관리를 위한 도구

앞의 절에서 언급했듯이, 대리외상, 공감피로, 이차적 외상스트레스에 대한 자기 인식 및 자기 관리가 중요하다. 정기적인 자기평가를 통해 우리는 그에 따른 계획을 세우고 조정할 수 있으며 이러한 상태의 잠재적인 부정적 영향을 완화할 수 있다. 다음 장에서는 일선 전문가들이 트라우마 내담자들과 작업하는 데 사용할 수 있는 여러 도구를 검토할 것이다. Figley는 "심리치료자로서 우리는 조력자로서의 전문적 역할에서 한편으로는 객관적이고 분석적인 태도를 취하는 법을 배운다. 개인적 감정을 제쳐 두고 내담자를 객관적으로 평가하고 모범 사례 지침에 따라 최선의 치료를 시행해야 한다. 그러나 다른 한편으로 우리는 연민과 공감을 피할 수 없다. 그것들은 휴먼서비스 기술에 필요한 도구다. 내담자가 보는 것처럼 세상을 볼 수 있어야 내담자 및 내담자의 반응방식에 맞도록 서비스를 조정할 수 있다."(Figley, 2002, pp. 1433-1434) 이 미세한 경계를 이해하는 것이 정신건강서비스 종사자로서 우리의 영향력을 극대화하는 데 도움이 될 수 있다. 또한 이러한 도구들은 이차적 외상스트레스, 공감피로, 대리외상 경험과 관련된 개인적 및 조직적 특성을 더 잘 인식하고 그에 따라 조정하는 방법을 익히는 데 도움이 될 수 있다. 공감 스트레스를 제한하고, 트라우마 기억을 다루고 관리하고, 사례 부담을 관리하는 것 모두 이러한 증상이 문제라는 것을 인식했을 때 취할 수 있는 증상 완화 방법의 예시다(Figley, 2002). 이러한 접근법은 필요에 따라 적절한 슈퍼비전 및 임상가 자신의 치료와 병행하여 사용하도록 고안되었다. 공감피로, 이차적 외상스트레스, 대리외상에 대한 적절하고 충분한 관리가 단지 열망에 그치는 것이 아니라 윤리적 서비스 제공의 핵심임을 다시 한번 주장한다. 효과성 외에도, 손상을 입은 임상가가 내담자에게 해를 끼칠 가능성이 더 높다는 것은 잘 알려져 있다(Lawson et al., 2007).

### 이차적 외상스트레스 척도

Bride 등(2007)의 이차적 외상스트레스 척도(Secondary Traumatic Stress Scale: STSS)는 17문항의 자기보고식 측정도구로, 트라우마 내담자와의 작업과 관련된 전문가의 침습, 회피, 각성 증상을 평가한다. 이는 증상의 빈도를 평가하는 리커트 척도로 측정된다. 이 도구에는 침습(5개 문항), 회피(7개 문항), 각성(5개 문항)의 세 가지 하위척도가 포함된다. 침습 증상 중 일부에는 내담자에 대한 침습적 사고, 내담자에 대한 불편한 꿈, 내담자의 트라우마를 재경험하는 느낌 등이 포함된다. 회피 증상에는 내담자 회피, 내담자 정보 기억의 어려움, 타인과의 거리두기가 포함된다. 각성 증상에는 수면의 어려움, 과민성, 집중력 저하 등이 포함된다(Bride et al., 2007).

## 전문가 삶의 질 척도

전문가 삶의 질 척도(Professional Quality of Life Scale: ProQOL)는 전문가의 삶의 질에 공감피로뿐 아니라 직업 보상, 공감만족이 모두 포함된다는 생각에 기반한다. 공감피로는 직업의 어려운 부분을 포함하는 반면, 공감만족은 직업의 보람 있고 인정받는 측면을 나타낸다. Stamm(1995)은 공감만족에는 '자신의 일을 잘할 수 있다는 것에서 얻는 즐거움'이 포함된다고 말한다(Stamm, 1995, p. 5). 이 자기보고식 척도에는 공감만족, 소진, 공감피로/대리외상을 평가하는 30개 항목이 포함된다. 척도의 신뢰도는 공감만족(0.87), 소진(0.72), 공감피로(0.80)다(Stamm, 2005). 이 도구는 다음 링크에서 무료로 사용할 수 있으며, 우리는 독자가 이 도구에 대해 알아보길 적극 권장한다[1].

## 마음챙김 자기돌봄 척도

Buffalo 대학의 Catherine Cook-Cottone 박사가 개발한 마음챙김 자기돌봄 척도(Mindful Self-Care Scale: MSCS)는 실무자에게 긍정적인 자기돌봄에 통합할 수 있는 명확한 행동 항목을 제공하기 위해 제작되었다. 이 도구는 조력전문가들, 특히 트라우마에 시달리는 청소년 및 가족과 일하는 이들을 위한 어떤 자기돌봄 계획에도 탁월하게 적용될 수 있다. "자기돌봄은 자신의 기본적인 생리적, 심리사회적 요구를 인식하고 이에 주의를 기울이는 일상적인 과정으로, 최적의 일상 기능을 촉진하기 위해 필요에 따라 자신의 일상, 관계, 환경을 형성해 나가는 것을 포함한다."(Cook-Cottone, 2016, p. 1, 2015; McCusker et al., 2015; Norcross & Guy, 2007) 이 척도에는 신체적 돌봄, 지지적 관계, 마음챙김 인식, 자기자비와 목적, 마음챙김 이완, 지지적 구조 등 총 6가지 영역이 있다(Cook-Cottone & Guyker, 2017). 이 도구는 마음챙김 자기돌봄에는 개인적 니즈를 충족하는 동시에 외부 경험과 연결되고 기반을 유지하는 개인의 능력이 포함된다는 전제를 바탕으로 만들어졌다. 이 척도는 지난 한 주 동안 행한 다양한 마음챙김 자기돌봄 항목의 전반적 빈도를 평가한다. 일부 문

1) http://www.proqol.org/ProQol_Test.html

항에는 운동, 수분 공급, 건강한 식사, 친구 및 가족에게서 지지받는 느낌, 생각과 감정에 대한 차분한 인식, 지지적인 자기대화 참여, 감정을 느낄 수 있도록 허용하기, 이완 활동 참여, 타인의 요구와 개인에게 중요한 것 사이의 균형 유지 등의 주제가 포함된다(Cook-Cottone & Guyker, 2017).

## 삶의 수레바퀴

삶의 수레바퀴(The Wheel of Life: WOL)는 자기돌봄 평가 및 계획을 시각적으로 표현한 도구다. 원래 코칭용으로 개발되었으며, 시계판과 유사한 원형의 시각적 도구다. 삶의 수레바퀴에는 직업, 학교, 가족 및 친구, 건강, 여가활동, 재정, 개인적 성장, 안전, 물리적 환경과 같은 영역을 포함하여 8~10개의 범주가 있으며 내담자가 자신의 범주를 추가할 수 있는 공간도 있다. 참가자는 각 섹션에 대한 만족도 또는 전반적인 행복도를 0에서 10까지의 척도로 자체 평가한다. 0점은 낮은 점수를 의미하며 원의 중심에 가깝게 표시되는 반면, 10점은 높은 만족도를 의미하며 원의 가장 바깥쪽에 표시된다. 이 시각적 자기평가를 통해 개인은 자신의 삶이 얼마나 균형을 이루고 있는지 알게 되며 조절이 필요한 부분을 파악할 수 있다. 이 도구는 조력전문가의 자기돌봄 계획 및 관리에 유용한 도구이며 최일선의 서비스 제공자들에게 특히 유용하다. 이 도구는 행복의 다섯 가지 기둥도 포함하도록 조정 및 확장되었으며, 대학원 수준의 교육생과 숙련된 전문가 모두에게 간단하지만 유용한 도구를 제공한다(Robson, 2010). 자세한 내용은 자료를 참고하길 바란다[2].

트라우마를 겪은 청소년 및 가족과 작업하는 전문가는 타 전문가에 비해 대리외상, 이차적 외상스트레스, 공감피로를 겪을 위험이 더 높다. 도움이 절실한 내담자와 작업할 때 이러한 위험을 관리하고 완화하려면 우수한 임상 슈퍼비전 및 동료 슈퍼비전이 필수다. 이러한 상태의 영향과 이를 관리하고 자기 인식을 갖추는 방법에 대해 이해하는 것은 궁극적으로 임상가가 이 분야에서 효과적으로 일할 수 있는 방법이다. 독자들의 업무가 타인의 급성 및 만성적 고통과 밀접하게 관련된 경우, 이를 처리하고 관리할 수 있는 탄탄한 자기돌봄 및 슈퍼비전 계획을 찾아서 수립할 것을 강력히 권하는 바다. 이 책의 앞부분에서 Felitti 박사가 아동기 부정적 경험(ACE)의 엄청난 효과를 기록한 데이터를 보고 눈물을 흘렸다고 언급

2) http://thefivepillarsofhappiness.com/doc/The_Five_Pillars_of_Happiness_-_Exercise_11.pdf

한 것을 떠올린다면, 최전선에 있는 우리가 매일 영향을 받는 것은 놀라운 일이 아니다. 우리는 우리 자신과 고객 모두를 생각해 조력전문가로서 흔히 겪는 이러한 경험을 의미 있게 관리하기 위해 노력해야 할 의무가 있다.

• 제13장 •

# 새로운 치료법과 추가적 자원

– Kirby L. Wycoff –

## 새로운 치료법

이 책에서 트라우마에 노출된 청소년 및 그 가족과 작업할 때 활용할 수 있는 모든 가능한 치료, 개입 및 접근 방식에 대해 쓰고, 검토하고, 논의하기에는 충분치 않다. 저자로서 이 내용을 더 깊이 파고드는 것이 이 책의 범위를 벗어난다는 점을 유감스럽게 생각한다. 제4장에서 설명한, 트라우마 작업에 대한 검증되고, 진실된, 잘 연구된, 경험적으로 뒷받침된 접근법 외에도 이 분야에서 연구되고 구현되는 여러 가지 혁신적인 기법들이 있다. 트라우마와 역경이 인간에게 미치는 영향을 우리가 인식함에 따라, 그리고 영향 받는 개인의 수가 증가함에 따라 이 분야의 혁신이 반드시 필요하다. 우리는 다음의 여러 추가적 치료법에 독자가 관심을 가졌으면 한다. 그중 일부는 성인 집단에서 강력한 경험 지지를 받고 있으며, 어떤 치료법들은 이제 막 등장했고, 또 다른 치료법은 질적 조사에서 발견된 바를 뒷받침하기 위해 무선 통제 연구를 필요로 한다. 외상학traumatology 분야에서는 트라우마의 메커니즘과 가능한 치료 옵션에 대한 현재의 이해를 확장해야 할 필요성이 크다(Schäfer & Fisher, 2011). 마음과 몸의 연결은 문헌에서 잘 확립되어 있으며, 특히 트라우마에 노출된 사람들과 작업할 때 두드러진다(Van Der Kolk, 1994). 그래서인지 인지뿐 아니라 몸 전체의, 신체적, 경험적 측면을 포함하는 치료법도 점점 더 많이 등장하고 있다. 우리는 독자들이 이 집단에 유용할 수 있는 다음의 일부 치료법에 대해 문헌을 검토해 볼 것을 권장한다. 이것은 완전한 목록이 아니며, 단지 이용 가능한 비전통적인 치료법에 대한 주의 환기 노력의 일환이라는 점에 유의하기 바란다.

- 재활승마치료(Equine Assisted Therapy)

- 동물매개치료(Animal Assisted Therapy)
- 트라우마 치유 요가(Trauma-Sensitive Yoga)
- 어린이를 위한 EMDR(안구 운동 둔감화 및 재처리, Eye Movement Desensitization and Reprocessing)
- 마음챙김 기반 스트레스 감소(Mindfulness Based Stress Reduction)
- 표현 예술 치료(Expressive Arts Therapy)
- 신체적 트라우마 치료(Somatic Trauma Therapy)

특히 동물매개치료와 재활승마치료는 트라우마를 겪은 청소년과 가족의 치유와 건강을 위한 유망한 방법을 제시한다. 트라우마 치료법에 동물매개치료와 재활승마치료 포함을 지지하는 문헌이 점점 증가하고 있다.

동물의 존재는 생리적 각성을 낮추고 치료동맹을 개선하며 불안을 감소시키는데, 특히 트라우마 기억을 처리하는 동안 그러하다(Lefkowitz et al., 2005).

Bachi 등(2012)은 말 매개 심리치료(Equine Facilitated Psychotherapy: EFP)가 특히 관계 안정성 및 신뢰 문제와 관련하여 입원 중인 고위험 청소년 여성에게 효과적일 수 있다고 언급했다.

Naste 등(2017)은 말 매개 심리치료가 복합 외상에 유용한 치료법(EFT-CT)이 될 수 있으며 다중의 누적 외상에 노출된 아동에게 고려되어야 한다고 언급했다.

Wycoff와 Murphy(2018)는 재활승마치료가 트라우마 중심 인지 행동 집단 치료(Trauma-Focused Cognitive Behavior Group Therapy)와 결합할 때 성적 트라우마를 입은 청소년 여성에게 효과적인 개입이 된다는 것을 발견했다. 동물이 신중하게 의도적으로 치료 과정에 포함된다면 개인에게 외상 후 성장을 위한 큰 지지과 기회를 제공할 수 있다(Wycoff & Gupta, 2018).

행동 및 정신 건강을 위한 학교 및 지역사회의 치료적 실천에 동물을 어떻게 통합할 수 있는지에 대해 자세히 알고 싶은 독자는 이 저자들의 향후 간행물을 Wiley 출판사에서 참조하기 바란다.

트라우마를 겪은 개인을 치료하는 데는 수많은 다른 접근법이 있지만, 이러한 개입법을 모두 검토하고 고려하는 것은 이 책의 범위를 훨씬 넘어서는 일이다. 우리는 독자들이 이 책 전체와 참고 문헌에 인용된 트라우마 자료 및 치료법을 찾아볼 것을 강력히 권하며, 이는 트라우마 기반 임상가들에게 유용할 것으로 기대된다.

# ◆ 참고문헌


Aber, J.L. and Allen, J.P. (1987). Effects of maltreatment on young children's socioemotional development: An attachment theory perspective. *Developmental Psychology, 23*(3): 406.

Abidin, R.R. (1995). Parenting stress index. In: *Professional Manual*, 3e. Odessa, FL: Psychological Assessment Resources, Inc.

Abramovitz, R. and Bloom, S.L. (2003). Creating sanctuary in residential treatment for youth: from the "well-ordered asylum" to a "living-learning environment". *Psychiatric Quarterly, 74*(2): 119-135.

Adamaszek, M., Agata, F.D., Ferrucci, R. et al. (2016). Consensus paper: Cerebellum and emotion. *The Cerebellum*: https://doi.org/10.1007/s12311-016-0815-8.

Adams, R.E., Boscarino, J.A., and Figley, C.R. (2006). Compassion fatigue and psychological distress among social workers: a validation study. *American Journal of Orthopsychiatry, 76*(1): 103.

Adams, R.E., Figley, C.R., and Boscarino, J.A. (2008). The compassion fatigue scale: Its use with social workers following urban disaster. *Research on Social Work Practice, 18*(3): 238-250.

Afifi, T.O. et al. (2012). Physical punishment and mental disorders: Results from a nationally representative U.S. sample. *Pediatrics, 130*(2), available at http://pediatrics.aappublications.org/content/early/2012/06/27/peds.2011-2947.

Alisic, E., Zalta, A.K., Van Wesel, F. et al. (2014). Rates of post-traumatic stressdisorder in trauma-exposed children and adolescents: Meta- analysis. *British Journal of Psychiatry* 204: 335-340.

Allen, J.P., Kuperminc, G., Philliber, S., and Herre, K. (1994). Programmatic prevention of adolescent problem behaviors: the role of autonomy, relatedness, and volunteer service in the teen outreach program. *Community Psychology, 22*: 617-638.

American academy of child and adolescent psychiatrists, policy statement (2012). Policy statement on corporal punishment. Retrieved from http://www.aacap.org/aacap/policy_statements/2012/Policy_Statement_on_Corporal_Punishment.aspx

American Academy of Pediatrics (2014). The medical home approach to identifying and responding to exposure to trauma. Available at: https://www.aap.org/en-us/Documents/ttb_medicalhomeapproach.pdf. Accessed August, 2016.

American Educational Research Association, American Psychological Association, & National Council on Measurement in Education (1985). *Standards for Educational and Psychological Testing*. Washington, DC: American Educational Research Association.

American Psychiatric Association (2013). *Diagnostic and Statistical Manual of Mental Disorders* (5th ed.). Arlington, TX: American Psychiatric Publishing.

American Psychological Association (2006). Evidence-based practices in psychology. *American Psychologist, 61*: 271-285. Retrieved from http://www.apa.org/practice/guidelines/evidence-based-statement.aspx.

American Psychological Association (2008). Startling statistics on child maltreatment. *American Psychological Association, 39*(10): 47. http://www.apa.org/monitor/2008/11/maltreatment.aspx.

Anda, R.F., Williamson, D.F., Escobedo, L.G. et al. (1990). Depression and the dynamics of smoking: a national perspective. *JAMA, 264*(12): 1541-1545.

Anda, R.F., Croft, J.B., Felitti, V.J. et al. (1999). Adverse childhood experiences and smoking during adolescence and adulthood. *Journal of the American Medical Association, 282*: 1652-1658.

Anda, R.F., Whitfield, C.L., Felitti, V.J. et al. (2002). Adverse childhood experiences, alcoholic parents, and later risk of alcoholism and depression. *Psychiatric services, 53*(8): 1001-1009.

Anda, R.F., Felitti, V.J., Bremner, J.D. et al. (2006a). The enduring effects of abuse and related adverse experiences in childhood. *Archives of Psychiatry and Clinical Neurosciences, 256*(3): 174-186.

Anda, R.F., Felitti, V.J., Walker, J. et al. (2006b). The enduring effects of abuse and related adverse experiences in childhood: A convergence of evidence from neurobiology and epidemiology. *European Archives of Psychiatry and Clinical Neurosciences, 256*: 174-186.

Anda, R.F., Felitti, V.J., Bremner, J.D. et al. (2006c). The enduring effects of abuse and related adverse experiences in childhood: A convergence of evidence from neurobiology and epidemiology. *European Archives of Psychiatry and Clinical Neuroscience, 256*(3): 174-186: https://doi.org/10.1007/s00406-005-0624-4.

Anda, R.F., Brown, D.W., Felitti, V.J. et al. (2007). The relationship of adverse childhood experiences to rates of prescribed psychotropic medications in adulthood. *American Journal of Preventive Medicine, 32*: 389-394.

Anda, R.F., Brown, D.W., Dube, S.R. et al. (2009). The relationship of adverse childhood experiences to the prevalence, incidence of hospitalization, and rates of prescription drug use of obstructive pulmonary disease in a cohort of adults. *American Journal of Preventive Medicine*.

Anda, R. F., Driscoll, D., Ripley, E., and Hogan, W. (2012) University of Alaska Anchorage College of Health. How can UAA Help Address ACES? What do future leaders need to know? Presentation at the University of Alaska Anchor. College of Health and The Justice Center and the Department of Health Sciences. Anchorage, AK. https://www.youtube.com/watch?v=QLfUi4ssHmY&t=21s

Anthony, E.J. (1974). The syndrome of the psychologically invulnerable child. In: *The Child in his Family: Children at Psychiatric Risk* (ed. E.J. Anthony and C. Koupernik), 529-545. New York: Wiley.

Armsden, G.C. and Greenberg, M.T. (1987). The inventory of parent and peer attachment: Individual differences and their relationship to psychological well-being in adolescence. *Journal of Youth and Adolescence, 16*(5): 427-454.

Armsden, G.C. and Greenberg, M.T. (1989). *Inventory of Parent and Peer Attachment (IPPA)*. Seattle, WA: University of Washington.

Armstrong, J.G., Putnam, F.W., Carlson, E.B. et al. (1997). Development and validation of a measure of adolescent dissociation: The Adolescent Dissociative Experiences Scale. *The Journal of nervous and mental disease, 185*(8): 491-497.

Arnett, J.J. (2007). Emerging adulthood: What is it and what is it good for? *Child Development Perspectives, 1*: 68-73.

Arvidson, J., Kinniburgh, K., Howard, K. et al. (2011). Treatment of complex trauma in young children: Developmental and cultural considerations in application of the ARC intervention model. *Journal of Child & Adolescent Trauma, 4*(1): 34-51.

Ashkenazi, S., Black, J.M., Abrams, D.A. et al. (2013). Neurobiological underpinnings of math and reading learning disabilities. *Journal of Learning Disabilities, 46*(6): 549-569.

ASTHO (n.d.). President's challenge: Public health approaches to preventing substance misuse and addiction. *Journal of Public Health Management and Practice, 23*(5): 531.

Ayers, T. S. and Sandler, I. N. (1999). Manual for the children's coping strategies checklist & the How I Coped Under Pressure Scale. Retrieved from Arizona State Prevention Research Center Web site: http://prc.asu.edu.

Ayers, T. and Sandler, I. N. (2000). The children's coping strategies checklist and the how I coped under pressure scale. Unpublished manuscript, Program for Prevention Research, Arizona State University, Tempe, AZ.

Ayers, T.S., Sandier, I.N., West, S.G., and Roosa, M.W. (1996). A dispositional and situational assessment of children's coping: testing alternative models of coping. *Journal of Personality, 64*(4): 923-958.

Bachi, K., Terkel, J., and Teichman, M. (2012). Equine-facilitated psychotherapy for at-risk adolescents: The influence on self-image, self-control and trust. *Clinical Child Psychology and Psychiatry, 17*(2): 298-312.

Badaruddin, D.H., Andrews, G.L., Boite, S. et al. (2007). Social and behavioral problems of children with agenesis of the corpus callosum. *Child Psychiatry and Human Development, 38*(4): 287-302.

Baker, C.N., Brown, S.M., Wilcox, P.D. et al. (2016). Development and psychometric evaluation of the attitudes related to trauma-informed care (ARTIC) scale. *School Mental Health, 8*(1): 61-76.

Barkley, R.A. (2012). *Executive functions: What they are, how they work and why they evolved*. New York, NY: Guilford Press.

Barkley, R.A. (2015). *Attention Deficit Hyperactivity Disorder: A Handbook for Diagnosis and Treatment*, 4e. New York, NY: The Guilford Press.

Baron, I.S. (2004). *Neuropsychological Evaluation of the Child*. New York, NY: Oxford University Press.

Baron-Cohen, S., Ring, H.A., Bullmore, E.T. et al. (2000). The amygdala theory of autism. *Neuroscience and Biobehavioral Reviews, 24*: 355-364.

Barrett, S., Eber, L., and Weist, M. (2013). *Advancing Education Effectiveness: Interconnecting School Mental Health and School-Wide Positive Behavior Support*. Center for School Mental Health.

Barrett, S., Eber, L., and Weist, M.D. (2013). Advancing education effectiveness: An interconnected systems framework for Positive Behavioral Interventions and Supports(PBIS) and school mental health. In: *Center for Positive Behavioral Interventions and Supports (funded by the Office of Special Education Programs, US Department of Education)*. Eugene, Oregon: University of Oregon Press.

Batten, S.V., Follette, V.M., and Aban, I.B. (2001). Experiential avoidance and high-risk sexual behavior in survivors of child sexual abuse. *Journal of Child Sexual Abuse, 10*: 101-120.

Bauer, P.M., Hanson, J.L., Pierson, R.K. et al. (2009). Cerebellar volume and cognitive functioning in children who experienced early deprivation. *Biological Psychiatry,* 66: 1100-1106.

Baweja, S., Santiago, C.D., Vona, P. et al. (2016). Improving implementation of a schoolbased program for traumatized stduents: Identifying factors that promote teacher support and collaboration. *School Mental Health, 8*: 120-131.

Bedeschi, M.F., Bonaglia, M.C., Grasso, R. et al. (2006). Agenesis of the corpus callosum: Clinical and genetic study in 63 young patients. *Pediatric Neurology, 34*: 186-193.

Beers, S.R. and De Bellis, M.D. (2002). Neuropsychological function in children with maltreatment-related posttraumatic stress disorder. *American Journal of Psychiatry, 159*: 483-486.

Berlin, L.J., Shanahan, M., and Carmody, K.A. (2014). Promoting supportive parenting in new mothers with substance use problems: A pilot randomized trial of residential treatment plus attachment-based parenting program. *Infant Mental Health Journal, 35*(1): 81-85: https://doi.org/10.1002/imhj.21427.

Bernard, K., Dozier, M., Bick, J. et al. (2012). Enhancing attachment organization among maltreated infants: Results of a randomized clinical trial. *Child Development, 83*(2): 623-636: https://doi.org/10.1111/j.1467-8624.2011.01712.x.

Bernard, K., Dozier, M., Bick, J., and Gordon, M.K. (2014). Intervening to enhance cortisol regulation among children at risk for neglect: Results of a randomized clinical trial. *Development and Psychopathology,* 1-13. https://doi.org/10.1017/S095457941400073X.

Bernard, K., Dozier, M., Bick, J., and Gordon, M.K. (2015). Intervening to enhance cortisol regulation among at risk children for neglect: Results of a randomized clinical trial. *Development and Psychopathology, 27*: 829-841.

Bernard, K., Simons, R., and Dozier, M. (n.d.) Effects of an attachment-based intervention on high-risk mothers' event-related potentials to children's emotions. Manuscript submitted for publication.

Berninger, V.W., Nielsen, K.H., Abbott, R.D., and Raskind, W. (2008). Writing problems in developmental dyslexia: Under reported and under treated. *Journal of School Psychology, 46*(1): 1-21.

Bernstein, D.P. and Fink, L. (1998). *Childhood Trauma Questionnaire: A Retrospective Self-Report Manual.* San Antonio, TX: The Psychological Corporation.

Bernstein, D.P., Ahluvalia, T., Pogge, D., and Handelsman, L. (1997). Validity of the childhood trauma questionnaire in an adolescent psychiatric population. *Journal of the American Academy of Child and Adolescent Psychiatry, 36*: 340-348.

Bernstein, D.P., Stein, J.A., Newcomb, M.D. et al. (2003). Development and validation of a brief screening version of the childhood trauma questionnaire. *Child Abuse and Neglect, 27*: 169-190.

Bernstein, D., Bertram, R., Kerns, S., Cannata, E., and Barwick, M. (2015). Evidence based practices in North American MSW curricula [video file]. Retrieved from https://ebpconsortium2014.wordpress.com/webinars/ebp-implementation-webinars.

Bertalanffy, L. (1974). General systems theory and psychiatry. In: *American Handbook of Psychiatry*, 2e, vol. 1 (ed. S. Ariete), 1095-1117. New York: Basic Books.

Bertram, R. M., Kerns, S. E., Berstein, D., Mettrick, J., Marsenich, L., and Kanary, P. (2015). Evidence-informed practice in systems of care: Misconceptions and facts. Retrieved from https://ebpconsortium2014.wordpress.com/blog-2.

Bick, J. and Dozier, M. (2013). The effectiveness of an attachment-based intervention in promoting foster mothers' sensitivity toward foster infants. *Infant Mental Health Journal, 34*(2): 95-103: https://doi.org/10.1002/imhj.21373.

Bick, J. and Nelson, C.A. (2016). Early adverse experiences and the developing brain. *Neuropsychopharmacology Reviews, 41*: 177-196.

Blalock, J.E. (2005). The immune system as the sixth sense. *Journal of Internal Medicine, 257*(2): 126-138.

Blaustein, M.E. (2013). Childhood trauma and a framework for intervention. In: *Supporting and Educating Traumatized Students: A Guide for School-Based Professionals* (ed. E. Rossen and R. Hull), *1-21*. New York, NY: Oxford University Press.

Blaustein, M.E. and Kinniburgh, K.M. (2010). *Treating Traumatic Stress in Children and Adolescents: How to Foster Resilience Through Attachment, Self-regulation, and Competency*. Guilford Press.

Blodgett, C. (2012). *Adopting ACES Screening and Assessment in Child Serving Systems*. Unpublished manuscript,. Spokane, WA: Area Health Education Center, Washington State University.

Blodgett, C. (2013). *A Review of Community Efforts to Mitigate and Prevent Adverse Childhood Experiences and Trauma*. Spokane, WA: Washington State University Area Health Education Center.

Blodgett, C. (2014). *ACEs in Head Start Children and Impact on Development*. Unpublished manuscript. Spokane, WA: Child and Family Research Unit, Washington State University Retrieved from http://ext100.wsu.edu/cafru/wp-content/uploads/sites/65/2015/03/ACEs-in-Head-Start-Children-and-Impact-on-Development-1-14.pdf.

Blodgett, C. (2015). *No School Alone: How Community Risks and Assets Contribute to School and Youth Success*. Washington State Office of Financial Management.

Blodgett, C., Harrington, R., and Lanigan, J. D. (2012). Adverse childhood experiences and developmental risk in elementary school children. Washington State University. Retrieved from https://s3.wp.wsu.edu/uploads/sites/2101/2014/02/ACES-2012.pdf

Blodgett, C., and Lanigan, J. D. (2016). The association between adverse childhood experience (ACE) and school success in elementary school children. Washington State University. Retrieved from https://s3.wp.wsu.edu/uploads/sites/2101/2016/09/ACES-2016.pdf

Bloom, S.L. (1994). *The Sanctuary Model. Handbook of Post-traumatic Therapy*, 474-491.

Bloom, S.L. (2007). Loss, trauma, and resilience: Therapeutic work with ambiguous loss. *Psychiatric Services, 58*(3): 419-420.

Bloom, S.L. and Sreedhar, S.Y. (2008). *The Sanctuary Model of Trauma Informed Organizational Change Reclaiming children and youth, 17*(3): 48-53.

Bloom, S. L. (2011). The Sanctuary Model. Retrieved October 18, 2011, from http://www.sanctuaryweb.com/trauma-informedsystems.php

Bloom, S. L. (2013). The sanctuary model. In: *Treating Complex Traumatic stress Disorders in Children and Adolescents: Scientific Foundations and Therapeutic Models*, 277-294.

Bloom, S. L. (2015). *Creating Sanctuary: Toward the Evolution of Sane Societies*. New York, NY: Routledge.

Bloom, S. L. (2017). *Is there a Connection between Trauma and Violence*. Philadelphia, PA: Training presented at the Strawberry Mansion Sanctuary for Hope.

Bloom, S.L. and Sreedhar, S.Y. (2008). The sanctuary model of trauma-informed organizational change. *Reclaiming children and youth, 17*(3): 48.

Boat, B. (1994). *Boat Inventory on Animal-related Experiences*. Cincinnati, OH: University of Cincinnati, Department of Psychiatry.

Boney-McCoy, S. and Finkelhor, D. (1995). Psychosocial sequelae of violent victimization in a national youth sample. *Journal of Consulting and Clinical Psychology, 63*: 726-736. https://doi.org/10.1037/0022-006X.63.5.726.

Bonner, M. F., and Grossman, M. (2012). The role of the fusiform gyrus in word recognition and dyslexia: Evidence from functional and structural neuroimaging. Neuropsychology Review, *22*(3), 233-247. https://doi.org/10.xxxx

Booth, J.R., Wood, L., Lu, D. et al. (2007). The role of the basal ganglia and cerebellum in language processing. *Brain Research, 1133*: 136-144.

Boris, N.W. and Zeanah, C.H. Work Group on Quality Issues(2005). Practice parameter for the assessment and treatment of children and adolescents with reactive attachment disorder of infancy and early childhood. *Journal of the American Academy of Child and Adolescent Psychiatry, 44*(11): 1206-1219. http://www.aacap.org/App_Themes/AACAP/docs/practice_parameters/reactive_attachment_practice_parameter.pdf.

Bratton, S., Landreth, G.L., Kellam, T., and Blackard, S.R. (2006). *Child-Parent Relationship Therapy (CPRT) Treatment Manual: A 10 Session Filial Therapy Model for Training Parents*. New York, NY: Routledge.

Bratton, S.C., Opiola, K., and Dafoe, E. (2015). Child-parent relationship therapy: A 10-session filial therapy model. In: *Play Therapy: A Comprehensive Guide to Theory and Practice* (ed. D.A. Crenshaw and A.L. Stewart), 129-140. New York, NY: Guilford.

Braveman, P., Egerter, S., and Williams, D.R. (2011). The social determinants of health: Coming of age. *Annual Review of Public Health, 32*(1): 381-398.

Bremner, J.D. (2006). Traumatic stress: Effects on the brain. *Dialogues in Clinical Neuroscience, 8*: 445-461.

Bremner, J.D. and Marmar, C.R. (2002). *Trauma, Memory, and Dissociation*, vol. 54. American Psychiatric Pub.

Bretherton, I. (1992). The origins of attachment theory: John Bowlby and Mary Ainsworth. *Developmental Psychology, 28*(5): 759-775.

Bride, B.E. (2007). Prevalence of secondary traumatic stress among social workers. *Social Work, 52*(1): 63-70.

Bride, B.E., Radey, M., and Figley, C.R. (2007). Measuring compassion fatigue. *Clinical Social Work Journal, 35*(3): 155-163.

Briere, J. (1996). *Trauma Symptom Checklist for Children*. Odessa, FL: Psychological Assessment Resources.

Briere, J. and Rickards, S. (2007). Self-awareness, affect regulation, and relatedness: differential sequels of childhood versus adult victimization experiences. *Journal of Nervous and Mental Disease, 195*: 497-503.

Briere, J. and Spinazzola, J. (2005). Phenomenology and psychological assessment of complex posttraumatic states. *Journal of Traumatic Stress: Official Publication of The International Society for Traumatic Stress Studies, 18*(5): 401-412.

Briere, J. and Spinazzola, J. (2009). Assessment of the sequelae of complex trauma. In: *Treating Complex Traumatic Stress Disorders* (ed. C. Courtois and J. Ford), 104-123. New York, NY: Guilford Press.

Briere, J., Johnson, K., Bissada, A. et al. (2001). The trauma symptom checklist for young children (TSCYC): Reliability and association with abuse exposure in a multi-site study. *Child Abuse and Neglect, 25*: 1001-1014.

Brock, S.E. and Cowan, K. (2004). Coping after a crisis. *Principal Leadership, 4*(5): 9-13.

Brown, J., Cohen, P., Johnson, J.G., and Salzinger, S. (1998). A longitudinal analysis of risk factors for child maltreatment: Findings of a 17-year prospective study of officially recorded and self-reported child abuse and neglect. *Child Abuse and Neglect, 22*(11): 1065-1078.

Brown, D.W., Anda, R.A., Tiemeier, H. et al. (2009). Adverse childhood experiences and the risk of premature mortality. *American Journal of Preventive Medicine, 37*: 389-396.

Brown, S.M., Baker, C.N., and Wilcox, P. (2012). Risking connection trauma training: A pathway toward trauma-informed care in child congregate care settings. *Psychological Trauma: Theory, Research, Practice, and Policy, 4*(5): 507.

Brown, S.M., Baker, C.N., and Wilcox, P. (2013). Risking connection trauma training: A pathway toward trauma-informed care in child congregate care settings. *Psychological Trauma: Theory, Research, Practice, and Policy, 4*(5): 507.

Bruhn, A.L., Woods-Groves, S., and Huddle, S. (2014). A preliminary investigation of emotional and behavioral screening practices in K-12 schools. *Education and Treatment of Children 37*: 611-634.

Bucci, M., Silverio, M., Oh, D., and Harris, N.B. (2016). Toxic stress in children and adolescents. *Advances in Pediatrics 63*: 403-428.

Buchsbaum, B.R., Hickok, G., and Humphries, C. (2001). Role of the left superior temporal gyrus in phonological processing for speech perception and production. *Cognitive Science 25*: 663-678.

Burke, N.J., Hellman, J.L., Scott, B.G. et al. (2011). The impact of adverse childhood experiences on an urban pediatric population. *Child Abuse and Neglect 35*(6): 408-413.

Burlingame, G.M., Wells, M.G., Lambert, M.J., and Cox, J.C. (2004). Youth outcome questionnaire (Y-OQ). *The Use of Psychological Testing for Treatment Planning and Outcome Assessment* (3rd ed.).: 235-274.

Cabrera, P., Auslander, W., and Polgar, M. (2009). Future orientation of adolescents in foster care: Relationship to trauma, mental health, and HIV risk behaviors. *Journal of Child & Adolescent Trauma 2*(4): 271-286.

California Department of Social Services' (CDSS) Office of Child Abuse Prevention, California Evidence Based Clearinghouse 2007 (p. 1). http://www.cebc4cw.org

Calkins, S.D. and Hill, A. (2007). Caregiver influences on emerging emotion regulation: Biological and environmental transactions in early development. In: *Handbook* (Ed. J.J. Gross).

Cantrell, C. and Longest, K. (2009). Evidence Based Assessment of Children and Adolescents Related to Trauma. 17th Oklahoma Conference on Child Abuse and Neglect and Healthy Families.

Carrion, V.G. and Steiner, H. (2000). Trauma and dissociation in delinquent adolescents. *Journal of the American Academy of Child and Adolescent Psychiatry 39*(3): 353-359.

Carrion, V.G. and Wong, S.S. (2012). Can traumatic stress alter the brain? Understanding the implications of early trauma on brain development and learning. *Journal of Adolescent Health 51*(2): S23-S28.

Carrion, V.G., Weems, C.F., Eliez, S. et al. (2001). Attenuation of frontal asymmetry in pediatric posstraumatic stress disorder. *Biological Psychiatry 50*: 943-951.

Carrion, V.G., Haas, B.W., Garrett, A. et al. (2009). Reduced hippocampal activity in youth with posttraumatic stress symptoms: an FMRI study. *Journal of pediatric psychology 35*(5): 559-569.

Carrion, V.G., Haas, B.W., Garrett, A. et al. (2010a). Reduced hippocampal activity in youth with posttraumatic stress symptoms: An fMRI study. *Journal of Pediatric Psychology* 35: 559-569.

Carrion, V.G., Weems, C.F., Reichert, K. et al. (2010b). Decreased prefrontal cortical volume associated with increased bedtime cortisol in traumatized youth. *Biological Psychiatry 68*(5): 491-493.

Cates, W. (1982). Epidemiology: Applying principles to clinical practice. *Contemp Ob/Gyn 20*: 147-161.

Center on the Developing Child at Harvard University (2011) Building the Brain's Air Traffic Control System: How Early Experiences Shape the Development of Executive Function: Working Paper No. 11. http://www.developingchild.Harvard.edu.

Centers for Disease Control and Prevention (2010). *Establishing a Holistic Framework to Reduce Inequities in HIV, Viral Hepatitis, STDs, and Tuberculosis in the United States*. Atlanta, GA: CDC.

Chadwick, E. (1842). Report on the sanitary condition of the laboring population of Great: Britain: supplementary report on the results of special inquiry into the practice of interment in towns *(Vol. 1)*. HM Stationery Office.

Chaffin, M., Hanson, R., Saunders, B.E. et al. (2006). Report of the APSAC task force on attachment therapy, reactive attachment disorder, and attachment problems. *Child Maltreatment, 11*(1): 76-89. http://depts.washington.edu/hcsats/PDF/AttachmentTaskForceAPSAC.pdf.

Chafouleas, S.M., Kilgus, S.P., and Wallach, N. (2010). Ethical dilemmas in school-based behavioral screening. *Assessment for Effective Intervention, 35*: 245-252.

Chafouleas, S.M., Johnson, A.H., Overstreet, S., and Santos, N.M. (2016). Toward a blueprint for trauma-informed service delivery in schools. *School Mental Health, 8*(1): 144-162.

Chapman, D.P., Whitfield, C.L., Felitti, V.J. et al. (2004). Adverse childhood experiences and the risk of depressive disorders in adulthood. *Journal of Affective Disorders, 82*: 217-225. https://doi.org/10.1016/j.jad.2003.12.013.

Chen, E., Matthews, K.A., and Boyce, W.T. (2002). Socioeconomic differences in children's health: How and why do these relationships change with age? *Psychological Bulletin, 128*: 295-329.

Child Welfare Trauma Training Toolkit: The Invisible Suitcase, (2008). The National Child Traumatic Stress Network. Retrieved from http://www.kscourts.org/court-administration/Legal_Institute_on_Adverse_Childhood_Exp/The%20Invisible%20Suitcase.pdf.

Cicchetti, D. and Toth, S. (1995). A developmental psychopathology perspective on child abuse and neglect. *Journal of the American Academy of Child and Adolescent Psychiatry, 34*: 541-564.

Cicchetti, D. and Toth, S.L. (2009). The past achievements and future promises of developmental psychopathology: The coming of age of a discipline. *Journal of Child Psychology and Psychiatry, 50*(1-2): 16-25.

Cicchetti, D., Ackerman, B.P., and Izard, C.E. (1995). Emotions and emotion regulation in developmental psychopathology. *Development and Psychopathology, 7*: 1-10.

Cicchetti, D., Toth, S.L., and Rogosch, F.A. (1999). The efficacy of Toddler-Parent psychotherapy to increase attachment security in off-spring of depressed mothers. *Attachment & Human Development, 1*(1): 34-66.

Cicchetti, D., Rogosch, F.A., and Toth, S.L. (2006). Fostering secure attachment in infants in maltreating families through preventive interventions. *Development and psychopathology, 18*(3): 623-649.

Clark, D. (2005). *The Brain and Behavior*. Cambridge University Press.

Clarke, A. (2013). Sanctuary in action. *Children Australia, 38*(3): 95-99.

Clarke, D.D. (2017). Childhood disrupted: How your biography becomes your biology, and how you can heal: by Donna Jackson Nakazawa. *The Permanente Journal* 21.

Classen, C., Koopman, C., and Spiegel, D. (1993). Trauma and dissociation. *Bulletin of the Menninger*

*Clinic, 57*(2): 178.

Cleaver, H., Unell, I., and Aldgate, J. (1999). *Children's Needs - Parenting Capacity, the Impact of Parental Mental Illness, Problem Alcohol and Drug Use, and Domestic Violence on children's Development*. London: The Stationary Office.

Clements, K. and Turpin, G. (1996). The life events scale for students: validation for use with British samples. *Personality and Individual Differences, 20*(6): 747-751.

Cloitre, M., Scarvalone, P., and Difede, J. (1997). Posttraumatic stress disorder, self- and interpersonal dysfunction among sexually retraumatized women. *Journal of Traumatic Stress, 10*: 437-452.

Cloitre, M., Koenen, K.C., Cohen, L.R., and Han, H. (2002). Skills training in affective and interpersonal regulation followed by exposure: A phase-based treatment for PTSD related to childhood abuse. *Journal of Consulting and Clinical Psychology, 70*: 1067-1074.

Cloitre, M., Stovall-McClough, K.C., and Levitt, J.T. (2004). Treating life-impairing problems beyond PTSD: Reply to Cahill, Zoellner, Feeny, and Riggs (2004). *Journal of Consulting and Clinical Psychology, 72*: 549-551.

Cloitre, M., Miranda, R., Stovall-McClough, K.C., and Han, H. (2005). Beyond PTSD: Emotion regulation and interpersonal problems as predictors of functional impairment in survivors of childhood abuse. *Behavior Therapy, 36*: 119-124.

Cloitre, M., Stovall-McClough, C., Zorbas, P., and Charuvastra, A. (2008). Attachment organization, emotion regulation, and expectations of support in a clinical sample of women with childhood abuse histories. *Journal of Traumatic Stress, 21*: 282-289.

Cloitre, M., Stolbach, B.C., Herman, J.L. et al. (2009). A developmental approach to complex PTSD: Childhood and adult cumulative trauma as predictors of symptom complexity. *Journal of traumatic stress, 22*(5): 399-408.

Cohen, J.A. and Mannarino, A.P. (1996a). Factors that mediate treatment outcome of sexually abused preschool children. *Journal of the American Academy of Child and Adolescent Psychiatry, 34*(10): 1402-1410.

Cohen, J.A. and Mannarino, A.P. (1996b). Family-related variables and psychological symptom formation in sexually abused girls. *Journal of Child Sexual Abuse, 5*(1): 105-120.

Cohen, J.A. and Mannarino, A.P. (1996c). A treatment outcome study for sexually abused preschool children: Initial findings. *Journal of the American Academy of Child and Adolescent Psychiatry, 34*: 42-50.

Cohen, J.A. and Mannarino, A.P. (1997). A treatment study for sexually abused preschool children: Outcome during a one-year follow-up. *Journal of the American Academy of Child and Adolescent Psychiatry, 36*: 1228-1235.

Cohen, J.A. and Mannarino, A.P. (1998). Interventions for sexually abused children: Initial treatment outcome findings. *Child Maltreatment, 3*: 17-26.

Cohen, J.A. and Mannarino, A.P. (2000). Predictors of treatment outcome in sexually abused children.

*Child Abuse and Neglect, 24*: 983-994.

Cohen, J.A. and Mannarino, A.P. (2008). Trauma-focused cognitive behavioural therapy for children and parents. *Child and Adolescent Mental Health, 13*(4): 158-162.

Cohen, J.A., Deblinger, E., Mannarino, A.P., and Steer, R.A. (2004). A multisite, randomized controlled trial for children with sexual abuse-related PTSD symptoms. *Journal of the American Academy of Child & Adolescent Psychiatry, 43*(4): 393-402.

Cohen, J.A., Mannarino, A.P., and Knudsen, K. (2005). Treating sexually abused children: 1 year follow-up of a randomized controlled trial. *Child Abuse and Neglect, 29*: 135-145.

Cohen, J.A., Mannarino, A.P., and Deblinger, E. (2006). *Treating Trauma and Traumatic Grief in Children and Adolescents*. New York, NY: Guilford Press.

Cohen, J.A., Mannarino, A.P., and Iyengar, S. (2011). Community treatment of posttraumatic stress disorder for children exposed to intimate partner violence. *Archives of Pediatric and Adolescent Medicine, 165*(1): 16-21.

Cohen, J.A., Mannarino, A.P., and Deblinger, E. (2016). *Treating Trauma and Traumatic Grief in Children and Adolescents*. Guilford Publications.

Cole, P.M., Michel, M.K., and Teti, L.O. (1994). The development of emotion regulation and dysregulation: A clinical perspective. *Monographs of the Society for Research in Child Development, 59*: 73-100.

Cole, S., Greenwald O'Brien, J., Gadd, M.G. et al. (2005a). *Helping Traumatized Children Learn*. Boston, MA: Massachusetts Advocates for Children.

Cole, S.F., O'Brien, J.G., Gadd, M.G. et al. (2005b). *Helping Traumatized Children Learn: Supportive School Environments for Children Traumatized by Family Violence*. Boston, MA: Massachusetts Advocates for Children, Trauma and Learning Policy Initiative.

Cole, S.F., Eisner, A., Gregory, M., and Ristuccia, J. (2013). *Helping Traumatized Children Learn II: Creating and Advocating for Trauma-Sensitive Schools*. Boston, MA: Massachusetts Advocates for Children, Trauma and Learning Policy Initiative.

Compton school district lawsuit equating trauma with disabilities proceeds(2015). www.scpr.org/news/2015/09/30/54748/compton-school-district-lawsuite-quating-trauma-wi/

Conners-Burrow, N.A., Kramer, T.L., Sigel, B.A. et al. (2013). Trauma-informed care training in a child welfare system: Moving it to the front line. *Children and Youth Services Review, 35*(11): 1830-1835.

Conrad, C.D., Galea, L.A., Kuroda, Y., and McEwen, B.S. (1996). Chronic stress impairs rat spatial memory on the Y maze, and this effect is blocked by tianeptine treatment. *Behavioral Neuroscience, 110*(6): 1321.

Conradi, L. and Wilson, C. (2010). Managing traumatized children: A trauma systems perspective. *Current Opinion in Pediatrics, 22*(5): 621-625.

Conradi, L., Wherry, J., and Kisiel, C. (2011). Linking child welfare and mental health using trauma-informed screening and assessment practices. *Child Welfare, 90*(6): 129-147.

Available at: Consumer Health Complete - EBSCOhost, Ipswich (MA). Accessed September 24, 2013.

Cook, A., Spinazzola, J., Ford, J. et al. (2005). Complex trauma in children and adolescents. *Psychiatric Annals, 35*(5): 390.

Cook, A., Spinazzola, J., Ford, J. et al. (2007). Complex trauma in children and adolescents. *Focal Point, 21*(1): 4-8.

Cook, A., Spinazzola, J., Ford, J. et al. (2017). Complex trauma in children and adolescents. *Psychiatric annals, 35*(5): 390-398.

Cook-Cottone, C. P. (2014). The Mindful Self-Care Scale: Self-care as a tool to promote physical, emotional, and cognitive well-being.

Cook-Cottone, C.P. (2015). *Mindfulness and Yoga for Self-regulation: A Primer for Mental Health Professionals*. New York, NY: Springer.

Cook-Cottone, C. (2016). Embodied self-regulation and mindful self-care in the prevention of eating disorders. *Eating disorders, 24*(1): 98-105.

Cook-Cottone, C.P. and Guyker, W. (2017). The development and validation of the mindful self-care scale (MSCS): An assent of practices that support positive embodiment. *Mindfulness* 1-15. https://doi.org/10.1007/s12671-017-0759-1.

Courtois, C.A. (2002). Education in trauma practice: Traumatic stress studies, the need for curricula inclusion. *Journal of Trauma Practice, 1*(1): 33-57.

Cowan, K.C., Vaillancourt, K., Rossen, E., and Pollitt, K. (2013). *A Framework for Safe and Successful Schools [Brief]*. Bethesda, MD: National Association of School Psychologists.

Cozby, P.C. (2001). *Measurement Concepts. Methods in Behavioral Research* (7th ed.). CA: Mayfield Publishing Company.

Crick, N.R. and Dodge, K.A. (1996). Social information processing mechanisms in reactive and proactive aggression. *Child Development, 67*(3): 993-1002.

Crittenden, P.M. and DiLalla, D.L. (1988). Compulsive compliance: the development of an inhibitory coping strategy in infancy. *Journal of Abnormal Child Psychology, 16*(5): 585-599.

Cronbach, L.J. (1971). Test validation. In: *Educational Measurement*, 2e (ed. R.L. Thorndike). Washington, DC: American Council on Education.

Crouch, J.L., Hanson, R.F., Saunders, B.E. et al. (2000). Income, race/ethnicity, and exposure to violence in youth: Results from the national survey of adolescents. *Journal of Community Psychology, 28*(6): 625-641.

Crozier, J.C. and Barth, R.P. (2005). Cognitive and academic functioning in maltreated children. *Children and Schools, 27*: 197-206.

Crozier, J.C., Van Voorhees, E.E., Hooper, S.R, and De Bellis, M.D. (2013). ND Chapter 53. Effects of Abuse and Neglect on Brain Development.

Culp, R., Watkins, R., Lawrence, H. et al. (1991). Mal- treated children's language and speech development:

abused, neglected, and abused and neglected. *First Language, 11*(33 Pt 3): 377-389.

Cummings, J.L. and Miller, B.L. (2007). Conceptual and clinical aspects of the frontal lobes. In: *The Human Frontal Lobes: Functions and Disorders*, vol. 2007, 12-21.

Cunningham, M. (2004). Teaching social workers about trauma: Reducing the risks of vicarious traumatization.

Daignault, I.V. and Hebert, M. (2009). Profiles of school adaptation: Social, behavioral and academic functioning in sexually abused girls. *Child Abuse & Neglect, 33*: 102-115.

Davies, D. (2011). *Child Development: A Practioner's Guide*, 3e. New York, NY: The Guilford Press.

Davis, W.B., Mooney, D., Racusin, R. et al. (2000). Predicting post- traumatic stress after hospitalization for pediatric injury. *Journal of the American Academy of Child and Adolescent Psychiatry, 39*: 576-583.

Davis, A.S., Moss, L.E., Nogin, M.M., and Webb, N.E. (2015). Neuropsychology of child maltreatment and implications for school psychologists. *Psychology in the Schools, 52*(1): 77-91.

Dawson, D. and Guare, R. (2010). *Executive Skills in Children and Adolescents: A Practical Guide to Assessment and Intervention*, 2e. New York, NY: The Guilford Press.

De Bellis, M.D. and Abigali Zisk, A.B. (2014). The biological effects of childhood trauma. *Child and Adolescent Psychiatric Clinics of North America, 23*(2): 185-222.

De Bellis, M.D. and Thomas, L.A. (2003). Biologic findings of post-traumatic stress disorder and child maltreatment. *Current psychiatry reports, 5*(2): 108-117.

De Bellis, M.D. and Zisk, A. (2014). The biological effects of childhood trauma. *Child and Adolescent Psychiatric Clinics, 23*(2): 185-222.

De Bellis, M.D., Keshavan, M.S., Clark, D.B. et al. (1999). Developmental traumatology part II: Brain development. *Biological Psychiatry, 45*: 1271-1284.

De Bellis, M.D., Keshavan, M.S., Spencer, S., and Hall, J. (2000). N-acetylaspartate concentration in the anterior cingulate in maltreated children and adolescents with PTSD. *American Journal of Psychiatry, 157*: 1175-1177.

De Bellis, M.D., Hall, J., Boring, A.M., and Frustaci, & Moritz, G. (2001). A pilot longitudinal study of hippocampal volumes in pediatric maltreatment-related posttraumatic stress disorder. *Biological Psychiatry, 50*(4): 305-309.

De Bellis, M.D., Keshavan, M.S., and Shifett, H. (2002a). Brain structures in pediatric maltreatment-related posttraumatic stress disorder: a sociode-mographically matched study. *Biological Psychiatry, 52*(11): 1066-1078.

De Bellis, M.D., Keshavan, M., Schifflett, H. et al. (2002b). Brain structures in pediatric maltreatment-related posttraumatic stress disorder: A sociodemographically matched study. *Biological Psychiatry, 52*: 1066-1078.

De Bellis, M.D., Keshavan, M.S., Frustaci, K. et al. (2002c). Superior temporal gyrus volumes in maltreated children and adolescents with PTSD. *Biological Psychiatry, 51*: 544-552.

De Bellis, M.D., Hooper, S.R., Spratt, E.G., and Wooley, D.P. (2009). Neuropsychological findings in childhood neglect and their relationships to pediatric ptsd. *Journal of the International Neuropsychological Society, 15*: 868-878.

De Bellis, M.D., Hooper, S.R., Chen, M.S. et al. (2015). Posterior structural brain volumes differ in maltreated youth with and without chronic posttraumatic stress disorder. *Developmental Psychopathology, 27*(4 Pt 2): 1555-1576.

De Brito, S.A., Viding, E., Sebastian, C.L. et al. (2013). Reduced orbitofrontal and temporal grey matter in a community sample of maltreated children. *Journal of Child Psychology and Psychiatry, 54*(1): 105-112.

De Prince, A.P. (2005). Social cognition and revictimization risk. *Journal of Trauma and Dissociation, 6*: 125-141.

De Prince, A.P. and Freyd, J.J. (1999). Dissociation, attention and memory. *Psychological Science, 10*: 449-452.

Deblinger, E., Mannarino, A.P., Cohen, J.A., and Steer, R.A. (2006). A follow-up study of a multisite, randomized, controlled trial for children with sexual abuse-related PTSD symptoms. *Journal of the American Academy of Child & Adolescent Psychiatry, 45*(12): 1474-1484.

Deblinger, E., Mannarino, A.P., Cohen, J.A. et al. (2011). Trauma-focused cognitive behavioral therapy for children: impact of the trauma narrative and treatment length. *Depression and Anxiety, 28*(1): 67-75.

Deering, D. (1996). Compassion fatigue: Coping with secondary traumatic stress disorder in those who treat the traumatized. *Journal of Psychosocial Nursing and Mental Health Services, 34*(11): 52-52.

Dehon, C. and Scheeringa, M.S. (2005). Screening for preschool posttraumatic stress disorder with the Child Behavior Checklist. *Journal of Pediatric Psychology, 31*(4): 431-435.

Delaney-Black, V., Covington, C., Ondersma, S.J. et al. (2002). Violence exposure, trauma, and IQ and/or reading deficits among urban children. *Archives of Pediatrics and Adolescent Medicine, 156*(3): 280-285.

DePrince, A.P., Weinzierl, K.M., and Combs, M.D. (2009). Executive function performance in a trauma exposure in a community sample of children. *Child Abuse and Neglect, 33*(6): 353-361.

Dictionary of Epidemiology (2001). *Dictionary of Epidemiology*, 4e. New York, NY: Oxford University Press.

Division of Clinical Psychology (2011). *Good Practice Guidelines on the Use of Psychological Formulation*. Leicester: The British Psychological Association.

Dominguez-Gomez, E. and Rutledge, D.N. (2009). Prevalence of secondary traumatic stress among emergency nurses. *Journal of Emergency Nursing, 35*(3): 199-204.

Dong, M., Dube, S.R., Felitti, V.J. et al. (2003). Adverse childhood experiences and selfreported liver disease: New insights into a causal pathway. *Archives of Internal Medicine, 163*: 1949-1956.

Dong, M., Anda, R.F., Felitti, V.J. et al. (2004a). The interrelatedness of multiple forms of childhood abuse, neglect, and household dysfunction. *Child Abuse and Neglect, 28*: 771-784.

Dong, M., Giles, W.H., Felitti, V.J. et al. (2004b). Insights into causal pathways for ischemic heart disease: Adverse childhood experiences study. *Circulation,* 110: 1761-1766.

Dozier, M., Lindhiem, O., Lewis, E. et al. (2009). Effects of a foster parent training program on young children's attachment behaviors: preliminary evidence from a randomized clinical trial. *Child Adolescent Social Work Journal, 26*: 321-332: https://doi.org/10.1007/s10560-009-0165-1.

Dube, S.R., Anda, R.F., Felitti, V.J. et al. (2001). Childhood abuse, household dysfunction, and the risk of attempted suicide throughout the life span: Findings from the adverse childhood experiences study. *Journal of the American Medical Association JAMA, 286*: 3089-3096.

Dube, S.R., Anda, R.F., Felitti, V.J. et al. (2002). Adverse childhood experiences and personal alcohol abuse as an adult. *Addictive Behaviors, 27*: 713-725.

Dube, S.R., Anda, R.F., Felitti, V.J. et al. (2003a). Childhood abuse, neglect, and household dysfunction and the risk of illicit drug use: The adverse childhood experiences study. *Pediatrics, 111*: 564-572.

Dube, S.R., Felitti, V.J., Dong, M. et al. (2003b). The impact of adverse childhood experiences on health problems: Evidence from four birth cohorts dating back to 1900. *Preventive Medicine, 37*: 268-277.

Dube, S.R., Miller, J.W., Brown, D.W. et al. (2006). Adverse childhood experiences and the association with ever using alcohol and initiating alcohol use during adolescence. *Journal of Adolescent Health, 38*(4): 444): e1-e10.

Dube, S.R., Fairweather, D., Pearson, W. et al. (2009). Cumulative childhood stress and autoimmune diseases in adults. *Psychosomatic Medicine, 71*: 243-250.

Dukewich, T.L., Borkowski, J.G., and Whitman, T.L. (1996). Adolescent mothers and child abuse potential: An evaluation of risk factors. *Child Abuse and Neglect, 20*(11): 1031-1047.

Dupper, D.R. and Amy, E. (2008). Montgomery Dingus, corporal punishment in US public schools: A continuing challenge for school social workers. *Children and Schools, 30*(4): 243-250. available at http://ewasteschools.pbworks.com/f/Corporal_punishment_2009.pdf.

Eckenrode, J., Laird, M., and Doris, J. (1993). School performance and disciplinary problems among abused and neglected children. *Developmental Psychology, 29*: 53-62.

Edleson, J.L. (1999). The overlap between child maltreatment and woman battering. *Violence Against Women, 5*(2): 134-154.

Edwards, V., Holden, G.W., Felitti, V.J., and Anda, R.F. (2003). Relationship between multiple forms of childhood maltreatment and adult mental health in community respondents: Results from the Adverse Childhood Experiences Study. *American Journal of Psychiatry, 160*(8): 1453-1461.

Edwards, V.J., Anda, R.F., Gu, D. et al. (2007). Adverse childhood experiences and smoking persistence in adults with smoking-related symptoms and illness. *The Permanente Journal, 11*: 5-13.

Egeland, B., Sroufe, A., and Erickson, M. (1983). The developmental consequences of different patterns of maltreatment. *Child Abuse and Neglect, 7*: 459-469.

Eger, C. (2014). Mass. Gov. Patrick signs controversial gun control bill into law. Retrieved on August 2, 2017 from http://www.masslive.com/politics/index.ssf/2014/08/gov_deval_patrick_signs_gun_bi.htmlhttp://www.masslive.com/politics/index.ssf/2014/08/gov_deval_patrick_signs_gun_bi.html.

Ehring, T. and Quack, D. (2010). Emotion regulation difficulties in trauma survivors: The role of trauma type and PTSD symptom severity. *Behavior Therapy, 41*(4): 587-598.

Eklund, K. and Dowdy, E. (2014). Screening for behavioral and emotional risk versus traditional school identification methods. *School Mental Health, 6*(1): 40-49.

Eklund, K. and Rossen, E. (2016). *Guidance for Trauma Screenings in Schools: A Product of Defending Childhood, State Policy Initiative*. The National Center for Mental Health and Juvenile Justice.

Eklund, K. and Tanner, N. (2014). Providing multi-tiered systems of support for behavior: Conducting behavior screening at school. *Principal Leadership, 10*: 50-52.

Ellickson, P.L. and Hawes, J.A. (1989). An assessment of active versus passive methods for obtaining parental consent. *Evaluation Review, 13*(1): 45-55.

End Corporal Punishment, (2017). http://www/endcorporalpunsihment.org/pages/pdfs/GlobalProgress.pdf

Esaki, N., Benamati, J., Yanosy, S. et al. (2014). The sanctuary model: theoretical framework. *Families in Society: The Journal of Contemporary Human Services*.

Etkin, A., Egner, T., and Kalisch (2011). Emotional processing in anterior cingulate and medial prefrontal cortex. *Trends in Cognitive Sciences, 15*(2): 85-93.

Evans, G.W. and English, K. (2002). The environment of poverty: Multiple stressor exposure, psychophysiological stress and socioemotional adjustment. *Child Development, 73*: 1238-1248.

Evans, G.W. and Kim, P. (2013). Childhood poverty, chronic stress, self? Regulation, and coping. *Child Development Perspectives, 7*(1): 43-48.

Evans, G.W. and Schamberg, M.A. (2009). Childhood poverty, chronic stress, and adult working memory. *Proceedings of the National Academy of Sciences, 106*(16): 6545-6549.

Evarts, E.V. and Thach, W.T. (1969). Motor mechanisms of the CNS: Cererocellular interrealtions. *Annual Review of Physiology, 31*: 451-498.

Evers-Szostak, M. and Sanders, S. (1992). The Children's Perceptual Alteration Scale (CPAS): A measure of children's dissociation. In: *Dissociation: Progress in the Dissociative Disorders*.

Eyberg, S.M., Boggs, S.R., and Algina, J. (1995). Parent-child interaction therapy: a psychosocial model for the treatment of young children with conduct problem behavior and their families. *Psychopharmacology bulletin*.

Eyberg, S.M., Funderburk, B.W., Hembree-Kigin, T.L. et al. (2001). Parent-child interaction therapy with behavior problem children: One and two year maintenance of treatment effects in the family. *Child & Family Behavior Therapy, 23*(4): 1-20.

Farmer, E.M., Burns, B.J., Phillips, S.D. et al. (2003). Pathways into and through mental health services for children and adolescents. *Psychiatric Services, 54*(1): 60-66.

Farmer-Dougan, V.A., Heidenreich, B.A., and Wise, L.A. (2011). Functional neuroanatomy of structures of the hindbrain, midbrain and diencephalon, and basal ganglia. In: *Handbook of Pediatric Neuropsychology* (Ed. A.S. Davis), 121-146. New York, NY: Springer Publishing Company.

Feifer, S.G. (2010). Assessing and intervening with children with reading disorders. In: *Best Practices in school neuropsychology: Guidelines for effective practice, assessment and evidencedbased intervention* (Ed. D. Miller), 483-504.

Feifer, S.G. (2013). *The neuropsychology of written language disorders: A framework for effective interventions*. MD: School Neuropsych Press.

Feifer, S.G. and De Fina (2005). *The neurospchology of mathematics: Diagnosis and intervention*. MD: The Neuropsych Press.

Feifer, S.G. and Della Toffalo, D.A. (2007). *Integrating RTI with Cognitive Neuropsychology: A Scientific Approach to Reading*. School Neuropsych Press.

Felitti, V.J. (2002). The relation between adverse childhood experiences and adult health: Turning gold into lead. *The Permanente Journal, 6*(1): 44-47.

Felitti, V.J. and Anda, R.F. (2009). *The Hidden Epidemic: The Impact of Early Life Trauma on Health and Disease* (ed. R. Lanius and E. Vermetten). Cambridge University Press.

Felitti, V.J. and Anda, R.F. (2010). The relationship of adverse childhood experiences to adult medical disease, psychiatric disorders and sexual behavior: Implications for healthcare. In: *The impact of early life trauma on health and disease: The hidden epidemic*, 77-87. Retrieved from: https://www.theannainstitute.org/LV%20FINAL%202-7-09.pdf

Felitti, V.J., Anda, R.F., Nordenberg, D. et al. (1998a). The relationship of adult health status to childhood abuse and household dysfunction. *American Journal of Preventive Medicine, 14*: 245-258.

Felitti, V.J., Anda, R.F., Nordenberg, D. et al. (1998b). Relationship of childhood abuse and household dysfunction to many of the leading causes of death in adults: The adverse childhood experiences (ACE) study. *American Journal of Preventive Medicine, 14*(4): 245-258.

Felitti, V.J., Anda, R.F., Nordenberg, D. et al. (1998c). Relationship of childhood abuse and household dysfunction to many of the leading causes of death in adults. *American Journal of Preventive Medicine, 14*: 245-258.

Fergusson, D.M. and Horwood, L.J. (2003). Resilience to childhood adversity: Results of a 21-year study. In: *Resilience and vulnerability: Adaptation in the context of childhood adversities*, 130-155. Cambridge University Press.

Figley, C.R. (1995). Compassion fatigue: Toward a new understanding of the costs of caring. In B. H. Stamm (Ed.), Secondary traumatic stress: Self-care issues for clinicians, researchers, and educators (pp. 3-28). Baltimore, MD, US: The Sidran Press.

Figley, C.R. (2002). Compassion fatigue: Psychotherapists' chronic lack of self care. *Journal of Clinical Psychology, 58*(11): 1433-1441.

Figley, C.R. (2007). The art and science of caring for others without forgetting self-care. In:.

Figley, C.R. and Stamm, B.H. (1996). Psychometric review of compassion fatigue self test. In: *Measurement of stress, trauma, and adaptation*, 127-130.

Figley, C.R., Lovre, C., and Figley, K.R. (2011). Compassion fatigue, vulnerability, and resilience in practitioners working with traumatized children. In: *Post-traumatic Syndromes in Childhood and Adolescence: A Handbook of Research and Practice*, 417-432.

Finkelhor, D., Hamby, S.L., Ormrod, R., and Turner, H. (2005). The Juvenile Victimization Questionnaire: reliability, validity, and national norms. *Child abuse & neglect, 29*(4): 383-412.

Finkelhor, D., Hamby, S.L., Ormrod, R.K. et al. (2011). The Juvenile Victimization Questionnaire (JVQ). *Adolescent Psychiatry, 39*(7): 829-840.

Finkelhor, D., Turner, H.A., Shattuck, A., and Hamby, S.L. (2013). Violence, crime, and abuse exposure in a national sample of children and youth: an update. *JAMA pediatrics, 167*(7): 614-621.

Finkelhor, D., Shattuck, A., Turner, H., and Hamby, S. (2015). A revised inventory of adverse childhood experiences. *Child Abuse and Neglect, 48*: 13-21.

Fixsen, D.L., Blase, K.A., Naoom, S.F. et al. (2009). *Implementation: The Missing Link Between Research and Practice*, vol. 1. NIRN implementation brief.

Flanagan, D.P., Ortiz, S.O., and Alfonso (2013). *Essentials of cross battery assessment* (3rd ed.). NJ: John Wiley and Sons.

Fletcher, K. E. (1994). Dimensions of stressful events rating scale. Unpublished manuscript, Department of Psychiatry, University of Massachusetts Medical Center, Worcester.

Fletcher-Janzen, E. (2017). The neurodevelopmental model of assessment and intervention. Workshop presented at the meeting of the National Association of School Psychologists Annual Conference, San Antonio, TX.

Florida Partnership for School Readiness (2004). *Birth to three screening and assessment resource guide*. Jacksonville, FL: University of North Florida.

Flynn, C.P. (1999). Animal abuse in childhood and later support for interpersonal violence in families. *Society and Animals, 7*(2): 161-172. Foderaro JF: Personal communication, 1991.

Foderaro, J. (2001). Creating a non-violent environment: keeping sanctuary safe. In: *Violence: A Public Health Menace and a Public Health Approach* (Ed. S.L. Bloom), 57-82. London: Karnac.

Ford, J.D. (2008). Diagnosis of traumatic stress disorders (DSM and ICD). In: *Encyclopedia of Psychological Trauma* (Ed. G. Reyes, J.D. Elhai and J.D. Ford), 200-208. Hoboken, NJ: Wiley.

Ford, J.D. and Hawke, J. (2012). Trauma affect regulation psychoeducation group and milieu intervention outcomes in juvenile detention facilities. *Journal of Aggression, Maltreatment and Trauma, 21*(4): 365-384: https://doi.org/10.1080/10926771.2012.673538.

Ford, J.D., Racusin, R., Ellis, C.G. et al. (2000). Child maltreatment, other trauma exposure, and posttraumatic symptomatology among children with oppositional defiant and attention deficit hyperactivity disorders. *Child Maltreatment, 5*(3): 205-217.

Ford, J.D., Racusin, R., Rogers, K. et al. (2002). *Traumatic Events Screening Inventory for Children (TESI-C) Version 8.4*. Dartmouth, VT: National Center for PTSD and Dartmouth Child Psychiatry Research Group.

Ford, J.D., Steinberg, K.L., and Zhang, W. (2011). A randomized clinical trial comparing affect regulation and social problem-solving psychotherapies for mothers with victimization-related PTSD. *Behavior Therapy, 42*(4): 560-578.

Ford, J., Blaustein, M., Cloitre, M. et al. (2012a). Developmental trauma disorder-focused interventions for traumatized children and adolescents. In: *Treating complex traumatic stress disorders in children: An evidence-based guide* (ed. J.D. Ford and C.A. Courtois). New York, NY: Guilford Press.

Ford, J.D., Steinberg, K.L., Hawke, J. et al. (2012b). Randomized trial comparison of emotion regulation and relational psychotherapies for PTSD with girls involved in delinquency. *Journal of Clinical Child and Adolescent Psychology, 41*(1): 27-37.

Ford, J.D., Chang, R., Levine, J., and Zhang, W. (2013). Randomized clinical trial comparing affect regulation and supportive group therapies for victimization-related PTSD with incarcerated women. *Behavior Therapy, 44*(2): 262-276: https://doi.org/10.1016/j.beth.2012.10.003.

Fox, N.A. and Leavitt, L.A. (1995). *The Violence Exposure Scale for Children-Revised (VEX-R)*. College Park, MD: University of Maryland.

Freyd, J.J., DePrince, A.P., and Gleaves, D. (2007). The state of betrayal trauma theory: Reply to McNally—conceptual issues and future directions. *Memory, 15*: 295-311.

Friedrich, W.N. (1997). *Child Sexual Behavior Inventory: Professional Manual*. Odessa, FL: Psychological Assessment Resources.

Friedrich, W.N. (2002). *Psychological Assessment of Sexually Abused Children and their Families*. Thousand Oaks, CA: Sage Publications.

Fristad, M.A., Gavazzi, S.M., and Mackinaw-Koons, B. (2003). Family psychoeducation: an adjunctive intervention for children with bipolar disorder. *Biological Psychiatry, 53*(11): 1000-1008.

Gabel, L.A., Gibson, C.J., Gruen, J.R., and LoTurco, J. (2010). Progress towards a cellulat neurobiology of reading disability. *Neurobiological Disabilites, 38*(2): 173-180.

Garmezy, N. (1974). The study of competence in children at risk for severe psychopathology. In: *Children at Psychiatric Risk*, vol. 3 (ed. E.J. Anthony and C. Koupernik) The child in his family, 77-97. New York: Wiley.

Gazzaniga, M.S., Ivry, R.B., and Mangun, G.R. (2014). *Cognitive Neuroscience: The Biology of the Mind*, 4e. New York, NY: W.W. Norton & Company.

Gerard, A.B. (1994). *Parent-child relationship inventory*. Los Angeles, CA: Western psychological services.

Gershoff, E.T. (2013). Spanking and child development: We know enough now to stop hitting our children. *Child Development Perspective, 7*: 133-137. https://www.ncbi.nlm.nih.gov/pmc/articles/PMC3768154.

Gershoff, E. T. (2002). Corporal punishment by parents and associated child behaviors and experiences: a meta-analytic and theoretical review. *Psychological Bulletin, 128*(4): 539-579.

Gershoff, E.T. and Grogan-Taylor, A. (2016). Spanking and child outcomes: Old controversies and new meta-analysis. *Journal of Family Psychology, 30*(4): 453-469.

Glover, T.A. and Albers, C.A. (2007). Considerations for evaluating universal assessments. *Journal of School Psychology, 45*: 117-135. https://doi.org/10.1016/j.jsp.2006.05.005.

Goldman, P.S. (1971). Functional development of the prefrontal cortex in early life and the problem of neuronal plasticity. *Experimental Neurology, 66*: 366-387.

Goldstein, M.J. and Miklowitz, D.J. (1995). The effectiveness of psychoeducational family therapy in the treatment of schizophrenic disorders. *Journal of Marital and Family Therapy, 21*: 361-376.

Gonzalez, A., Monzon, N., Solis, D. et al. (2016). Trauma exposure in elementary school children: description of screening procedures, level of exposure, and stress symptoms. *School Mental Health, 8*: 77-88.

Goodman, R. (1997). The strengths and difficulties questionnaire: A research note. *Journal of Child Psychology and Psychiatry, 38*(5): 581-586.

Gouze, K.R. (1987). Attention and social problem solving as correlats of aggression in preschool males. *Journal of Abnormal Child Psychology, 15*: 181-197.

Graczyk, P.A., Domitrovich, C.E., and Zins, J.E. (2003). Facilitating the implementation of evidence-based prevention and mental health promotion efforts in schools. In: *Handbook of School Mental Health Advancing Practice and Research*, 301-318. Boston, MA: Springer.

Grasso, D.J., Ford, J.D., and Lindheim, O. (2016). A patient-centered decision-support tool informed by history of interpersonal violence: "Will this treatment work for me?". *Journal of Interpersonal Violence, 31*(3): 465-480: https://doi.org/10.1177/0886260514555870.

Gratz, K.L. and Roemer, L. (2004). Multidimensional assessment of emotion regulation and dysregulation: Development, factor structure, and initial validation of the difficulties in emotion regulation scale. *Journal of Psychopathology and Behavioral Assessment, 26*(1): 41-54.

Greenwald, R. (2002). The role of trauma in conduct disorder. *Journal of Aggression, Maltreatment and Trauma, 6*(1): 5-23.

Greenwood, M. (1935). *Epidemics and crowd-diseases*. London: Williams Norgate.

Grisso, T., Vincent, G., and Seagrave, D. (Eds.). (2005). *Mental health screening and assessment in juvenile justice*. Guilford Press.

Gunderson, J. G. (1978). Defining the therapeutic milieu: A concept analysis. *American Journal of Psychiatry, 135*(12), 1345-1351.

Gunnar, M.R. and Donzella, B. (2001). Social regulation of the of the LHPA axis in early human development. *Psychoneuroendocrinology, 27*: 199-220.

Gunnar, M.R. and Quevedo, K. (2007). The neurobiology of stress and development. *Annual Review of Psychology, 58*: 145-173.

Gunnar, M.R. and Vazquez, D.M. (2001). Low cortisol and a flattening of expected rhythm: Potential indices of risk in human development. *Development and Psychopathology, 13*: 515-737.

Gwinn, C. (2015). *Cheering for the children: Creating pathways to hope for children exposed to trauma.* Wheatmark, Inc.

Habib, M. and Labruna, V. (2011). Clinical considerations in assessing trauma and PTSD in adolescents. *Journal of Child & Adolescent Trauma, 4*(3): 198-216.

Habib, M., Labruna, V., and Newman, J. (2012). Implementation of a manually guided group treatment: A phenomenological approach to treating traumatized adolescents in residential settings. *Journal of Child and Adolescent Trauma.*

Hale, J.B. and Fiorello, K.A. (2004). *School Neuropsychology: A practitioner's handbook.* New York, NY: Guilford Press.

Hale, J.B., Wycoff, K.L., and Fiorello, C.A. (2011). RTI and cognitive hypothesis testing for identification and intervention of specific learning disabilities: The best of both worlds. In: *Essentials of Specific Learning Disability Identification*, 173-201.

Haley, S.A. (1974). When the patient reports atrocities: Specific treatment considerations of the Vietnam veteran. *Archives of General Psychiatry, 30*(2): 191-196.

Hamby, S.L., Finkelhor, D., Ormrod, R.K., and Turner, H.A. (2004). *The Juvenile Victimization Questionnaire (JVQ): Administration and Scoring Manual.* Durham, NH: Crimes Against Children Research Center.

Hamby, S., Finkelhor, D., Turner, H. and Kracke, K. (2011). The Juvenile Victimization Questionnaire toolkit. Retrieved from http://www.unh.edu/ccrc/jvq/index_new.html.

Hanson, J.L., Chung, M.K., Avants, B.A. et al. (2010). Early stress is associated with alterations in the orbitofrontal cortex: A tensor-based morphometry investigation of brain structure and behavioral risk. *Journal of Neuroscience, 30*(22): 7466-7472.

Harney, P. A. (2007). Resilience processes in context: Contributions and implications of Bronfenbrenner's person-process-context model. *Journal of Aggression, Maltreatment & Trauma, 14*(3), 73-87.

Hart, H. and Rubia, K. (2012). Neuroimaging and child abuse: a critical review. *Frontiers in Human Neuroscience, 6*: 52124: https://doi.org/10.3389/fnhum.2012.00052.

Hatfield, D. and Ogles, B. (2004). The use of outcome measures by psychologists in clinical practice. *Professional Psychology Research Practice 35*(5): 485-491. Available at: PsycINFO, Ipswich (MA). accessed 27 September 2013.

Hawkins, S. and Radcliffe, J. (2006). Current measures of PTSD for children and adolescents. *Journal of Pediatric Psychology, 31*(4): 420-430. Available at: PsycINFO, Ipswich (MA). accessed 27 September 2013.

Hayes, S.C., Wilson, K.G., Gifford, E.V. et al. (1996). Experiential avoidance and behavioral disorders: A functional dimensional approach to diagnosis and treatment. *Journal of Consulting and Clinical Psychology, 64*: 1152-1168.

Heim, C., Newport, D.J., Mletzko, T. et al. (2008). The link between childhood trauma and depression:

insights from HPA axis studies in humans. *Psychoneuroendocrinology, 33*(6): 693-710.

Heimberg, L.K. (1968). The measurement of future time perspective (Doctoral dissertation, Vanderbilt University, 1968). *Dissertation Abstracts International, 24*(4): 1686-1687.

Hembree-Kigin, T.L. and McNeil, C.B. (2013). *Parent—child Interaction Therapy*. Springer Science & Business Media.

Hemenover, S.H. (2003). The good, the bad, and the healthy: impacts of emotional disclosure of trauma on resilient self-concept and psychological distress. *Personality and Social Psychology Bulletin, 29*(10): 1236-1244.

Herman, J. L. (1997). *Trauma and Recovery: The Aftermath of Violence—from Domestic Abuse to Political Terror.* New York: Basic Books.

Herman, J.P., Ostrander, M.M., Mueller, N.K., and Figueiredo, H. (2005). Limbic system mechanisms of stress regulation: hypothalamo-pituitary-adrenocortical axis. *Progress in Neuro-Psychopharmacology and Biological Psychiatry, 29*(8): 1201-1213.

Hermans, H.J.M. and Hermans-Jansen, E. (1995). *Self-narratives: The Construction of Meaning in Psychotherapy*. New York: Guilford.

Hester, M., Pearson, C., and Harwin, N. (2000). *Making an impact: Children and domestic violence: A reader*. London: Jessica Kingsley Publications.

Hildyard, K.L. and Wolfe, D.A. (2002). Child neglect: Developmental issues and outcomes. *Child Abuse and Neglect, 26*(6-7): 679-695.

Hillis, S.D., Anda, R.F., Dube, S.R. et al. (2004). The association between adolescent pregnancy, long-term psychosocial outcomes, and fetal death. *Pediatrics,* 113: 320-327.

Hillis, S.D., Anda, R.F., Dube, S.R. et al. (2010). The protective effect of family strengths in childhood against adolescent pregnancy and its long-term psychosocial consequences. *The Permanente Journal,* 14(3): 18.

Hinkley, L.B., Marco, E.J., Findlay, A.M. et al. (2012). The role of corpus callosum development in functional connectivity and cognitive processing. *PLoS One* 7(8): e39804. Hishaw, S.P., Lahey, D.B., and Hart, E.L. (1993). Issues of taxonomy and comorbidity in the development of conduct disorder. *Developmental and Psychopathology, 5*: 31-34.

Hobfoll, S.E. and London, P. (1986). The relationship of self-concept and social support to emotional distress among women during war. *Journal of Social and Clinical Psychology, 4*(2): 189-203.

Hoffman-Plotkin, D. and Twentyman, C.T. (1984). A multimodal assessment of behavioral and cognitive deficits in abused and neglected preschoolers. *Child Development, 55*: 794-802.

Holden, G.W., Coleman, S.W., and Schmidt, K.L. (1995). Why 3-year-old children get spanked: Parent and child determinants as reported by college-educated mothers. *Merrill-Palmer Quarterly, 41*: 431-452.

Hollander-Goldfein, B., Isserman, N., and Goldenberg, J.E. (2012). *Transcending Trauma: Survival, Resilience and Clinical Implications in Survivor Families*, vol. 40. Routledge.

Holt, S., Buckley, H., and Whelan, S. (2008). The impact of exposure to domestic violence on children and young people: A review of the literature. *Child Abuse and Neglect, 32*(8): 797-810.

Hornor, G. (2008). Reactive attachment disorder. *Journal of Pediatric Health Care, 22*(4): 234-239.

Horowitz, M. J. (1986). *Stress-Response Syndromes* (2nd ed.). New York: Jason Aronson.

Horwitz, A.V., Widom, C.S., McLaughlin, J., and White, H.R. (2001). The impact of childhood abuse and neglect on adult mental health: a prospective study. *Journal of Health and Social Behavior, 42*: 184-201. https://doi.org/10.2307/3090177.

Hoye, J., Asok, A., Bernard, K., Roth, T.L., Rosen, J. B., and Dozier, M. (2013). Intervening early to protect telomeres: Results of a randomized clinical trial. Unpublished manuscript.

Hoyme, H.E., Kalberg, W.O., Elliot, A.J. et al. (2016). Updated clinical guidelines for diagnosing fetal alcohol spectrum disorders. *Pediatrics, 138*(2): pii:e20154256.

Huber, M., Knottnerus, J.A., Green, L. et al. (2003). Interacting mediators of allostasis and allostatic load: towards an understanding of resilience in aging. *Metabolism, 52*(suppl 2): 10-16.

Huber, M., Knottnerus, J.A., Green, L. et al. (2011a). How should we define health? *BMJ: British Medical Journal, 343*.

Huber, M., Knottnerus, J.A., Green, L. et al. (2011b). How should we define health? *BMJ: British Medical Journal, 343*.

Hughes, K., Bellis, M.A., Hardcastle, K.A. et al. (2017). The effect of multiple adverse childhood experiences on health: a systematic review and meta-analysis. *The Lancet Public Health, 2*(8): e356-e366.

Hunsley, J. and Mash, E.J. (2007). Evidence-based assessment. *Annual Review of Clinical Psychology, 3*: 29-51.

Hunsley, J., Lee, C.M., and Wood, J. (2003). Controversial and questionable assessment techniques. In: *Science and Pseudoscience in Clinical Psychology* (ed. S.O. Lilienfeld, S.J. Lynn and J. Lohr), 39-76. New York: Guilford.

Hussey, J.M., Chang, J.J., and Kotch, J.B. (2006). Child maltreatment in the United States: prevalence, risk factors, and adolescent health consequences. *Pediatrics, 118*(3): 933-942.

Hyman, I.A. (1995). Corporal punishment, psychological maltreatment, violence, and punitiveness in America: Research, advocacy, and public policy. *Applied and Preventive Psychology, 4*: 113-130.

Institute of Medicine (2001). *Crossing the quality chasm: A new health system for the 21st century.* Washington, DC: National Academy Press.

International Dyslexia Association (IDA). (2004). Definition of Dyslexia. Retrieved from https://dyslexiaida.org/definition-of-dyslexia/

Ippen, C. G., Ford, J., Racusin, R., Acker, M., Bosquet, M., Rogers, K., et al. (2002). Traumatic Events Screening Inventory—Children. Retrieved at http://www.ptsd.va.gov/professional/ pages/assessments/assessment-pdf/TESI-C.pdf/.

Ishikawa, A. and Nakamura, S. (2003). Convergence and interaction of hippocampal and amygdala projections within the prefrontal cortex in the rat. *Journal of Neuroscience 23*: 9987-9995.

Jacoby, N., Overfield, J., Binder, E.B., and Heim, C.M. (2016). Stress neurobiology and developmental psychopathology. In: *Developmental Psychopathology, Developmental Neuroscience* (Ed. D. Cicchetti), 787-831.

Jakupcak, M., Lisak, D., and Roemer, L. (2002). The role of masculine ideology and masculine gender role stress in men's perpetration of relationship violence. *Psychology of Men & Masculinity, 3*(2): 97.

Jaycox, L.H. (2004). *Cognitive behavioral intervention for trauma in schools*. Longmont, CO: Sopris West Educational Services.

Jaycox, L.H., Stein, B.D., Kataoka, S.H. et al. (2002). Violence exposure, post-traumatic stress disorder, and depressive symptoms among recent immigrant schoolchildren. *Journal of the American Academy of Child and Adolescent Psychiatry, 41*(9): 1104-1110.

Jaycox, L.H., Tanielian, T.L., Sharma, P. et al. (2007). Schools' mental health responses after Hurricanes Katrina and Rita. *Psychiatric Services, 58*(10): 1339-1343.

Jaycox, L.H., Langley, A.K., Stein, B.D. et al. (2009). Support for students exposed to trauma: A pilot study. *School Mental Health, 1*(2): 49-60.

Jaycox, L.H., Cohen, J.A., Mannarino, A.P. et al. (2010). Children's mental health care following Hurricane Katrina: A field trial of trauma-focused psychotherapies. *Journal of Traumatic Stress, 23*(2): 223-231.

Jenkins, J.R., Hudson, R.F., and Johnson, E.S. (2007). Screening for At-Risk Readers in a Response to. *School Psychology Review, 36*(4): 582-600.

Jensen, T.K., Holt, T., Ormhauga, S.M. et al. (2013). A randomized effectiveness study comparing trauma-focused cognitive behavioral therapy with therapy as usual for youth. *Journal of Clinical Child and Adolescent Psychology, 0*(0): 1-14: https://doi.org/10.1080/15374416.2013.822307.

Jeret, J.S., Serur, D., Wisniewski, E., and Fisch, C. (1986). Frequency of agenesis of the corpus callosum in developmentally disabled population determined by computerized tomography. *Pediatric Neuroscience, 12*: 101-103.

Johnson, S.B., Riley, A.W., Granger, D.A., and Riis, J. (2013). The science of early life toxic stress for pediatric practice and advocacy. *Pediatrics, 131*: 319-327: https://doi.org/10.1542/peds.2012-0469.

Jones, R.E., Leen-Feldner, E.W., Olatunji, B.O. et al. (2009). Psychometric properties of the Affect Intensity and Reactivity Measure adapted for Youth (AIR-Y). *Psychological Assessment, 21*(2): 162.

Jones, D.J., Lewis, T., Litrownik, A. et al. (2013). Linking childhood sexual abuse and early adolescent risk behavior: The intervening role of internalizing and externalizing problems. *Journal of abnormal child psychology, 41*(1): 139-150.

Juster, R.P., McEwen, B.S., and Lupien, S.J. (2010). Allostatic load biomarkers of chronic stress and impact on health and cognition. *Neuroscience and Biobehavioral Reviews, 35*(1): 2-16.

Kagan, J. (2003). *Surprise, Uncertainty and Mental Structures*. Cambridge, MA: Harvard University Press.

Kagan, R. (2004). *Rebuilding attachments with traumatized children; healing from losses, violence, abuse and neglect*. New York, NY: Routledge.

Kagan, R. (2007a). *Real life heroes; a life storybook for children*, 2e. New York, NY: Routledge.

Kagan, R. (2007b). *Real life heroes practitioner's manual*. New York, NY: Routledge.

Kagan, R. (2009). Transforming Troubled Children into Tomorrow's Heroes. In: *Treating traumatized children: Risk, resilience and recovery* (Ed. D. Brom, R. Pat-Horenczyk and J. Ford). New York, NY: Routledge.

Kagan, R. and Spinazzola, J. (2013). Real life heroes in residential treatment: Implementation of an integrated model of trauma and resiliency-focused treatment for children and adolescents with complex PTSD. *Journal of Family Violence, 28*(7): 705-715.

Kagan, R., Douglas, A., Hornik, J., and Kratz, S. (2008). Real life heroes pilot study: Evaluation of a treatment model for children with traumatic stress. *Journal of Child and Adolescent Trauma, 1*: 5-22.

Karatekin, C. (2017). Adverse Childhood Experiences (ACEs), stress and mental health in college students. *Stress and Health, 34*(1): 36-45.

Karlamangla, A.S., Singer, B.H., McEwen, B.S. et al. (2002). Allostatic load as a predictor of functional decline: MacArthur studies of successful aging. *Journal of Clinical Epidemiology, 29*: 696-710.

Karlen, J.L., Ludvigsson, J., Hedmark, M. et al. (2015). Early psychosocial exposures, hair cortisol levels, and disease risk. *Pediatrics, 135*(6).

Kataoka, S.H., Stein, B.D., Jaycox, L.H. et al. (2003). A school-based mental health program for traumatized Latino immigrant children. *Journal of the American Academy of Child and Adolescent Psychiatry, 42*(3): 311-318.

Kataoka, S., Stein, B.D., Nadeem, E., and Wong, M. (2007). Who gets care? Mental health service use following a school-based suicide prevention program. *Journal of the American Academy of Child and Adolescent Psychiatry, 46*(10): 1341-1348.

Kataoka, S., Jaycox, L.H., Wong, M. et al. (2011). Effects on school outcomes in low-income minority youth: Preliminary findings from a community-partnered study of a school trauma intervention. *Ethnicity and Disease, 21*(3 0 1): S1-71-S1-77.

Katsurada, E. and Sugawara, A.I. (1998). The relationship betwen hostile attribution bias and aggressive behavior in preschoolers. *Early Childhood Research Quarterly, 13*: 623-636.

Kaufer, D.I. (2007). The dorsolateral and cingulate cortex. In: *The human frontal lobes*, (2nd ed.). (Ed. B.L. Miller and J.L. Cummings), 44-58.

Kaufmann, R.B., Spitz, A.M., Strauss, L.T. et al. (1998). The decline in US teen pregnancy rates, 1990-1995. *Pediatrics, 102*(5): 1141-1147.

Kelly, P.A., Viding, E., Wallace, G.L. et al. (2013). Cortical thickness, surface area, and gyrification abnormalities in children exposed to maltreatment: Neural markers for vulnerability? *Biological*

*Psychiatry, 74*(11): 845-852.

Kelly, P.A., Viding, E., Puetz, V.B. et al. (2015). Sex differences in socioemotional functioning, attentional bias, and gray matter volume in maltreated children: A multilevel investigation. *Development and Psychopathology, 27*: 1591-1609.

Kendall-Tackett, K.A., Williams, L.M., and Finkelhor, D. (1993). Impact of sexual abuse on children: A review and synthesis of recent empirical studies. *Psychological Bulletin, 113*: 164-180. https://doi.org/10.1037/0033-2909.113.1.164.

Kennedy, D.P., Glascher, J., Tyszka, J.M., and Adolphs, R. (2009). Personal space regulation by the human amygdala. *Nature Neuroscience, 12*(10): 1226-1227.

Keough, K.K. and Markus, H.R. (1998). On being well: The role of the self in building the bridge from philosophy to biology. *Psychological Inquiry, 9*: 49-53.

Kessler, R.C. and Magee, W.J. (1993). Childhood adversities and adult depression: basic patterns of association in a US national survey. *Psychological Medicine, 23*: 679-690.

Kessler, R.C. and Magee, W.J. (1994). Childhood family violence and adult recurrent depression. *Journal of Health and Social Behavior, 35*: 13-27.

Kessler, R.C., Sonnega, A., Bromet, E. et al. (1995). Posttraumatic stress disorder in the National Comorbidity Survey. *Archives of general psychiatry, 52*(12): 1048-1060.

Kessler, R.C., Davis, C.G., and Kendler, K.S. (1997). Childhood adversity and adult psychiatric disorder in the US National Comorbidity Survey. *Psychological Medicine, 27*: 1101-1119. https://doi.org/10.1017/S0033291797005588.

Kessler, R.C., Rose, S., Koenen, K.C. et al. (2014). How well can post-traumatic stress disorder be predicted from pre-trauma risk factors? An exploratory study in the WHO World Mental Health Surveys. *World Psychiatry, 13*(3): 265-274.

Khantzian, E.J. (1987). The self-medication hypothesis of addictive disorders: focus on heroin and cocaine dependence. In: *The cocaine crisis*, 65-74. Boston, MA: Springer.

Kilpatrick, D.G., Ruggiero, K.J., Acierno, R. et al. (2003). Violence and risk of PTSD, major depression, substance abuse/dependence, and cormorbidity: Results from the National Survey of Adolescents. *Journal of Consulting and Clinical Psychology, 71*: 692-700. https://doi.org/10.1037/0022-006X.71.4.692.

Kindig, D. and Stoddart, G. (2003). What is population health? *American Journal of Public Health, 93*(3): 380-383.

King, L.A. (2001). The health benefits of writing about life goals. *Personality and Social Psychology Bulletin, 27*: 798-807.

Kinniburgh, K. J., Blaustein, M., Spinazzola, J., and Van der Kolk, B. A. (2006). ARC: Attachment, self-regulation and competency. A comprehensive framework for intervention with complexly traumatized youth. Unpublished manuscript.

Kinniburgh, K.J., Blaustein, M., Spinazzola, J., and Van der Kolk, B.A. (2017). Attachment, Self-

Regulation, and Competency: A comprehensive intervention framework for children with complex trauma. *Psychiatric annals, 35*(5): 424-430.

Kirby, D. (2001). *Emerging Answers: Research Findings on Programs to Reduce Teen Pregnancy*. Washington, DC: National Campaign to Prevent Teen Pregnancy.

Kisiel, C., Blaustein, M.E., Fogler, J. et al. (2009a). Treating children with traumatic experiences: understanding and assessing needs & strengths. In: *Behavioral health care: Assessment, service planning, & total clinical outcomes management* (Ed. J.S. Lyons and D.A. Weiner), 17.1-17.18. Kingston, NJ: Civic Research Institute.

Kisiel, C., Fehrenbach, T., Small, L. et al. (2009b). Assessment of complex trauma exposure, responses, and service needs among children and adolescents in child welfare. *Journal of Child Adolescent Trauma, 2*(3): 143-160.

Kisiel, C., Lyons, J.S., Blaustein, M. et al. (2010). *Child and adolescent needs and strengths (CANS) manual: The NCTSN CANS Comprehensive-Trauma Version: A Comprehensive Information Integration Tool for Children and Adolescents Exposed to Traumatic Events*. National Center for Child Traumatic Stress.

Kisiel, C., Conradi, L., Fehrenbach, T. et al. (2014). Assessing the effects of trauma in children and adolescents in practice settings. *Journal of Child and Adolescent Psychiatric Clinics of North America, 23*: 223-242.

Ko, S.J., Ford, J.D., Kassam-Adams, N. et al. (2008). Creating trauma-informed systems: child welfare, education, first responders, health care, juvenile justice. *Professional Psychology: Research and Practice, 39*(4): 396.

Kolb, B. and Whishaw, I.Q. (2015). *Fundamentals of Human Neuropsychology*, 7e. New York, NY: Worth Publishers.

Kramer, T.L., Sigel, B.A., Conners-Burrow, N.A. et al. (2013). A statewide introduction of trauma-informed care in a child welfare system. *Children and Youth Services Review, 35*(1): 19-24.

Kravitz, D.J., Saleem, K.S., Baker, C.I. et al. (2013). The ventral visual pathway: An expanded neural framework for the processing of object quality. *Trends in Cognitive Neuroscience, 17*(1): 26-49.

Kurtz, P.D., Gaudin, J.M. Jr., Wodarski, J.S., and Howing, P.T. (1993). Maltreatment and the school-aged child: school performance consequences. *Child Abuse Neglect, 17*: 581-589.

Laghezza, L., Delvecchio, E., Pazzagli, C., and Mazzeschi, C. (2014). The family assessment measure III (FAM III) in an Italian sample. *BPA-Applied Psychology Bulletin (Bollettino di Psicologia Applicata), 62*: 269.

Lambert, M.J., Burlingame, G.M., Umphress, V. et al. (1996). The reliability and validity of the Outcome Questionnaire. *Clinical Psychology & Psychotherapy: An International Journal of Theory and Practice, 3*(4): 249-258.

Landreth, G. and Bratton, S. (2006). *Child-Parent Relationship Therapy (CPRT): A 10-session filial therapy model*. New York, NY: Bruner-Routledge Publishing.

Langley, A.K., Gonzalez, A., Sugar, C.A. et al. (2015). Bounce back: Effectiveness of an elementary school-based intervention for multicultural children exposed to traumatic events. *Journal of Consulting and Clinical Psychology, 83*(5): 853.

Lanius, R.A., Vermetten, E., and Pain, C. (2010). *The impact of early life trauma on health and disease: The hidden epidemic*. Cambridge University Press.

Lansford, J.E., Dodge, K.A., Pettit, G.S. et al. (2002). A 12-year study of the long term effects of early child maltreatment on psychological, behavioral, and academic problems in adolescence. *Archives of Pediatric Adolescent Medicine, 156*(8): 824-830.

Lapping, K., Marsh, D.R., Rosenbaum, J. et al. (2002). The positive deviance approach: Challenges and opportunities for the future. *Food and Nutrition Bulletin, 23*(4_suppl2): 128-135.

Larkin, H., Beckos, B. A., and Shields, J. J. (2012). Mobilizing resilience and recovery in response to adverse childhood experiences (ACE): A restorative integral support (RIS) case study. *Journal of Prevention & Intervention in the Community, 40*(4), 335-346.

Lasser, K., Boyd, J.W., Woolhandler, S. et al. (2000). Smoking and mental illness: a population-based prevalence study. *JAMA, 284*(20): 2606-2610.

Last, J.M. (Ed.) (2001). *Dictionary of Epidemiology*, 4e. New York: Oxford University Press.

Lawson, G. and Myers, J.E. (2011). Wellness, professional quality of life, and careersustaining Behaviors: What keeps us well? *Journal of Counseling and Development, 89*(2): 163-171.

Lawson, G., Venart, E., Hazier, R.J., and Kottler, J.A. (2007). Toward a culture of counselor wellness. *The Journal of Humanistic Counseling, Education and Development, 46*: 5-19.

Layne, C.M., Ippen, C.G., Strand, V. et al. (2011). The Core Curriculum on Childhood Trauma: A tool for training a trauma-informed workforce. Psychological Trauma: Theory, Research. *Practice, and Policy, 3*(3): 243.

Lebel, C., Roussotte, F., and Sowell, E.R. (2011). Imaging the impact of prenatal alcohol exposure on the structure of the developing brain. *Neuropsychology Review, 21*: 102-118.

LeBuffe, P.A. and Naglieri, J.A. (2003). *The Devereux Early Childhood Assessment Clinical Form (DECA-C): A Measure of Behaviors Related to Risk and Resilience in Preschool Children*. Lewisville, NC: Kaplan Press.

LeDoux, J. (2003). The emotional brain, fear, and the amygdala. *Cellular and Molecular Neurobiology, 23*: 727-738.

Leeb, R.T. (2008). Child maltreatment surveillance: Uniform definitions for public health and recommended data elements. In: *Centers for Disease Control and Prevention*. National: Center for Injury Prevention and Control.

Lees, D.G. and Ronan, K.R. (2008). Engagement and effectiveness of parent management training (Incredible Years) for solo high-risk mothers: A multiple baseline evaluation. *Behaviour Change, 25*(2): 109-128.

Lefkowitz, C., Prout, M., Bleiberg, J., Paharia, I., and Debiak, D. (2005). Animal-assisted prolonged exposure: A treatment for survivors of sexual assault suffering posttraumat stress disorder. *Society & Animals, 13*(4): 275-296.

Leist, T. and Dadds, M.R. (2009). Adolescents' ability to read different emotional faces relates to their history of maltreatment and type of psychopathology. *Clinical Child Psychology and Psychiatry, 14*(2): 237-250.

Leiter, J. and Johnson, M. (1994). Child maltreatment and school performance. *American Journal of Education, 102*: 154-189.

Lenore, C. (1991). Terr, Childhood Traumas: An outline and overview, 148 AM. *Journal of Psychiatry, 10*: 11.

Lenta, P. (2012). Corporal punishment of children. *Social Theory and Practice, 38*(4): 689-716.

Lerias, D. and Byre, M.K. (2003). Vicarious traumatization: Symptoms and predictors. *Stress and Health, 19*: 129-138.

Levitt, J.M., Saka, N., Romanelli, L.H., and Hoagwood, K. (2007). Early identification of mental health problems in schools: The status of instrumentation. *Journal of School Psychology, 45*(2): 163-191.

Lewis-Morrarty, E., Dozier, M., Bernard, K. et al. (2012). Cognitive flexibility and theory of mind outcomes among foster children: Preschool follow-up results of a randomized clinical trial. *Journal of Adolescent Health ,51*(2): S17-S22.

Lieberman, A.F., Van Horn, P., and Ippen, C.G. (2005a). Toward evidence-based treatment: Child-parent psychotherapy with preschoolers exposed to marital violence. *Journal of the American Academy of Child & Adolescent Psychiatry, 44*(12): 1241-1248.

Lieberman, V.H., Van Horn, P., and Ippen, G.C. (2005c). Toward evidence-based treatment: child-parent psychotherapy with preschoolers exposed to marital violence. *Journal of American Academy of Child Adolescence Psychiatry, 44*(81): 12.

Lieberman, A.F., Ghosh Ippen, C., and Van Horn, P. (2006). Child-Parent Psychotherapy: 6-month follow-up of a randomized controlled trial. *Journal of the American Academy of Child and Adolescent Psychiatry, 45*(8): 913-918.

Lightfoot, C., Cole, M., and Cole, S.R. (2013). *The Development of Children*, (7th ed.). New York, NY: Worth Publishers.

Lind, T., Bernard, K., Ross, E., and Dozier, M. (2014). Intervention effects on negative affect of CPS-referred children: Results of a randomized clinical trial. *Child Abuse and Neglect, 38*: 1459-1467.

Linehan, M. (1993). *Cognitive-behavioral Treatment of Borderline per - sonality Disorder*. New York: The Guilford Press.

Lochman, J.E. and Dodge, K.A. (1994). Social cognitive processes of severely violent, moderately aggressive and non aggressive boys. *Journal of Consulting and Clinical Psychology, 62*: 366-374.

Lochman, J.E. and Wells, K.C. (2002). Contextual social-cognitive mediators and child outcome: A test of the theoretical model in the coping power program. *Development and Psychopathology, 14*:

945-967.

Lochman, J.E. and Wells, K.C. (2004). The coping power program for preadolescent aggressive boys and their parents: outcome effects at the 1-year follow-up. *Journal of Consulting and Clinical Psychology, 72*(4): 571.

Lochman, J.E., Wells, K.C., and Murray, M. (2007). The coping power program: Preventive intervention at the middle school transition. In: *Preventing youth substance abuse: Sciencebased programs for children and adolescents* (ed. P. Tolan, J. Szapocznik and S. Sambrano), 185-210. Washington, DC: American Psychological Association.

Lochman, J.E., Wells, K.C., and Lenhart, L.A. (2008). *Coping power child group program: Facilitator guide*. New York, NY: Oxford.

Loeber, R. (1990). Development and risk factors of juvenile antisocial behavior and delinquency. *Clinical Psychology Review, 10*: 1-42.

Logan-Greene, P., Green, S., Nurius, P.S., and Longhi, D. (2014). Distinct contributions of adverse childhood experiences and resilience resources: a cohort analysis of adult physical and mental health. *Social Work in Health Care, 53*(8): 776-797.

Lorion, R.P. and Saltzman, W. (1993). Children's exposure to community violence: Following a path from concern to research to action. *Psychiatry, 56*(1): 55-65.

Loundeback, J. (2016). Compton trauma lawsuit near resolution? Chronicle of Social Change. http://laschoolreport.com/compton-trauma-lawsuit-near-resolution.

Luby, J. L., Belden, A. C., Sullivan, J. P., Hayen, R., McKinney, J., and Spitznagel, E. (2007). Preschool depression: Homotypic continuity and course over 24 months. *Archives of General Psychiatry, 64*(8), 883-891. https://doi.org/10.1001/archpsyc.64.8.883

Lupien, S.J. and BS, M.E. (1997). The acute effects of corticosteroids on cognition: Integration of animal and human model studies. *Brain Res Rev, 24*: 1-27.

Lupien, S.J., Gaudreau, S., Tchiteya, B.M. et al. (1997). Stress-induced declarative memory impairments in healthy elderly subjects: Relationship with cortisol reactivity. *The Journal of Clinical Endocrinology and Metabolism, 82*: 2070-2075.

Lupien, S.J., DeLeon, M., DeSanti, S. et al. (1998). Longitudinal increase in cortisol during human aging predicts hippocampal atrophy and memory deficits. *Nat Neurosci, 1*: 69-73.

Lupien, S.J., Gillin, C., and Hauger, R.L. (1999). Working memory is more sensitive than declarative memory to the acute effects of corticosteroids: A dose-response study. *Behavioral Neuroscience, 113*: 420-430.

Lupien, S.J., Maheu, F., Tu, M. et al. (2007). The effect of stress and stress hormones on human cognition: Implications for the field of brain and cognition. *Brain and Cognition, 65*: 209-237.

Lupien, S.J., McEwen, B.S., Gunnar, M.R., and Heim, C. (2009). Effects of stress throughout the lifespan on the brain, behavior, and cognition. *Nature Reviews: Neuroscience, 10*(6): 434-445.

Lyons, J.S., Griffin, E., Fazio, M., and Lyons, M.B. (1999). *Child and Adolescent Needs and Strengths: An*

*Information Integration Tool for Children and Adolescents with Mental Health Challenges (CANS-MH), Manual*. Chicago, IL: Buddin Praed Foundation, 558 Willow Rd., Winnetka, IL 60093.

Lyons-Ruth, K. and Jacobovitz, D. (1999). Attachment dis- organization: unresolved loss, relational violence, and lapses in behavioral and attentional strategies. In: *Handbook of Attachment: Theory, Research, and Clinical Application* (Ed. J. Cassidy and P.R. Shaver), 520-554. New York, NY: The Guilford Press.

Lyons-Ruth, K., Zeanah, C.H., and Gleason, M.M. (2015). Commentary: Should we move away from an attachment framework for understanding disinhibited social engagement disorder (DSED)? A commentary on Zeanah and Gleason (2015). *Journal of Child Psychology and Psychiatry, 56*(3): 223-227.

MacKenzie, M.J., Nicklas, E., Waldfogel, J., and Brooks-Gunn, J. (2012). Corporal punishment and child behavioral and cognitive outcomes through 5 years-of-age: Evidence from a contemporary urban birth cohort study. *Infant Child Development, 21*(1): 3-33.

Maggio, V., Granana, N.E., Richaudeau, A. et al. (2014). Behavior problems in children with specific language impairment. *Journal of Neurology, 29*(2): 194-202.

Mahady Wilton, M.M., Craig, W.M., and Pepler, D.J. (2000). Emotional regulation and display in classroom victims of bullying: Characteristic expressions of affect, coping styles and relevant contextual factors. *Social Development, 9*(2): 226-245.

Maher, C.A. (2012). *Planning and Evaluating Human Services Programs: A Resource Guide for Practitioners*. AuthorHouse.

Mannarino, A.P., Cohen, J.A., and Berman, S.R. (1994). The Children's Attributions and Perceptions Scale: A new measure of sexual abuse-related factors. *Journal of Clinical Child Psychology, 23*(2): 204-211.

Marien, P., Ackermann, H., Adamaszek, M. et al. (2014). Consensus paper: Language and the cerebellum: An ongoing dilemma. *Cerebellum, 13*: 386-410.

Markou, A., Kosten, T.R., and Koob, G.F. (1998). Neurobiological similarities in depression and drug dependence: a self-medication hypothesis. *Neuropsychopharmacology, 18*(3): 135-174.

Marrow, M., Knudsen, K., Olafson, E., and Bucher, S. (2012). The value of implementing TARGET within a trauma-informed juvenile justice setting. *Journal of Child and Adolescent Trauma, 5*: 257-270.

Marsac, M.L. and Alderfer, M.A. (2010). Psychometric properties of the FACES-IV in a pediatric oncology population. *Journal of Pediatric Psychology, 36*(5): 528-538.

Marsh, D.R. and Schroeder, D.G. (2002). The positive deviance approach to improve health outcomes: experience and evidence from the field - Preface. *Food and Nutrition Bulletin, 23*(4_supp l2): 3-6.

Marsh, D.R., Schroeder, D.G., Dearden, K.A. et al. (2004). The power of positive deviance. *BMJ: British Medical Journal,* 329(7475): 1177.

Marsh, A.A., Finger, E.C., Mitchell, D. et al. (2008). Reduced amygdala response to fearful expressions in children and adults with callous-unemotional traits and disruptive behavior disorders. *American*

*Journal of Psychiatry, 165*(6): 712-720.

Marx, B.P. and Sloan, D.M. (2002). The role of emotion in the psychological functioning of adult survivors of childhood sexual abuse. *Behavior Therapy, 33*: 563-577.

Mash, E.J. and Barkley, R.A. (Eds.) (2009). *Assessment of Childhood Disorders*. Guilford Press.

Masic, I., Miokovic, M., and Muhamedagic, B. (2008). Evidence based medicine-new approaches and challenges. *Acta Informatica Medica, 16*(4): 219.

Maslach, C. (1982). *The burnout syndrome. Burnout - the cost of caring*. New York, NY: Prentice-Hall.

Maslach, C. (1982). *Burnout: The Cost Of Caring*. Englewood Cliffs, NJ: Prentice Hall.

Maslach, C. and Jackson, S.E. (1981). The measurement of experienced burnout. *Journal of Occupational Behavior, 2*(2): 99-113.

Maslach, C., Schaufeli, W.B., and Leiter, M.P. (2001). Job burnout. *Annual Review of Psychology, 52*: 397-422.

Mass Legal Services. (2007). The Legislative Process in Massachusetts. Retrieved on September 4, 2017 from https://www.masslegalservices.org/content/legislative-process-massachusetts-0.

Massachusetts Department of Criminal Justice Information System. (2014) Changes to Laws Concerning Firearms Licensing and Gun Sales in Massachusetts. Retrieved on September 2, 2017 from http://www.mass.gov/eopss/agencies/dcjis/key-changes-to-themassachusetts-gun-laws-august-2014.html.

Masten, A.S. (2001). Ordinary magic: Resilience processes in development. *American psychologist, 56*(3): 227.

Masten, A. and Coatsworth, J.D. (1998). The development of competence in favorable and unfavorable environments: Lessons from research in successful children. *American Psychologist, 53*: 205-220.

Mayes, S.D., Calhoun, S.L., and Crowell, E.W. (2000). Learning disabilities and adhd: overlapping spectrum disorders. *Journal of Learning Disabilities, 33*(5): 417-424.

McAdams, D.P. (1996). Personality, modernity, and the storied self: A contemporary framework for studying persons. *Psychological Inquiry, 7*: 295-321.

McCann, I.L. and Pearlman, L.A. (1990). Vicarious traumatization: A contextual model for understanding the effects of trauma on helpers. *Journal of Traumatic Stress, 3*(1): 131-149.

McCann, I.L. and Pearlman, L.A. (1990). Vicarious traumatization: A framework for understanding the psychological effects of working with victims. *Journal of Traumatic Stress, 3*(1): 131-149.

McCloskey, G. and Wasserman, J. (2012). *Essentials of executive function assessment*. NJ: Wiley.

McCrory, E., De Brito, S.A., and Viding (2010). Research review: The neurobiology and genetics of maltreatment and adversity. *Journal of Child Psychology and Psychiatry, 51*(10): 1079-1095.

McCusker, J., Cole, M.G., Yaffe, M. et al. (2015). A randomized trial of a depression self-care toolkit with or without lay telephone coaching for primary care patients with chronic physical conditions. *General Hospital Psychiatry, 37*(3): 257-265:https://doi.org/10.1016/j.genhosppsych.2015.03.007.

McEwen, B.S. (1998). Protective and damaging effects of stress mediators. *The New England Journal of*

*Medicine, 238*: 171-179.

McEwen, B.S. (2000). The neurobiology of stress: From serendipity to clinical relevance. *Brain Research, 886*: 172-189.

McEwen, B.S. (2002). *The end of stress as we know it*. Washington, DC: John Henry Press.

McEwen, B.S. (2004). Protection and damage from acute and chronic stress: allostasis and allostatic overload and relevance to the pathophysiology of psychiatric disorders. *Annals of the New York Academy of Sciences, 1032*(1): 1-7.

McEwen, B.S. and Sapolsky, R.M. (1995). Stress and cognitive function. *Current Opinion in Neurobiology, 5*(2): 205-216.

McGee, C. (2000). *Childhood experiences of domestic violence*. London: Jessica Kingsley Publishers.

McGovern, L., Miller, G., and Hughes-Cromwick, P. (2014). *Health Policy Brief: The Relative Contribution of Multiple Determinants to Health Outcomes*. Health Affairs.

McLean, L.M., Toner, B., Jackson, J. et al. (2006). The relationship between childhood sexual abuse, complex post-traumatic stress disorder and alexithymia in two outpatient samples: Examination of women treated in community and institutional clinics. *Journal of Child Sexual Abuse, 15*: 1-17.

McMullen, J., O'Callaghan, P., Shannon, C. et al. (2013). Group trauma-focused cognitivebehavioural therapy with former child soldiers and other war-affected boys in the DR Congo: A randomised controlled trial. *Journal of Child Psychology and Psychiatry, 54*(11): 1231-1241: https://doi.org/10.1111/jcpp.12094.

McNeil, C.B., Eyberg, S., Hembree Eisenstadt, T. et al. (1991). Parent-child interaction therapy with behavior problem children: Generalization of treatment effects to the school setting. *Journal of Clinical Child and Adolescent Psychology, 20*(2): 140-151.

Meany, M. (2010). Epigenetics and the biological definition of gene x environment interactions. *Child Development, 81*(1): 41-97.

Meldrum, L., King, R., and Spooner, D. (2002). Compassion fatigue in community mental health case managers. In: *Treating Compassion Fatigue* (Ed. C.R. Figley). New York, NY: Brunner/Rutledge.

Merrick, M. (2017). *Preventing Early Adversity through Policies, Norms and Programs*. National Center for Injury Prevention and Control. Mobilizing Action for Resilient Communities, Brown Bag Lunch Series.

Mersky, J.P., Topitzes, J., and Reynolds, A.J. (2013). Impacts of adverse childhood experiences on health, mental health, and substance use in early adulthood: A cohort study of an urban, minority sample in the US. *Child Abuse and Neglect, 37*(11): 917-925.

Mezzacappa, E., Kindlon, D., and Earls, F. (2001). Child abuse and performance task assess- ments of executive functions in boys. *Journal of Child Psychology and Psychiatry, 42*: 1041-1048.

Mezzich, A.C., Tarter, R.E., Giancola, P.R. et al. (1997). Substance use and risky sexual behaviors in female adolescents. *Drug Alcohol Depend, 44*: 157-166.

Milich, R. and Dodge, K.A. (1984). Social information processing in child psychiatric populations. *Journal of Abnormal Child Psychology, 12*: 471-490.

Miller, B.L. (2007). The human frontal lobes: An introduction. In: *The human frontal lobes*, (2nd ed.). (ed. B.L. Miller and J.L. Cummings), 3-11. New York, NY: The Guilford Press.

Miller, D.C. (2013). *Essentials of school neuropsychological assessment*, 2e. NJ: Wiley.

Miller, W.R. and Rollnick, S. (2012). *Motivational interviewing: Helping people change*. Guilford Press.

Mizoguchi, K., Yuzurihara, M., Ishige, A. et al. (2000). Chronic stress induces impairment of spatial working memory because of prefrontal dopaminergic dysfunction. *Journal of Neuroscience, 20*(4): 1568-1574.

Moodi, S., Daneri, P., Goldhagen, S., Halle, T., Green, K., and LaMonte, L. (2014). Early Childhood Developmental Screening: Compendium of Measures for Children Ages Birth to Five. (OPRE Report 201411) Washington, DC: Office of Planning, Research and Evaluation, Administration for Children and Families, U.S. Department of Health and Human Services.

Moos, R.H. (1990). *Coping Responses Inventory-Youth Form. Center for Health Care Evaluation*. Stanford University.

Moos, R.H. and Moos, B.S. (1994). *Family Environment Scale Manual*. Consulting Psychologists Press.

Morrill, A.C., McElaney, L., Peixotto, B. et al. (2015). Evaluation of all babies cry, a second generation universal abusive head trauma prevention program. *Journal of community psychology, 43*(3): 296-314.

Morrow, G. (1987). *The compassionate school: A practical guide to educating abused and traumatized children*. Prentice Hall.

Moskal, B.M. and Leydens, J.A. (2000). Scoring rubric development: Validity and reliability. *Practical Assessment, Research and Evaluation, 7*(10). [Available online: http://pareonline.net/getvn.asp?v=7&n=10.

da Motta, C.D.A., Rijo, D., Vagos, P., and Sousa, B. (2016). The Abbreviated Dysregulation Inventory: Dimensionality and Psychometric Properties in Portuguese Adolescents. *Journal of Child and Family Studies*, 1-10.

Moylan, C.A., Herrenkohl, T.I., Sousa, C. et al. (2010). The effects of child abuse and exposure to domestic violence on adolescent internalizing and externalizing behavior problems. *Journal of Family Violence, 25*(1): 53-63.

Mullender, A., Hague, G., Iman, U. et al. (2002). *Children's perspectives on domestic violence*. London: Sage.

Murgatroyd, C. and Spengler, D. (2011). Epigenetics of early child development. *Frontiers in Psychiatry, 2*: https://doi.org/10.3389/fpsyt.2011.00016.

Muris, P., Meesters, C., van Melick, M., and Zwambag, L. (2001). Selfreported attachment style, attachment quality, and symptoms of anxiety and depression in young adolescents. *Personality and Individual Differences, 30*: 809-818.

Murphy, J.J. (2015). *Solution-focused counseling in schools*. John Wiley & Sons.

Murphy, L.B. and Moriarty, A.E. (1976). *Vulnerability, Coping, and Growth: From Infancy to Adolescence.* New Haven, CT: Yale University Press.

Murray, L.K., Familiar, I., Skavenski, S. et al. (2013). An evaluation of trauma focused cognitive behavioral therapy for children in Zambia. *Child Abuse and Neglect, 37*(12): 1175-1185.

Murray, L.K., Skavenski, S., Kane, J.C. et al. (2015). Effectiveness of trauma-focused cognitive behavioral therapy among trauma-affected children in Lusaka, Zambia: A randomized clinical trial. *Journal of American Medical Association Pediatrics,* 169(8): 761-769: https://doi.org/10.1001/jamapediatrics.2015.0580.

Myers, D., and Wee, D. F. (2002). Strategies for managing disaster mental health worker stress.

Nader, K. (2003). *Walking among us: Culture and trauma. The Child Survivor of Traumatic Stress*, vol. *4*, 1-8. [Available on line at www.ummed.edu/k/kfletche/kidsurv.html].

Nader, K. (2007a). Culture and the assessment of trauma in youths. In: *Cross-cultural assessment of psychological trauma and PTSD* (Ed. J.P. Wilson and C. Tang), 169-196. New York, NY: Springer Science Business Media.

Nader, K. (2007b). Assessment of the child following crisis: The Challenge of Differential Diagnosis. In: *Play Therapy with Children in Crisis: Individual, group, and family treatment* (3rd ed.). (Ed. N.B. Webb), 21-44. New York: Guilford.

Nader, K. (2008). *Understanding and Assessing trauma in children and adolescents: Measures, Methods, and Youth in Context.* New York: Routledge.

Nader, K., Kriegler, J.A., Blake, D.D. et al. (1996). *Clinician Administered PTSD Scale, Child and Adolescent Version.* White River Junction, VT: National Center for PTSD.

Nader, K., Dubrow, N., and Stamm, B. (Eds.) (1999). *Honoring differences: Cultural Issues in the Treatment of Trauma and Loss.* Philadelphia: Taylor & Francis.

Najavits, L.M. (2002). *Seeking Safety: A treatment manual for PTSD and substance abuse.* New York, NY: Guilford.

Najavits, L.M. (2007). Seeking Safety: an evidence-based model for substance abuse and trauma/PTSD. In: *Therapist's guide to evidence-based relapse prevention: Practical resources for the mental health professional* (ed. K.A. Witkiewitz and G.A. Marlatt), 141-167. San Diego, CA: Elsevier Press.

Najavits, L.M. (2009). Seeking safety: An implementation guide. In: *Substance Abuse Treatment for Youth and Adults: Clinician's Guide to Evidence-Based Practice* (ed. A. Rubin and D.W. Springer), 311-348. Hoboken, NJ: Wiley.

Najavits, L.M., Gallop, R.J., and Weiss, R.D. (2006). Seeking safety therapy for adolescent girls with PTSD and substance use disorder: A randomized controlled trial. *The Journal of Behavioral Health Services and Research, 33*: 453-463.

Nakazawa, D.J. (2015). *Childhood disrupted: How your biography becomes your biology, and how you can heal.* Simon and Schuster.

Naste, T.M., Price, M., Karol, J., Martin, L., Murphy, K., Miguel, J., and Spinazzola, J. (2017). Equine

Facilitated Therapy for Complex Trauma (EFT-CT). *Journal of Child & Adolescent Trauma,* 1-15.

National Association of School Psychologists (NASP) (n.d.) https://www.nasponline.org/research-and-policy/public-policy-institute-(ppi)

National Association of Social Workers (2013). NASW standards for social work practice in child welfare. Retrieved from http://www.socialworkers.org/practice/standards/index.asp.

National Child Traumatic Stress Network (2016). Defining trauma and child traumatic stress. Retrieved from http://www.nctsn.org/content/defining-trauma-and-child-traumatic-stress

National Child Traumatic Stress Network Empirically Supported Treatments and Promising Practices (n.d.) https://www.nctsn.org/treatments-and-practices/treatments-that-work

National Human Genome Research Institute Fact Sheet: Epigenomics, 2016.

National Institute of Health/U.S. National Library of Medicine (2017). *The Immune Response*. Bethesda, MD: MedlinePlus Retrieved from http://medlineplus.gov/ency/article/00821.

National Scientific Council on the Developing Child. (2004). Young children develop in an environment of relationships. Working Paper No. 1. Retrieved from www.developingchild.net. © 2004, National Scientific Council on the Developing Child, Center on the Developing Child at Harvard University.

National Scientific Council on the Developing Child (2005/2014). Excessive Stress Disrupts the Architecture of the Developing Brain: Working Paper No. 3. Updated Edition, http://developingchild.harvard.edu

National Scientific Council on the Developing Child (2006). Early Exposure to Toxic Substances Damages Brain Architecture: Working Paper # 4.

National Scientific Council on the Developing Child (2007). The Timing and Quality of Early Experiences Combine to Shape Brain Architecture: Working Paper # 5.

National Scientific Council on the Developing Child (2010). Early Experiences Can Alter Gene Expression and Affect Long-Term Development: Working Paper No. 10. Retrieved from http://www.developingchild.harvard.edu

National Scientific Council on the Developing Child. (2012). The Science of Neglect: The Persistent Absence of Responsive Care Disrupts the Developing Brain: Working Paper 12.

NCTSN Position Statement: Prerequisite Clinical Competencies for Implementing Effective, Trauma-informed Intervention. 2015.

Newell, J.M. and MacNeil, G.A. (2010). Professional burnout, vicarious trauma, secondary traumatic stress, and compassion fatigue. *Best Practices in Mental Health, 6*(2): 57-68.

New Freedom Commission on Mental Health. (2003). Achieving the Promise: Transforming Mental Health Care in America. Final Report. Retrieved from http://govinfo.library.unt.edu/mentalhealthcommission/reports/reports.htm

Newman, E., Weathers, F.W., Nader, K. et al. (2004). *Clinician-Administered PTSD Scale for Children and Adolescents (CAPS-CA)*. Los Angeles: Western Psychological Services.

Ngo, V., Langley, A., Kataoka, S.H. et al. (2008). Providingevidence-based practice to ethnically diverse youths: Examples from the cognitive behavioral intervention for trauma in schools (CBITS) program. *Journal of the American Academy of Child and Adolescent Psychiatry, 47*(8): 858-862.

Noggle, C.A., Horowitz, J.L., and Davis, A.S. (2011). Neuroimaging and pediatric neuropsychology: Implications for clinical practice. In: *Handbook of Pediatric Neuropsychology* (Ed. A. Davis), 1065-1076.

Norcross, J.C. and Guy, J.D. (2007). *Leaving it at the office: A Guide to Psychotherapist Selfcare.* New York, NY: The Guildford Press.

Norman, R.E., Byambaa, M., De, R. et al. (2012). The long-term health consequences of child physical abuse, emotional abuse, and neglect: a systematic review and meta-analysis. *PLoS medicine, 9*(11): e1001349.

Novaco, R.W. (1978). Anger and coping with stress: Cognitive behavioral interventions. In: *Cognitive behavioral therapy: Research and application* (Ed. J.P. Foreyet and D.P. Rathjen). New York, NY: Plenum Press.

Nurmi, J.E. (1989). Development of orientation to the future during early adolescence: a four-year longitudinal study and two cross-sectional comparisons. *International Journal of Psychology, 24*(1-5): 195-214.

O'Connor, T.G., Moynihan, J.A., and Caserta, M.T. (2014). Annual research review: The neuroinflammation hypothesis for stress and psychopathology in children-developmental psychoneuroimmunology. *Journal of Child Psychology and Psychiatry, 55*(6): 615-631.

O'Callaghan, P., McMullen, J., Shannon, C. et al. (2013). A randomized controlled trial of trauma focused cognitive therapy for sexually exploited, war-affected Congolese girls. *Journal of American Academy of Child and Adolescent Psychiatry, 52*(4): 539-569.

Office of the Surgeon General (2016). *Facing Addiction in America: The Surgeon General's Report on Alcohol, Drugs, and Health.* Washington, DC: US Department of Health & Human Services.

Ogar, J. and Gorno-Tempini, M.L. (2007). The orbitofrontal cortex and the insula. In: *The human frontal lobes*, 2e (ed. B.L. Miller and J.L. Cummings), 59-67.

Ohan, J.L., Myers, K., and Collett, B.R. (2002). Ten-year review of rating scales. IV: Scales assessing trauma and its effects. *Journal of the American Academy of Child & Adolescent Psychiatry, 41*(12): 1401-1422.

Ohmi, H., Kojima, S., Awai, Y. et al. (2002). Post-traumatic stress disorder in pre-school aged children after a gas explosion. *European Journal of Pediatrics, 161*(12): 643-648.

Olij, J. (2005). Trauma awareness, healing, and group counseling in secondary schools. *Intervention, 3*(1): 51-57.

Olson, D., Portner, J., and Lavee, Y. (1985). *Family Adaptability and Cohesion Evaluation Scale (FACES III).* St Paul, MN: University of Minnesota.

Olson, D.H., Gorall, D.M., and Tiesel, J.W. (2006). *FACES-IV Package: Administration.* Minneapolis, MN:

Life Innovations, Inc.

Oregon State University, Family Policy Program, 1997, https://health.oregonstate.edu/sites/health.oregonstate.edu/files/sbhs/pdf/BR2Ch5.pdf

Osofsky, J.D. (1999). The impact of violence on children. *The Future of Children, 9*(3): 33-34.

Osofsky, J.D. (2003). Prevalence of children's exposure to domestic violence and child maltreatment: Implications for prevention and intervention. *Clinical Child and Family Psychology Review, 6*(3): 161-170.

Osofsky, J.D., Stepka, P.T., and King, L.S. (2017). *Treating infants and young children impacted by trauma: Interventions that promote healthy development*. American Psychological Association.

Overstreet, S. and Chafouleas, S.M. (2016). Trauma-informed schools: Introduction to the special issue. *School Mental Health, 8*(1): 1-6.

Palta, R. (2015) KPCC: The Voice of Southern California. Compton school district lawsuit equating trauma with disabilities proceeds, http://www.scpr.orgnews/2015/09/30/54748/compton-school-district-lawsuit-equating-trauma-wi/

Park, S., Kim, B.-N., Choi, N.-H. et al. (2014). The effect of persistent posttraumatic stress disorder symptoms on executive functions in preadolescent children witnessing a single accident of death. *Anxiety, Stress & Coping: An International Journal, 27*: 241-252.

Parker, J.G., Rubin, K.H., Price, J.M., and DeRosier, M.E. (1995). Peer relationships, child development, and adjustment: A developmental psy- chopathology perspective. In: *Developmental Psychopathology*, vol. 2. Risk, disorder, and adaptation (Ed. D. Cicchetti and D.J. Cohen), 96-161. New York: Wiley.

Pearlin, I.L. (1999). The stress process revisited: Reflections on concepts and their interrelationships. In: *Sociology of Mental Health* (Ed. C.S. Aneshensel and J.C. Phelan), 395-415. New York, NY: Kluwer Academic/Plenum.

Pearlman, L.A. and Saakvitne, K.W. (1995a). Treating therapists with vicarious traumatization and secondary traumatic stress disorders. In: *Compassion fatigue: Coping with secondary traumatic stress disorder in those who treat the traumatized*, vol. 23 (Ed. C.R. Figley), 150-177. Philadelphia, PA: Brunner/Mazel.

Pearlman, L.A. and Saakvitne, K.W. (1995b). *Trauma and the therapist: Countertransference and vicarious Traumatization in Psychotherapy with incest Survivors*. New York: W.W. Norton.

Pears, K. and Fisher, P.A. (2005). Develpmental, cognitive, and neuropsychological functioning in preschool aged foster children: Associations with prior maltreatment and placement history. *Journal of Developmental and Behavioral Pediatrics, 26*: 112-122.

Pechtel, P. and Pizzagalli, D.A. (2011). Effects of early life stress on cognitive and affective function: An integrated review of human literature. *Psychopharmacology, 214*(1): 55-70.

Pelcovitz, D., van der Kolk, B.D., Roth, S. et al. (1997). Development of a criteria set and a structured interview for disorders of extreme stress (SIDES). *Journal of Traumatic Stress, 10*: 3-16.

Penke, I., Munoz-Maniega, S., Murray, C. et al. (2010). A general factor of brain white matter integrity predicts information processing speed in healthy older people. *Journal of Neuroscience, 30*: 7569-7574.

Pennebaker, J.W. (2000). The effects of traumatic disclosure on physical and mental health: The values of writing and talking about upsetting events. In J.M. Violanti, D. Paton and C. Dunning (Eds.), *Posttraumatic stress intervention: Challenges, issues, and perspectives* (97-114). IL: Springfield, Charles C Thomas Publisher.

Pennebaker, J.W. and Francis, M.E. (1996). Cognitive, emotional, and language processes in disclosure: Physical health and adjustment. *Cognition and Emotion, 10*: 601-626.

Perfect, M.M., Turley, M.R., Carlson, J.S. et al. (2016). School related outcomes of traumatic exposure and traumatic stress symptoms in students: A systematic review of the literature. *School Mental Health 8*: 7-43. http://dx.doi.org/10.1007/s12310-016-9175-2.

Perry, B.D. and Pollard, R. (1998). Homeostasis, stress, trauma, and adaptation: A neurodevelopmental view of childhood trauma. *Child and adolescent psychiatric clinics of North America, 7*(1): 33-51.

Perry, B.D., Pollard, R.A., Blaicley, T.L. et al. (1995). Childhood trauma, the neurobiology of adaptation, and "use-dependent" development of the brain: How "states" become "traits". *Infant Mental Health Journal, 16*(4): 271-291.

Peter P., et al. (2015). Compton Unified School District.

Phelan, C., and Wren, J. (2005). Exploring reliability and validity. Retrieved from https://www.uni.edu/chfasoa/reliabilityandvalidity.htm

Phillips, J.R., Hewedi, D.H., Eissa, A.M., and Moustafa, A.A. (2015). The cerebellum and psychiatric disorders. *Frontiers in Public Health* 3: 66:https://doi.org/10.3389/fpubh.2015.00066.

Piers, E. V. and Harris, D. B. (1969). Children's self-concept scale. Nashville, Tenn.: Counselor Recordings and Tests.

Piers, E. V., Herzberg, D. S., and Harris, D. B. (2002). Piers-Harris Children's Self-concept Scale:(PHCSCS). Western Psychological Services.

Pines, A. and Aronson, E. (1988). *Career burnout: Causes and Cures*. New York, NY: The Free Press.

Pires, S.A. (2002). *Building systems of care: A primer*. National Technical Assistance Center for Children's Mental Health, Georgetown University Child Development Center.

Pokorny, S.B., Jason, L.A., Schoeny, M.E. et al. (2001). Do participation rates change when active consent procedures replace passive consent. *Evaluation Review, 25*(5): 567-580.

Pollack, S.D., Cicchetti, D., Klorman, R., and Brumaghim, J.T. (1997). Cognitive brain eventrelated potentials and emotion processing in maltreated children. *Child Development, 68*: 773-787.

Pollack, S.D., Cicchetti, D., Hornung, K., and Reed, A. (2000). Recognizing emotion in faces: Developmental effects of child abuse and neglect. *Developmental Psychology, 36*: 679-688.

Pollack, S.D., Klorman, R., Thatcher, J.E., and Cicchetti, D. (2001). P3b reflects maltreated children's reactions to facial displays of emotion. *Psychophysiology, 38*: 267-274.

Pollio, E. and Deblinger, E. (2017). Trauma-focused cognitive behavioural therapy for young children: clinical considerations. *European journal of psychotraumatology, 8*(sup7): 1433929.

Porche, M.V., Costello, D.M., and Rosen-Reynoso (2016). Adverse family experiences, child mental health and educational outcomes for a national sample of students. *School Mental Health, 8*: 44-60: https://doi.org/10.1007/s12310-016-9174-3.

Praver, F., DiGiuseppe, R., Pelcovitz, D. et al. (2000). A preliminary study of a cartoon measure for children's reactions to chronic trauma. *Child Maltreatment, 5*(3): 273-285.

Prewitt, E. (2016). New elementary and secondary education law includes specific "trauma-informed practices" provisions. Retrieved from: http://www.acesconnection.com/g/aces-in-education/blog/new-elementary-and-secondary-education-law-includes-specific-trauma-informed-practices-provisions.

Public Counsel Opportunity Under Law, University of California-Irvine Law School https://www.newark.rutgers.edu/news/rutgers-center-law-inequality-and-metropolitan-equityclime-sponsors-may-5-conference-trauma

Purves, D., Augustine, G.J., Fitzpatrick, D. et al. (Eds.) (2008). *Neuroscience*, 4e. MA: Sinauer Associates.

Putnam, F. (1990). *Child Dissociative Checklist (v3. 0)*. Washington DC: NIMH.

Putnam, F.W. (1997). *Dissociation in Children and Adolescents: A Developmental Perspective*. New York, NY: The Guilford Press.

Pynoos, R.S., Rodriguez, N., Steinberg, A.S. et al. (1998). *The UCLA PTSD reaction index for DSM IV (Revision 1)*. Los Angeles: UCLA Trauma Psychiatry Program.

Ramirez, M., Paik, A., Sanchagrin, K., and Heimer, K. (2012). Violent peers, network centrality, and intimate partner violence perpetration by young men. *Journal of Adolescent Health, 51*(5): 503-509.

Range, L.M., Embry, T., and MacLeod, T. (2001). Active and passive consent: a comparison of actual research with children. *Ethical Human Sciences and Services, 3*(1): 23-31.

Reich, W. (2000). Diagnostic interview for children and adolescents (DICA). *Journal of the American Academy of Child & Adolescent Psychiatry, 39*(1): 59-66.

Reid, M.J. and Webster-Stratton, C. (2001). The Incredible Years parent, teacher, and child intervention: Targeting multiple areas of risk for a young child with pervasive conduct problems using a flexible, manualized, treatment program. *Journal of Cognitive and Behavior Practice, 8*: 377-386.

Reyes, C.J. (2008). Exploring the relations among the nature of the abuse, perceived parental support, and child's self-concept and trauma symptoms among sexually abused children. *Journal of Child Sexual Abuse, 17*(1): 51-70.

Reyes, J.A. and Elias, M.J. (2011). Fostering social-emotional resilience among Latino youth. *Psychology in the Schools, 48*(7): 723-737.

Ribbe, D. (1996). Psychometric review of traumatic events screening inventory for children (TESI-C). In: *Measurement of stress, trauma, and adaptation* (ed. B.H. Stamm), 386-387.

Richardson, M., Kagan, R., Henry, J. et al. (2011). *HEROES Project Three Month Evaluation Report*. Albany, NY: Parsons Child and Family Center.

Richardson, M., Kagan, R., Henry, J. et al. (2012). *HEROES Project Six Month Data Analysis*. Albany, NY: Parsons Child and Family Center.

Richters, J.E. and Martinez, P. (1993). The NIMH community violence project: I. Children as victims of and witnesses to violence. *Psychiatry, 56*(1): 7-21.

Richters, J. E. and Saltzman, W. (1990). Survey of exposure to community violence: Selfreport version. JE Richters.

Ridgard, T., Laracy, S., DuPaul, G. et al. (2015). *Trauma-Informed Care in Schools: A Social Justice Imperative*. NASP.

Ridgard, T.J., Laracu, S.D., Dupaul, G.J. et al. (2015). Trauma-Informed Care in Schools: A Social Justice Imperative.(cover story). *Communique* (0164775X), *44*(2): 1-15.

Rivard, J.C., Bloom, S.L., McCorkle, D., and Abramovitz, R. (2005). Preliminary results of a study examining the implementation and effects of a trauma recovery framework for youths in residential treatment. *Therapeutic Community: The International Journal for Therapeutic and Supportive Organizations, 26*(1): 83-96.

Roberds, E.L. and Davis, A.S. (2011). Reactive attachment disorder. In: *Encyclopedia of Child Behavior and Development*, 1217-1219. Springer US.

Roberts, M.W. and Powers, S.W. (1990). Adjusting chair timeout enforcement procedures for oppositional children. *Behavioral Therapy, 21*: 257-271.

Robson, D. (2010). *The five pillars of happiness: Your new life step by step*. Wizard Publishing.

Rodriguez, N., Steinberg, A., and Pynoos, R.S. (1999). *UCLA PTSD index for DSM IV Instrument Information: Child version, Parent Version, Adolescent Version*. Los Angeles, CA: UCLA Trauma Psychiatry Services.

Rodriguez-Sierra, O.E., Goswami, S., Turesson, H.K., and Pare, D. (2016). Altered responsiveness of BNST and amygdala neurons in trauma-induced anxiety. *Translational psychiatry, 6*(7): e857.

Rohrer, J. D., Rossor, M. N., and Warren, J. D. (2008). The anatomy of impaired reading in primary progressive aphasia. *Neuropsychologia, 46*(9), 2383-2395. https://doi.org/10.xxxx

Rollnick, S. and Miller, W.R. (1995). What is motivational interviewing? *Behavioural and Cognitive Psychotherapy, 23*(4): 325-334.

Rollnick, S., Miller, W.R., Butler, C.C., and Aloia, M.S. (2008). Motivational interviewing in health care: helping patients change behavior. *Journal of Chromic Obstructive Pulmonary Disease, 5*(3): 203.

Rosenblat, J.D. and McIntyre, R.S. (2016). Bipolar disorder and inflammation. *Psychiatric Clinics of North America, 39*: 125-137. https://doi.org/10.1016/j.psc.2015.09.006.

Rosenblat, J.D., Cha, D.S., Mansur, R.B. et al. (2014). Inflamed moods: A review of the interactions between inflammation and mood disorders. *Progress in Neuro-Psychopharmacology & Biological Psychiatry, 53*: 23-34.

Rossen, E. and Cowan, K. (2013). The role of schools in supporting traumatized students. *Principal's Research Review, 8*(6): 1-8.

Rossen, E. and Hull, R. (eds.) (2013). *Supporting and educating traumatized students: A guide for school-based professionals*. New York, NY: Oxford University Press.

Roussos, A., Goenjian, A.K., Steinberg, A.M. et al. (2005). Post-traumatic stress and depressive reactions among children and adolescents after the 1999 earthquake in Ano Liosia, Greece. *American Journal of Psychiatry, 162*: 530-537.

Rubin, K.H., Bukowski, W., and Parker, J.G. (1998). Peer interactions, relationships, and groups. In: *Hand-Book of Child Psychology*, 5e, vol. 3 (ed. W. Damon and N. Eisenberg). Social, emo.

Runyon, M.K., Deblinger, E., and Steer, R.A. (2014). PTSD symptom cluster profits of youth who have experienced sexual or physical abuse. *Child Abuse and Neglect, 38*(1): 114-122.

Runyon, M. K., Pollio, E., and Cohen, J. Trauma-Focused Cognitive Behavioral Therapy for Children in Foster Care: An Implementation Manual Esther Deblinger, Ph. D. Anthony P. Mannarino, Ph.D.

Rutgers University Law School's "Center on Law, Inequality, and Metropolitan Equity" (May 5, 2017) Mark Rosenbaum.

Rutter, M. (1979). Protective factors in children's responses to stress and disadvantage. In: *Primary Prevention of Psychopathology*, vol. 3. Social competence in children (Ed. M.W. Kent and J.E. Rolf ), 49-74. Hanover, NH: University Press of New England.

Rutter, M. (1990). Psychosocial resilience and protective mechanisms. In: *Risk and Protective Factors in the Development of Psychopathology* (Ed. J.R.A.S. Masten, D. Cicchetti, K.H. Nuechterlein and S. Weintraub), 181-1214. New York: Cambridge University Press.

Ryff, C.D. (1989). Happiness is everything, or is it? Explorations on the meaning of psychological well-being. *Journal of Personality and Social Psychology, 57*: 1069-1081. Charles C Thomas.

Ryff, C.D. and Singer, B. (1998). The contours of positive human health. *Psychological inquiry, 9*(1): 1-28.

Sackett, D.L., Rosenberg, W.M., Gray, J.A. et al. (1996). Evidence based medicine: What it is and what it isn't. *British Medical Journal,* 312: 71-72. Retrieved from http://www.ncbi.nlm.nih.gov/pmc/articles/PMC2349778/pdf/bmj00524-0009.pdf.

Safe and Supportive Schools Commission (2017). Massachusetts General Laws, chapter 69, section 1P. In: *An Act Relative to the Reduction of Gun Violence*. Safe and Supportive Schools Commission Retrieved on August 31, 2017 from https://malegislature.gov/Laws/SessionLaws/Acts/2014/Chapter284.

Saigh, P.A., Mroueh, M., and Bremner, J.D. (1997). Scholastic impairments among traumatized adolescents. *Behaviour Research and Therapy, 35*: 429-436.

Saltzman, W.R., Pynoos, R.S., Layne, C.M. et al. (2001). Trauma-and grief-focused intervention for adolescents exposed to community violence: Results of a school-based screening and group treatment protocol. *Group Dynamics: Theory, Research, and Practice, 5*(4): 291.

Saltzman, K.M., Weems, C.F., and Carrion, V.G. (2005). IQ and posttraumatic stress symptoms in children exposed to interpersonal violence. *Child Psychiatry and Human Development*:https://doi.org/10.1007/s10578-005-002-5.

SAMHSA's National Registry of Evidence-Based Programs and Practices, which can be found here: Retrieved 2017 http://nrepp.samhsa.gov/landing.aspx.

Santiago, C.D., Lennon, J.M., Fuller, A.K. et al. (2014). Examining the impact of a family treatment component for CBITS: When and for whom is it helpful? *Journal of Family Psychology, 28*(4): 560.

Sapolsky, R. (1998). *Why Zebras Don't Get Ulcers*. New York: W.H. Freeman.

Sapolsky, R. (2004). *The cognitive neurosciences, stress and cognition*, vol. 3 (ed. M. Gazzaniga). Cambridge, MA: MIT Press.

Sapolsky, R.M., Romero, L.M., and Munck, A.U. (2000a). How do glucocorticoids influence stress responses? Integrating permissive, suppressive, stimulatory, and preparative actions. *Endocrine Reviews, 21*(1): 55-89.

Sapolsky, R., Romero, L., and Munck, A. (2000b). How do glucocorticoids influence stress responses: Integrating permissive, stimulatory, and preparative actions. *Endocrine Review, 21*: 55-89.

Sar, V., Taycan, O., Bolat, N. et al. (2010). Childhood trauma and dissociation in schizophrenia. *Psychopathology, 43*(1): 33-40.

Sarazin, M., Pillon, B., Giannakopoulos, P. et al. (1998). Clinico-metabolic dissociation of cognitive functions and social behavior in frontal lobe lesions. *Neurology, 51*: 142-148.

Sattler, J.M. (2008). *Assessment of Children:Cognitive Foundations*, 5e. San Diego, CA: Sattler.

Saunders, B.E. (2003). Understanding children exposed to violence: Towards an integration of overlapping fields. *Journal of Interpersonal Violence, 18*(4): 356-376.

Saunders, B.E., Berliner, L., and Hanson, R.F. (Eds.). (2003). Child Physical and Sexual Abuse: Gudelines for Treamtnet (Final Report: January 15, 2003). Charleston, SC: National Crime Victims Research and Treatment Center.

Saxe, G.N. and Ellis, B.H. (2012). *Collaborative treatment of traumatized children and teens: The trauma systems therapy approach*. Guilford Press.

Saxe, G.N., Ellis, B.H., and Kaplow, J.B. (2007). *Collaborative Treatment of Traumatized Children and Teens: The Trauma Systems Therapy Approach*. New York, NY: Guilford Press.

Schafer, I. and Fisher, H.L. (2011). Childhood trauma and post-traumatic stress disorder in patients with psychosis: clinical challenges and emerging treatments. *Current Opinion in Psychiatry, 24*(6): 514-518.

Scheeringa, M.S. (2010). *Young child PTSD Checklist*. New Orleans, LA: Tulane University.

Scheeringa, M.S. and Haslett, N. (2010). The reliability and criterion validity of the diagnostic infant and preschool assessment: A new diagnostic instrument for young children. *Child Psychiatry and Human Development, 41*(3): 299-312.

Scheier, M., Carver, C., and Bridges, M. (1994). Distinguishing optimism from neuroticism(and trait anxiety, self-mastery, and self-esteem): A reevaluation of the Life Orientation Test. *Journal of Personality and Social Psychology, 67*(6): 1063-1078.

Schilling, E.A., Aseltine, R.H., and Gore, S. (2007). Adverse childhood experiences and mental health in young adults: a longitudinal survey. *BMC Public Health, 7*(1): 30.

Schneider-Rosen, K. and Cicchetti, D. (1991). Early self- knowledge and emotional development: Visual self-recognition and affective reactions to mirror self-images in maltreated and non- maltreated toddlers. *Development and Psychopathology*.

Schoenberg, S. (2014). Gov. Deval Patrick signs gun bill into law saying, "It's a good bill, an important bill." Retrieved on September 2, 2017 from http://www.masslive.com/politics/index.ssf/2014/08/gov_deval_patrick_signs_gun_bi.html

School, H.M. (2016). *Understanding the stress response: Chronic activation of this survival mechanism impairs health*. Harvard Publishing Retrieved at http://www.health.harvard.edu/staying-healthy/understanding-the-stress-response.

Schore, A.N. (2001). The effects of early relational trauma on right brain development, affect regulation, and infant mental health. *Infant Mental Health Journal, 22*(1-2): 201-269.

Schuhmann, E.M., Foote, R.C., Eyberg, S.M. et al. (1998). Efficacy of parent-child interaction therapy: Interim report of a randomized trial with short-term maintenance. *Journal of clinical child psychology, 27*(1): 34-45.

Schulkin, J. (2004). *Allostasis, Homeostasis, and the Costs of Adaptation*, 17. Cambridge: Cambridge University Press.

Scott, G.R. (1996). *The History of Corporal Punishment*. London: Senate.

Seckl, J.R. and Meany, M.J. (2006). Glucocorticoid "programming" and PTSD risk. *Annals of the New York Academy of Science, 1071*: 351-378.

Seedat, S., Nyamai, C., Njenga, F. et al. (2004). Trauma exposure and post-traumatic stress symptoms in urban African schools survey in CapeTown and Nairobi. *The British Journal of Psychiatry, 184*(2): 169-175.

Seeman, T.E., McEwen, B.S., Rowe, J.W., and Singer, B.H. (2001a). Allostatic load as a marker of cumulative biological risk: MacArthur studies of successful aging. *Proceedings of the National Academy of Sciences, 98*(8): 4770-4775.

Seeman, T., McEwen, B., Rowe, J., and Singer, B. (2001b). Allostatic load as a marker of cumulative biological risk. *Proceedings of the National Academy of Sciences, 98*: 4770-4775.

Seeman, T.E. et al. (2004). Cumulative biological risk and socioeconomic differences in mortality: MacArthur studies of successful aging. *Social Science and Medicine, 58*: 1985-1997.

Seginer, R. (2008). Future orientation in times of threat and challenge: How resilient adolescents construct their future. *International Journal of Behavioral Development, 32*(4): 272-282.

Shackelford, K. (2006). Preparation of undergraduate social work students to cope with the effects of indirect trauma. Unpublished Doctoral Dissertation. Department of Social Work: University of

Mississippi.

Shantz, C.U. and Hartup, W.W. (Eds.) (1992). *Conflict in Child and Adolescent Development*. New York: Cambridge University Press.

Shapiro, S.L., Brown, K.W., and Biegel, G.M. (2007). Teaching self-care to caregivers: effects of mindfulness-based stress reduction on the mental health of therapists in training. *Training and Education in Professional Psychology, 1*(2): 105.

Shaywitz, S.E. (2003). *Overcoming dyslexia: A New and Complete Science-based Program for Reading Problems at any Level*. Knopf.

Shaywitz, S. (2004). *Overcoming Dyslexia*. New York, NY: Random House.

Shaywitz, S.E. and Shaywitz, B.A. (2004). Reading disability and the brain. *Educational leadership, 61*(6): 6-11.

Shaywitz, S.E. and Shaywitz, B.A. (2008). Paying attention to reading: the neurobiology of reading and dyslexia. *Development and psychopathology, 20*(4): 1329-1349.

Shaywitz, B.A., Shaywitz, S.E., Pugh, K.R. et al. (2002). Disruption of posterior brain systems for reading in children with developmental dyslexia. *Biological Psychiatry, 52*(2): 101-110.

Sheehan, M.J. and Watson, M.W. (2008). Reciprocal influences between maternal discipline techniques and aggression in children and adolescents. *Aggressive Behavior, 34*: 245-255.

Shemesh, E., Newcorn, J.H., Rockmore, L. et al. (2005). Comparison of parent and child reports of emotional trauma symptoms in pediatric outpatient settings. *Pediatrics, 115*: e582-e589:https://doi.org/10.1542/peds.2004-2201.

Shepard, L., Kagan, S.L., and Wurtz, E. (Eds.) (1998). *Principles and recommendations for early childhood assessments: The National Education Goals Panel*. Goal 1 Early Childhood Assessments Resource Group.

Sher, K.J., Gershuny, B.S., Peterson, L., and Raskin, G. (1997). The role of childhood stressors in the intergenerational transmission of alcohol use disorders. *Journal of Studies on Alcohol and Drugs, 58*: 414-427.

Shevelkin, A.V., Ihenatu, C., and Pletnikov, M.V. (2014). Preclinical models of neurodevelopmental disorders: Focus on the cerebellum. *Review Neuroscience, 25*(2): 177-194.

Shin, S. (2005). Need for and actual use of mental health service by adolescents in the foster care system. *Children and Youth Services Review, 27*: 1071-1083.

Shin, L.M., Rauch, S.L., and Pitman, R.K. (2006). Amygdala, medial prefrontal cortex, and hippocampal function in PTSD. *Annals of the New York Academy of Sciences, 1071*(1): 67-79.

Shonk, S.M. and Cicchetti, D. (2001). Maltreatment, competency deficits, and risk for academic and behavioral maladjustment. *Developmental Psychology, 37*: 3-17.

Shonkoff, J.P. and Phillips, D. (Eds.) (2000). *From neurons to neighborhoods: The science of early childhood development. Committee on Integrating the Science of Early Childhood Development*. Washington, DC: National Academy Press.

Shonkoff, J.P., Garner, A.S., CSiegel, B.S. et al. (2012). The lifelong effects of early childhood adversity and toxic stress. *Pediatrics, 129*: e232-e246: https://doi.org/10.2542/peds.2011-2663.

Silverman, W.K., Ortiz, C.D., Viswesvaran, C. et al. (2008). Evidence-based psychosocial treatments for children and adolescents exposed to traumatic events. *Journal of Clinical Child and Adolescent Psychology, 37*(1): 156-183.

Singer, M.I., Anglin, T.M., Song, L.Y., and Lunghofer, L. (1995). Adolescents' exposure to violence and associated symptoms of psychological trauma. *JAMA,* 273: 477-482. https://doi.org/10.1001/jama.286.24.3089.

Skiba, R.J., Chung, C.G., Trachok, M. et al. (2014). Parsing disciplinary disproportionality: Contributions of infraction, student, and school characteristics to out-of-school suspension and expulsion. *American Educational Research Journal, 51*(4): 640-670.

Smith, E.E., Jonides, J., Marshuetz, C., and Koeppe, R.A. (1998). Components of verbal memory: Evidence from neuroimaging. *Proceedings of the National Academy of Sciences of the United States of America, 95*: 876-882.

Snyder, C.R. (1994). *The psychology of hope: You can get there from here.* Simon and Schuster. Snyder, C.R., Hoza, B., Pelham, W.E. et al. (1997). The development and validation of the children's hope scale. *Journal of Pediatric Psychology, 22*: 399-421.

Spauwen, J., Krabbendam, L., Lieb, R. et al. (2006). Impact of psychological trauma on the development of psychotic symptoms: relationship with psychosis proneness. *The British Journal of Psychiatry, 188*(6): 527-533.

Spilsbury, J.C., Fletcher, K.E., Creeden, R., and Friedman, S. (2008). Psychometric properties of the dimensions of stressful events rating scale. *Traumatology, 14*(4): 116-130.

Squire, L.R., Stark, C.E.L., and Clark, R.E. (2004). The medial temporal lobe. *Annual Review of Neuroscience, 27*: 279-306.

Sroufe, L.A., Carlson, E.A., Levy, A.K., and Egeland (1999). Implications of attachment theory for developmental psychopathology. *Development and Psychopathology, 11*: 1-13.

Stamm, B. (1995). *Secondary traumatic stress: Self-care issues for clinicians, researchers, and educators.* The Sidran Press.

Stamm, B. H. (2005). The ProQOL manual. Retrieved July, 16, 2007.

Stearns, P. (2006). *Childhood in world history.* New York, NY: Routledge.

Stein, N., Folkman, S., Trabasso, T., and Richards, T.A. (1997). Appraisal and goal processes as predictors of psychological well- being in bereaved caregivers. *Journal of Personality and Social Psychology, 72*: 872-884.

Stein, B.D., Jaycox, L.H., Kataoka, S.H. et al. (2003). A mental health intervention for schoolchildren exposed to violence: a randomized controlled trial. *JAMA, 290*(5): 603-611. (Main outcome study associated with Study 1: Kataoka et al., 2011 - assessed impacts on trauma symptoms, depression, classroom conduct, internalizing problems, learning problems, and psychosocial dysfunction).

Stein, B.D., Jaycox, L.H., Langley, A. et al. (2007). Active parental consent for a schoolbased community violence screening: comparing distribution methods. *Journal of school health, 77*(3): 116-120.

Steinberg, M.S. and Dodge, K.A. (1983). Attributional bias in aggressive adolescent boys and girls. *Journal of Social and Clinical Psychology, 1*(4): 312-321.

Steinberg, A.M., Brymer, M.J., Decker, K.B., and Pynoos, R.S. (2004). The University of California at Los Angeles post-traumatic stress disorder reaction index. *Current Psychiatry Reports, 6*: 96-100.

Steinberg, A.M., Brymer, M.J., Kim, S. et al. (2013). Psychometric properties of the UCLA PTSD reaction index: Part 1. *Journal of Traumatic Stress, 26*: 1-9.

Stephan, S., Green, M., Rosen-Gill, E., Sullivan, K., and Pitchford, J. (2017). Implementation and Evaluation of Trauma-informed Intervention in Baltimore City Schools. School-Based Mental Health Programs for Children Exposed to Trauma; 23rd International Society for Traumatic Stress Studies Annual Meeting; Nov 14-17, Baltimore, Maryland.

Sterling, P. (2004). Principles of allostasis: optimal design, predictive regulation, pathophysiology and rational therapeutics. In: *Allostasis, homeostasis, and the costs of physiological adaptation* (Ed. J. Schulkin), 17-64. New York, NY: Cambridge University Press.

Stevens, J. E. (2013a). The Adverse Childhood Experiences Study - the largest, most important public health study you never heard of - began in an obesity clinic. Retrieved from https://acestoohigh.com/2012/10/03/the-adverse-childhood-experiences-study-thelargest-most-important-public-health-study-you-never-heard-of-began-in-an-obesity-clinic.

Stevens, J. E. (2013b). There's no such thing as a bad kid in these Spokane, WA, traumainformed elementary schools. ACEs Too High. Retrieved from http://acestoohigh.com/2013/08/20/spokaneschools.

Stiles, J. (2010). The basics of brain development. *Neuropsychological Review (what is full title), 20*: 327-348.

Stiles, J. and Jernigan, T.L. (2010). The basics of brain development. *Neuropsychology review, 20*(4): 327-348.

Stoddard, F.J. (2014). Outcomes of traumatic exposure. *Child and Adolescent Clinics of North America, 23*: 243-256.

Stoeckle, C., Gough, P.M., Watkins, K.E., and Devlin, J.T. (2009). Supramarginal gyrus involved in visual word recognition. *Cortex, 45*(9): 1091-1096.

Stolbach, B.C. (1997). *The children's Dissociative Experiences Scale and Posttraumatic Symptom Inventory: RATIONALE, Development, and Validation of a self-report Measure*. University of Colorado: Doctoral dissertation.

Stover, C.S. and Berkowitz, S. (2005). Assessing violence exposure and trauma symptoms in young children: A critical review of measures. *Journal of Traumatic Stress, 18*(6): 707-717.

Stover, C.S., Hahn, H., Im, J.J.Y., and Berkowitz, S. (2010). Agreement of parent and child reports of trauma exposure and symptoms in the early aftermath of a traumatic event. *Psychological*

*Trauma: Theory, Research, Practice, and Policy, 2*: 159-168. https://doi.org/10.1037/a0019156.

Strand, V., Sarmiento, T., and Pasquale, L. (2005). Assessment and screening tools for trauma in children and adolescents: A review. *Trauma Violence and Abuse, 6*(1): 55-78.

Straus, M.A. (2001). *Beating the devil out of them: Corporal punishment in American families and its effects on children*. Transaction Publishers.

Straus, M.A. and Paschall, M.J. (2009). Corporal punishment by mothers and development of children's cognitive ability: a longitudinal study of two nationally representative age cohorts. *Journal of Aggression Maltreatment and Trauma, 18*: 459-483.

Streeck-Fischer, A. and van der Kolk, B. (2000). Down will come baby, cradle and all: Diagnostic and therapeutic implications of chronic trauma on child development. *Australian and New Zealand Journal of Psychiatry, 34*: 903-918.

Streiner, D. L., & Norman, G. R. (2003). *Health measurement scales: A practical guide to their development and use* (3rd ed.). Oxford, UK: Oxford University Press. https://doi.org/10.1093/acprof:oso/9780198528470.001.0001

Stuss, D.T. and Alexander, M.P. (2007). Is there a dysexecutive syndrome? *Philosophical Transactions of the Royal Society of London B: Biological Sciences, 362*(1481): 901-915.

Stuss, D.T., Gallup, G.G., and Alexander, M.P. (2001). The frontal lobes are necessary for "theory of mind". *Brain, 124*: 279-286.

Substance Abuse and Mental Health Services Administration (2014). *Trauma-Informed Care in Behavioral Health Services. Treatment Improvement Protocol (TIP) Series 57.* HHS Publication No. (SMA) 13-4801. Rockville, MD: Substance Abuse and Mental Health Services Administration Retrieved From https://store.samhsa.gov/shin/content/SMA14-4816/SMA14-4816.pdf.

Swain-Bradway, J., Johnson, J., Eber, L. et al. (2015). *Interconnecting school mental health and school-wide positive behavior support*, 282. School Mental Health: Global Challenges and Opportunities.

Talwar, V., Carlson, S.M., and Lee, K. (2011). Effects of a punitive environment on children's executive functioning: A natural experiment. *Social Development*.

Tarullo, A.R. and Gunnar, M.R. (2006). Child maltreatment and the developing HPA axis. *Hormones and Behavior, 50*: 632-639.

Taylor, N., Steinburg, A., and Wilson, C. (2006). *The Child Welfare Trauma Referral Tool.* San Diego, CA: Chadwick Center for Children and Families, Rady Children's Hospital San Diego, CA.

Teicher, M.H. (2000). Wounds that time won't heal: The neurobiology of child abuse. *Cerebrum, 2*(4).

Teicher, M.H. and Samson, J.A. (2016). Annual research review: Enduring neurobiological effects of childhood abuse and neglect. *Journal of Child Psychology and Psychiatry* https://doi.org/10.1111/jcpp.12507.

Teicher, M.H., Dumont, N.L., Ito, Y. et al. (2004). Childhood neglect is associated with reduced corpus callosum area. *Biological Psychiatry, 56*: 80-85.

Teicher, M.H., Anderson, C.M., and Polcari, A. (2012). Childhood maltreatment is associated with reduced volume in the hippocampal subfields CA3, dentate gyrus and subiculum. *Proceedings from the National Academy of the United States PNAS*. Published online February 13, 2012. http://www.pnas.org/cgi/doi/10.1073/pnas.1115396109.

Terr, L.C. (1991). Childhood traumas: An outline and overview. *American Journal of Psychiatry, 148*: 10-20.

Texas Classroom Teachers Association (2017). https://tcta.org/node/13128-corporal_punishment_and_use_of_force

The Center for the Enhancement of Teaching. (n.d.) How to improve test reliability and validity: Implications for grading. [Available online: http://oct.sfsu.edu/assessment/evaluating/htmls/improve_rel_val.html].

The Center on the Developing Child at Harvard University (2011). https://developingchild.harvard.edu

The President's New Freedom Commission on Mental Health (2003). Retrieved from http://govinfo.library.unt.edu/mentalhealthcommission/reports/reports.htm.

The Sanctuary Institute (2017). Title or content description. Retrieved from https://www.sanctuaryweb.com

The Sanctuary Model (2012). Community Meetings. Retrieved from http://www.sanctuaryweb.com/community-meetings.php.

The Sanctuary Model (2014). Red Flag Meetings. Retrieved from http://www.sanctuaryweb.com/red-flag-reviews.php

Thoits, P.A. (2010). Stress and health: Major findings and policy implications. *Journal of Health And Social Behavior, 51*(1_suppl): S41-S53.

Timmer, S.G., Urquiza, A.J., Zebell, N.M., and McGrath, J.M. (2005). Parent-child interaction therapy: Application to maltreating parent-child dyads. *Child Abuse & Neglect, 29*(7): 825-842.

Tishelman, A.C., Haney, P., O'Brien, J.G., and Blaustein, M.E. (2010). A framework for school-based psychological evaluations: Utilizing a 'trauma lens'. *Journal of Child and Adolescent Trauma, 3*(4): 279-302.

Tomoda, A., Suzuki, H., Rabi, K. et al. (2009). Reduced prefrontal cortical Gray matter volume in young adults exposed to harsh corporal punishment. *Neuroimage, 47*(Suppl2): T66-T67.

Tomoda, A., Yi-Shin Sheu, B.S., Rabi, K. et al. (2011). Exposure to parental verbal abuse is associated with increased grey matter volume in superior temporal gyrus. *Neuroimage, 54*: 280-286.

Toth, S.L., Maughan, A., Manly, J.T. et al. (2002). The relative efficacy of two interventions in altering maltreated preschool children's representational models: Implications for attachment theory. *Development and Psychopathology, 14*: 877-908.

Tottenham, N. and Sheridan, M.A. (2009). A review of adversity, the amygdala and the hippocampus: A consideration of developmental timing. *Frontiers in Human Neuroscience, 3*: 68.

Trickett, P., McBride-Chang, C., and Putnam, F. (1994). The classroom performance and behavior of sexually abused females. *Development & Psychopathology, 6*: 183-194.

Trommsdorff, G., Lamm, H., and Schmidt, R. (1978). A longitudinal study of adolescents' future orientation (time perspective). *Journal of Youth and Adolescence, 8*(2): 131-147.

Tull, M.T., Jakupcak, M., McFadden, M.E., and Roemer, L. (2007). The role of negative affect intensity and the fear of emotions in posttraumatic stress symptom severity among victims of childhood interpersonal violence. *Journal of Nervous and Mental Disease, 195*: 580-587.

Tupler, L.A. and De Bellis, M.D. (2006). Segmented hippocampal volume in children and adolescents with posttraumatic stress disorder. *Biological Psychiatry, 59*(6): 523-529.

Turner, H.A., Finkelhor, D., and Ormrod, R. (2006). The effect of lifetime victimization on the mental health of children and adolescents. *Social Science Medicine, 62*: 13-27. https://doi.org/10.1016/j.socscimed.2005.05.030.

Turnock, B.J. (2012). *Public health*. Jones & Bartlett Publishers.

Tuval-Mashiach, R., Freedman, S., Bargai, N. et al. (2004). Coping with trauma: Narrative and cognitive perspectives. *Psychiatry: Interpersonal and Biological Processes, 67*(3): 280-293.

U.S Department of Justice, U.S. Department of Health and Human Services (2011). *Evidence-Based Practices for Children Exposed to Violence: A Selection from Federal Databases*. U.S Department of Justice, U.S. Department of Health and Human Services.

U.S. Department of Justice, U.S. Department of Health and Human Services (2011). *Evidence-Based Practices for Children Exposed to Violence: A Selection from Federal Databases*. Safe Start Center http://www.safestartcenter.org_pdf_Evidence-Based-Practices-Matrix_2011.

Understanding Evidence-Based Practices (2017). downloaded from www.cebc4cw.org - Rev. 1 September 2017. UNICEF (n.d.) Hidden in Plain Site.

United Nation's Children's Fund (2014). *Hidden in plain sight: A statistical analysis of violence against children*. New York, NY: UNICEF.

Van de Weijer-Bergsma, E., Kroesbergen, E.H., and Van Luit, J.E.H. (2015). Verbal and visual spatial working memory and mathematical ability in different domains throughout primary school. *Memory and Cognition, 43*: 367-378.

Van der Kolk, B.A. (1994). The body keeps the score: Memory and the evolving psychobiology of post-traumatic stress. *Harvard Review of Psychiatry, 1*(5): 253-265.

Van der Kolk, B.A. (2005). Developmental trauma disorder: Toward a rational diagnosis for children with complex trauma histories. *Psychiatric Annals, 35*(5): 401-408.

Van der Kolk, B.A., Pelcovitz, D., Roth, S. et al. (1996). Dissociation, somatization, and affect dysregulation: The complexity of adaptation to trauma. *American Journal of Psychiatry, 153*: 83-93.

Van der Kolk, B.A., Roth, S., Pelcovitz, D. et al. (2005). Disorders of extreme stress: The empirical foundation of a complex adaptation to trauma. *Journal of Traumatic Stress, 18*(5): 389-399.

Vargha-Khadem, F., Gadian, D.G., Watkins, K.E. et al. (1997). Differential effects of early hippocampal pathology on episodic and semantic memory. *Science, 277*: 376-380.

Viezel, K.D., Freer, B.D., Lowell, A., and Castillo, J.A. (2015). Cognitive abilities of maltreated children. *Psychology in the Schools, 52*: 92-106.

Villodas, M.T., Cromer, K.D., Moses, J.O. et al. (2016). Unstable child welfare permanent placements and early adolescent physical and mental health: the roles of adverse childhood experiences and post-traumatic stress. *Child Abuse and Neglect, 62*: 76-88.

Vincent, G.M. (2011). *Screening and assessment in juvenile justice systems: Identifying mental health needs and risk of reoffending.* Washington, DC: Technical Assistance Partnership for Child and Family Mental Health Retrieved from http://www.tapartnership.org/docs/jjResource_screeningAssessment.pdf.

Von Bertalanffy, L. (1950). An outline of general system theory. *The British Journal for the Philosophy of science, 1*(2): 134.

Von Bertalanffy, L. (1968). General System Theory. New York, 41973 40.

Von Bertalanffy, L. and Rapoport, A. (1956). General systems. *Yearbook of the society for the Advancement of General System Theory, 1*: 1-10.

Vondra, J.I., Barnett, D., and Cicchetti, D. (1989). Perceived and actual competence among maltreated and comparison school children. *Development and Psychopathology,* I: Til-255.

Vondra, J.I., Barnett, D., and Cicchetti, D. (1990). Self-concept, motivation, and competence among preschoolers from maltreating and comparison families. *Child Abuse & Neglect,* 14(4): 525-540.

Wagner, M., Kutash, K., Duchnowski, A.J. et al. (2005). The children and youth we serve: A national picture of the characteristics of students with emotional disturbances receiving special education. *Journal of emotional and behavioral disorders, 13*(2): 79-96.

Walkley, M. and Cox, T.L. (2013). Building trauma-informed schools and communities. *Children and Schools, 35*(2): 123-126.

Wandall, B.A. and Yeatman, J.D. (2012). Biological development of reading circuits. *Current Opinion in Neurobiology, 23*(2): 261-268.

Warrier, C., Wong, P., Penhune, V. et al. (2009). Relating structure to function: Heschl's gyrus and acoustic processing. *Journal of Neuroscience, 7*(29): 61-69.

Watson, S., Chilton, R., Fairchild, H., and Whewell, P. (2006). Association between childhood trauma and dissociation among patients with borderline personality disorder. *Australian and New Zealand Journal of Psychiatry, 40*(5): 478-481.

Way, I.F., Applegate, B., Cai, X. et al. (2010). Children's Alexithymia Measure (CAM): a new instrument for screening difficulties with emotional expression. *Journal of Child & Adolescent Trauma, 3*(4): 303-318.

Weatherbee, T.G., Dye, K.E., Bissonnette, A., and Mills, A.J. (2009). Valuation theory and organizational change: Towards a sociopsychological method of intervention. *Journal of Change Management, 9*(2): 195-213.

Webster-Stratton, C. and Reid, M. (2010). Adapting the Incredible Years, an evidencebased parenting programme, for families involved in the child welfare system. *Journal of Children's Services, 5*(1): 25-42.

Wee, D.F. and Myers, D. (2002). Stress responses of mental health workers following disaster: The Oklahoma City bombing. In: *Psychosocial stress series, no. 24. Treating compassion fatigue* (Ed. C.R. Figley), 57-83. New York, NY: Brunner-Rutledge.

Weist, M.D. and Evans, S.W. (2005). Expanded school mental health: Challenges and opportunities in an emerging field. *Journal of Youth and Adolescence, 34*(1): 3-6.

Weist, M. D., Evans, S. W., and Lever, N. A. (2007). *Handbook of school mental health: Advancing practice and research*. New York, NY: Springer Science & Business Media.

Weist, M.D. and Murray, M. (2008). Advancing school mental health promotion globally. *Advances in School Mental Health Promotion,* 1(sup1): 2-12.

Wells, M.G., Burlingame, G.M., Lambert, M.J. et al. (1996). Conceptualization and measurement of patient change during psychotherapy: Development of the Outcome Questionnaire and Youth Outcome Questionnaire. *Psychotherapy: Theory, Research, Practice, Training, 33*(2): 275.

Wells, K.C., Lochman, J.E., and Lenhart, L.A. (2008). *Coping Power parent group program: Facilitator guide*. Oxford: New York, NY.

Werker, J. and Tees, R. (2005). Speech perception as a window for understanding plasticity and commitment in language systems of the brain. *Developmental Psycholbiology, 46*: 233-251.

Werner, E.E. and Smith, R.S. (1982). *Vulnerable but invincible: A Study of Resilient Children*. New York: McGraw-Hill.

Whitfield, C.L., Dube, S.R., Felitti, V.J., and Anda, R.F. (2005a). Adverse childhood experiences and hallucinations. *Child Abuse and Neglect, 29*(7): 797-810.

Whitfield, C.L., Dube, S.R., Felitti, V.J., and Anda, R.F. (2005b). Adverse childhood experiences and subsequent hallucinations. *Child Abuse and Neglect, 29*: 797-810.

Williamson, D.F., Thompson, T.J., Anda, R.F. et al. (2002). Body weight and obesity in adults and self-reported abuse in childhood. *International Journal of Obesity, 26*(8): 1075.

Williams-Taylor, L. (2007). Evidence-based programs and practices: What does it all mean? Retrieved from http://www.evidencebasedassociates.com/reports/research_review.pdf.

Wolfe, V. V., Gentile, C., and Bourdeau, P. (1987). History of victimization form. Unpublished assessment instrument, London Health Science Centre, London, Ontario, Canada.

Wolfe, V.V., Gentile, C., and Wolfe, D.A. (1989). The impact of sexual abuse on children: A PTSD formulation. *Behavior Therapy, 20*(2): 215-228.

Woodbridge, M.W., Sumi, W.C., Thornton, S.P. et al. (2015). *Screening for trauma in early adolescence: Findings from a diverse school district*. School Mental Health.

Woon, F.L. and Hedges, D.W. (2008). Hippocampal and amygdala volumes in children and adults with childhood maltreatment-related posttraumatic stress disorder: A metaanalysis. *Hippocampus, 18*(8): 729-736.

World Health Organization (2000). *The World Health Report 2000: Health systems: Improving performance*. World Health Organization.

World Health Organization (2002). *The World Health Report 2002: Reducing Risks, Promoting Healthy Life*. Geneva: World Health Organization.

World Health Organization. (2004). The importance of caregiver-child interactions for the survival and healthy development of young children: A review.

World Health Organization Commission on Social Determinants of Health and World Health Organization (2008). *Closing the gap in a generation: Health equity through action on the social determinants of health: Commission on Social Determinants of Health final report*. World Health Organization.

Wu, J. (2017). Family Adaptability and Cohesion Scale. https://www.nctsn.org/measures/family-adaptability-and-cohesion-scale

Wycoff, K.L. (2013). *Case Conceptualization in School-Based Mental Health: School Psychologists Role in Case Formulation and Measuring Impact on Students*. Worcester State University.

Wycoff, K.L., Conroy, T., Briesacher, A. (2018, February) Race, Class, Discipline and ACE's: Complexities and Solutions in Urban Settings. National Association of School Psychology National Conference, Chicago, Illinois.

Wycoff, K.L., and Murphy, V. (2018). Equine-Assisted Group Therapy for Adolescent Sexual Trauma Survivors: Development, Implementation, and Outcomes. In Equine-Assisted Mental Health for Healing Trauma (pp. 84-106). Routledge.

Wycoff, K.L., and Gupta, M. (2018). Ethical Considerations in Equine-Assisted Interventions: Meeting the Needs of Both Human and Horse. In Equine-Assisted Mental Health Interventions (pp. 23-38). Routledge.

Wycoff, K.L., Gauthier, R., Conroy, T., Briesacher, A., and Boykins, N. (June 14, 2017) Principal Cocker College Prep, New Orleans (Personal communication).

Yang, M., Wong, S.C., and Coid, J. (2010). The efficacy of violence prediction: a metaanalytic comparison of nine risk assessment tools. *Psychological Bulletin, 136*(5): 740.

Zahr, N.M., Rohlfing, T., Pfefferbaum, A., and Sullivan, E.V. (2009). Problem solving, working memory and motor correlates of association and commissural fiber bundles in normal aging: A quantitative fiber tracking study. *Neuroimage, 44*: 1050-1062.

Zanini, D.S., Helenides, M., Forns, M., and Kirchner, T. (2010). Psychometric properties of the coping response inventory with brazilian adolescents. *Psychological reports, 107*(2): 617-628.

Zeanah, C.H., Chesher, T., Boris, N.W. et al. (2016). Practice parameter for the assessment and treatment of children and adolescents with reactive attachment disorder and disinhibited social engagement disorder. *Journal of the American Academy of Child and Adolescent Psychiatry, 55*(11): 990-1003.

Zero to Three (2012). FAQ's on the brain. Retrieved from http://www.zerotothree.org/childdevelopment/brain-development/faqs-on-the-brain.html.

Zero to Three (n.d.) https://www.zerotothree.org/policy-and-advocacy

Zetlin, A. and Weinberg, L. (2004). Understanding the plight of foster youth and improving their educational opportunities. *Child Abuse & Neglect,* 28: 917-923.

Zhang, J., Zhao, G., Li, X. et al. (2009). Positive future orientation as a mediator between traumatic events and mental health among children affected by HIV/AIDS in rural China. *AIDS Care, 21*(12): 1508-1516.

Zlotnick, C., Zakriski, A.L., Shea, M.T. et al. (1996). The long-term sequelae of sexual abuse: Support for a complex posttraumatic stress disorder. *Journal of Traumatic Stress, 9*: 195-205.

Zolkoski, S.M. and Bullock, L.M. (2012). Resilience in children and youth: A review. *Children and youth services review, 34*(12): 2295-2303.

# ◆ 찾아보기

**ㅍ**



**ㅎ**

## ◆ 저자 소개

**Kirby L. Wycoff, Psy.D., NCSP**

미국 국가 공인 학교 심리학자(NCSP)로서, 이스턴대학교(Eastern University)의 부교수이자 학교심리학 프로그램의 공동 디렉터로 재직 중이다. 관심 연구 분야는 고위험군에 속하는 청소년과 그 가족의 복합적인 요구에 관한 것이다. 현재 와이코프 박사는 다트머스 보건 정책 및 임상 연구소(The Dartmouth Institute for Health Policy and Clinical Practice)에서 공중보건학 석사과정 중에 있으며, 이를 통해 지역사회에 영향을 미치는 트라우마와 역경의 본질 및 그 영향을 보다 체계적으로 이해하고자 노력하고 있다.

또한 와이코프 박사는 필라델피아 아동병원 및 정책 연구소(Children's Hospital of Philadelphia and PolicyLab)에서 진행하는 청소년 건강 리더십 및 교육(Leadership and Education in Adolescent Health: LEAH)프로그램의 2년 과정 펠로우십을 수행하고 있다. LEAH 펠로우십은 미국 보건복지부 산하 모자보건국(Maternal and Child Health Bureau)이 후원하는 국가 주도의 프로그램으로 주요 아동병원에서 전문가들을 양성하여 임상적 치료, 학술 연구, 공공보건 정책 및 옹호 활동에 있어 청소년 건강 분야의 리더로 성장할 수 있도록 지원하는 데 목적을 두고 있다. 이 프로그램은 다학제적 접근을 통해 각 분야의 전문 인력들이 청소년 건강과 관련된 문제를 효과적으로 해결할 수 있는 역량을 강화하는 데 중점을 두고 있다.

**Bettina Franzese Psy.D., ABSNP**

펜실베이니아주에서 활동하는 공인 심리학자이자 학교심리학자다. 미국 학교 신경심리학 위원회(American Board of School Neuropsychology)로부터 학교 신경심리학 분야의 디플로마(ABSNP)를 취득하였다. 프란체제 박사는 최근 펜실베이니아주 허시(Hershey)에 위치한 저소득층 아동을 위한 기숙학교인 밀턴 허시 스쿨(Milton Hershey School)에서 은퇴하였다.

## ◆ 역자 소개


**김지혜**(Kim Jihe)

이화여자대학교 교육학 박사(교육상담·심리 전공)
이화여자대학교 교육학과 초빙교수
한국상담심리학회 상담심리사 2급

〈주요 저·역서〉

청소년 자해상담(공저, 학지사, 2020)
변증법적 행동치료에서의 전화코칭(공역, 학지사, 2024)

**장지윤**(Jang Jiyoon)

이화여자대학교 심리학 박사수료(상담심리 전공)
한국상담심리학회 상담심리사 1급

**이재희**(Lee Jaehee)

이화여자대학교 심리학 석사(상담심리 전공)
현 한국상담심리학회 상담심리사 1급

**이다슬**(Lee Daseul)

이화여자대학교 심리학 박사과정(상담심리 전공)
한국상담심리학회 상담심리사 2급

**임정은**(Lim Jung-eun)

서울대학교 교육학 박사(교육상담 전공)
한국상담학회·한국상담심리학회 상담심리사 1급

**안혜연**(Ahn Hyeyeon)

이화여자대학교 심리학 석사(상담심리 전공)
(주)마인드리딩 대표
한국상담심리학회 상담심리사 1급

**이지현**(Lee Ji Hyun)

이화여자대학교 심리학 박사과정(상담심리 전공)
한국상담심리학회 상담심리사 1급

**조은지**(Cho Eunji)

이화여자대학교 심리학 석사(상담심리 전공)
노무법인 태담 대표 공인노무사
한국상담심리학회 상담심리사 2급
한국괴롭힘학회 간사

**장빛나**(Jang Binna)

이화여자대학교 심리학 석사(상담심리 전공)
한국상담심리학회 상담심리사 2급

**노혜은**(Noh Hyeeun)

이화여자대학교 심리학 석사(상담심리 전공)
마음과 공간 심리상담센터 대표 상담심리사
한국상담심리학회 상담심리사 2급

# 아동기 역경과 트라우마 기반 개입

## 학교 및 지역사회 전문가를 위한 통합 가이드

Essentials of Trauma-Informed Assessment and Intervention in School and Community Settings

2025년 5월 10일 1판 1쇄 인쇄
2025년 5월 20일 1판 1쇄 발행

지은이 • Kirby L. Wycoff · Bettina Franzese
옮긴이 • 김지혜 · 장지윤 · 이재희 · 이다슬 · 임정은
안혜연 · 이지현 · 조은지 · 장빛나 · 노혜은

펴낸이 • 김진환
펴낸곳 • (주) 학지사
04031 서울특별시 마포구 양화로 15길 20 마인드월드빌딩
대표전화 • 02)330-5114 팩스 • 02)324-2345
등록번호 • 제313-2006-000265호

홈페이지 • http://www.hakjisa.co.kr
인스타그램 • https://www.instagram.com/hakjisabook

ISBN 978-89-997-3423-6 93180

정가 26,000원